（第四版）

國際金融原理

主　編●何澤榮
副主編●鄒宏元、陳奉先

目　錄

緒　論 ………………………………………………………………………… (1)

第一編　國際金融基礎

第一章　國際貨幣制度 …………………………………………………… (9)
　　第一節　國際貨幣制度概述 …………………………………………… (9)
　　第二節　典型的國際金本位制度 ……………………………………… (12)
　　第三節　兩次世界大戰期間的國際貨幣制度 ………………………… (14)
　　第四節　布雷頓森林體系 ……………………………………………… (18)
　　第五節　現行國際貨幣體系 …………………………………………… (24)
　　復習思考題 ……………………………………………………………… (32)
　　參考文獻 ………………………………………………………………… (32)

第二章　外匯與匯率 ……………………………………………………… (33)
　　第一節　外匯 …………………………………………………………… (33)
　　第二節　外匯匯率 ……………………………………………………… (37)
　　第三節　真實匯率和有效匯率 ………………………………………… (41)
　　第四節　國際匯率制度 ………………………………………………… (44)
　　第五節　人民幣匯率 …………………………………………………… (55)
　　第六節　人民幣國際化 ………………………………………………… (66)
　　復習思考題 ……………………………………………………………… (73)
　　參考文獻 ………………………………………………………………… (73)

第三章　外匯市場 ………………………………………………………… (74)
　　第一節　外匯市場概述 ………………………………………………… (74)
　　第二節　外匯風險及其管理 …………………………………………… (77)
　　第三節　避險的外匯交易工具與業務 ………………………………… (84)

第四節　中國銀行間外匯市場 ………………………………………… (96)
　　復習思考題 ……………………………………………………………… (102)
　　參考文獻 ………………………………………………………………… (102)

第四章　國際收支 …………………………………………………………… (103)
　　第一節　國際收支概述 …………………………………………………… (103)
　　第二節　國際收支帳戶原理 ……………………………………………… (106)
　　第三節　中國國際收支平衡表 …………………………………………… (114)
　　第四節　國際收支分析 …………………………………………………… (126)
　　第五節　國際投資頭寸表 ………………………………………………… (130)
　　復習思考題 ……………………………………………………………… (133)
　　參考文獻 ………………………………………………………………… (133)

第五章　國際資本流動 ……………………………………………………… (134)
　　第一節　國際資本流動的現狀 …………………………………………… (134)
　　第二節　國際資本流動成因 ……………………………………………… (143)
　　第三節　國際資本流動風險 ……………………………………………… (150)
　　第四節　中國國際資本流動概況 ………………………………………… (156)
　　復習思考題 ……………………………………………………………… (161)
　　參考文獻 ………………………………………………………………… (161)

第六章　國際儲備 …………………………………………………………… (163)
　　第一節　國際儲備的界定、功能 ………………………………………… (163)
　　第二節　外匯儲備數量管理與結構管理 ………………………………… (166)
　　第三節　中國高額外匯儲備的現狀與成因 ……………………………… (174)
　　復習思考題 ……………………………………………………………… (187)
　　參考文獻 ………………………………………………………………… (187)

第二編　匯率、價格、利率和國內經濟

第七章　國際平價條件 ……………………………………………………… (191)
　　第一節　購買力平價模型 ………………………………………………… (191)
　　第二節　擴展的購買力平價理論 ………………………………………… (194)

第三節　利率平價理論 ································· (197)

　　第四節　貨幣、利率、匯率和價格 ······················· (204)

　　復習思考題 ··· (207)

　　參考文獻 ··· (207)

第八章　匯率決定理論 ···································· (208)

　　第一節　馬克思的匯率理論 ····························· (208)

　　第二節　匯率決定的貨幣學說 ··························· (212)

　　第三節　匯率決定的資產組合平衡研究方法 ··············· (221)

　　復習思考題 ··· (224)

　　參考文獻 ··· (224)

第九章　匯率、國際收支和國內經濟 ························ (225)

　　第一節　20世紀50年代以前的國際收支理論 ··············· (225)

　　第二節　20世紀60年代以後的國際收支理論 ··············· (234)

　　復習思考題 ··· (244)

　　參考文獻 ··· (245)

第三編　開放宏觀經濟政策

第十章　開放宏觀經濟下的經濟政策（上） ·················· (249)

　　第一節　經濟目標與經濟政策關係的理論 ················· (249)

　　第二節　IS-LM-BP模型 ······························· (255)

　　復習思考題 ··· (265)

　　參考文獻 ··· (265)

第十一章　開放宏觀經濟下的經濟政策（下） ················ (266)

　　第一節　固定匯率制下的經濟政策 ······················· (266)

　　第二節　浮動匯率制下的經濟政策 ······················· (271)

　　復習思考題 ··· (275)

　　參考文獻 ··· (275)

第十二章 開放宏觀經濟下的價格水平、真實產量和經濟政策 ……………… (276)

第一節 總需求 ……………………………………………………… (276)

第二節 總供給 ……………………………………………………… (286)

第三節 真實產量、價格水平和經濟政策 ………………………… (290)

復習思考題 …………………………………………………………… (292)

參考文獻 ……………………………………………………………… (292)

第十三章 政策協調、貨幣聯盟和匯率目標區 …………………………… (293)

第一節 國際政策協調 ……………………………………………… (293)

第二節 貨幣聯盟的經濟學 ………………………………………… (296)

第三節 匯率目標區 ………………………………………………… (299)

第四節 關於美元化問題的探討 …………………………………… (301)

第五節 亞洲匯率制度選擇與單一貨幣 …………………………… (305)

復習思考題 …………………………………………………………… (306)

參考文獻 ……………………………………………………………… (307)

第十四章 國際金融危機 …………………………………………………… (308)

第一節 貨幣危機理論模型 ………………………………………… (308)

第二節 發展中國家的債務危機 …………………………………… (317)

第三節 東南亞金融危機 …………………………………………… (328)

第四節 美國次貸危機 ……………………………………………… (330)

第五節 歐元區主權債務危機 ……………………………………… (339)

復習思考題 …………………………………………………………… (344)

參考文獻 ……………………………………………………………… (344)

緒　論

隨著經濟全球化的發展，世界各個國家和地區之間愈來愈頻繁地進行著商品、服務和技術的進出口，資本的流進流出，勞動力的國際轉移。在這樣的背景下，任何一個國家或地區都不可能在一個封閉的環境裡求得經濟的高速發展和人民生活水平的迅速提高。

一、國際金融的研究對象

國際經濟關係包括國際經濟交易的實體面(Real Side)和貨幣面(Monetary Side)。前者指商品、服務和技術的國際運動，它構成國際貿易(International Trade)的主要內容；後者指貨幣的國際運動，包括由商品、服務、技術交易所引起的貨幣的國際支付，以及商品資本、生產資本和借貸資本在國與國間、地區與地區間的運動所引起的貨幣流動（如國際直接投資、國際間接投資、國際信貸、各種類型的貨幣交易等），它構成國際金融(International Finance)的主要內容。

對國際金融的研究對象，國內外學術界的認識並未完全統一，概括起來主要有下面幾種：

有人從現象的直觀出發，認為國際金融就是研究國際經濟關係的貨幣面。柳復起(1984)說：國際金融「主要探討一國與另一國之間的貨幣關係，著意於開放經濟社會的總體經濟變數與經濟政策」。D. Salvatore(1983)認為，國際金融所考察的就是「國際經濟學的貨幣方面。這裡明顯考慮的是貨幣，而商品價格在這裡是以本國貨幣單位和外國貨幣單位來表示的」。他還認為，由於國際金融涉及的是一個國家對外的收入與支出的總量，而對這一國際收支總量的調節政策反應了一個國家的國民收入水平和一般物價指數，因此，它屬於國際經濟學的宏觀經濟方面。劉德芳(1985)認為：「國際金融的研究對象是國際貨幣資金週轉運動的規律和國際金融各個組成部分之間的內在聯繫，以及由貨幣資金週轉運動形成的國際金融關係。」這裡所說的貨幣資金的週轉運動是由於各國之間經濟、文化、政治等的聯繫產生的；國際金融的各個組成部分則包括國際收支、國際匯兌、國際結算、國際信用、國際投資和國際貨幣制度等幾個主要方面。

由於國與國之間的經濟關係主要表現為資本關係，因此，也有人從資本運動的角度來定義國際金融的研究對象，認為國際金融研究的是「資本的國際移動的規律及其內在矛盾」，並解釋說，由於商品的流通範圍超出了國界，產生了債權債務關係，以致資本從一個國家轉移到另一個國家，這就形成了國際金融。

上述兩種觀點都有其正確的一面。然而，由於貨幣與資本是兩個既有區別又密切聯繫的概念，於是，有人認為：一切國際金融活動，從本質上說都是資本運動，而貨幣是一切金融活動的具體表現形態，沿著貨幣運動的軌跡去研究資本運動規律，是通過現象看本質的科學方法。因此，我們把資本運動作為國際金融的研究對象，而把貨幣運動作為研究的主線……這樣，就把貨幣與資本兩者有機地結合起來了。

然而，無論是貨幣的國際運動還是資本的國際運動所反應的都是開放的宏觀經濟條件下國與國之間、地區與地區之間的金融關係，而這種金融關係從根本上說是國與國之間、地區與地區之間的經濟關係的表現。因此，我們把國際金融的研究對象簡短地概括為：國際金融是研究開放的宏觀經濟條件下國與國之間、地區與地區之間的金融關係的理論與政策的學說。

二、本書的主要內容

本書分為三編十四章。

第一編　國際金融基礎。包括第一～六章。其內容主要是：國際貨幣制度、外匯與匯率、外匯市場、國際收支、國際資本流動、國際儲備。這些內容既是學習國際金融的基礎，也是理解國與國之間經濟、金融關係的基礎。

第一章　國際貨幣制度。國際金融領域中的一切現象、事件、矛盾、政策，無不是在一定的國際貨幣制度的背景下產生的。因此，對國際貨幣制度的瞭解就成為了瞭解國際金融的前提。而國際貨幣制度的核心問題是國際本位貨幣問題。在這一章中，我們探討了國際本位貨幣的演變規律，論述了國際貨幣制度的歷史和現狀。

第二章　外匯與匯率。這一章在介紹外匯、外匯匯率、國際匯率制度的基本知識的基礎上探討了匯率與經濟的相互關係，說明匯率狀況對一國的宏觀經濟和微觀經濟都有著重要的影響，因而，匯率問題在一國貨幣當局的管理中佔有十分重要的地位。同時，本章也討論了人民幣匯率的演變及改革，以及人民幣國際化。

第三章　外匯市場。國際外匯市場是當今世界交易規模最大的市場。在浮動匯率制度下，外匯市場上外匯價格(匯率)頻繁而劇烈的波動使外匯風險增大。如何避免或減輕匯率風險對經濟的危害就成為各經濟主體關注的焦點，這也正是本章的主題所在。本章還討論了中國銀行間外匯市場。

第四章　國際收支。國際收支是一個國家在一定時期對外經濟、金融交往的總結。一國的國際收支狀況影響著一國對外的地位、經濟活動和經濟政策。因而，對國際收支失衡的調節也就成為各國貨幣管理當局的一項重要工作。

第五章　國際資本流動。這一章從國際資本流動的概念入手，介紹了國際資本流動的現狀、成因及風險，並在此基礎上分析了中國國際資本流動的情況。

第六章　國際儲備。本章從國際儲備的概念、功能入手，介紹了外匯儲備數量管理和結構管理以及中國高額外匯儲備的現狀，探討了中國高額外匯儲備的成因。

第二編　匯率、價格、利率和國內經濟。包括第七~九章。其主要內容是國際金融的一些重要理論，即國際平價條件、匯率決定理論和國際收支理論。

第七章　國際平價條件。這一章講述了國際金融的兩個重要理論：購買力平價理論和利率平價理論。所謂平價即指兩國貨幣相等。購買力平價理論認為，兩國貨幣的平價取決於它們在各自國內的購買力。利率平價理論認為，兩國貨幣的平價與它們的利率有關。但利率平價理論所決定的匯率是遠期匯率。本章除介紹這兩個理論外，還介紹了它們的擴展形式，即巴拉薩—薩繆爾森定理和國際費雪效應。

第八章　匯率決定理論。這一章主要研究的是馬克思的匯率理論、匯率決定的貨幣學說和匯率決定的資產組合平衡研究方法。馬克思的匯率理論是典型金本位制時期的匯率理論，但在國內外的匯率理論研究中，這卻是個空白。為了填補這個空白，從1988年本書第一版開始，我們就列出了「馬克思的匯率分析」一節。這次修訂時，我們正式把這一節改為「馬克思的匯率理論」。本章中的另外兩個匯率理論都是20世紀70年代出現的，它們都把新條件下影響匯率的因素考慮進了匯率決定理論中。

第九章　匯率、國際收支和國內經濟。對匯率、國際收支和國內經濟關係的論述形成了各種國際收支理論。本章把這些理論分為20世紀50年代以前的國際收支理論和20世紀60年代以後的國際收支理論兩節。之所以這樣區分，其理由是：20世紀50年代以前的國際收支理論主要偏重於對貿易收支的分析，而20世紀60年代以後的國際收支理論則主要從貨幣角度對國際收支進行分析。

第三編　開放宏觀經濟政策。包括第十~十四章。如果說第二編主要是從理論的角度討論國際金融問題，那麼，第三編則主要從開放宏觀經濟政策的角度討論國際金融問題。

第十章　開放宏觀經濟下的經濟政策(上)。這一章根據開放經濟條件下各國宏觀經濟變量內在的相互關係的加深和各國國內的宏觀經濟總量均衡發生的變化，構建了IS—LM—BP模型。

第十一章　開放宏觀經濟下的經濟政策(下)。本章在上一章的基礎上，分別分析了一個開放的小國經濟在固定匯率制和浮動匯率制的背景中，在資本完全流動、完全不流動和不完全流動的條件下財政政策和貨幣政策的不同效果。

第十二章　開放宏觀經濟下的價格水平、真實產量和經濟政策。本章建立了一個更為完整的開放的宏觀經濟結構理論框架，即開放經濟中價格水平的決定、價格水平變動與貨幣政策和財政政策的相互影響。

第十三章　政策協調、貨幣聯盟和匯率目標區。本章分析了固定匯率制度和浮動匯率制度下國際政策的協調問題；在對一個國家加入貨幣聯盟的損失和利益進行權衡的基礎上介紹了最優貨幣區理論；歐洲貨幣體系經過幾十年的曲折發展，最終實現了貨幣的統一，創建了歐元；近些年來，在一些國家出現的美元化對這些國家來說有利有弊，而美國卻可獨享鑄幣稅；亞洲國家因經濟、政治等方面的原因，要實現單一貨幣還有很長

的路要走。

第十四章　國際金融危機。本章在構建貨幣危機理論模型的基礎上分別介紹了發展中國家的債務危機、東南亞金融危機、美國次貸危機以及歐元區主權債務危機。

三、國際金融與中國的對外開放

經濟全球化是當代經濟發展的不可阻擋的歷史潮流。1980年中國恢復了在國際貨幣基金組織和世界銀行的席位，2001年中國又加入了世界貿易組織。至此，中國成為世界經濟體三大支柱之一。這就意味著中國的經濟和金融與世界的經濟和金融的關係正在一步一步地密切起來，且將會形成「你中有我，我中有你」「一榮俱榮，一損俱損」的局面。在這種情況下，學習並掌握國際金融的基本原理，將有助於我們更好地實行對外開放的基本國策。

第一，中國對外經濟交往的實體面與貨幣面密切相關，相互影響。隨著經濟的強勁發展，中國正逐漸成為一個對世界經濟發展有影響的經濟大國。中國在世界經濟中地位的上升和影響的擴大，必定對中國金融提出更高的要求。例如，實行人民幣的完全可兌換，完善人民幣匯率的市場生成機制，實現中國金融市場與國際金融市場的一體化，協調中國與其他國家的貨幣政策、金融監管政策，等等。而中國金融的這些深刻的變化必定對中國宏觀經濟的對內均衡和對外均衡、對中國的宏觀經濟政策的決策和實施產生重大影響。學習國際金融將會使我們更好地把握世界經濟全球化中中國經濟、金融的發展。

第二，從20世紀70年代布雷頓森林體系崩潰以來，國際金融領域就處於激烈動盪之中，主要國家和地區的貨幣匯率在頻繁地、大幅度地波動，匯率風險進一步加大，金融危機的波及面和深刻程度都是20世紀70年代以前所不曾有過的。進入21世紀之後，人類社會面臨著許多涉及人類生存的問題。現在人們談得最多的是人類生存環境的惡化問題，而沒有把世界範圍內的金融動盪、金融危機提高到威脅人類社會生存的高度。1997年的東南亞金融危機使一些國家的經濟倒退了十幾年甚至幾十年。經濟的倒退就是人類生存資源的毀滅。而許多資源是不可再生的。學習國際金融將會提高我們認識和防範匯率風險、金融危機的能力。

第三，從微觀角度說，在一個開放的經濟社會中，企業、公司、銀行乃至居民個人的經濟活動都與國際金融直接或間接地發生關係。例如，不管你是否從事涉外經濟工作，人民幣匯率的變動，都會通過商品價格的變動直接影響到你的收入水平、福利水平和生活水平，或者通過宏觀經濟總量的變動影響到國家的產業政策、財政政策、貨幣政策、就業政策、物價政策等，從而間接地影響到你的生活水平。

總之，在開放經濟條件下，無論是宏觀經濟還是微觀經濟，無論是政策制定者還是居民個人，都與國際金融領域發生的一切有著緊密的聯繫。因此，學習國際金融對每個人來說都很有必要。

復習思考題

1. 如何理解國際金融的研究對象？
2. 瞭解本書的結構，把握本書的主要內容。
3. 結合自己的親身經歷談談學習國際金融的重要性。
4. 運用你所學的宏觀經濟學知識，說明國際金融與宏觀經濟的關係。

參考文獻

[1] 劉德芳. 國際金融與國際金融研究 [J]. 國際金融研究, 1985(1).
[2] 柳復起. 現代國際金融 [M]. 臺北：三民書局, 1984.
[3] 國際金融基礎知識編寫組. 國際金融基礎 [M]. 上海：上海人民出版社, 1981.
[4] 國際金融概論編寫組. 國際金融概論 [M]. 成都：西南財經大學出版社, 1993.
[5] 何澤榮. 入世與中國金融國際化研究 [M]. 成都：西南財經大學出版社, 2002.

第一編 國際金融基礎

第一章　國際貨幣制度

國際貨幣制度(International Monetary System)涉及國際金融的各個方面，因為國際上的一切貨幣資金的運動，都是在一定的國際貨幣體系下進行的。各國要積極參與國際經濟技術合作與貿易往來，就必須通過現有的國際貨幣體制開展對外經濟交流。

第一節　國際貨幣制度概述

一、國際貨幣制度的概念與功能

國際貨幣制度，即國際貨幣安排，是各國在開放經濟過程中，針對由國際貿易及資本流動引起的諸如國際清償力、匯率的確定與變化、國際收支調節方式等最基本的問題進行的制度安排，是協調各國貨幣關係的一系列國際性規則、慣例和組織形式，因而亦稱為國際貨幣秩序和制度。

國際貨幣制度可以通過經濟自發形成一些國際準則，亦可以通過各國正式達成的條約和協議而人為地建立，或是以承認各國在實踐中形成的約定俗成的規則和慣例而構成。

國際貨幣制度的作用是保障和促進國際貿易及世界經濟的穩定發展，協調各國獨立的經濟活動，使各國的資源得到充分與合理的利用。因此，國際貨幣體系具有三大功能：①規定用於國際結算和支付手段的國際貨幣或儲備資產及其來源形式、數量和運用範圍，以滿足世界生產、國際貿易和資本轉移的需要；②規定一國貨幣與其他貨幣之間的兌換比價，並維持各貨幣間的兌換方式與匯率關係的合理性；③規定國際收支的調節機制，以糾正國際收支的不平衡，確保世界經濟穩定與平衡發展。

二、國際貨幣制度的內容與評價標準

根據上述國際貨幣制度的功能，國際貨幣制度的基本內容可歸納如下：

（1）世界貨幣的形成和國際本位貨幣的確立。世界貨幣作為世界範圍內的一般等價物，最初是以自然形態的黃金出現的。由於黃金儲備和產量有限，制約了國際清償力的供應，因而就必須確立代替黃金發揮世界貨幣職能作用的國際本位貨幣，這是國際貨幣制度的最根本內容。

（2）國際儲備資產的確定，即為滿足國際支付和調節國際收支的需要，一國應持有的為世界各國普遍接受的儲備資產總額及其構成。它是以世界貨幣的形成與國際本位貨幣的確立為前提的。

（3）國際匯率制度及各國的匯率安排。國際匯率制度是以世界貨幣或國際本位貨幣為中心形成的各國貨幣間的匯率確定及變化調整機制。而在同一個國際匯率制度下，各國又根據本國的具體國情作出不同的匯率安排。匯率的高低不僅體現了本國貨幣與外國貨幣的購買力的強弱，而且也涉及資源分配的多寡。匯率的變化不斷地影響著各國宏觀經濟的穩定。倘若不能協調各國的利益與矛盾，就可能導致激烈的貨幣戰和貿易戰，使整個世界經濟貿易受損，最終不利於各國經濟的發展。因此，匯率問題成為國際貨幣制度的重要問題之一。

（4）國際收支的調節方式。國際收支不平衡及官方儲備的變動將直接導致匯率的波動，進而影響整個貨幣體系的穩定。如果一國採取相應措施改變其國際收支狀況，將相應地引起世界其他國家國際收支的等量變化，即不可避免地對其他國家宏觀經濟目標的實現產生衝擊作用。為此，國際貨幣制度必然包括解決國際收支不平衡的原則、途徑及各國政策措施的協調與合作。

理想的國際貨幣制度表現為能在保證國際金融安全穩定的前提下，促進國際貿易和投資的最大化發展，並促使貿易利益在世界各國之間公平地分配。經濟學家往往從調整性（Adjustment）、流動性（Liquidity）和置信度（Confidence）三個方面來評價國際貨幣制度的優劣。調整性反應了國際收支不均衡的糾正過程。良好的國際貨幣制度應具有有效的國際收支調節機制，不僅能使失衡在最短的時間內、以最小的成本得到調整，而且應當使各國公平、合理地承擔調節失衡的責任。流動性反應了為應付暫時的國際收支不均衡可獲得的國際儲備資產數量，即國際清償能力。良好的國際貨幣制度能夠提供充分的國際清償能力，以使國家能糾正其國際收支赤字，而不需要通過經濟緊縮或造成世界性通貨膨脹來達到目的。為此，國際清償能力應保持同世界經濟貿易發展相當的增長速度。置信度反應了這種調整機制的充分運行，同時國際儲備能保持它應有的絕對價值與相對價值。良好的國際貨幣制度應保持各國貨幣匯率的穩定，並能對國際貨幣金融關係中的問題與危機及時予以有效協調與反應，以使人們對該制度充滿信心，避免大規模的國際儲備貨幣交易而造成的國際儲備價值的不穩定。

三、國際本位貨幣的特徵和職能

國際貨幣制度的劃分首先表現為國際本位貨幣的不同。從資本主義制度確立到現在，國際貨幣制度區分為國際金本位制和國際信用貨幣制。國際金本位制又區分為典型金本位制度和畸形金本位制度。因此，我們要瞭解國際貨幣制度首先就要認識國際本位貨幣。

要認識國際本位貨幣，必須首先明確本位貨幣和本位貨幣制度這兩個概念。

任何一個國家，即使有多種貨幣同時流通，但國家為了建立統一的貨幣制度，也必然在法律上明確規定一種材料、成色、重量、形式的貨幣作為交換時的計算單位和最後支付的工具，作為該國其他貨幣價值的計算標準。這種貨幣就成為該國貨幣的標準。標準確定後，一切商品和勞務的交換、公私債務的清償和會計記帳的處理，都以這種貨幣為標準。這種貨幣與其他貨幣的區別在於：本位貨幣具有無限法償性和交易最後支付工具兩種特徵。各國本位貨幣的名稱不同，如美國的美元、英國的英鎊、日本的日元等。各國雖然都有確立本位貨幣的必要，但在不同歷史時期，各國法律對其本位貨幣的名稱、材料和形式的規定卻各有不同。在金屬本位制時代，各國對本位貨幣的重量成色、鑄造發行、輔幣發行、主幣和輔幣的關係、銀行券發行、準備金制度和兌現制度等方面的規定均不同於紙幣本位制。而在紙幣本位制時代，各國對發行準備、紙幣與黃金的聯繫、本幣與外幣的關係等都有各式各樣的規定。各個國家所作出的關於本位貨幣的法律規定，稱為貨幣本位制度。貨幣本位制度是一國管制本位貨幣數量和品質等的全套法規和社會慣例。

　　與一國的本位貨幣不同，國際本位貨幣是世界範圍內的本位貨幣。國際貨幣制度實際上是以國際本位貨幣為中心運行的。在國際金本位制時代，黃金是世界貨幣，黃金和英鎊同時作為國際本位貨幣；在布雷頓森林貨幣制度下，黃金仍是世界貨幣，而黃金和美元同時作為國際本位貨幣；在20世紀70年代黃金非貨幣化的過程中，美元逐漸取代黃金，實際上成為唯一的國際本位貨幣。但隨著美元地位的相對衰落，日元與馬克地位的相對上升，尤其是歐元的出現，對美元的地位提出了強大的挑戰，一個多中心的國際本位貨幣的時代已經到來。

　　國際本位貨幣具有以下職能：

　　(1) 標價貨幣職能。國際商品、勞務和技術貿易中以國際本位貨幣計價。

　　(2) 儲備貨幣職能。各國政府或中央銀行以國際本位貨幣形式(主要是銀行存款和債券)持有官方儲備資產。

　　(3) 支付貨幣職能。世界範圍內各國以國際本位貨幣作為國際交易中的支付手段。

　　(4) 中心貨幣職能。非國際本位貨幣國家貨幣的匯率往往首先表現為本國貨幣與國際本位貨幣的比價。

　　(5) 干預貨幣職能。各國中央銀行用國際本位貨幣干預外匯市場，以維持匯率的穩定或使匯率按戰略目標進行調整。

　　(6) 資本貨幣職能。世界範圍內的私人資本以國際本位貨幣為國際財富，大量持有以國際本位貨幣為面值的金融資產。

　　國際本位貨幣與關鍵貨幣(Key Currency)既有聯繫又有區別。所謂關鍵貨幣，是在國際金融中起重要作用的國際貨幣。在金本位制時代，那些與黃金一樣可作為國際結算手段和國際儲備資產的國別貨幣，就是關鍵貨幣。關鍵貨幣雖然也具有國際本位貨幣的上述某些職能，但其作用範圍和程度都不及國際本位貨幣。例如，自20世紀40年代後

半期到 1973 年初，英鎊、日元、西德馬克和瑞士法郎等雖然都是重要的關鍵貨幣，但它們都不是國際本位貨幣，當時的國際本位貨幣是美元。國際貨幣制度是由國際本位貨幣國家和關鍵貨幣國家控制的。國際貨幣制度的歷史，在某種意義上就是國際本位貨幣（以及關鍵貨幣）的興衰變化史，實際上也是國際本位貨幣國家（以及關鍵貨幣國家）的興衰變化史。

第二節 典型的國際金本位制度

國際金本位制度（International Gold Standard System）是以世界貨幣——黃金作為國際本位貨幣的制度。國際金本位制度又分為典型的國際金本位制度（金幣本位制度）和畸形的金本位制度（金塊本位制度和金匯兌本位制度）。

在金幣本位制下，流通中的貨幣除金幣外，還有可兌換為黃金的銀行券及少量其他金屬輔幣，但只有金幣執行著貨幣的全部職能。國際金幣本位制是歷史上第一個國際貨幣體系，到 1914 年第一次世界大戰爆發時結束。

一、國際金本位制的建立

英國在與拿破侖的戰爭中經歷了通貨膨脹以後，1816 年公布了鑄幣條例。1821 年英國實行金本位制，成為世界上第一個實行金本位制的國家。19 世紀 70 年代，由於白銀大量生產，銀價猛跌，資本主義國家為穩定幣值，相繼實行金本位制。德國靠普法戰爭勝利取得巨額賠款，於 1873 年根據貨幣法採用金本位制；丹麥、瑞典和挪威三國於 1873 年、荷蘭於 1875 年也實行金本位制；法國、義大利、比利時和瑞士曾締結拉丁貨幣同盟，到 1878 年也不得不放棄金銀復本位制，實行金本位制；俄國和日本在 1897 年實行金本位制；美國也終於在 1900 年頒布金本位制法案。到了 20 世紀初，資本主義各國普遍採用金本位制，形成了一個以英鎊為中心、以黃金為基礎的國際金本位貨幣制度。

二、典型的國際金本位制的主要內容

這個時期實行的是金幣本位制（Gold Coin Standard System）。這個制度不僅在法律上規定本位貨幣與一定量的黃金固定聯繫，而且在實際上也以鑄造的金幣為其具體表現。金幣本位制是一種典型的金本位制度。金幣本位制的內容，可以概括為以下兩個方面：①國家規定以黃金為貨幣金屬，確定本位貨幣（金鑄幣）的貨幣單位名稱與含金量，公民可持一定量的黃金請求鑄造或向國家銀行換成金幣，也可將持有的銀行券和輔幣兌換為金幣。②各國不同的金鑄幣按各自含金量形成固定平價，即鑄幣平價，建立比較穩定的國際貨幣聯繫。各國匯率波動的界限受黃金輸送點，即黃金輸入點和黃金輸出點的限

制。一國對外支付自由，實行自由的多邊結算制度。黃金是國際結算的最後手段，允許黃金在各國間自由流動。各國中央銀行及政府為應付國際支付的需要，都必須在手中掌握一定量的黃金，這就形成了每個國家的黃金儲備。黃金儲備是經濟實力的反應，保有和擴大黃金儲備是每個採用金本位制的國家迫切關心的事情。因此，典型的金幣本位制具有金幣自由鑄造、金幣與紙幣的自由兌換和黃金自由輸出入三個特徵。

各國政府對貨幣黃金充當世界貨幣所做的上述規定與採取的組織措施，構成了國際金本位制。這種國際貨幣制度的特點是統一的，然而也是鬆散的。因為各國對貨幣黃金發揮世界貨幣職能所作出的規定與採取的措施大都相同，黃金在國際上的支付原則、結算制度與運動規律都是一致的；但這個統一的國際貨幣制度，並不是在一個共同的國際組織的領導與監督下形成的，而是由各國自行規定其貨幣在國際範圍內發揮世界貨幣職能的原則和辦法的相同點自發形成的。

從19世紀70年代到第一次世界大戰前夕這段時期，被認為是國際金本位制的「黃金時代」。這個時期的國際金本位制，實際上是以英鎊為支柱的資本主義國際貨幣制度，因而有人稱之為「英鎊本位制度」。這是由當時英國的經濟實力和地位決定的。19世紀英國是世界上最強大的工業國，製成品出口居世界第一位；海外投資最多；英鎊是世界上通用的貨幣，是最重要的國際支付手段和儲備手段，因而倫敦成為最重要的國際金融中心。英國在國際貨幣領域裡的統治地位，給金本位制下的國際貨幣關係帶來一定的穩定性。這是由於國際上廣泛使用英鎊，以及倫敦金融市場與世界其他金融市場的密切聯繫，不可避免地賦予英國控制和穩定國際貨幣制度的特權。當時英國為國際收支逆差國的出口提供了市場；對資金缺乏的國家提供了大量長期貸款；在外匯危機時充當了最後債權人的角色。這既有利於英國爭奪世界金融領域的霸權地位，也保證了國際金本位制的穩定發展。

三、典型的國際金本位制的作用

19世紀的國際金本位制度是一種比較穩定的國際貨幣制度，它有利於當時資本主義經濟的發展。

首先，在國際金本位制度下，各國貨幣的價值或物價比較穩定。在金本位制度下，流通中的貨幣量能自發地適應商品流通的需要。如果貨幣過剩，一部分貨幣便退出流通領域，由流通手段和支付手段變為儲藏手段；如果貨幣不足，則一部分貨幣進入流通領域，由儲藏手段變為流通手段和支付手段。由於黃金本身有價值，而且其價值相當穩定，其他形式的貨幣與黃金都有直接和間接的兌換關係，不能隨便增發，所以不管是金幣還是紙幣的幣值都不會大起大落，因而有利於精確計算成本、價格和利潤，有利於生產的增長和商品流通的擴大。

其次，在國際金本位制度下，各國貨幣匯率波動輕微。由於各國貨幣單位均有一定的含金量，匯率就以各國貨幣的含金量為基礎(鑄幣平價)來決定。匯率行市雖然可能與

鑄幣平價相偏離，但偏差極小。在自由兌換與黃金自由輸出入條件下，匯率波動的上限與下限不會超出鑄幣平價加或減黃金的國際運送費用(包括運費、保險費和包裝費等)，即黃金輸出點和黃金輸入點。外匯匯率的相對穩定為國際貿易的發展提供了有利條件，也保證了對外貸款和投資活動的安全。外匯匯率的相對穩定性和對外貸款、投資的安全性，又反過來保證了國際金本位制度的順利運轉。

最後，在國際金本位制度下，國際收支不均衡可以實現自動調節。實行金幣本位制的國家把對外平衡，即國際收支平衡和匯率穩定，作為經濟政策的首要目標，因而各國都普遍遵守國際金本位制度要求的三項原則：①保持本國貨幣的法定含金量的穩定，維持貨幣自由兌換黃金；②貨幣發行必須有一定數量的黃金儲備；③外匯市場自由交易，黃金自由輸出入。在各國嚴格遵守這些規則的前提下，一國國際收支的不平衡影響到一國的黃金儲備和貨幣供應量，再由貨幣數量的變化影響到物價變化，最終影響到進出口的變動。這樣，國際收支就可能自動實現平衡。

總之，穩定的價格水平與貨幣的比價，以及較為穩定的世界經濟環境極大地促進了世界各國的經濟增長與貿易的發展，資本主義由此創造了過去幾千年來所沒有的奇跡。

四、典型的國際金本位制的結束

在金幣本位制下，黃金是最重要的儲備資產和最後的清算手段。該制度的正常運行取決於貨幣黃金的增加能否滿足經濟發展的需要。黃金的增長速度落後於各國經濟貿易增長需要時，就會導致國際清償能力的不足，進而嚴重制約各國經濟的發展。

因此，隨著資本主義經濟的發展，金幣本位制日趨不穩定，表現為：①資本主義經濟發展不平衡，採金部門生產落後於其他工業部門，世界市場黃金供應不足，各國黃金儲備量相差較大。②歐洲一些國家為準備和應付第一次世界大戰，盡量集中黃金於中央銀行，金幣的自由鑄造和黃金與紙幣的自由兌換已難以實現。③一些國家軍費支出擴大，為彌補財政赤字，大量增發銀行券，銀行券實質上已逐步成為不兌現的紙幣。④為保持黃金儲備，各國相繼採取限制甚至禁止黃金輸出的措施，黃金在各國間的自由流動受阻。至此，國際金本位制所要求的三項原則——自由鑄造、自由兌換、自由輸出入均難以堅持。隨著第一次世界大戰的爆發，各國政府相繼放棄了金幣本位制。

第三節 兩次世界大戰期間的國際貨幣制度

第一次世界大戰期間，各國政府開始通過印刷鈔票來部分彌補巨額的戰爭開支之不足。戰後初期，各國政府又試圖通過大量的公共開支來恢復經濟，從而使大多數歐洲國家陷入了惡性通貨膨脹之中。許多國家開始懷念金幣本位制所帶來的相對穩定的金融環境。1919 年美國首先恢復金本位制。1922 年英國、法國、義大利、日本等國在義大利

的熱那亞召開了一次世界貨幣會議，通過了一項全面恢復金本位制的行動綱領，並同意各國中央銀行緊密合作，共同配合實現外部平衡與內部平衡的目標。由於世界的黃金供給量無法充分滿足各國中央銀行國際儲備的需要，會議決定採用「節約黃金」的原則，英、法兩國實行金塊本位制，其他國家大多實行金匯兌本位制。這兩種金本位制度統稱為「畸形的金本位制度」。

一、金塊本位制

金塊本位制(Gold Bullion System)與金幣本位制相同的是，本位貨幣價值仍與一定量的黃金保持等價關係，但二者也有很大的不同。金塊本位制的特徵主要表現為：①在金塊本位制下，國家不再鑄造金幣，市場上沒有金幣流通，只有代表金幣的銀行券流通。②在金塊本位制下，中央銀行一方面按法定價格無限制地收購金塊，另一方面則按同樣的價格有限制地兌換金塊，以便使本位貨幣與定量黃金保持等價關係。英國在1925年規定，每次紙幣兌換金塊必須至少淨重400盎司；法國在1928年規定必須持有21.5萬法國法郎以上的銀行券才能兌換黃金。③在金幣本位制下，中央銀行的紙幣可以無限制地兌換黃金，但本身並非法定貨幣；在金塊本位制下，中央銀行的紙幣雖然不能自由兌換黃金，但本身已是法定貨幣，具有強制流通的能力。從上面金塊本位制的特徵可以看出，金塊本位制已經失去了金本位制的許多基本特徵，成為一種變形的金本位制。

二、金匯兌本位制

在英、法兩國實行金塊本位制的同時，世界上有三十多個國家實行金匯兌本位制(Gold Exchange Standard System)。實行金匯兌本位制的國家既不發行金鑄幣，也不具有兌換黃金的義務，同樣也不一定都有黃金儲備。所發行的紙幣不能直接兌換黃金，只能同一個實行金本位制的國家的貨幣保持一個固定的比價。大部分實行金匯兌本位制的國家，都是把該國的黃金和外匯儲備存放在與它們相聯繫的實行金本位制國家的銀行裡，作為它們發行紙幣的準備。由於它們的貨幣與實行金本位制國家的貨幣相聯繫，它們的貨幣價值就與這個國家的貨幣價值相聯繫；又由於這個實行金本位制的國家的貨幣價值是同黃金相聯繫的，所以實行金匯兌本位制國家的貨幣就與黃金間接相聯繫。

金匯兌本位制的特點如下：①實行金匯兌本位制國家的本位貨幣不再是黃金，大多數是紙幣；②本位貨幣具有無限法償能力，但不能兌換黃金；③國內發行紙幣的準備是存放在聯繫國家的黃金和外匯；④按照與聯繫國家貨幣的法定匯率，本國居民可無限制地買賣外匯，以滿足對外匯的需求和維持固定匯率；⑤由於不能再依賴黃金的自由流動所產生的自動調整作用，中央銀行管理的職責加強了；⑥國內信用貨幣數量受到存放在國外的黃金、外匯數量的影響。

金匯兌本位制可分為以下兩種形式：

1. 殖民地國家的金匯兌本位制

採用這種制度的國家是以其宗主國的金本位貨幣作為本國本位貨幣價值的基準。國內不鑄金幣，而以銀幣為無限法償貨幣。銀幣不能自由鑄造，以限制銀幣的供應量。該國在宗主國保存一筆宗主國貨幣，作為外匯平準基金，由政府以一定匯率(即本國貨幣對該宗主國金幣的匯率)無限制地出售宗主國貨幣的匯票，以滿足對外支付的需要，並使本國銀幣價值能與黃金保持一定的聯繫，不使匯率隨銀價的下跌而下浮。這些國家表面上使用銀幣，但銀幣的價值已脫離本身的價值，而以宗主國金幣的價值為自身的價值，與金幣本位制產生了同樣的作用，應該看成是一種變形的金本位制。又因為實行金匯兌本位制的國家既無金幣流通，又未儲備黃金，所以這種貨幣制度又被稱為虛金本位制。印度、菲律賓和巴拿馬等國曾採用這種制度。

2. 獨立國家的金匯兌本位制

這種制度與金塊本位制相似，該國的本位貨幣雖然與法定純金量保持等價關係，但停止金幣的自由鑄造，市面上沒有金幣流通。國內通貨以中央銀行紙幣為主，銀行券的兌現準備有存於國內的金塊與金幣，也有存於外國(不限制國家)的金塊、金幣和容易變現的外國票據。本國居民要求兌現時，國家銀行可以在金塊、金幣或外幣匯票中任給兌換一種，居民無權選擇。這種制度與金塊本位制的主要區別在於：在金塊本位制下，居民可以請求兌換金塊；但在這種制度下銀行有權決定是否兌換金塊，而事實上銀行多兌換的是外幣匯票。獨立國家的金匯兌本位制與殖民地國家的金匯兌本位制的主要區別在於：第一，前者的外幣匯票為貨幣信用良好國家的匯票，不限定國家；而後者則以宗主國的貨幣匯票為限。第二，前者的本位貨幣只是與一定的純金保持一定關係，不受任何外國貨幣制度的約束和影響；而後者的本位貨幣是與它們的宗主國的金幣保持一定的比率，所以帶有附庸性質。

第一次世界大戰後，德國、比利時、荷蘭、奧地利、芬蘭和希臘等三十多個國家，希望恢復金本位制，但因國內存金不多，無力實行金塊本位制，所以就採取了這種制度，以便節約黃金。

金匯兌本位制與金塊本位制一樣，都是畸形的金本位制，已不能發揮金幣本位制下自動調節貨幣流通的機能。它們的存在為資本主義國家隨時改訂貨幣符號的虛擬含金量、實行貨幣貶值創造了條件，也導致了金本位制的徹底崩潰。

三、畸形的國際金本位制的崩潰與貨幣集團的建立

第一次世界大戰後的金匯兌本位制崩潰的過程和原因是：一方面由於英國已失去了它的競爭優勢地位(尤其是面對美國)和清償其戰爭債務的能力，這就導致英國面臨較大的國際收支赤字和經濟的萎縮；另一方面，法國在 1926 年法郎貶值後穩定了其幣值，法國由此面臨較大的國際收支盈餘。法國為使巴黎成為國際貨幣中心，於 1928 年通過了一項法案，要求必須以黃金來支付它的國際收支盈餘而不是以英鎊或其他貨幣來支付。這

一法案的結果是嚴重地吸干了英國本身就貧乏的黃金儲備，並導致短期資本從倫敦流向巴黎。正當法國尋求把它先前累積的英鎊轉換成黃金時，英國被迫於1931年9月停止英鎊兌換黃金，英鎊貶值，金匯兌本位制宣告結束。

雖然法國把它的全部英鎊轉換成黃金的決策是金匯兌本位制崩潰的直接原因，但大多數經濟學家認為，金匯兌本位制崩潰的基本原因是：①金匯兌本位制缺少充分的調整機制，即當一個國家面臨不公平的平價時，不能夠去消除(或中和)國際收支不均衡對貨幣供給的影響；②在倫敦和其他國際貨幣中心(如紐約和巴黎)之間存在巨大的不穩定資本流動；③大蕭條的爆發。經濟學家們認為，面臨這樣巨大的世界性經濟蕭條，任何一種國際貨幣體系都會崩潰。1929—1933年資本主義世界的經濟大危機，從根本上摧毀了金本位制。澳大利亞、巴西和阿根廷等國，因國際收支逆差無法彌補，黃金外匯大量流失，於1929年年末和1930年年初放棄了金本位制。英國因資金外流和金融狀況惡化，也被迫於1931年9月放棄金本位制。同時，一大批以英國為中心國的金匯兌本位制國家(如印度、愛爾蘭和西班牙等國)，以及同英國貿易關係密切的北歐國家也連帶放棄了金本位制。在其他國家放棄金本位貶低其幣值的壓力下，美國和以法國為首的歐洲黃金集團國家也相繼改行不兌現貨幣制度。美國在1933年禁止金幣流通，把金幣集中到國庫，並宣布美元貶值，由20.67美元合一盎司黃金，變為35美元合一盎司黃金。1936年9月，歐洲黃金集團剩下的三個國家荷蘭、瑞士和義大利宣布貨幣貶值。至此第一次世界大戰後實行的金本位制完全崩潰。

第一次世界大戰後實行的金本位制崩潰後，資本主義國家的銀行券實際上已經不兌現貨幣。在通貨膨脹下貨幣購買力下降已是普遍現象，國際貨幣關係更陷於混亂狀態。每當某個國家由於貿易逆差或資本外逃以致國際收支嚴重逆差時，就會發生貨幣金融危機。其主要表現是：國際收支嚴重逆差國家的貨幣，在國際市場上信用動搖，人們紛紛拋售這些國家的貨幣而搶購黃金、物資，從而使該國貨幣匯價迅猛下跌，這往往迫使該國公開宣布貨幣貶值，這樣致使國際金融市場匯率劇烈波動。

在重新劃分勢力範圍的爭奪中，英國、法國和美國分別組成相互對立的英鎊集團、法郎集團和美元集團。英國為了維持原有的勢力範圍，就於1931年同與英國在貿易和金融上有密切聯繫的國家和殖民地、附屬國組成了世界上最早的貨幣集團——英鎊集團。其內容主要是：①參加國和地區的貨幣匯率釘住英鎊，隨英鎊的變動而變動；②參加國和地區的外匯儲備全部或者大部分是英鎊，並以英國國庫券和活期存款的形式存放於倫敦。這時英鎊集團還是個鬆散的非正式組織。1939年9月第二次世界大戰爆發後，英國實行嚴格的外匯和外貿管制，才用法律形式把集團成員國之間的關係固定下來，改稱英鎊區，在英國的外匯管制條例中稱為表列地區。英鎊區的特點包括：①區內各國和各地區的貨幣與英鎊保持固定匯率，一般可相互自由兌換；②區內貿易結算都通過英鎊辦理；③資金在區內移動不受限制，對區外國家的移動則須經外匯管理機關批准；④各國、各地區收入的黃金和美元按一定比例售給英國財政部，作為英鎊區的共同儲備。

美國在 1933 年取消金本位制並實行美元貶值以後，為了與英鎊集團和當時的歐洲黃金集團相對抗，就與菲律賓、加拿大及中美、南美的一些國家於 1934 年組成了美元集團。該集團的特點是：①區內各國貨幣對美元保持固定比價；②外匯儲備主要是美元，存放在美國；③對外貿易一般不實行外匯管制，貿易清算通過美元辦理。到 1939 年美元集團發展為美元區。

在歐洲黃金集團瓦解後，法國伙同亞非兩大洲的法屬殖民地組成法郎集團，並於第二次世界大戰期間發展成為法郎區。其主要特點是：①區內各種貨幣與法郎保持固定比價；②區內各種貨幣可以無限制地自由兌換，資金可以自由移動；③對外貿易均通過法郎結算，各成員國協調統一外匯管理；④區內各國發行銀行均在法國國庫開立業務帳戶，把在各發行區外得到的外匯的 65% 存入該帳戶，需要對外支付時則按規定的額度從該帳戶上提取或透支。

第四節　布雷頓森林體系

一、布雷頓森林體系的建立

始於 1929 年的世界性大蕭條一直持續到第二次世界大戰爆發的 1939 年，給世界經濟造成了巨大損失。各國為了擺脫危機，都試圖通過直接限制進口及實行複匯率制來增加國內總需求。這種以犧牲外國經濟為代價而使本國經濟狀況得到改善的、以鄰為壑的政策不可避免地招致外國的報復行為，從而引發貿易戰、關稅戰、貨幣戰，結果國際貿易和國際信貸受到極大的限制，所有國家的經濟狀況更加惡化。美國和歐洲國家的關稅壁壘和通貨緊縮導致了債務危機的廣泛蔓延，尤其是拉美國家，其出口市場瀕臨消失。

雖然各國在 20 世紀 30 年代後期進行了一些國際經濟方面的合作，但是國際市場的巨大波動仍然持續到 1939 年第二次世界大戰開始。為盡量避免任何大的外部不平衡，許多國家都採取措施，甚至以政府法令進行干預，以盡量減少與世界其他國家的貿易聯繫。這種減少貿易的做法使全球經濟為此付出了巨大代價，並降低了各國從危機中復甦的速度。

倘若各國能夠積極合作，保證在不犧牲內部平衡的條件下實現外部平衡與穩定，實現更加自由的國際貿易，那麼，所有國家的經濟狀況都會有所改善，大蕭條也不會持續 10 年之久。因此，美國和英國為了改變 20 世紀 30 年代貿易與國際貨幣關係混亂的局面，在第二次世界大戰尚未結束時，就開始積極策劃重建戰後的國際貨幣體系。

第二次世界大戰使主要國家的政治、經濟格局發生了明顯的變化。美國經過兩次世界大戰，不只在政治和軍事上取得了世界霸主的地位，而且在經濟上以絕對的優勢成為世界第一大國。第二次世界大戰結束時，美國的工業製成品占世界製成品總額的一半，

對外貿易占世界貿易總額的31%強，黃金儲備約占資本主義世界黃金總儲備的59%，其對外投資也超過了英國，成為世界最大債權國。美國倚仗其雄厚的經濟實力試圖取代英國成為國際金融領域的霸主。雖然英國由於戰爭以致經濟實力受到極大的削弱，但是英國想竭力保持它原有的國際地位。由於當時英鎊仍是世界主要儲備貨幣之一，國際貿易的40%左右仍用英鎊結算，倫敦仍是重要的國際金融中心。特別是由於帝國特惠區和英鎊區的存在，英國在國際貨幣金融領域仍有一定實力。因此，英國企圖與美國分享國際金融領域的領導權。但美國則希望通過建立多邊的經濟合作，迫使各國放棄外匯管制和歧視性的雙邊措施，以確立美元在國際貨幣制度中的統治地位。從1943年9月到1944年4月，美英兩國政府代表團在國際貨幣制度重建問題上發生了激烈的爭論，分別提出了懷特計劃和凱恩斯計劃。

美國財政部官員懷特提出的是國際穩定基金方案。該方案規定各國必須繳納資金來建立基金組織，各國的發言權和投票權取決於各國繳納份額的多少。基金組織發行一種國際貨幣尤尼塔(Unita)作為計算單位，其含金量相當於10美元，各國貨幣與尤尼塔保持固定比價。基金組織的任務主要是穩定匯率，並向成員國提供短期信貸以解決國際收支的暫時性不平衡。美國提出該方案的目的，是想一手操縱和控制基金組織，獲得國際金融領域的統治權。

英國財政部顧問、著名經濟學家凱恩斯從本國立場出發，建議設立一個世界性的中央銀行，叫做國際清算聯盟。由它發行不兌現紙幣班柯(Bancor)作為清算單位，通過班柯存款帳戶來清算各國官方的債權債務。各國在國際清算聯盟所承擔的份額，以戰前3年進出口的平均貿易額計算。但成員國並不需要繳納黃金或現款，而只是在聯盟中開設往來帳戶。當一國國際收支有順差時，就將款項存入帳戶；發生逆差時則按規定的份額申請透支或提存。凱恩斯計劃考慮到英國黃金缺乏，而戰後美國將壟斷世界黃金儲備一半的情況，極力反對把黃金作為主要貨幣。

這兩個方案反應了美、英兩國經濟地位的變化和兩國爭奪世界金融霸權的目的。美國憑藉其在經濟政治上大大超過英國的實力，迫使英國放棄國際清算聯盟計劃而接受懷特計劃。1944年7月在美國新罕布什爾州的布雷頓森林召開了有44個國家參加的聯合國國際貨幣金融會議，通過了以懷特計劃為基礎的《國際貨幣基金協定》，建立起一個以黃金和美元為國際本位貨幣的國際貨幣制度。

二、布雷頓森林體系的主要內容

《國際貨幣基金協定》與《國際復興開發銀行協定》總稱為《布雷頓森林協定》。該協定確立了第二次世界大戰後以美元為中心的國際貨幣體系的原則與運行機制。

布雷頓森林體系(Bretton Woods System)的主要內容是：

（1）美元等同黃金，充當通用的國際支付手段和最重要的國際儲備貨幣。美元和黃金直接掛鉤。國際貨幣基金組織(International Monetary Fund，IMF)要求成員國確認1934

年美國規定的 35 美元合一盎司黃金(即 1 美元含金量為0.888,671 克)為黃金官價。各成員國可以按這一價格用其持有的美元向美國兌換黃金,各成員國應協同美國干預市場金價,使其穩定在 35 美元一盎司的水平上。其目的是通過這個掛勾,讓美元代表黃金,發揮世界貨幣的職能作用。

(2) 實行固定匯率制。參加基金組織的成員國貨幣與美元掛勾。有的國家貨幣確定了一種虛構的含金量,同單位美元含金量對比,確定其貨幣與美元的固定比率;有的國家(尤其是亞、非、拉國家)的貨幣難以確定含金量,就直接同美元確定貨幣平價。美元含金量與各國貨幣含金量之比通常稱為黃金平價。各成員國貨幣同美元的固定比價也即法定匯率,非經基金組織同意,不得變更。協定第 4 條第 3 款規定:各國貨幣對美元的匯率一般只能在平價上下各 1%的幅度內波動;波動幅度超過 1%時,必須經過基金組織同意。各國政府有義務在外匯市場上進行干預活動,以便保持外匯行市的穩定。這樣各國貨幣便通過固定匯率與美元聯結在一起,美元就成為各國貨幣圍繞的中心。

(3) 關於國際收支不均衡的調節方式。①IMF 的貸款。IMF 通過預先安排的資金融通措施,保證提供輔助性的儲備供應來源,以應付各國的國際支付需要,改善成員國的國際收支狀況,穩定匯兌平價。②依靠成員國國內的經濟政策,在國際收支不均衡時,採用適當的經濟政策影響國內物價與生產資源的轉移,改善國際收支;也可要求 IMF 實施「稀缺條款」迫使順差國削減順差。③調整匯率。這是最終的選擇。在成員國出現國際收支基本失衡、其他調節措施都無效或代價太高時,經 IMF 同意後,改變成員國的匯率水平。

(4) 協定第 8 條規定,成員國應實現經常項目的可兌換,即不得限制經常性的對外支付,不得採取歧視性的貨幣措施。要求成員國在兌換性的基礎上實行多邊支付,在現有的國際協議基礎上進行磋商。這是成員國的一般義務。這些規定的目的主要是促進國際貿易的發展。

這種以黃金—美元為本位貨幣的國際貨幣制度,被稱為以美元為中心的國際金匯兌本位制。在這種國際金匯兌本位制下,美元處於特殊的地位,美元等同於黃金,成為主要的國際儲備貨幣。這種國際金匯兌本位制與第二次世界大戰前的國際金匯兌本位制的相同之處是:由於黃金不足,都用特定的一個資本主義國家的貨幣作為外匯儲備,以應付國際支付的需要,黃金是國際結算的最後手段。它們的差別之處是:①第二次世界大戰前的金匯兌本位制只是在一部分國家實行,是通過雙邊關係或各個貨幣集團內部的多邊關係發生作用的;而戰後的這種金匯兌本位制,是以美元為唯一中心的,是通過基金組織這個國際機構形成的,並且把世界上多數國家和地區都囊括其中。②第二次世界大戰前的金匯兌本位制的有關內容沒有國際性協定加以約束,各國貨幣都與黃金建立固定聯繫,各國貨幣可以自由兌換;而戰後的金匯兌本位制是在國家干預和調節國際貨幣關係條件下發揮作用的。布雷頓森林協定對國際貨幣制度的各個方面都做了詳盡的規定,並對各國都有約束力,如果違反則予以制裁。各國之間的貨幣比價,是根據各國貨幣的

含金量與美元建立的固定比價關係確定的。黃金輸送點不再是匯率波動的界限,不起調節作用,而是在基金組織的監督下,由各國干預外匯市場,人為地維持匯率波動的界限。③第二次世界大戰後的金匯兌本位制度下其他國家的居民和企業,已不能以自己持有的外匯向有關外國政府兌換黃金,而只有各國政府或中央銀行才可以用自己持有的美元,向承擔義務的美國要求兌換黃金。以上這些差別,說明了戰後的黃金—美元國際本位制度與黃金的聯繫更加削弱了。

三、布雷頓森林體系的作用

戰後以黃金和美元為本位貨幣的國際貨幣制度對戰後世界貿易和經濟的發展起了極大的促進作用。

首先,確認了美元等同黃金起國際本位貨幣的作用,規定了美元與黃金、各國貨幣與美元的基準比價,並且通過國際貨幣基金組織的監督和各國對外匯市場的干預,基本上消除了原來國際貨幣金融分裂混亂和匯率急遽波動的現象。固定匯率保持了匯率的相對穩定,為國際貿易與投資活動的開展提供了有利條件。

其次,美元作為國際本位貨幣,處於等同黃金的地位,作為黃金的補充,彌補了國際清償能力的不足。美國利用美元具有世界貨幣職能的有利地位,向全世界大量投放美元。這雖然加強了美國的對外擴張能力,但同時也擴大了世界的購買力,從而推動了國際貿易的發展。

再次,為了擴大美元的流通範圍,擴大美國的海外銷售市場,國際貨幣基金組織要求會員國取消或放寬外貿和外匯管制,這在一定程度上為戰後國際貿易與投資的發展消除了部分障礙。

最後,國際貨幣基金組織在促進國際貨幣合作和建立多邊體系方面做了許多工作,特別是對成員國提供多種類型的短期和中期貸款,暫時緩解了會員國的國際收支逆差的壓力,這有助於世界經濟的穩定與增長。

四、布雷頓森林體系的缺陷

布雷頓森林體系取得了令人矚目的成功,但是也面臨一些問題,並且隨著世界經濟的不平衡發展而日漸顯露。

1. 關於國際本位貨幣問題

布雷頓森林體制是以美元與黃金共同作為國際本位貨幣的制度。但由於黃金是具有內在價值的一級資產,美元是美國發行的信用貨幣,在美國境內早已不能兌換黃金,因此,隨著世界經濟的發展,格雷欣法則(Gresham's Law)發揮作用,美元驅逐黃金,而被廣泛地用於國際貿易、投資、儲備、交易等。美元充斥市場,其穩定性就取決於美國的經濟實力、經濟政策及美元的可兌換性。當美國政府不願繼續承擔其國際責任時,美元的擴大發行及大量遊離於市場的美元不能獲得兌現,使人們對美元及以美元為中心的國

際貨幣體系的信心發生動搖，人們就會拼命地追逐並大量貯藏黃金，國際貨幣體系的危機就爆發了。

2. 特里芬難題

美國經濟學家特里芬（R. Triffin）對布雷頓森林體系進行分析研究後指出，美元作為國際本位貨幣，充當國際支付手段和國際儲備手段，使其同時承擔了相互矛盾的雙重職能：一方面要保持美元幣值穩定，維持美元與黃金的有限兌換；另一方面美元要滿足世界經濟貿易增長對國際清償能力的需要。前者要求美國應保持國際收支順差，以增強美元的兌換能力，但這會引起國際清償能力不足，各國將因缺乏必要的國際清償手段而降低生產與貿易發展速度；後者要求美國國際收支持續保持逆差，以滿足世界各國對美元儲備的需要，滿足國際貿易及其他支付的需要。為此，美國只能通過對外負債的形式提供美元。然而美國長期的國際收支逆差會使美元的幣值不穩，其國際信用會發生動搖。美元陷入了「兩難困境」。布雷頓森林體系的這種內在不穩定性隨著流出美國的美元日益增多而日漸暴露，美元的有限兌換日益受到人們的懷疑，最終誘發人們對美元的信心危機，從而導致布雷頓森林體系的崩潰。

3. 國際收支不平衡調節的不對稱性

布雷頓森林體系下的國際收支不平衡的調節途徑除獲得 IMF 貸款外，主要是政策調節。由於美國居於該體系的主導地位，美國與其他國家的地位及權利義務不相同，從而使各國在調節國際收支不均衡問題上存在不對稱性。

對美國而言，其最重要的責任與外部約束是保持美元與黃金之間的固定比價。美國的黃金儲備總量限制了美元的發行總量，尤其是控制了美元向國外的輸出總量。在保持美元與其他貨幣之間的固定比價方面，美國與其他國家進行交往而出現國際收支不平衡（逆差）時，它可以簡單地以輸出美元的方式解決進口及其他需要，而不必調整國內經濟以維護匯率穩定。由於美國是國際貨幣發行國，因此，其他國家則更多地承擔了匯率波動的調節干預責任。美國的外部均衡目標實際上表現為控制美元的輸出總量。

對其他國家而言，調節國際收支不均衡以維護匯率穩定的責任重大，並且，國際收支順差與國際收支逆差在國際收支調節上也存在不對稱性。國際收支順差國可以用累積的美元儲備向美國兌換黃金以減少順差額及由此帶來的貨幣升值壓力，而不必對國內經濟進行調整。如此，國際收支不平衡調節的重擔就落在了國際收支逆差國的身上。這進一步加重了這些國家的困難。雖然國際貨幣基金組織具有為各國提供資金融通的職能，但是它所提供的資金數量有限，多為短期性的，而且對這筆資金的使用還附有嚴格的條件，很難滿足國際收支逆差國的需要。在國際金融市場融資困難和外匯儲備不足的情況下，支出變動政策是對經濟進行調整以實現外部均衡的主要政策工具；但是支出變動政策不可避免地會對內部經濟產生影響，因而各國政府只有在迫不得已時才使用。

4. 固定匯率體制與經濟格局的變化

維護固定匯率制是布雷頓森林體系的首要任務。在布雷頓森林體系運行期間，匯率

調整是非常少的，1948—1969 年的 22 年中，只有 1 個國家貨幣升值，12 個國家貨幣無任何變動，27 個國家有 1 次貶值，16 個國家貨幣多次貶值。20 世紀五六十年代，主要發達國家之間的匯率尤為穩定。但是，戰後西歐與日本經濟的恢復和發展，改變了與美國經濟實力的對比關係，反應在國際收支上是美國持續的國際收支逆差和日本與西德持續的國際收支順差，反應在外匯市場上則是日元與西德馬克的堅挺和美元的疲軟。美國雖為出口增長緩慢而苦惱，但並不願放棄美元作為國際貨幣而帶來的「鑄幣稅」收益，也不願使美元貶值而失去無償或廉價占用他國實際資源的好處。日本與西德則把巨額美元儲備作為增強實力、提高國際地位的手段，希望維持順差，不願調整匯率，但為此付出的代價便是被迫干預匯率、收買美元、維護平價而引入的美國的通貨膨脹。其他國家戰後經濟發展的不平衡，客觀上要求各國採取不同的宏觀經濟政策來促進本國經濟的發展，但是固定匯率制的硬性約束嚴重地束縛了一國獨立地實施經濟政策，引起了許多國家的不滿。矛盾的累積最終衝破了布雷頓森林體系的約束機制。

五、布雷頓森林體系的崩潰

在布雷頓森林體系建立的初期，各國為恢復本國經濟，迫切需要美國的援助、出口和美元，而此時，美國通過國際收支逆差所輸出的美元數量有限，出現了「美元荒」的局面。隨著各國經濟的發展，美國的國際收支發生了變化，1959 年美國出現赤字，1960 年美國經濟危機的爆發使美元信用嚴重動搖，並於當年 10 月爆發美元危機。國際金融市場上大量拋售美元，搶購黃金和其他國家硬通貨，結果造成黃金價格上漲，美元匯率下跌。美國不得不向英格蘭銀行提供黃金，平抑黃金價格的上揚，平息美元危機。1960 年標誌著「美元荒」時代的結束，也是各國害怕美元相對於黃金貶值時期的開始。

為維護國際貨幣體系的穩定，增強市場信心，國際貨幣基金組織採取了一系列應急措施：

1960 年 10 月，歐美主要工業國達成穩定黃金價格協定，以不高於 35.20 美元的價格(黃金官價+手續費+運費)購買黃金。

1961 年，參加國際清算銀行理事會的美國、英國、西德、法國、義大利、荷蘭、比利時、瑞典 8 國中央銀行通過《巴塞爾協定》。該協定規定，在發生國際收支困難與貨幣危機時各國之間要予以必要支持。

1961 年 10 月，巴塞爾協定參加國除瑞典外的 7 國通過《黃金總庫協議》，建立 2.7 億美元的黃金總庫，平抑黃金市價，共同維護黃金官價。

1962 年，國際貨幣基金組織與 10 個最大的工業國簽訂了 60 億美元的「借款總安排」，在必要時支持美元，維持國際貨幣體系的運轉。

1962 年 3 月，美國與 14 個西方工業國的中央銀行簽訂總額為 117.3 億美元的《貨幣互換協議》，通過短期貨幣互換，增強干預市場的能力。

1969 年 3 月，實行黃金雙價制，各國中央銀行之間保持黃金官價，而黃金價格則由

市場供求決定。黃金危機使美國無力維持黃金官價。

1969年8月,國際貨幣基金組織設立特別提款權(SDR)帳戶,以增加國際儲備貨幣,緩解對美元的壓力。

國際貨幣基金組織協調西方工業國之間的利益衝突、維護匯率穩定的努力,暫時緩和了世界貨幣金融市場的緊張局勢。

1971年8月15日,由於美國面臨持續而巨大的國際收支赤字、不斷上升的通貨膨脹及緩慢的經濟增長和較高的失業率,美國總統尼克森被迫採取強硬措施,宣布:①從此以後美國將不再自動地向外國中央銀行出售黃金換回美元,即美元停止兌換黃金,從而結束了美國黃金外流的局面;②對所有美國進口的商品徵收10%的附加稅,以幫助糾正其國際收支赤字。停止美元兌換黃金的政策變化,使美元失去了黃金的保證,美元價值沒有了支撐點,外國中央銀行就面臨是否按照原來建立起的平價關係繼續買賣美元的問題。

為了阻止投機和不穩定性,1971年12月,主要工業化國家代表在華盛頓的史密森學會召開會議,達成一個新的匯率安排,即「史密森協議」。該協議的主要內容是:黃金的美元價格從每盎司35美元升至38美元,這意味著美元貶值7.9%,西德馬克對美元升值17%,日元對美元升值13%;匯率波動範圍擴大到±2.25%;美國取消10%的進口附加稅。當時尼克森總統稱「史密森協議」為「世界歷史上最有意義的貨幣協定」。然而,1972年美國經常項目急遽惡化,這使美國感到「史密森協議」並非良策,美元需要進一步貶值,加上當年美國的貨幣增長過快,使市場相信美元需要進一步貶值,從而導致新一輪拋售美元的投機風潮。1973年2月初美元危機的再次爆發使「史密森協議」在不到15個月就破產了,美元再次貶值10%。然而,在恢復外匯市場交易後,投機資本又開始衝擊美元。3月1日,歐洲各國中央銀行被迫購買36億美元以防止其貨幣升值。之後,再度關閉外匯市場,且長達17天。3月19日外匯市場又一次開盤交易時,日本與大多數歐洲國家的貨幣價格相對於美元都開始浮動。工業化國家對美元匯率的浮動在當時被看做對難以控制的投機性資本流動作出的暫時性反應。但匯率的浮動最終變成了永久性措施。它標誌著布雷頓森林體系的崩潰。

第五節　現行國際貨幣體系

一、現行國際貨幣體系的形成與主要內容

布雷頓森林體系崩潰後,代表國際貨幣基金組織所有成員國的官方組織———「二十國委員會」積極準備制訂恢復國際貨幣秩序的新計劃。該計劃試圖擺脫布雷頓森林體系的不對稱,以建立新的固定匯率制 1974年7月,該委員會發布了最後的「改革綱要」。

但是，石油危機的爆發使該計劃擱淺了。石油危機使大多數國家內外經濟嚴重失衡。發達國家不願放棄靈活性很強的浮動匯率制，也不願再用貨幣政策去維護固定匯率制。面對經濟的日益衰退，各國政府自主地選擇最有利於本國的擴張性貨幣政策與財政政策。在這些政策的作用下，1975年下半年，多數工業化國家的經濟開始回升，通貨膨脹也在下降。

許多經濟學家認為，浮動匯率制的實施對於調整石油危機的衝擊起到了較好的作用。1975年年末工業化國家先後宣布準備長期實行浮動匯率制，並要求國際貨幣基金組織修訂原來協定的條款。1976年1月，國際貨幣基金組織在牙買加的金斯敦召開了理事會，簽署了《牙買加協議》，同年4月國際貨幣基金組織通過了國際貨幣基金組織協議的第二次修訂案，從此，國際貨幣體系步入一個新的階段——牙買加體系時代。

《牙買加協議》的主要內容是：

（1）允許成員國自由選擇匯率安排，即成員國可選擇固定匯率制，也可選擇浮動匯率制。國際貨幣基金組織有權對成員國匯率政策進行監督，以防止成員國操縱匯率謀取不公平競爭利益，確保匯率秩序穩定。

（2）黃金在國際貨幣體系中的地位與作用降低，最終將取消黃金的官方價格。國際貨幣基金組織將出售其持有黃金的1/3（5,000萬盎司），並將其中的部分收益用於發展中國家。

（3）特別提款權（SDR）的作用將進一步增強。SDR將逐步取代黃金和美元，成為各國的主要儲備資產；各成員國間也可不徵得IMF的同意，自由交易SDR。

（4）擴大對發展中國家的資金融通數量。用出售黃金的收入建立信託基金，改善發展中國家的貸款條件，將國際貨幣基金組織的信用貸款總額擴大，由成員國份額的100%提高到145%；放寬出口波動補償貸款的份額，由50%擴大到75%，以滿足發展中國家的特殊發展需要。

牙買加體系對布雷頓森林體系的改革集中於匯率、黃金和特別提款權，在很大程度上是對事實的一種法律追認。它沒有建立新的穩定貨幣體系的機構，也沒有制定硬性的規則或自動的制裁辦法，各國可以根據自身的考慮和責任來履行其義務。有鑒於此，部分理論家認為現在的國際貨幣制度不是一種「貨幣秩序」，或者說是「無制度」的。當然，「貨幣秩序」還是有的，如《牙買加協議》中的匯率監督等。最重要的是牙買加體系的靈活性使其能在一定時期中適應世界經濟的發展變化。

二、現行國際貨幣體系的運行

1. 關於國際本位貨幣問題

首先，黃金非貨幣化使各國不再像以前那樣重視黃金，黃金在國際儲備中的地位下降。但是，黃金因其稀缺和高昂的內在價值而成為一切貨幣的物質基礎，各國都認為在戰爭或重大動盪情況下黃金仍是最穩定的價值手段和最終的國際清償手段。因此，世界

儲備中黃金仍約占25%，而發達國家的黃金儲備比重更高，黃金市場依然是最富活力的國際金融市場之一。

其次，美元、馬克(歐元)、日元三元貨幣趨勢。布雷頓森林體系崩潰後，許多可自由兌換的法償貨幣，包括籃子貨幣(Basket Currency)都發揮著國際本位貨幣的職能，但是，美元的地位與作用仍然不可取代。

20世紀70年代，美國的巨額財政赤字、不斷增長的外貿逆差和龐大的外債，使美元地位日益下降，不穩定性日益增加。到1993年年底美國為財政赤字融資發行的國債約為44,104.75億美元，占國內生產總值的71.5%；到1995年5月已達47,700億美元。20世紀90年代前半期美國的經常項目逆差累計高達4,260億美元，這意味著那幾年有4,260億美元從美國流向世界各地。據國際貨幣基金組織統計，目前外國中央銀行持有的美元總數約為5,000億美元，而且還在不斷增加。1982年以來，美國累計的外債額高達1.25萬億美元，外國公司和個人在美國設廠，購買美國公司的股票、美國政府發行的公債和美國銀行的定期存單。這樣的美國經濟必將導致美元在國際上的信譽下降，美元對日元和馬克的比價也就一跌再跌。從1973年開始實行浮動匯率制以來，美元對日元和馬克的比價下降了50%以上。1994年和1995年1~4月，美元對馬克的比價就下降了11%左右，對日元的比價下降了16%左右。1995年4月19日，美元對日元的比價下跌到了有史以來的最低點：1美元兌78日元。據1989年12月31日的統計，釘住美元的貨幣有33個，而到1994年9月30日，釘住美元的貨幣只有23個。這明顯地暗示：美元已不再像以前那樣可以走遍天下，到處受人青睞了。面對美元的這一頹勢，美國中央銀行卻竭力逃避維護美元的責任，沒有及時地很好地發揮美元這一世界貨幣的購買力的保護所的作用。但這只是事情的一個方面。事情的另一方面是：第一，美元仍是當今世界的主要流通手段和儲備貨幣。美國聯邦儲備委員會說，60%的美元在美國以外的其他國家和地區流通。各國外匯儲備中美元仍約占60%，國際貿易的2/3仍然使用美元計價和結算，私人部門依舊把美元作為融資工具中最重要的價值儲藏手段。第二，一國貨幣要成為國際主要貨幣，必須具備經濟、政治和軍事三個條件的優勢。歷史上，英鎊隨這三個條件的衰落而被美元取代。雖然說美元地位衰落，但它只是相對於過去其在國際貨幣體系中的核心地位，只是相對於日元、德國馬克或歐元的崛起而言的。目前，美國依然擁有雄厚的政治、經濟、軍事能量，這支撐著美元的國際貨幣地位，尤其是美國作為世界最大的進口國和出口國，美國經濟在世界經濟中的主要地位，深刻地影響著其他國家經濟，乃至世界經濟的增長。因此，美元仍然是21世紀的主要貨幣，不管在哪兒都可以流通使用。世界上還沒有任何一種其他貨幣能夠取代美元。

歐元是世界第二大貨幣。歐元的出現打破了世界經濟中美元獨霸的局面。歐洲經濟貨幣聯盟已成為全球經濟力量的中心之一。在歐元發行之前，歐洲一些國家認為，德國馬克是歐洲最主要的交換媒介。在歐洲一些國家和地區，德國馬克已取代美元，成為事實上歐洲貨幣體系的本位貨幣。因此德國馬克的穩定與否關係到歐洲貨幣體系的穩定與

否。1992年歐洲貨幣體系的危機就起因於東德、西德合併而引起的德國經濟的不穩定，導致馬克的不穩定，最終引發平價網制度的連鎖危機反應。馬克又是歐洲的「避風港」。歐洲貨幣市場一有風吹草動，人們無不購入馬克保值，因此德國聯邦銀行事實上成為歐洲聯盟各國中央銀行的中央銀行。它的金融政策對歐洲各國的金融政策起著導向作用。此外，德國持續的國際收支順差也使馬克成為具有較高價值的儲備貨幣。歐元取代歐元區國家貨幣後，已成為世界第二大主要貨幣。從財政規模來說，美元、歐元、日元的比例為5：3：2。隨著歐盟的向東擴展（2003年4月16日，10個歐盟新成員在入盟條約上簽字），如果英國、瑞典和丹麥也加入這個貨幣聯盟，那麼，歐元區的財政規模還會擴大。在未來十年間，歐元區將擁有28個國家，這個區域大約覆蓋了5億人口，比美國的GDP高20%或30%。歐元區進出口貿易值也將大於美國在世界貿易總值中的比重。因此，歐元的發行與流通，在一定程度上改變了國際貨幣體系的格局。不僅歐元區國家之間的貿易，歐洲跨國公司的貿易、兼併與收購多數也以歐元結算；歐元區與美國、亞洲等地的貿易也將廣泛地使用歐元。此外，世界各國的儲備當局為避免或減少美元所帶來的危險，可能會拋出一部分美元，即持有歐元，這種變化極有可能使歐元發展到與美元抗衡的地位。

　　再看日元。日本已成為全球經濟力量的又一個中心。從1982年以來，日本積聚了7,800億美元的資產，日本的經常項目盈餘達1,293億美元之巨；再加上日本內需不振，儲蓄率高，消費率低，因而日本的信用等級被評為AA級。所有這些都導致日元地位的上升和日元匯價的堅挺。只要亞洲各國中央銀行仍然以美元形式保有資產，而以日元形式承擔債務，那麼，在亞洲美元的跌勢、日元的升勢就仍將存在。面對日元咄咄逼人的氣勢，亞洲一些國家的中央銀行正在把美元兌換成日元，從而有可能在亞洲形成一個日元區，以取代過去的美元區。日元的國際化是不可避免的。面對這一形勢，日本政府也計劃將日元作為世界貨幣。日本政府認為，這將與日本的經濟地位相稱，同時也可以化解美元下滑帶來的衝擊。因此，日本希望亞洲各國中央銀行的經常收支以日元進行，商業交易也以日元為媒介。然而，必須看到，日元的國際化受到來自日本國內和亞洲國家其他一些因素的阻礙。從日本來說，日元的堅挺破壞了日本國內的生產和投資，削弱了日本經濟大國的地位。從亞洲國家來說，日元的堅挺使向日本舉債的亞洲國家的負擔加重，而日本又拒絕減免亞洲國家的日元債務。這樣，當亞洲國家將創匯所得的美元折合為日元向日本還本付息時，就等於是借了日本的超高利貸後的還本利息。而在日元對美元升值的浪潮中，亞洲一些國家的貨幣也對美元升值，從而增加了這些國家出口產品的成本。而日元要取得主要貿易貨幣的地位，又必須允許其他國家在日本市場銷售更多的商品，使它們擁有更多的日元，就像過去美國所做的那樣。但這是日本的貿易保護主義所不允許的。日本的貿易壁壘限制了進口，日本不是其他國家的最大市場。此外，日本與德國不同的是，日本對第二次世界大戰給亞洲國家帶來的災難一直沒有足夠的深刻反省，再加上近十年日本經濟的持續低迷及金融體制等問題，所有這些都阻礙了日元的國

際化。日元更不可能取代美元的地位。

2. 關於匯率制度問題

根據國際貨幣基金組織的統計，1998年以前匯率制度大致分為三類：①釘住匯率制，其中包括釘住單一貨幣和釘住籃子貨幣。實行釘住匯率制的國家在20世紀80年代達90多個，進入90年代，呈下降趨勢，到1998年只有64個國家或地區實行這一制度。②有限靈活匯率制，其中包括單一貨幣和籃子貨幣，1998年有17個國家或地區選擇有限靈活匯率制。③更加靈活匯率制，其中包括按一套指標調整、管理浮動和獨立浮動。實行更加靈活匯率制的國家或地區不斷增加，由1981年的33個增加到1998年的101個國家或地區。在這三類匯率制度中，選擇更加靈活匯率制的國家或地區的比例不斷上升，而選擇釘住匯率制的國家或地區的比例在下降，由此國際匯率體系在不斷地向具有更大靈活性的安排轉變。

1999年國際貨幣基金組織對匯率制度進行了重新分類，如表1-1所示：

表1-1　　　　　　　　　1999年IMF新的匯率制度分類

匯率制度	國家數目	
	1999年1月1日	1999年9月30日
1. 無獨立法定貨幣的匯率安排	37	37
2. 貨幣局制度	8	8
3. 其他傳統的固定匯率制(含管理浮動下的實際釘住制)	39	44
4. 水平(上下1%)調整的釘住	12	7
5. 爬行釘住	6	5
6. 爬行帶內浮動	10	7
7. 不事先公布干預方式的管理浮動	26	26
8. 單獨浮動	47	51

根據匯率的波動幅度，我們可以把表中的八種匯率制度分成兩種，即角點匯率制度和中間匯率制度。角點匯率制度是指完全的固定匯率制和政府雖有干預但不控制的浮動匯率制，其中包括匯率對內「絕對固定」和對外浮動(如表1-1中的1、2、8)。中間匯率制度是介於固定匯率與浮動匯率之間的匯率制度。通常是在政府控制下，匯率在一個或大或小的範圍內變化，如表1-1中的3、4、5、6、7都屬此類。

一般來說，發達國家趨向於選擇更為靈活的浮動匯率制，而發展中國家則傾向於選擇釘住匯率制。一些經濟學家認為，國際收支理論、各國經濟結構的不同特點及政策目的，也許是各國選擇不同匯率制度的理由。

(1) 本國的經濟特徵。如果是經濟大國，通常宜採用浮動性較強的匯率制度，因為大國的對外貿易多元化，而且其內部的經濟調整使其傾向於追求獨立的經濟政策。對於

许多小的发展中国家则适宜采用固定性较高的汇率制度，因为它们主要与一个或少数几个国家进行国际贸易和资本往来，例如，几个拉丁美洲国家与美国的关系，以及原法属非洲国家与法国的关系。在这种情况下，大的贸易伙伴国的汇率波动会给小国的贸易和支付方面带来不稳定性。因此，如果这些小国把自己的货币钉住大的贸易伙伴国的货币，预期会给自身贸易和支付带来较大的稳定性。

此外，许多发展中国家欠有发达国家大笔外债，其中大部分是以美元计价的。如果这些发展中国家的货币相对于美元变动，会改变其债务负担。债务国货币钉住主要债权国货币，会使债务国的债务负担不致因本国货币对美元贬值而加重。

（2）根据国际收支理论，一些具有较小的边际进口倾向的国家应选择浮动汇率制。假定在固定汇率制下，一个具有较小边际进口倾向的国家，它的开放经济乘数（假设不存在外国反作用）等于 $\frac{1}{MPS+MPM}$。如果这个国家有较小的边际进口倾向，则该国的乘数较大，来自外部的冲击会给这个国家的国民收入带来较大的影响；而对具有较大边际进口倾向和较小乘数的国家来说，外部冲击对其国民收入的影响不如前者大。考虑到小的发展中国家比大的发展中国家和大的发达国家更开放，预期小的发展中国家更适宜选择较为固定的汇率制度。

（3）特定的政策目的。固定汇率制有利于控制国内的通货膨胀水平，增强政府政策的可信性，在此基础上容易达到宏观经济政策效果。浮动汇率政策赋予一国货币政策自主性，有能力抵御外国通货膨胀的输入。由此可见，政策意图在汇率制度选择上也发挥着重要作用。

（4）国际资本流动的影响。随着国际金融市场的进一步发展，国际短期资本流动迅速增加，在这种情况下，一个选择固定汇率制的大的发达国家，如果突然面临大量资本流出，必然会出现国际收支赤字，从而需要动用大量的国际储备来保持固定汇率制，这样会导致国际储备的耗尽。因此，具有发达金融市场的发达国家，应选择浮动汇率制而不是选择固定汇率制。

3. 关于国际收支调节问题

第一次石油危机不仅使西方工业化国家内部经济陷入生产停滞和高通货膨胀状态，而且使其外部均衡也遭到严重破坏。全部工业化国家的经常项目收支从 1973 年的 141 亿美元盈余变为 1974 年的 214 亿美元赤字。同期，主要石油出口国以外的全部欠发达国家的经常项目赤字也从 35 亿美元增加到 218 亿美元。主要石油出口国经常项目盈余达 65 亿美元。工业化国家运用扩张性货币政策与财政政策对付危机，步出衰退，而发展中国家更多地通过在发达国家金融市场的筹资来维持内外经济发展的需要。但是，第二次石油危机不仅使各国国际收支严重失衡，而且还加剧了世界性通货膨胀，引发了发展中国家的债务危机，各国抑制通货膨胀的措施也使世界经济于 1981 年陷入衰退。国际收支不均衡的调节问题更加复杂和严重。现行国际货币体系下解决国际收支困难的途径有下列

幾條：

（1）更多地利用宏觀經濟政策調節內部不均衡以消除國際收支失衡。布雷頓森林體系崩潰後，西方工業化國家日益嚴重的通貨膨脹和居高不下的失業率使其對內部均衡的重視超過了外部均衡。在牙買加體系下，由於各國基本上擺脫了維持某一特定匯率的義務，因而獲得了運用貨幣政策和匯率政策的更多自主性和靈活性，從而有更多的精力和政策工具搭配用於內部均衡的實現。同時，由於國際資金流動與匯率變動可以迅速地自發地調節外部均衡，因而各國可以極大地依靠市場機制自發地實現外部均衡。

（2）通過國際金融市場及國際機構的融資來解決國際收支困難。20 世紀 70 年代後期，西方工業化國家投資需求不旺，加上石油輸出國組織的巨額石油盈餘投向歐洲貨幣市場，增加了歐洲貨幣市場的貸款能力。由於歐洲貨幣市場的貸款條件比較優厚，各國均把歐洲貨幣市場視作平衡國際收支不可缺少的一部分，如 70 年代的拉美等發展中國家、80 年代的美國以及 90 年代的德國都通過吸引歐洲貨幣市場的資金流入來彌補國際收支逆差。此外，以國際貨幣基金組織為中心的國際機構貸款在一定程度上也緩解了逆差國的困難，如國際貨幣基金組織及時組織了兩次大規模的石油貸款，引導石油美元回流。國際貨幣基金組織的備用貸款安排、延期貸款、結構調整貸款等資金援助都發揮了一定的調節作用。

（3）國際協調。國際貨幣基金組織在促進國際貨幣合作及協調各國金融政策上發揮了重要作用。國際貨幣基金組織每年召開一次成員國中央銀行行長會議，磋商國際金融秩序、國際收支平衡、國際債務及國際銀行業務等重大問題，交流各國的貨幣金融政策，並制定一些共同準則等。雖然，國際貨幣基金組織近年在貨幣危機處理問題上遭到的非議頗多，但它依然是最重要的國際金融組織，肩負著促進國際貨幣體系有效合作的職責。

三、現行國際貨幣體系的作用

在國際經濟交往迅速發展的背景下，現行國際貨幣體系具有更大的靈活性。以國際貿易發展為例，根據國際貨幣基金組織的統計，自 1973 年實行浮動匯率制後，世界出口貿易從 1972 年的 3,900 億美元增加到 1982 年的 17,314 億美元，10 年間增加了 3.44 倍；再從 1982 年的 17,314 億美元增加到 1992 年的 37,000 億美元，10 年間增加了 1.14 倍。而在布雷頓森林體制時期的 1962—1972 年的 10 年間世界出口貿易只增加了 2.01 倍。另外，據世界銀行統計，20 世紀 70 年代後半期全世界的年國際直接投資總額比 60 年代後半期增長近 3 倍。現行國際貨幣體系下的國際貿易與國際投資都得到迅速發展。另外，國際金融業防範風險的技術與手段也獲得極大的發展，這在一定程度上降低了國際貿易與國際投資中的匯率風險。

在現行國際貨幣體系下，各國的經濟政策自主性加強，各國開放的宏觀經濟得以穩定運行。根據國際貨幣基金組織的統計，世界實際國內生產總值的增長率在 1979—1988

年及 1989—1998 年這兩段時間都達到 3.4%,其中發達國家在這兩段時間內分別為 2.9% 和 2.5%,發展中國家為 4.3% 和 5.8%。這種增長與第二次世界大戰後的大規模經濟重建下的經濟快速增長是不同的。此外,現行國際貨幣體系的更大靈活性也為各國利用匯率調整和國際資金流動等條件發展本國經濟提供了極大便利。

四、現行國際貨幣制度存在的問題

1. 匯率波動劇烈

主要發達國家匯率——無論是名義匯率還是實質匯率都出現劇烈的波動。這與原先對浮動匯率制的預期相反。原先許多浮動匯率制的支持者都認為,在浮動匯率制下,匯率會逐漸移動到均衡水平,並穩定在這一水平上。其實不然。

回顧過去三十餘年來匯率體系的運行情況,不難看出,美元、日元、德國馬克(歐元)之間的匯率波動極為劇烈。1975 年,1 美元兌 3.5 西德馬克。五年後,西德馬克升值一倍,美元跌到 1 美元兌 1.7 西德馬克。但在下一個五年,即到 1985 年,美元又升值了一倍,達到 1 美元兌 3.4 西德馬克。七年之後,在歐洲貨幣體系的九月危機中,美元又跌至 1 美元兌 1.35 德國馬克以下。1985 年 1 美元兌大約 250 日元。十年後,1995 年 4 月,美元下跌到 1 美元兌 78 日元。此後,美元一路飆升,到 2003 年 3 月達到 1 美元兌 120 日元。1999 年歐元啟動後,歐元與美元的最初比價為 1 歐元 = 1.183,7 美元。2002 年 2 月歐元跌破 1∶1 的比價,10 月觸底,1 歐元 = 0.823,0 美元,到 2003 年 4 月歐元升值達到 1 歐元兌 1 美元以上,現在則達到 1 歐元兌 1.2 美元以上。

匯率的劇烈波動會給資源配置及國際貿易帶來潛在的不利影響,並產生實質的經濟效應。首先,由於匯率變化並不與購買力平價匯率變化相一致,因而實質匯率多變。如果一國貨幣出現實質性的貶值,那麼,貿易部門將比非貿易部門具有更大的獲利性。因此,貿易部門將吸引更多的資源。如果實質匯率上升,則出現相反的情況。但是資源的轉移是要付出代價的。在資源的轉移過程中,資源要重新配置。資源的重新配置會使一部分不能適應新產業的工人失業。因此,實質匯率的運動會導致世界經濟中真實產量的減少。其次,實質匯率對長期國際債務的影響。R. M. Dunn 考察了加拿大公司從美國資本市場借入長期資本來滿足加拿大的實質投資需求的情況。如果在此期間,加拿大物價水平相對於美國物價水平上升 10%,並且購買力平價理論成立,則加元將相對於美元貶值 10%。由此,加拿大公司將由於它的產品價格上升而擁有更多的加元,並用更多的加元去支付美國的美元債務。如果不計利息,償還的「真實」貨幣數量一定與原先從美國資本市場上的借款數量相等。但實際上,1976—1979 年,加拿大物價相對於美國只上升了 1%,而加元相對於美元卻貶值了 15%。由於通貨膨脹,加拿大公司產值、銷售有所增加,但需要更多的加元去償還美元債務。Dunn 粗略估計,加拿大借款人在此期間將多支付相當於 14% 的貸款價值。因此,實質匯率的變動抑制了長期資本運動,並給投資者帶來套利損失或收益。最後,匯率的劇烈波動使一個國家遭受外部經濟的干擾和衝擊。

有人認為，浮動匯率制的優點在於它能使一國經濟與外界隔離，很少出現商業循環的國際傳遞。假設其他國家由於本身經濟衰退而出口下降，並且減少了對外的購買力。在固定匯率制下，通過乘數效應，進口需求下降會導致另一國家國民收入下降。因此，海外的經濟衰退將傳遞到東道國。但是在浮動匯率制下，一般不會發生這一傳遞過程。這是因為出口下降引起東道國貨幣貶值，而貶值使東道國出口增加，其國民總收入也將增加並彌補原來國民總收入的下降。現實是現行國際貨幣體系不能提供這種外界隔離，國家經濟確實遭受了外界的衝擊。而且隨著國際資本流動的飛速發展，匯率的劇烈變動更加嚴重，在很多情況下甚至會演變成貨幣危機，如20世紀80年代初期爆發的世界性債務危機、90年代爆發的歐盟九月危機、墨西哥貨幣金融危機、亞洲貨幣金融危機。這些衝擊嚴重地影響了各國經濟的均衡發展。

2. 國際收支狀況並未得到改善

現行國際貨幣體系雖有多種途徑來解決國際收支困難，但都不是解決問題的根本辦法。從衡量國際收支狀況最重要的指標經常帳戶餘額來看，一些國家的經常帳戶不平衡狀況依然比較嚴重，例如，據斯坦利·費舍爾（Stanley Fischer）說，美國的經常項目赤字達GDP的4%。如果美國經濟復甦的速度快於世界其他國家，經常項目赤字將達GDP的6%，也即每年6,000億美元。發展中國家的國際收支赤字問題依然嚴重，因此，全球範圍內的長期國際收支不平衡問題並未從根本上得到解決。

復習思考題

1. 國際貨幣制度的基本內容與作用是什麼？
2. 如何評價一個國際貨幣制度？
3. 國際本位貨幣的職能是什麼？
4. 國際金本位制的特點與作用是什麼？它有哪些變形？
5. 布雷頓森林體系的內容與作用是什麼？為什麼它會崩潰？
6. 現行國際貨幣制度的特點是什麼？
7. 為什麼布雷頓森林體系是金匯兌本位制？它與以前的金本位制有什麼區別？

參考文獻

[1] 陳雨露. 國際金融 [M]. 北京：中國人民大學出版社，2001.
[2] 姜波克. 國際金融學 [M]. 北京：高等教育出版社，1999.
[3] 陳彪如，馬之騆. 國際金融學 [M]. 成都：西南財經大學出版社，2000.

第二章　外匯與匯率

　　世界上大多數國家都有自己的貨幣。通常，一國貨幣是不能在另一國流通的，本國境內也不允許流通外幣，因此，每個國家在進行政治、經濟、文化等各方面的交往時，必然要涉及以何種貨幣進行支付、本幣與外幣之間以何種比率進行兌換等問題。因此，匯率是各種貨幣以及各國經濟最重要的聯繫中樞，其變化對各國經濟都有不同的傳導和影響。匯率作為一個重要的經濟變量，在不同的匯率制度下對改善國際收支、穩定國內經濟等目標發揮著不同的作用。因而，匯率也是各國政策制定者非常重視的一個政策仲介目標。一個國家只有較好地解決了這些問題，並採取相應的方針政策，才能使國際交往正常順利地進行，才能使本國在國際金融貿易活動中獲益。

第一節　外　匯

一、外匯的概念及內容

　　外匯是國際經濟交往中最普遍和最常見的名詞，同時，它也是國際金融學中最基本和最重要的概念。

　　(一) 外匯的概念

　　外匯是「國際匯兌」(Foreign Exchange)的簡稱。它可以從狹義和廣義、靜態和動態兩個方面進行考察。

　　1. 狹義和廣義的外匯概念

　　狹義的外匯是指以外幣表示的用於國際債權債務清算的支付手段。這個概念具有以下幾個方面的含義：①外匯必須是以外幣表示的資產。現以某項進出口貿易為例，假設英國從美國進口一批商品，雙方在簽訂貿易合同時規定，商品的計價結算貨幣是美元。據此英國的進口商就應該向美國的出口商支付美元。由於英國使用美元作為支付手段來清償其債務，而美元對英國境內的英國人來說又是一種外國貨幣，因而英國確實支付了以外幣表示的資產即外匯。但是，美國出口商所收到的美元，對美國境內的美國人來說，只是本國貨幣，而不是外幣，那麼美國出口商所得到的美元就不能稱為外匯。如果貿易合同規定結算貨幣不是美元，也不是英鎊，而是第三國貨幣，例如日元，那麼，由於日元對美國人和英國人來說都是外幣，於是在這筆貿易結算中所使用的支付手段，無

論美國出口商所得到的或是英國進口商所支付的都是外匯。同樣的道理，德國人用歐元、瑞士人用瑞士法郎進行對外支付，都不是用外匯而是用本國貨幣進行支付，但是對交易的另一方(非德國人和非瑞士人)來說則是外匯的收入。②外匯必須是能在國際上得到償付、能為各國普遍接受並可以轉讓、可以自由兌換成其他形式的資產或支付手段的貨幣及外幣憑證。反之，凡是不能在國際上得到償付或不能自由兌換的各種外幣證券、空頭支票及拒付匯票等均不能視為外匯。因此，償付性、可接受性、可轉讓性及可兌換性就成為判斷其是否是外匯的前提條件。

外國鈔票是不是外匯？外國鈔票雖然是以外幣表示的支付手段，但成為外匯的前提條件是可兌換性，這便是問題的關鍵所在。一般來說，只有能不受限制地存入一國的商業銀行的普通帳戶上，並能兌換成其他國家貨幣的外鈔，才能算是外匯。

廣義的外匯概念。我們可以引用國際貨幣基金組織對外匯的解釋：「外匯是貨幣行政當局(中央銀行、貨幣管理機構、外匯平準基金組織及財政部)以銀行存款、財政部庫券、長短期政府債券等形式持有的在國際收支逆差時可以使用的債權。其中包括由中央銀行及政府間協議而發行的在市場上不流通的債券，而不問它是以債務國還是債權國的貨幣來表示。」廣義的外匯的概念強調的是以各種不同形式出現的能用於國際收支逆差償付的國際債權，而不問它是外幣還是本幣。所以，廣義的外匯是用於國際收支的一種特殊債權。它是在一定條件下，對不同形式的國際償付債權的擴大。

以本幣表示的國際償付形式主要是指協定記帳外匯。記帳外匯是指不經過貨幣發行國的貨幣管理當局的批准，就不能自由兌換成其他國家貨幣的外匯。這種外匯只能根據相關國家的貿易協定，相互使用。例如，甲乙兩國政府簽訂了一個用於雙方貿易、非貿易支付結算的支付協定。這一協定規定了雙方計價結算的貨幣既可以用甲國貨幣也可以用乙國貨幣，還可以用第三國貨幣或諸如特別提款權等，但無論確定使用哪種貨幣，都必須同時確定它們之間的比率，通過雙方銀行借記和貸記雙方進出口商品的往來帳，到一定時期(如年終)，集中衝銷彼此之間的債權和債務差額。這筆差額記載在雙方銀行的帳戶上，在一般情況下不能兌換成自由外匯。但是對順差國即協定貿易有盈餘的國家來說，它擁有一筆國際債權，不管這筆債權是以本國貨幣表示的還是以外國貨幣表示的，按其性質來說仍是外匯(記帳外匯)。因為它具有國際償付能力。

2. 動態和靜態的外匯概念

動態的外匯概念是指把一個國家的貨幣兌換成另一個國家的貨幣，借以清償國際債權債務關係的行為和活動。這種行為和活動並不表現為直接運送現金，而是採用委託支付或債權轉讓的方式，結算國際債權債務。例如，日本出口商向美國出口汽車，結算時美國進口商將一張以紐約Ａ銀行為付款人的美元支票支付給日本出口商，而日本出口商又將這一筆外匯存入Ａ銀行。這樣美國進口商把他在Ａ銀行所擁有的債權轉移到日本出口商在Ａ銀行的帳戶上，日本出口商在美國Ａ銀行就擁有一筆外匯債權。可見，動態外匯是指國際清算活動和行為。

靜態的外匯概念則是指以外幣表示的用於國際清算的各種支付手段。例如，中國銀行所持有的各種外國鈔票及外幣表示的證券或其他支付憑證。這些支付工具在國內持有並準備用於國際結算時就是靜態的外匯；而把它們投入到國際清算活動中時，即實現其國際償付能力時就是動態外匯。

（二）外匯的內容

外匯包括外國鈔票和以外幣表示的債權。

中國規定外匯包括：

（1）外國貨幣——鈔票、鑄幣等；

（2）外幣有價證券——政府公債、國庫券、公司債券、股票、息票等；

（3）以外幣表示的信用工具或者支付憑證——票據、銀行存款、郵政儲蓄憑證等；

（4）其他外匯資金。

（三）外匯及外匯儲備的來源

一國外匯資金的收入和流入主要有以下幾個渠道：

（1）出口貿易的外匯收入；

（2）非貿易即勞務出口的外匯收入，如旅遊、運輸、郵電、利潤、保險及投資等各項外匯收入；

（3）國外匯款以及對私人或團體的捐款、政府間的援助等構成的外匯資金單方面流入；

（4）國際金融機構，如國際貨幣基金組織、世界銀行等提供的貸款；

（5）各國政府提供的貸款；

（6）從國外特別是從國際金融市場籌措的一年以上的外匯資金；

（7）外商提供的直接投資和證券投資，以及外國銀行提供的中長期信貸資金；

（8）一年以內的短期外匯資金的流入。

一國外匯資金的支出和流出主要有以下幾個方面：

（1）進口貿易的外匯支出；

（2）非貿易即進口勞務的各項外匯支出，如對外支付的保險費、運費、出國旅遊費等，以及各種外來投資、貸款所需支付的利潤、股息、利息等的匯出；

（3）對外匯款，如私人團體對外的捐贈、政府對外援助等構成的單方面外匯資金流出；

（4）本國政府對外提供的貸款；

（5）本國私人對外進行的直接投資和證券投資，以及銀行對外提供的中長期信貸資金；

（6）一年以內的短期外匯資金的流出。

以上各項外匯資金的流入和流出軋差以後的差額（正或負差額）的歷年累積數，就構成外匯儲備。如果各項外匯收支相抵後出現正數就構成外匯儲備的來源；如果各項外匯

收支相抵後出現負數，即支出大於收入，就成為外匯儲備的流失。外匯儲備是一國官方儲備的一部分。它同官方所持有的黃金儲備、在國際貨幣基金組織的儲備頭寸、特別提款權等，共同構成一國的國際儲備資產。

在外匯市場上，如果對本幣的需求量大於供給量，使本幣受到升值的壓力，金融貨幣當局為了避免本國貨幣匯率波動對其經濟產生不利影響，便採取拋售本幣換外幣的措施來緩和這種壓力。這時所換購進來的外匯收入可以看作外匯儲備的一個來源。例如，1995年日本政府為了避免日元的節節升值對日本經濟復甦的不利影響，曾多次對外匯市場進行干預，即拋售大量日元來收購東京外匯市場上過量的美元，借以緩和日元匯率的上升趨勢。這些收購進來的美元便成為日本外匯儲備的一個來源。但是，對大部分國家來說，這種方式是不適合的，而對少數貨幣受到升值壓力的國家來說，這是一項迫不得已的措施。

二、外匯的作用

1. 外匯促進了社會再生產的順利進行

人類社會的生產，是過去生產的繼續和發展，是未來生產的物質技術基礎和準備，是再生產。社會再生產過程可以抽象地概括為資金和物質資料兩種運動過程。物質資料代表使用價值，而資金則是其價值的貨幣表現。社會再生產，即物質資料的生產、分配、交換和消費是借助資金的流轉和運動來進行的。資金的運動貫穿於社會再生產的各個階段和各個環節。只有社會產品在使用價值和價值兩方面都得到順利實現的情況下，社會再生產才能正常進行。

對一個開放的經濟實體來說，每年出口貿易的外匯收入是成千上萬個生產單位生產的產品賺來的。這些產品出口後便以商品的形態投入國際流通。在商品流通領域它必然要求以貨幣形式實現自己的價值。出口產品實現自己價值的表現形式就是收入外匯資金。如果出口產品沒有實現其價值，沒有以外匯資金的形式存在，也沒有交換成其他物品，從微觀上看，便影響了企業的資金週轉和生產設備的更新改造，減少了企業的利潤，使企業的生產規模縮小；從宏觀上看，則嚴重影響了整個社會總產品價值的實現和整個社會再生產的順利進行，減少了國民收入。

2. 外匯是一國對外財富的標誌，會對本國貨幣供給量產生影響

一國財富由兩部分組成：一部分是以本幣表示的國內財富，另一部分是以外幣表示的國外財富。這種國外財富在一定程度上反應了一國的經濟地位和金融實力。隨著出口產品對外價值的實現，外匯不斷增加，一國國外財富也隨之增加，其國際清償能力就越來越強。而進口的增加則會使一國以外幣表示的財富流失，降低其國際清償能力。

外匯系統也是一種資金系統，是國內資金系統的一部分。它聯結著外國貨幣運動系統和本國貨幣運動系統。外部外幣的運動代表著一國對外財富的增減，而內部本國貨幣的運動則與本國貨幣供給量密切相關。隨著外匯的增加，銀行需要不斷地把外匯兌換成

本國貨幣投放到國內資金市場，而這部分投放在國內的貨幣是沒有物質基礎的。因此，若持有大量的外匯結餘，就很容易增加國內貨幣的流通量，導致國內的通貨膨脹。但是，如果以出口所得外匯進口國內經濟發展急需的原材料及技術設備，就可以相應地減少國內貨幣流通量。因為有關的進口部門必須用本國貨幣購買所需外匯，方能進口商品，而這部分購買外匯的本國貨幣便流入銀行。

3. 外匯在國際經濟中的作用

首先，外匯起著轉移國際購買力的作用。各國貨幣的不同使各國之間購買力的轉移發生困難。而外匯作為國際支付手段，就使不同國家間購買力的轉移成為現實。

其次，外匯是清償國際債權債務的工具。它可以加速資金在各國間的週轉速度，促進國際投資活動及資本移動，並能及時調節各地區的資金供求。

最後，外匯便利了國際資金供應餘缺的調劑，使國際信用增加，資金的融通範圍擴大，有利於促進國際貿易的發展。

第二節　外匯匯率

一、外匯匯率的概念

一個美國人想到義大利去旅遊，但他持有的是美元，而義大利境內流通的貨幣是歐元。如果美國人要實現自己的願望，就必須把美元換成歐元。美元與歐元之間的兌換必然有一個交換比率，這個比率就是外匯匯率(Foreign Exchange Rate)，即以一定單位的一國貨幣與一定數量的另一國貨幣相交換的比例關係。

一般說來，各個國家都有自己的本位貨幣。一國境內不可能流通其境外的任何一種貨幣。因此，一個出口商不可能把自己出口商品後所得到的外國貨幣直接投入本國流通領域，而必須將外幣兌換成本國貨幣，於是就產生了外匯市場上的外匯供給；另一方面，一個進口商在購買外國商品時需要支付外幣，如果他沒有外幣，就必須用本國貨幣購買外幣，於是就產生了外匯市場上對外匯的需求。外匯市場上由外匯的供給與需求所產生的外匯價格就是外匯匯率或外匯行市。因此，匯率又叫匯價，它是以一國貨幣表示的另一國貨幣的價格。

一國貨幣既具有國內價值，也具有國外價值。貨幣的對內價值是由國內物價水平反應出來的，而對外價值是由外匯匯率體現出來的。貨幣的對內價值是其對外價值的基礎。如果一國貨幣的對內價值發生變化(表現為物價水平的變化)，其對外價值的指標——外匯匯率也應隨著發生變化。因為物價水平的變化說明流通中的貨幣量與客觀需求的貨幣流通量出現偏差，結果使貨幣的對內價值出現上升或下降的現象，反應到一國貨幣的對外價值上便是外匯匯率的下降或上升。一國貨幣的對外價值與對內價值的變化

趨勢應基本上保持一致。因此，外匯匯率是一國貨幣對外價值的指標，是貨幣內部價值的外部反應。

二、外匯匯率的標價方式

外匯匯率既然是兩種貨幣之間的交換比率，那麼，在確定這一比率時就必須先確定是以本幣還是以外幣為標準的問題。由於選擇的標準不同，匯率的表示方法也不同。目前，世界上主要有兩種匯價表示方法，即直接標價法和間接標價法。

1. 直接標價法（Direct Quotation）

用一定數額的本國貨幣來表示一定單位（1、100、10,000 等）的外國貨幣的價格的方法稱為直接標價法。也就是以本國的貨幣來表示外國貨幣的價格。由於這種標價法是以一定單位的外國貨幣為基準來計算應付多少本國貨幣，即應付多少本國貨幣才能收入一定單位的外國貨幣，所以，它也叫應付標價法。世界上大多數國家均採用這種標價法。例如，中國國家外匯管理局對外公布的美元牌價為 USD 100＝RMB 827。這裡的 100 美元就是一定單位的外國貨幣，而 827 元人民幣則是 100 美元的價格。

2. 間接標價法（Indirect Quotation）

用一定數額的外國貨幣來表示一定單位的本國貨幣的價格的方法稱為間接標價法。也就是以外國貨幣來表示本國貨幣的價格。這種標價方法是以一定單位的本國貨幣為基準來計算應收多少外國貨幣，即收入多少外國貨幣方可支付一定單位的本國貨幣，所以也叫應收標價法。例如，在歐元區的外匯市場上，美元的牌價為 EUR 1＝USD 1.076,5。這裡歐元是一定單位的歐元區貨幣，而 1.076,5 美元是 1 歐元的美元價格。

3. 兩種標價法的區別與聯繫

（1）兩種標價方法的標準不同。直接標價法是以外幣為標準，把外幣作為單位貨幣，而把本國貨幣作為計價貨幣；在間接標價法下，本國貨幣為單位貨幣，而外幣是計價貨幣。

（2）兩種標價法在表示外匯行市的上漲或下跌上的不同。外匯匯率上漲的基本含義為外國貨幣的幣值上升，本國貨幣的幣值下跌；外匯匯率下跌的基本含義是外國貨幣幣值下跌，本國貨幣幣值上漲。由於存在兩種標價法，所以，外匯匯率漲跌的表達方式不同。在直接標價法下，外國貨幣數額固定不變，隨著外國貨幣幣值上升，就需支付比原來數額更多的本國貨幣才能兌換一定單位的外國貨幣；反之，外國貨幣幣值下降，為換得一定單位的外匯，就只需支付比原來數額較少的本國貨幣。可見，在直接標價法下，外匯匯率的漲跌與本幣數額的多少一致。但是，在間接標價法下，本國貨幣數額不變，應收的外國貨幣的數額隨本國貨幣幣值的升降而增減。如果外匯匯率上升，所收入的外國貨幣數額就比以前少；如果外匯匯率下降，則所收入的外國貨幣數額就比以前增加。

（3）兩種標價法在表示外匯的買入價與賣出價上的不同。外匯的買入價與賣出價是銀行買賣外匯時使用的價格。買入價或買入匯率是銀行向同業或客戶買入外匯時所使用

的匯率。一般為低價買入外匯。賣出價或賣出匯率是銀行向同業或客戶賣出外匯時所使用的匯率。一般為高價賣出外匯。買入價與賣出價之間的差額就是銀行經營外匯買賣的業務收入。買入價與賣出價是銀行每個營業日對外掛出的外匯牌價。在不同的標價法下，買入價與賣出價有不同的表示方法。

採用直接標價法時，買入價是應支付的本幣數較少的外幣價格或外幣所兌換本幣數額較少的匯率；賣出價是應支付的本幣數較多的外幣價格或外幣所兌換的本幣數額較多的匯率。直接標價法的外匯行市是買入價在前，賣出價在後。例如，人民幣與美元的比價為 USD 100 = RMB 827 ~ RMB 828，前一個數字就是外匯指定銀行買入 100 美元的價格，後一個數字是銀行賣出 100 美元的價格。銀行以 827 元人民幣的低價買入 100 美元，又以 828 元人民幣的高價賣出 100 美元，其買賣差價 1 元就是銀行的業務收入。

採用間接標價法時，買入價是應收的外幣數額較多的本幣價格或本幣所能兌換的外幣數額較多的匯率，賣出價則是應付的外幣數額較少的本幣價格或本幣所能兌換的外幣數額較少的匯率。例如，在倫敦外匯市場上，美元牌價為：GBP 1 = USD 1.63 ~ USD 1.65，前一個數字是倫敦銀行賣出美元的價格，後一個數字是它買入美元的價格，倫敦銀行向客戶賣出 1.63 美元就收取客戶 1 英鎊，而向客戶買入 1.65 美元，它只付給客戶 1 英鎊，買賣差價 0.02 美元就是銀行的業務收入。

（4）直接標價法和間接標價法互為倒數，即 $\frac{1}{\text{直接標價法}}$ = 間接標價法，$\frac{1}{\text{間接標價法}}$ = 直接標價法。例如，100 美元的人民幣價格是 827 元，這是直接標價法。那麼，$\frac{100}{827}$ 則是間接標價法，即 1 元人民幣的美元價格為 0.120,9 美元。

4. 外鈔價、開盤價與收盤價、中間價

（1）外鈔價是外國鈔票的買賣價。前面我們所談的外匯牌價通常為電匯匯價。但銀行買賣外幣現鈔時則要用外幣現鈔牌價。這是由於外國鈔票不能在本國領土流通，本國的銀行必須把現鈔運送到其發行國。運送現鈔就需要支出一定的運費、保險費和運送途中占用資金的利息損失，從而使買賣外國現鈔的成本增加。因此，現鈔的買入價就應從電匯匯率的買入價中扣除運費、保險費及利息等。這樣，現鈔的買入價比電匯的買入價低。而現鈔的賣出價則與外匯的賣出價相同。這樣，外匯現鈔的買賣價差比電匯匯價的買賣價差大。

（2）開盤價與收盤價。開盤價是外匯市場或外匯交易所每日開市後的第一筆外匯買賣成交時的價格。收盤價是外匯交易營業日終了時的最後一筆外匯買賣成交時的價格。

（3）中間價是外匯買入價與賣出價的算術平均數，即：中間價 = $\frac{\text{買入價} + \text{賣出價}}{2}$。中間價沒有表示出銀行兌換外匯的收益。

三、匯率變化對經濟的影響

匯率是外匯市場的特殊價格，是各國貨幣的聯繫中樞。匯率的高低不僅體現了各國

貨幣購買力的強弱，也涉及資源分配及收入分配的合理、公平與否。在開放經濟條件下，匯率與多種經濟因素的密切聯繫，使匯率的任何變化都深深影響著各國經濟，匯率也成為各國宏觀經濟的重要變量。

1. 匯率變化對國際收支的直接影響

（1）匯率變動對貿易收支的影響。這是匯率變化的最直接和最重要的影響。由於匯率涉及進出口商品的價格水平及國際競爭力，因而匯率的任何變化都影響到進出口商品的價格，進而改變了進出口企業的成本、利潤的核算，最終使貿易收支差額發生變化。例如，本幣幣值下跌會使同等數額的外匯能兌換更多的本幣，一方面使出口商利潤擴大，刺激出口商的出口積極性，或者出口商品在國際市場上以外幣表示的價格擁有一定的下降空間，因而有利於增強出口商品的國際競爭力，擴大出口量；另一方面使進口商品以本幣表示的成本增加或利潤減少，從而自動抑制商品的進口，貿易收支得到改善。本幣幣值上升則有利於進口，不利於出口，這會減少一國的進出口貿易順差。

匯率的變動對進出口的有效影響還涉及進出口價格需求彈性及匯率變動對經濟產生影響的「時滯」。這兩方面的內容可參閱第九章的相關內容。

（2）匯率變動對資本流動的影響。匯率變動對資本與金融帳戶中的長期資本與短期資本流動的影響是不同的。就長期資本而言，其流動主要取決於利潤和風險，更取決於投資環境的優劣。匯率變動所造成的風險只是諸多環境因素的一個方面，一般不起決定作用。當然匯率變化也有一定的影響力，例如，其他條件不變時，本幣匯率貶值會使外國貨幣購買力相對增強，有利於吸引外商進行新的跨國直接投資，從而引起資本流入。當然，貶值所帶來的嚴重的通貨膨脹可能會抵消貶值帶來的較高的盈利水平，導致資本流出或減緩資本流入。對短期資本而言，由於其流動性極強，匯率的任何變化都會使金融資產的相對價值發生變化，尤其是在匯率預期作用下，都會導致資本的流出流入。

2. 匯率變化對外匯儲備的影響

為了滿足國際支付的需要，各國都要根據本國對外貿易與結算貨幣的使用狀況，累積和儲備外匯。儲備貨幣匯率的變化就直接影響到一國外匯儲備的價值，尤其是儲備貨幣中所占比重最大的貨幣價值的變化，使儲備總價值受的影響最大。例如，發展中國家的外匯儲備中60%以上是美元，而美元在國際市場上的一再貶值給許多發展中國家的外匯儲備造成不同程度的損失。

3. 匯率變動對國內經濟的影響

首先，匯率變化對國內物價水平的影響。例如，本幣貶值使出口擴大。一方面，出口擴大使國內產品投入減少；另一方面，外匯收入的增加也擴大基礎貨幣投放，這可能會誘導國內物價水平的上升，而進口商品價格的上升，尤其是進口原料與設備的成本上升可能會推動其他商品價格的上漲。

其次，匯率變動對產業與就業的影響。例如，貨幣貶值使出口企業利潤擴大，這會促使實際資源的轉移，促進出口行業的投資擴大和其他產業向出口行業的轉移。出口企

業生產規模的擴大和利潤水平的提高,會帶動國內其他相關行業生產的發展,因此,國內就業總水平也將提高。當然工資水平的相應變化也會影響就業水平。

4. 匯率變化對國際經濟交易活動的影響

浮動匯率制產生後,外匯市場上匯率頻繁劇烈無規則的變動增大了從事國際貿易與投資交易的風險與難度,從而影響到世界經濟的發展。此外,貨幣貶值可能會促進本國出口、改善國際收支,但卻使其他國家面臨貨幣相對升值所帶來的出口減少、進口增加、國際收支惡化的局面,由此可能引發貨幣戰——競爭性貨幣貶值,從而使國際經濟關係更加複雜化。

第三節　真實匯率和有效匯率

外匯匯率有很多種類,其中真實匯率與有效匯率可衡量貨幣價值及其總體波動程度,因而在國際金融研究與決策中它們是具有重要意義的兩個概念。

一、真實匯率

真實匯率(Real Exchange Rate)是相對於名義匯率(Nominal Exchange Rate)而言的。名義匯率是市場交易形成的,或在報刊上登載的官方公布的匯率。它是兩種貨幣的相對價格。但在現實生活中,名義匯率並不完全反應兩國貨幣的實際價值。由於在紙幣制度下各國都可能發生程度不同的通貨膨脹,而各國貨幣對內購買力的變化往往使名義匯率與其實際所代表的價值產生不同程度的偏差,因而名義匯率是沒有消除過去一段時期內兩國貨幣通貨膨脹差異的匯率。

真實匯率是用若干單位國內貨幣的真實價值來衡量一定單位外幣的真實價值的匯率。通常,貨幣的真實價值以衡量價格水平的商品籃子為尺度,以便能清楚地表明一國居民對該國貨幣供給的實際需求情況。事實上,沒有任何一種衡量價格水平的尺度能夠完全達到這樣的要求。但是為了確定真實匯率,各國的物價指數是較好的測量尺度,據此,真實匯率可以定義為兩國商品籃子的相對價格。假定,把 P 看成一國公眾和企業日常購買的典型商品籃子並以該國貨幣表示的價格,這個價格水平側重反應了該國本土生產與消費的商品價格;同樣,P^* 也是基於一個不變的外國公眾和企業日常購買的典型商品籃子並以該外國貨幣表示的價格,這個價格水平側重反應該外國本土的生產與消費的商品價格。那麼,兩國貨幣的真實匯率應是以本幣表示的一國商品籃子相對於外國商品籃子的價格,即以本幣表示的外國價格水平除以本國價格水平所得到的值:

$$真實匯率 = 名義匯率 \times \frac{P^*}{P} \tag{2.1}$$

從真實匯率等式看,真實匯率的上升意味著一單位本幣在外國境內的購買力相對於

在本國的購買力下降了。貨幣相對購買力的這一變化是因為外國商品的本幣價格相對於本國商品的本幣價格上漲了。

換個角度，即使在衡量價格水平的商品中有許多是非貿易的，我們也可以把真實匯率看作用本國商品來衡量的外國商品的相對價格。因為，以國內價格來進行兩國貿易，真實匯率也就是用本國一個基準商品籃子交換外國一個基準商品籃子時所採用的價格。那麼，真實匯率上升，本幣相對於外幣實際上是貶值了，因為相對於外國商品，本國商品的購買力下降了，本國商品與勞務也相對變得便宜了；類似地，真實匯率下降，則表明在外國購買的商品的相對價格降低，即本幣在外國的購買力相對於在國內上升了。同樣，當國內商品價格不變時，本幣名義貶值使本國商品相對於國外商品變得便宜，而本幣名義升值則使本國商品相對於國外商品變得昂貴。

真實匯率計算公式中的 P 與 P^* 分別代表外國與本國的物價指數。在實際研究中，一般都選用消費物價指數(CPI)和國內生產總值縮減指數(GDP Deflator)。真實匯率基本公式比較直觀地反應了匯價與物價的關係，在統計與計算中常用。在理論上，它用物價指數來修正名義匯率，因而消除了貨幣之間存在的通貨膨脹差異。真實匯率比名義匯率更能真實地反應不同貨幣的實際購買力水平。

二、有效匯率

名義匯率與真實匯率都是雙邊匯率，在考察貨幣的價值時，它們只能使我們瞭解到一種貨幣相對於另外某種貨幣價值的變化情況，但卻不能依據雙邊匯率準確判斷一國貨幣價值的總體變化趨勢。為此，就需要引入某種更廣義的測量指標，通過對其運用，能夠更準確地表明某種貨幣相對於其他許多種貨幣的價值變化，這種測量指標就是有效匯率(Effective Exchange Rate)。自20世紀70年代以來，人們開始使用有效匯率來觀察某種貨幣的總體波動程度及其在國際貿易與金融領域中的總體地位。

有效匯率是一種貨幣相對於其他多種貨幣雙邊匯率的加權平均數。而這個權重往往是貿易權重。因此，有效匯率是由貿易權重確定的多種貨幣的加權平均價格，因而能較好地反應一國貨幣匯率在國際貿易中的總體競爭力和總體波動幅度。有效匯率與雙邊匯率的關係類似於價格指數與多種商品價格的關係，因此又稱為匯率指數。目前國際貨幣基金組織測算並定期公布一些成員國的有效匯率指數。

1. 名義有效匯率

名義有效匯率是以貿易比重為權數計算的有效匯率，它所反應的是一國貨幣在國際貿易中的總體競爭力和總體波動幅度。名義有效匯率的測算分為四步：第一步，選擇一籃子有代表性的貨幣。由於世界上有許多種貨幣，而任何一種貨幣都會含有許多個雙邊匯率。在計算匯率指數時，將所有這些雙邊匯率都計算進去既耗時又沒有必要，因此，通常只選擇一些與本國對外貿易關係十分密切的國家的貨幣作為計算基礎。例如，國際貨幣基金組織在測算這些成員國貨幣的有效匯率時，一般選擇該國前20名貿易夥伴國。

第二步，為每個雙邊匯率確定一個權重，權重大小依賴於每種貨幣在貨幣籃子中的相對重要性，它是按照每一個貿易夥伴國在該國進出口貿易總額中所占比重確定貿易權重。貿易量較大者，則相應的雙邊匯率權重也較大。例如，1999年國際貨幣基金組織在國際金融統計(IFS)上公布的人民幣有效匯率的測算，共選取了16個貿易夥伴國(地區)，其各自所占的權重為：中國香港特別行政區(0.046,697)、日本(0.196,801)、美國(0.152,570)、德國(0.084,016)、臺灣地區(0.047,109)、法國(0.046,697)、義大利(0.042,933)、英國(0.036,844)、加拿大(0.027,657)、韓國(0.026,481)、荷蘭(0.022,859)、比利時(0.019,968)、新加坡(0.019,258)、澳大利亞(0.017,827)、瑞士(0.015,870)和西班牙(0.012,788)。第三步，分別計算出本幣與貿易夥伴國貨幣的雙邊匯率。由於美元匯率居世界主導地位，各國均公布本國貨幣與美元的匯率，因此，雙邊匯率的確定也以美元為基本匯率，以一定的基期，通過美元匯率套算出本幣對美元以外的其他貿易夥伴國的貨幣匯率。第四步，用取得的貿易權數分別乘以本幣與貿易夥伴國貨幣的雙邊匯率，再加總便得到有效匯率。以貿易加權計算的名義有效匯率指數公式為：

$$A 幣名義有效匯率 = \sum_{i=1}^{n} E_i \cdot \frac{A_i}{T} \tag{2.2}$$

其中：T 為 A 國的進出口貿易總量，或 A 國對一籃子貿易夥伴國的進出口貿易總量；

A_i 為 A 國同第 i 貿易夥伴國的貿易值；

E_i 為 A 國貨幣對 i 國貨幣的匯率。

2. 真實有效匯率

名義有效匯率沒有包括國內外價格水平的變化狀況對貨幣實際購買力的影響，因而名義有效匯率不能真實地反應一國相對於其貿易夥伴國的競爭力。為此，人們又設計出將國內外價格結合在內的真實有效匯率來解決這一問題。真實有效匯率是在名義有效匯率基礎上剔除該國當年的物價上漲因素後的匯率，其計算公式為：

$$A 幣真實有效匯率 = 名義有效匯率 \times \frac{P_A}{P_W} \tag{2.3}$$

其中：P_A 為 A 國的物價指數；

P_W 為一籃子貿易夥伴國的物價指數，是由貿易加權式中貿易夥伴國的消費物價指數求得的。

在計算真實有效匯率時，也可以用單位勞動力成本(ULC)代替公式中的消費物價指數，這樣計算出的真實有效匯率更能客觀地反應出一國的國際競爭力。國際貨幣基金組織對大多數成員國都開始公布以消費物價指數為基礎測算的真實有效匯率，對24個工業化國家還同時公布以單位勞動力成本為基礎測算的真實有效匯率。

真實有效匯率不僅考慮了一國的主要貿易夥伴國貨幣的變動，而且消除了通貨膨脹因素，因而比名義有效匯率更能夠全面地反應一國貨幣的對外價值。如果一國的真實有

效匯率指數下降，則意味著該國的貨幣對外貶值較其主要貿易夥伴國貨幣對外貶值的平均幅度更大，該國產品的國際競爭力相對提高，這將有利於出口而不利於進口，從而改善貿易收支狀況；反之亦然。

第四節　國際匯率制度

從歷史的發展過程看，國際匯率制度可以分為固定匯率制和浮動匯率制。

一、固定匯率制

固定匯率制(Fixed Rate System)是以兩國貨幣的含金量作為匯率基礎的制度。在這種匯率制度下匯率或是由黃金的流入與流出加以調節，或是在中央銀行干預下一定幅度內波動，故具有相對的穩定性。

固定匯率制有兩種形式：典型金本位制度下的固定匯率制和黃金—美元本位制度下的固定匯率制。

1. 典型金本位制度下的固定匯率制

典型的國際金本位制是金幣本位制，其特點是每一貨幣單位(鑄幣)都有法定的含金量，於是貨幣的含金量便成為各國貨幣匯率的基礎。兩國貨幣間的比價就是兩種金幣含金量之比。這種比價稱為鑄幣平價或法定平價，也叫外匯平價。例如，英國規定 1 英鎊金幣的含金量為 113.001,6 格令，美國規定 1 美元金幣的含金量為 23.22 格令，則英鎊與美元之間的比價為 113.001,6/23.22＝4.866,5，即 1 英鎊＝4.866,5 美元。如果英鎊與美元金幣的含金量發生不成比例的變動，鑄幣平價會隨之變動。

但是典型金本位制度下，外匯市場上的現實匯率同鑄幣平價並不總是保持一致，而是隨著外匯市場的供求關係發生波動，即匯率以鑄幣平價為基礎，圍繞著鑄幣平價上下波動。不論外匯的供求力量多麼強大，匯率的波動總是有限的。這個界限就是黃金輸入點與黃金輸出點，黃金輸入點和黃金輸出點又合稱為黃金輸送點。

那麼，匯率是如何受黃金輸送點的影響？匯率的運行機制是這樣的：某國外匯市場上當外匯匯率出現上升趨勢並超過黃金輸出點時，黃金就開始流出該國；而當該匯率出現下跌趨勢並跌破黃金輸入點時，黃金則開始流入。黃金的流動方向正好同外匯市場上供求關係的變化方向相反，因而具有抵消外匯市場供求力量的作用，使匯率變動不至於超出黃金輸送點的界限。如圖 2-1 所示。

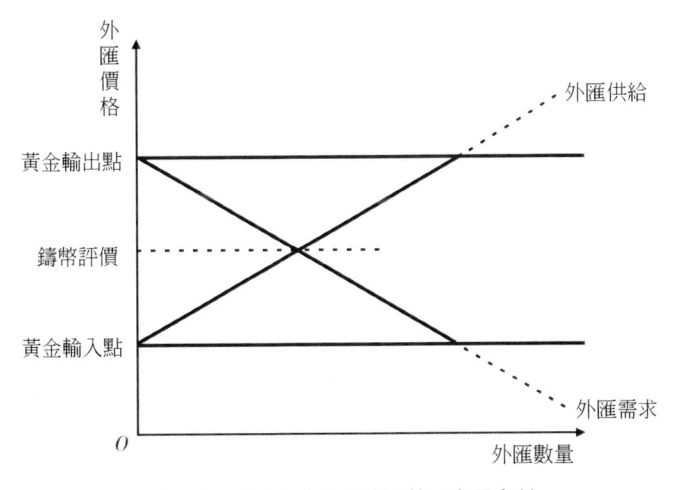

圖 2-1 典型金本位制度下的固定匯率制

例如，在紐約外匯市場上，英鎊與美元的鑄幣平價是 GBP 1 = USD 4.866,5。紐約至倫敦的黃金運輸成本為 0.02 美元。在紐約，黃金的輸出點為鑄幣平價+黃金運輸成本= 4.866,5+0.02=4.886,5 美元。假定，在紐約外匯市場上由於對英鎊的需求量超過英鎊的供給量，迫使英鎊匯率上升，由鑄幣平價 GBP 1 = USD 4.866,5 上升至黃金輸出點 GBP 1 = USD 4.886,5。至此，英鎊匯率不會再進一步上升，因為如果英鎊匯率高於 4.886,5 美元，美國的進口商就不會購買英鎊，而會按 4.866,5~4.886,5 美元的價格用美元向美國貨幣當局購買黃金，然後運送到倫敦，把黃金賣給英國貨幣當局換取英鎊，再用於清償彼此間的債權債務。這樣做的結果，美國進口商所得英鎊是按鑄幣平價加運輸成本計算的，只增加了運輸成本 0.02 美元的支出。否則，他就要以高於黃金輸出點的價格購買英鎊。所以，在英鎊匯率上升至黃金輸出點時，美國進口商都以輸出黃金來清償債務而不需要在紐約購買英鎊，這就減少了對英鎊的需求量，英鎊匯率自然不能繼續上升了。同樣，如果紐約市場上英鎊的供給量超過需求量，就會迫使英鎊匯率下降至黃金輸入點(4.866,5-0.02)，倫敦進口商就不會以 GBP 1 = USD 4.846,5 以下的低價出售英鎊，而寧可用英鎊向英國貨幣當局購買黃金，再把黃金輸送到美國，賣給美國貨幣當局換取美元，再進行債務的清算。這時他們的美元是以鑄幣平價減運輸成本 0.02 美元計算獲得的。若不這樣做，倫敦的進口商就必須用低於黃金輸入點的價格購買美元，那麼他就要支出更多的英鎊才能兌換到原來所需數額的美元。在紐約，由於黃金不斷流入就使英鎊的供給量減少，英鎊的供求趨於平衡，英鎊匯率自然不會進一步下跌，反而會回升到黃金輸入點之上。這便是典型金本位制度下黃金輸送點對匯率的自動調節機制。

　　黃金輸送點主要取決於黃金輸送成本，而黃金輸送成本則主要取決於兩國之間的距離，因為地理距離決定著運費、保險費及運輸途中的利息支出。所以，不同國家之間的黃金輸送點是不同的。

2. 黃金—美元本位制度下的固定匯率制

由於特定的歷史環境，第二次世界大戰後直至 1973 年，國際貨幣制度都是以美元為中心的固定匯率制。這時美國政府規定 1 美元紙幣的含金量為0.888,671克，其他國家也規定本國單位貨幣的含金量，例如，1946 年英國規定 1 英鎊紙幣的含金量為 3.581,34 克。這樣，兩國紙幣含金量之比就成為匯率的決定基礎，這一平價叫作黃金平價。例如，英鎊與美元的匯率為3.581,34/0.888,671 = 4.03，即 1 英鎊 = 4.03 美元。

與典型金本位制一樣，外匯市場上的實際匯率因供求關係不可能剛好等於黃金平價。但當時國際貨幣基金組織規定，匯率的波動幅度為±1%（例如，英鎊對美元的波動幅度的上限為 4.03+4.03×1% = 4.070,3 美元，下限為 4.03-4.03×1% = 3.989,7 美元）。如果超過這個幅度，有關國家政府就應對外匯市場進行干預，使匯率回到這個規定的幅度之內。為了對外匯市場進行干預，各國都要建立包括本幣、外匯、黃金在內的外匯平準基金。當外匯匯率的變動低於平價的1%時，政府就動用基金中的本幣或黃金收購外匯，以使外匯的供給小於需求，從而使外匯匯率回升。以後國際貨幣基金組織將這一變動幅度調整為±2.25%，但各國政府仍有義務干預外匯市場，以穩定外匯匯率。

不僅如此，當時國際貨幣基金組織還規定，各國不得輕易變動其平價，只有出現國際收支基本不平衡時，即調節國際收支不平衡所採取的措施與國內經濟均衡發展發生矛盾時，才可以較大幅度地變更平價，而且其變動要接受國際貨幣基金組織的安排與監督。

由此可見，黃金—美元本位制度下的固定匯率制是一種可調節的釘住制度。這種可調節的釘住制度把美元與黃金等同起來，各國貨幣與美元保持固定的法定比價，美元處於國際貨幣制度的中心地位，充當國際儲備、結算和干預的國際本位貨幣，其他國家貨幣則都依附於美元。

3. 兩種固定匯率制的比較

典型金本位制度下的固定匯率制與黃金—美元本位制度下的固定匯率制的共同點是兩種匯率制度都是以各國貨幣的含金量為基礎的。但它們之間又有著明顯的區別：

（1）與黃金的聯繫不同。典型金本位制度下的固定匯率制是以兩國貨幣的鑄幣平價為基礎的；黃金—美元本位制度下的固定匯率制則是以黃金平價為基礎，以美元等同於黃金為中心的。

（2）匯率的調節機制不同。典型金本位制度下的匯率是圍繞著兩國貨幣的鑄幣平價波動，而波動幅度不超過黃金輸送點，如超過黃金輸送點，通過黃金自由輸出輸入的自動調節，使匯率穩定在黃金輸送點之內；黃金—美元本位制度下的固定匯率制，其波動幅度是人為規定的，也是人為維持的，即超過規定幅度時，可通過各國政府或中央銀行的直接干預，使匯率穩定在規定的幅度之內。

（3）匯率變化的影響範圍不同。典型金本位制度下，當匯率發生變化時，只涉及兩國的貨幣及貿易收支狀態；在黃金—美元本位制度下，若關鍵貨幣美元由於美國的國際

收支惡化出現幣值不穩時，對關鍵貨幣幣值的調整就會波及所有釘住它的貨幣，從而影響到關鍵貨幣發行國以外的其他國家的貿易收支及匯率的穩定，因此，關鍵貨幣發行國有充足的黃金儲備及良好的國際收支狀況是黃金—美元本位制度下固定匯率制得以穩定和維持的基礎。

（4）典型金本位制度下的貨幣含量一般不會變動，即使變動也無須他國同意；黃金—美元本位制度下，任何一國貨幣含金量的調整必須是在發生國際收支基本不平衡時，並應經過國際貨幣基金組織的同意。

4. 貨幣的法定貶值與法定升值

在固定匯率制度下，由於貨幣對外價值的波動有一個中心（鑄幣平價或黃金平價），因此，就有貨幣對外的法定貶值與法定升值這兩個概念。

（1）貨幣法定貶值

一國金融當局以政府法令形式正式調低本國貨幣的黃金含量或是調低本國貨幣對一切外國貨幣的比價，稱為貨幣法定貶值。例如，由於持續巨額的貿易逆差和嚴重的美元危機，美國於1971年12月第一次公開宣布美元貶值，把美元的含金量由0.888,671克降至0.888,513克，因而美元對所有外幣匯率降低7.89%。貨幣對外法定貶值的計算公式為：

$$貨幣對外法定貶值 = \frac{貶值前含金量 - 貶值後含金量}{貶值前含金量} \times 100\% \qquad (2.4)$$

（2）貨幣法定升值

一國金融當局公開宣布提高本國貨幣的含金量，或者提高本國貨幣對一切外國貨幣的比價，稱為貨幣法定升值。貨幣升值一般發生在持有巨額貿易順差的國家。它們為不影響本國經濟，避免國內的通貨膨脹，或者迫於逆差國家的壓力，為不失去這些貿易夥伴，使雙方貿易能順利進行，才實行貨幣的升值。例如，1969年以前1西德馬克的含金量為0.222,168克，1969年1西德馬克的含金量為0.242,806克，這樣西德馬克升值9.29%。貨幣對外法定升值的計算公式為：

$$貨幣對外法定升值 = \frac{升值後含金量 - 升值前含金量}{升值前含金量} \times 100\% \qquad (2.5)$$

二、浮動匯率制

1. 浮動匯率制及其上浮和下浮

浮動匯率制（Floating Rate System）是指各國貨幣當局不再公布本國貨幣的含金量，不再規定本幣對外幣匯率變化的波動幅度，也不再承擔維持匯率波動幅度的義務，匯率完全按照外匯市場上外匯的供求關係自由波動。

在浮動匯率制度下，鑄幣平價、黃金平價及匯率波動上下界限都不再存在了。既然匯率的上下變動失去了比較的中心，因此就只有用與前一時期相比匯率的上下浮動來說

明匯率的升降。如果外匯的需求超過供給，那麼外匯匯率上浮。這種幣值趨於上升的貨幣叫硬貨幣（Hard Currency）。反之，如果外匯的供給超過需求，外匯的價格下跌，外匯匯率趨於下降，稱為外匯匯率的下浮。這種幣值趨於下跌的貨幣叫軟貨幣（Soft Currency）。例如，在東京外匯市場上，由於美元供給量超過需求量，就使美元的價格下跌，以日元表示的美元匯率就呈下降趨向，即為美元下浮；反之，若美元的需求量擴大，致使美元的需求超過供給，以日元表示的美元匯率就上漲，即為美元上浮。但由於「下浮」和「上浮」的經濟含義與「貶值」和「升值」一樣，因此，人們仍習慣用「貶值」和「升值」來說明匯率的變動。

2. 蛇形浮動與單獨浮動

1971年12月，「史密森協議」把成員國貨幣對美元的匯率波動幅度由±1%增加到±2.25%，波幅為4.5%。1972年3月，歐洲共同市場的六個成員國——西德、法國、比利時、荷蘭、盧森堡和丹麥決定實施建立經濟與貨幣同盟的第一步措施，即六國貨幣之間實行固定匯率制，並縮小六個成員國相互之間的貨幣兌換率的波動幅度。六國貨幣之間匯率的波動當時規定不得超過貨幣平價的±1.125%，即匯率的波動幅度為2.25%。六國中任何一國貨幣受到衝擊使匯率的波動超過這個幅度時，六國中央銀行將採取一致行動，對該國貨幣進行干預，使匯率維持在規定的幅度內，借以保持六國貨幣的固定匯率制度相對穩定。由於共同市場六個成員國之間匯率波動幅度是±1.125%或2.25%，小於「史密森協議」規定的±2.25%或4.5%，於是人們便形象地把六國匯率的較小波動幅度比喻為「洞中之蛇」（the snake in the tunnel），或「蛇洞制」。被比喻為「洞」的是「史密森協定」中的較大波幅，而被喻為「蛇」的則是歐洲共同體對較小波幅的規定。蛇形浮動是一種聯合浮動（Joint Float）。這種聯合浮動的目的，一方面是為了避免一國貨幣單獨承受貨幣危機的衝擊，另一方面也是為了與美元的霸權地位相抗爭；同時聯合浮動也是歐洲共同市場實現其經濟與貨幣同盟的首要條件。

1973年3月，由於美元危機，各國普遍放棄了對美元的釘住制，實行了浮動匯率制，歐洲共同市場六國聯合浮動就沒有了最高界限，其對外的聯合浮動完全按外匯市場上的供求關係自由波動，不加任何干預。因此，它被喻為「蛇出洞」或「湖中之蛇」（the snake in the lake）。

單獨浮動（Single Float）是指本國貨幣不與任何國家的貨幣確定固定關係，也不與任何國家採取聯合行動，本國貨幣隨著外匯市場外匯供求情況的變化而自行決定其匯率，本國政府不加干預。

3. 自由浮動與管理浮動

自由浮動（Free Float）是指匯率完全按外匯市場供求情況自由變化，浮動的幅度完全按市場供需自發進行調節，政府對匯率的變化不加任何干預。由於這種匯率的波動是沒有任何干預的，故被稱為「清潔浮動」（Clean Float）。純粹的「清潔浮動」只不過是名義上的。目前在世界上沒有任何一個國家不對匯率進行干預。因為匯率波動雖然原則上是無

限制的，但匯率劇烈波動會直接影響到一國經濟，因此，各國政府都不願意聽任匯率無限制地升降。

管理浮動(Managed Float)是指在匯率過分動盪時，中央銀行通過各種方式將匯率波動控制在一定範圍內，或使匯率朝著對本國經濟有利的方向浮動。這種政府對市場匯率進行各種干預的浮動又稱為控制浮動。這種干預活動是以有利於本國而對他國多半產生不利為目的的。因為可以通過對外匯市場的干預，促使本國貨幣匯率下浮，借以刺激本國出口貿易。然而，本幣匯率的下浮勢必迫使外國貨幣的匯率上浮，從而間接地抑制了他國的出口貿易，損害了他國的經濟利益。因此，這種浮動又被稱為「骯髒浮動」(Dirty Float)。

目前，在國際金融市場上，各國都在公開地或隱蔽地、或多或少地對外匯進行干預，使匯率的浮動趨於穩定或是朝著有利於本國經濟的方向浮動。

三、浮動匯率制與固定匯率制的爭論

實行浮動匯率制以來，關於固定匯率制與浮動匯率制孰優孰劣的爭論持續不斷，這一爭論所涉及的問題極為廣泛。

1. 支持浮動匯率制的論點

(1) 貨幣政策的自主性。如果各國中央銀行不再為固定匯率制而被迫干預貨幣市場，各國政府就可以靈活地運用貨幣政策來達到國家內部和外部的平衡。在固定匯率制下，由於要抵消資本流動對匯率變動的影響，貨幣政策的作用被弱化，雖然通過對國際支付的日益嚴格管制可以保證對本國貨幣供給的控制並增強貨幣政策的作用，但卻對國際貿易產生扭曲效應，因此，許多國家極少有機會運用貨幣政策來達到內外均衡。當中央銀行不必再承擔穩定其幣值的義務時，政府可以依內部經濟需要運用貨幣政策，這不僅可以排除扭曲國際支付的障礙，而且可以選擇自己願意接受的通貨膨脹水平，而不會再被動地輸入國際的通貨膨脹。因為匯率的自動調整可以隔絕國際持續性通貨膨脹的影響。這點是支持浮動匯率制最為有力的理論之一。

(2) 對稱性。在布雷頓森林體系下，美元居於中心地位。一方面，其他各國貨幣都「釘住」美元，並不斷累積美元作為其主要的國際儲備，美國聯邦儲備委員會獨自決定世界範圍內的貨幣供給；另一方面，美元不能像其他國家的貨幣一樣進行貶值調整。這兩種不對稱性在浮動匯率制下都消失了。

(3) 匯率自動穩定器功能。在理論上，當出現某些經濟變動時，浮動匯率制能夠促使經濟本身進行迅速而且相對無痛苦的調整。例如，當對本國商品與勞務的需求下降時，國際收支出現逆差，浮動匯率使貨幣貶值，從而使本國商品與勞務的價格下降，部分地減輕了這種需求下降的不利影響。貨幣貶值除了能減輕出口商品的需求下降造成的偏離內部均衡的程度外，還能使國內商品在國際市場上更具競爭力，從而減少經常項目的赤字。而在固定匯率制下，這種調整會涉及較多的經濟變量，花費較長的時間與較高

的成本。

2. 反對浮動匯率制的論點

（1）浮動匯率導致不穩定的投機行為和貨幣市場的動盪。對匯率變動的投機行為可能導致國際外匯市場的不穩定，這種不穩定反過來又可能對各國的內部和外部均衡產生消極影響，而且在國內貨幣市場發生波動時，浮動匯率使經濟變得更加脆弱，其破壞性較強。而固定匯率制能夠自動消除國內貨幣市場的不穩定對經濟的影響。

（2）浮動匯率不利於國際貿易與投資。浮動匯率的多變性使國際相對價格變得更加無法預測，國際投資的預期利潤也難以確定，從而對國際貿易與國際投資產生不利影響。

（3）政策的紀律性。固定匯率制有利於建立有秩序的國際貿易，保持匯率穩定的共同約束，不允許各國在經濟大蕭條中進行競爭性貶值。浮動匯率制可能會使各國再度實行對自己有利的宏觀經濟政策，從而最終導致所有國家都受其害。此外，浮動匯率制給予政府更多運用貨幣政策的自由，當各國政府不再需要考慮國際儲備流失時，它們可能開始實行過度擴張的財政政策與貨幣政策，從而引發通貨膨脹。

（4）更大自主性的錯覺。浮動匯率制並不能真正給各國帶來更大的政策自主性。匯率的不斷變化給宏觀經濟帶來了巨大影響，即使沒有固定匯率制的正式承諾，各國中央銀行也不得不對國際外匯市場進行大量干預。因此，浮動匯率制將增加經濟中的不確定性，而沒有真正給予宏觀經濟政策更大的自由。

四、當前國際貨幣基金組織的匯率制度分類

到目前為止，對匯率制度分類的標準，經濟學家之間仍存在較大的爭議。從布雷頓森林體系建立以來，國際貨幣基金組織（IMF）就對匯率制度進行了分類，並且隨著時間的轉移而不斷修正其分類體系和標準。

當前，IMF 採用的是 2009 年的對各成員國的匯率制度分類，參見表 2-1。

表 2-1　　　　　　　　事實上的匯率安排與貨幣政策框架

（2014 年 4 月 30 日）

匯率安排 (成員數)	貨幣政策框架				貨幣政策目標 (25)	通脹目標框架 (34)	其他 (44)
	匯率錨						
	美元 (43)	歐元 (29)	貨幣組合 (12)	其他 (8)			
沒有獨立的法定貨幣(13)	厄瓜多爾 薩爾瓦多 馬紹爾群島 密克羅尼西亞 帕勞群島聯邦 巴拿馬 東帝汶 津巴布韋	科索沃 黑山 聖馬力諾		基里巴斯 圖瓦盧			

表2-1(續)

| 匯率安排
(成員數) | 貨幣政策框架 ||||貨幣政策
目標
(25)|通脹目標
框架
(34)|其他
(44)|
||匯率錨 ||||||
	美元 (43)	歐元 (29)	貨幣組合 (12)	其他 (8)		
貨幣發行局制 (13)	吉布提	波斯尼亞和 黑塞哥維那		文萊			
	中國香港特別 行政區	保加利亞					
	ECCU	立陶宛					
	安提瓜和巴 布達						
	多米尼加						
	格林納達						
	聖基茨和尼 維斯						
	聖盧西亞						
	聖文森特和格 林納丁斯						
傳統的釘住制 (46)	阿魯巴	佛得角	斐濟	不丹			所羅門群島
	巴哈馬	科摩羅	科威特	萊索托			
	巴林	丹麥	利比亞	納米比亞			
	巴巴多斯	拉脫維亞	摩洛哥	尼泊爾			
	伯利茲	聖多美和普 林希比亞	薩摩亞	斯威士蘭			
	荷屬安的列斯 群島	WAEMU					
	厄立特里亞	貝寧					
	約旦	布基納法索					
	阿曼	科特迪瓦					
	卡塔爾	幾內亞比紹					
	沙特阿拉伯	馬里					
	土庫曼斯坦	尼日爾					
	阿拉伯聯合 酋長國	塞內加爾					
	委內瑞拉	多哥					
		CEMAC					
		喀麥隆					
		中非共和國					
		乍得					
		剛果共和國					
		赤道幾內亞					
		加蓬					
穩定化安排 (21)	伊拉克	馬其頓	新加坡		孟加拉國		安哥拉
	哈薩克斯坦		越南		布隆迪		阿塞拜疆
	圭亞那				剛果		玻利維亞

表2-1(續)

匯率安排 (成員數)	貨幣政策框架							
	匯率錨				貨幣政策 目標 (25)	通脹目標 框架 (34)	其他 (44)
	美元 (43)	歐元 (29)	貨幣組合 (12)	其他 (8)			
	黎巴嫩 馬爾代夫 蘇里南 特立尼達和多 巴哥				幾內亞 斯里蘭卡 塔吉克斯坦 也門		埃及
爬行釘住(2)	尼加拉瓜		博茨瓦納				
類似爬行釘住(15)	洪都拉斯 牙買加	克羅地亞			中國 埃塞俄比亞 烏茲別克斯坦	亞美尼亞 多米尼加共和國 危地馬拉	阿根廷 白俄羅斯 海地 老撾 瑞士 突尼斯
平行帶內釘住匯率(1)			湯加				
其他有管制的浮動(18)	柬埔寨 利比里亞		阿爾及利亞 伊朗 敘利亞		岡比亞 尼日利亞 盧旺達 緬甸	捷克共和國	哥斯達黎加 吉爾吉斯斯坦 馬來西亞 毛里塔尼亞 巴基斯坦 俄羅斯 蘇丹 瓦努阿圖
浮動(36)					阿富汗 肯尼亞 馬拉維 馬達加斯加 巴布亞新幾內亞 莫桑比克 烏拉圭 塞舌爾 塞拉利昂 坦桑尼亞 烏克蘭	阿爾巴尼亞 巴西 哥倫比亞 喬治亞州 加納 匈牙利 冰島 印度尼西亞 以色列 韓國 摩爾多瓦 新西蘭 巴拉圭 秘魯 菲律賓	印度 蒙古 毛里求斯 讚比亞

表2-1(續)

匯率安排 (成員數)	貨幣政策框架							
	匯率錨				貨幣政策 目標 (25)	通脹目標 框架 (34)	其他 (44)
	美元 (43)	歐元 (29)	貨幣組合 (12)	其他 (8)			
完全浮動 (30)					羅馬尼亞 塞爾維亞 南非 泰國 土耳其 烏干達 澳大利亞 加拿大 智利 日本 墨西哥 挪威 波蘭 英國 瑞典	索馬里 美國 EMU 奧地利 比利時 塞浦路斯 愛沙尼亞 芬蘭 法國 德國 希臘 愛爾蘭 義大利 拉脫維亞 盧森堡 馬耳他 荷蘭 葡萄牙 斯洛伐克 斯洛文尼亞 西班牙

註：在貨幣政策框架中，「其他」表示沒有明確的名義定位而在實施貨幣政策時對各種指標進行監控的國家或地區

在這個匯率制度分類的框架下，IMF把各成員國所採用的匯率制度分成如下4大類和10小類：

1. 硬釘住（Hard Pegs）（包括沒有獨立的法定貨幣和貨幣發行局制度）
2. 軟釘住（Soft Pegs）（包括傳統的釘住制、穩定化安排、爬行釘住、類似爬行釘住、平行帶內釘住匯率）
3. 浮動安排（Floating Regimes）（包括浮動和完全浮動匯率制）
4. 剩餘類別（Residual Category）（包括其他有管制的浮動）

在表2-1中，IMF還給出了各成員國主要實施的貨幣政策框架：包括匯率錨，貨幣

政策目標、通脹目標框架和其他。下面為 10 小類分類以及定義。

（1）沒有獨立的法定貨幣（Exchange Arrangements with No Separate Legal Tender）

使用外國貨幣作為唯一法定貨幣（Legal Tender），包括美元化和貨幣聯盟，匯率制度要求名實相符。

（2）貨幣發行局制度（Currency Board Arrangements）

貨幣當局規定本國貨幣與某一外國貨幣保持固定的交換比率，並且對本國貨幣的發行做特殊限制以保證履行這一法定義務。貨幣局制度要求貨幣當局發行貨幣時，必須有等值的外匯儲備做保障，並嚴格規定匯率，沒有改變平價的餘地。匯率制度要求名實相符。

（3）傳統的釘住制（Conventional Pegged Arrangements）

以固定的匯率使其貨幣盯住另一貨幣或一貨幣籃子，國家當局通過直接或間接干預維持固定平價。沒有承諾永久保持平價，但該名義制度必須被經驗證實：匯率圍繞中心匯率在小於±1%的狹窄範圍內波動——或即期市場匯率的最大和最小值保持在一個±2%的狹窄範圍內——至少6個月錨貨幣或籃子權重是公開的或報知IMF。

（4）穩定化安排（Stabilized Arrangements）

對單一貨幣或對貨幣籃子即期市場匯率的波幅能夠保持在一個±2%的範圍內至少6個月（除了特定數量的異常值或步驟調整），並且不是浮動制度。匯率保持穩定是官方行動（包括結構性市場僵化的結果），該制度類別並不意味著國家當局的政策承諾。

（5）爬行釘住（Crawling Pegs）

匯率按預先宣布的固定範圍做較小的定期調整或對選定的定量指標（諸如與主要貿易夥伴的通貨膨脹差或主要貿易夥伴的預期通脹與目標通脹之差）的變化做定期的調整。在爬行盯住制度下，貨幣當局每隔一段時間就對本國貨幣的匯率進行一次小幅度的貶值或升值。該制度的規則和參數是公開的或報知IMF。匯率制度要求名實相符。

（6）類似爬行釘住（Crawl-Like Arrangements）

要求匯率相對於一個在統計上識別的趨勢必須保持在一個±2%的狹窄範圍內（除了特定數量的異常值）至少6個月，並且該匯率制度不能是浮動制度。通常要求最小的變化率大於一個穩定化安排（類似釘住）所允許的變化率。然而，如果年度變化率至少為±1%，那麼只要匯率是以一個充分單調和持續的方式升值或貶值，該制度就將被認為是類似爬行釘住匯率制。

（7）平行帶內釘住匯率（Pegged Exchange Rates Within Horizontal Bands）

要求圍繞一個固定的中心匯率將貨幣的價值維持在至少±1%的某個波動範圍內，或匯率最大值和最小值之間的區間範圍超過±2%。中心匯率和帶寬是公開的或報知IMF。

（8）浮動（Floating）

浮動匯率很大程度上由市場決定，沒有一個確定的或可預測的匯率路徑。特別是，一個滿足類似釘住或類似爬行的統計標準的匯率要被歸類為該制度，除非它明確匯率的穩

定不是官方行動的結果。

外匯市場干預可以是直接或間接的,其目的在於緩和變化率和防止匯率的過度波動,但是以一個特定的匯率水平為目標的政策與浮動制度是不相容的。浮動制度下可以出現或多或少的匯率波動,取決於影響經濟的衝擊的大小。

(9) 完全浮動(Free Floating)

干預只是偶爾發生,旨在處理無序的市場狀況,並且如果當局已經提供信息和數據證明在以前的6個月中至多有3例干預,每例持續不超過3個商業日。

(10) 其他有管制的浮動(Other Managed Arrangements)

當匯率制度沒有滿足其他任何類別的標準時使用,取代之前的「沒有預先確定匯率路徑的管理浮動」。

第五節 人民幣匯率

一、人民幣匯率的產生

1948年12月1日,中國人民銀行成立時開始發行人民幣,人民幣通過兌換各解放區原來流通的貨幣而進入流通領域。1949年1月18日開始對外發布人民幣對美元的外匯牌價。由於人民幣沒有規定含金量,因此,人民幣匯價的計算不是以兩國貨幣的黃金平價為基礎,而是以「物價對比法」為基礎計算的。

「物價對比法」是解放初期本著鼓勵出口、兼顧進口、照顧僑匯方針確定的。人民幣的對外匯率是以當時的國內物價水平為基礎,依據進口商品的國內人民幣價格與主要進口商品的國外價格的對比確定的。這樣得出的人民幣與外匯的比價又稱為進出口物資理論比價。

(1) 出口物資理論比價。其計算方法是以中國當時大宗出口物資中的每一種商品的國內人民幣成本與出口價格(均以FOB價格即離岸價格為準)相比,即為每一種大宗商品的人民幣比價。用公式表示為:

$$出口物資理論比價 = \frac{出口商品國內總成本}{出口商品的國外價格(FOB)} \tag{2.6}$$

由於這個比價是以出口商品的成本計算的,對出口商品沒有刺激作用。因此,當時曾經對不同的出口商品規定了5%~15%的出口利潤率。加上利潤因素後,公式為:

$$出口商品理論比價 = \frac{出口商品國內總成本 \times (1+利潤率)}{出口商品的國外價格(FOB)} \tag{2.7}$$

有了各種商品的理論比價後,可以用簡單算術平均數的方法,也可以用加權算術平均數的方法求出人民幣對美元的比價。加權算術平均數的公式為:

$$出口商品理論比價 = \frac{\sum(各種商品的理論比價 \times 出口比重)}{總的出口比重} \quad (2.8)$$

式中：出口比重為參加計算的各種商品在整個出口總額中的比重；總的出口比重是參加計算的出口商品額之和佔整個出口總額的比重。

（2）進口物資理論比價。它與出口物資理論比價的計算方法大致相同，不同的是進口商品是以 CIF 價格（即到岸價格）為計算標準，其公式是：

$$進口物資理論比價 = \frac{進口商品國內市場價格}{進口商品的國外市場價格（CIF）} \quad (2.9)$$

（3）僑匯購買力比價。它是用於測定進出口商品理論比價是否有利於僑匯的比價。其計算方法分成兩個步驟：

首先是計算出生活費指數。以一個華僑眷屬五口之家、中等生活水平為準，定出1個月在國內日常所必需的消費品種類和數量，然後再按香港和廣州兩地的零售物價編出國內外加權的生活費指數。生活費指數的計算公式為：

$$生活費指數 = \frac{計算期價格 \times 消費量}{基期價格 \times 消費量} \quad (2.10)$$

則國內外僑眷生活費指數之比為：

$$國內外僑眷生活費指數 = \frac{國內僑眷生活費指數}{國外僑眷生活費指數} \quad (2.11)$$

其次是計算出僑匯購買力比價。

$$僑匯購買力比價 = \frac{外匯牌價 \times 國內僑眷生活費指數}{國外僑眷生活費指數} \quad (2.12)$$

計算後所得到的比價，如果低於外匯牌價，匯價就有利於僑匯；反之，就不利於僑匯。因為外匯牌價高，僑匯所能兌換的舊人民幣的購買力與等值的外國貨幣在國外的購買力相比要強，這就有利於僑匯事業的發展。

從以上三個方面可以看出，人民幣對外匯率的確定是以貿易和非貿易的國內外商品與勞務價格對比為基礎，經過綜合加權平均計算出來的，它能比較真實地反應人民幣對外的價值。

二、人民幣匯率制度的演變過程

1. 1949—1952 年的動盪時期

新中國成立初期，由於多年國內外戰爭的破壞和帝國主義的掠奪，國內生產停滯，外匯資金奇缺，通貨膨脹尤為嚴重，國民經濟亟待恢復。為了鼓勵出口，增加外匯收入，中國政府參照當時國內物價水平，對舊人民幣的外匯牌價連續調整了幾十次。從最初的1美元兌換舊人民幣 80 元降低到1美元兌換舊人民幣 42,000 元。1950 年3月開始，中國經濟狀況基本好轉，國內物價趨於穩定，人民幣匯率有所回升，1952 年年末，外匯牌價調回到1美元兌換舊人民幣 26,170 元。

2. 1953—1972 年人民幣匯價基本穩定不變

從國內條件看，中國已進入有計劃的社會主義建設時期。一方面，國民經濟恢復與發展使國內物價基本穩定，人民幣幣值也基本穩定；另一方面，隨著對私營進出口商的社會主義改造的完成，對外貿易實現了國家壟斷制，由外貿公司按照國家規定的計劃統一經營，整個外貿體系採取進出口統一核算，以進口補貼出口的方法，人民幣匯價成為編製外匯收支計劃和進行外貿核算的會計標準。因而這一時期人民幣匯率基本不變。

從國際上看，在 1944 年建立的布雷頓森林體系下，資本主義國家普遍實行了固定匯率制。因此，以維持匯率穩定為直接目的的人民幣對美元的匯率在 20 年內始終未動，對英鎊的匯率只有在英鎊貶值後才加以調整。

3. 1973—1980 年人民幣匯率穩中有升

資本主義經濟的不平衡發展，使以美元為中心的固定匯率制崩潰。在 1973 年 3 月西方各國普遍實行浮動匯率制後，外匯匯率隨著外匯市場的供求情況自由波動。國際金融市場的劇烈動盪使人民幣匯率不可能保持不變。人民幣匯率應根據國際外匯市場匯率的變動情況，結合中國的實際國情，不斷地做相應的調整。在當時中國國內物價不再穩定並呈上升趨勢的情況下，人民幣匯率也應相應下調。但在當時高度集中的統一的經濟體制下，我們卻堅持人民幣匯價水平穩定的方針，既不隨上升貨幣而上升，也不隨下跌貨幣而下跌。這樣，人民幣匯率非但沒有及時下調，對西方主要貨幣的匯價反而上升，從而形成人民幣匯率的長期高估。

在這段時期還曾經採用過新的定值方法，即採取「一籃子貨幣」的定值方法，參照國際市場行情及時調整人民幣匯價，以避免西方國家貨幣匯率的變動對人民幣匯率帶來衝擊。籃子中所選用的貨幣是中國對外經濟貿易往來中經常使用的貨幣，按其重要程度和政策上的需要確定權重，再根據這些貨幣在外匯市場上的當日平均匯率，加權計算出人民幣匯率。在貨幣籃子中，選用的貨幣種類、數量及權重有過幾次變動。經過這樣的計算和調整，儘管籃子裡的貨幣匯率經常變化，其加權平均值還是基本穩定。因此，人民幣匯率仍然繼續保持穩定。

這是符合當時人民幣匯價政策的直接目標，即維持人民幣的基本穩定。但是，這種釘住制的人民幣匯價的確定卻脫離了直接的物質基礎和貨幣購買力原則，反應的只是人民幣與籃子貨幣的相應變動情況，而不是人民幣本身的價值量的變動情況。20 世紀 70 年代後期爆發了世界性通貨膨脹，美元匯率下跌，但人民幣匯價的相對穩定導致了人民幣對外幣價的節節上升。1972—1980 年，人民幣匯率由 USD 1 = RMB 2.20 逐步上調為 USD 1 = RMB 1.52，人民幣對美元升值 30.9%。人民幣幣值的上升，強化了人民幣匯率的不合理性，提高了人民幣的對外價值，使中國出口貿易處於不利地位。1980 年全國平均換匯成本為 1：2.75，比美元與人民幣的比價高出 1.23 元。也就是說，每出口 1 美元商品虧損 1.23 元。出口越多，虧損越大。

4. 1981—1984 年的雙重匯率使人民幣貶值

為了鼓勵出口，限制進口，加強外貿的經濟核算，1979 年 8 月國務院決定改革中國匯率制度，除繼續保留人民幣的公開牌價之外，另外制定內部貿易結算價，從 1981 年 1 月 1 日起實行。對外公布的人民幣牌價為 USD 1 = RMB 1.5，此為金融匯率，主要用於非貿易外匯的兌換和結算；而進出口貿易則使用內部貿易結算價：USD 1 = RMB 2.80，此為貿易匯率，它是按 1978 年全國出口平均換匯成本 USD 1 = RMB 2.53 加上 10% 的利潤計算出來的。兩種匯價的實行，雖然對促進對外貿易起到了一定的積極作用，但人民幣匯價高估狀態仍未改變。1981 年出口換匯成本仍然高於匯價，部分出口商品虧損仍然存在，而進口商品購匯成本的提高抬高了國內售價，國家仍然需對進出口雙方施以財政補貼；同時兩種匯價既不利於吸引僑匯，而且也不符合 IMF 的「各成員國不得實行歧視性貨幣政策」的要求。於是，1984 年年底停止雙重匯率。

5. 1985—1988 年逐步下調的單一的官方人民幣匯率

為了適應對外經濟發展和外貿體制改革的需要，改變人民幣匯率高估狀況，1985 年 1 月 1 日起中國對人民幣匯率進行了必要的調整，對外的金融匯率向內部貿易結算價靠攏，重新實行單一的匯率。這意味著人民幣對外貶值 86.7%。1985 年 10 月人民幣匯率又作了一次調整，調為 USD 1 = RMB 3.20，人民幣對外貶值 14.3%。此後，國際上美元匯率大幅度下降，於是 人民幣對美元匯率調整為 USD 1 = RMB 3.70，貶值幅度為 15.8%。1989 年 12 月人民幣對主要貨幣匯率再次下調 21.2%，人民幣對美元比價為 1：4.71，但人民幣匯價高估仍沒有得到徹底解決。

6. 1989—1993 年又一次的雙重匯率使人民幣匯率處於極不穩定狀態中

1985—1988 年人民幣的貶值使人民幣向其合理水平靠近。但是，這一時期人民幣匯率每下調一次都維持一個較長時間，因而這時的人民幣匯率仍然是一種固定匯率。而這時，國內物價水平因多種原因節節上升，物價上漲率大大高於人民幣匯率貶值率。這一時期外貿體制的一大改革是允許出口企業（公司）留成部分外匯額度。為了調劑企業（公司）外匯額度的餘缺，1988 年 4 月正式成立了上海外匯調劑中心，隨後其他主要城市也陸續成立了外匯調劑市場和調劑中心，從而又一次出現了人民幣的雙重匯率：一方面是官方對外公布的 USD 1 = RMB 5.7 的外匯牌價，另一方面是由外匯調劑市場以外匯供求形成的 USD 1 = RMB 8.7 及以上的外匯調劑價。企業出口收匯中上繳國家的外匯按官方匯率折算，企業所得到的留成外匯可按調劑市場匯率折算，這樣可適當地提高出口企業的創匯利潤，或補償其高換匯成本的虧損，從而鼓勵出口；在進口用匯方面，關係國計民生的重要物資和必需品的進口由國家批准按官方匯率折算，一般商品的進口按調劑市場匯率折算，以提高購匯成本達到限制進口的目的；在利用外資方面，外商來華投資註冊資本按官方匯率 1：5.8 折算，匯出利潤通常按市場調劑價 1：8.7 來計算。

雙重匯率的實施是為了逐步解決長期以來人民幣匯率明顯高估而無法調動企業出口創匯積極性的問題，同時也是為了避免人民幣大幅度下調可能帶來的國內物價全面上升

的危險。但是，在國家官方匯率存在的同時，又保持計劃外調劑匯率，會導致在國內外匯短缺的情況下，調劑匯率高於官方匯率的情況。而且在國內經濟高速增長、投資規模不斷擴大的情況下，官方匯率與調劑匯率的差距會越來越大。1990年年末，人民幣官方匯率下調9.57%，調整的依據是全國出口平均換匯成本的變化。1991年4月9日起，中國改變了以往間隔較長時間後進行一次大幅度調低的做法，轉而實行政府直接干預與市場調節相結合的人民幣匯率彈性制。國家根據經濟發展和國際收支平衡的需要，對人民幣匯率實行目標區管理，定期公布有彈性的官方匯率，並對它進行經常的小幅的直接調整，使之爬行滑動到預定的目標匯率，逐漸接近市場匯率，從而實現兩者的並軌。1992年3月前，官方匯率連續小幅下滑，與市場匯率的差距從2元縮小到0.5～0.8元。但是，由於中國經濟金融形勢的變化，外匯供求日趨緊張。自1992年4月開始，人民幣市場匯率節節下跌，8月份便狂跌至1：7.082,3元，1993年6月更是突破1：10的大關，而官方匯率依然維持在1：5.88元的水平上，兩者之間的差幅擴大到40%以上。官方匯率的高估和外匯調劑市場的不健全導致了哄炒外匯的投機行為，擾亂了外匯外貿的正常經營秩序，不利於國內物價的穩定。

此外，人民幣雙重匯率制的另一個顯著弊端表現為進出口企業及外資企業的不平等競爭機制。由於雙重匯率制下用匯成本高低不同，用官方匯率獲取外匯的成本相對低廉，成為盲目引進與擴大投資規模和浪費外匯的一個潛在因素。這種苦樂不均的差別不利於企業的成本核算和平等競爭，從而造成資源配置的不合理。同時，雙重匯率使外商在投資資本匯入和紅利匯出中無形地增加了投資成本，減少了外匯盈利收入，既使外商失去了公平競爭的機會，又損害了外商投資企業的利益，使外商對中國的利用外資政策產生懷疑，也影響了外商投資的積極性。

最後，雙重匯率制是阻礙中國「復關」和取得最惠國待遇的重要因素。中國是國際貨幣基金組織的成員國，《國際貨幣基金協定》第八條規定，禁止成員國實行歧視性匯率安排或採取復匯率制。而《關稅及貿易總協定》有關貨幣匯率制度的規定又是以《國際貨幣基金協定》的有關條款為準的。因為復匯率制往往被視為對外貿易傾銷的一種政策，不利於實現貿易的自由化，更不符合《關稅及貿易總協定》的宗旨。因此，人民幣雙重匯率的並軌是必然的趨勢。

7. 1994—2005年6月實行以市場供求為基礎的、單一的、有管理的人民幣浮動匯率制

1993年下半年，中國人民銀行進一步加強金融宏觀調控，全面清理違章拆借和變相提高存、貸款利率，嚴肅整頓各金融機構的資金結構，於是人民幣資金出現「短流」現象，迫使有匯企業忍痛拋售外匯，從而有效地抑制了外匯調劑價的上升勢頭，人民幣市場匯率回升至1：8.5的水平，且波動幅度小。據統計，這一水平略高於平均換匯成本1：7.5。人民幣市場匯率逐漸接近其真實水平。因此，1993年12月29日，中國人民銀行發布了《關於進一步改革外匯管理體制的公告》，決定自1994年1月1日起實行人民

幣匯率並軌。1994年4月1日起外匯體制改革進入正式運作階段：全面實行銀行結售匯制，取消外匯留成制度，取消出口企業創匯的有償和無償上繳，取消外匯收支指令性計劃，停止發行外匯券，禁止外幣在境內流通，建立銀行間的外匯交易市場等。這一系列改革措施標誌著中國已初步建立了以市場供求為基礎的、單一的、有管理的人民幣浮動匯率制。

首先，人民幣匯率是以市場供求為基礎的，即匯率的生成機制是由市場機制決定的。1994年1月1日，中國人民銀行公布的人民幣市場匯價是頭一天全國18家外匯調劑市場產生的美元加權平均價，以後，中國人民銀行每日均發布由銀行間外匯市場前一個營業日交易生成的美元加權平均價及其他交易幣種的加權平均價作為交易基準匯價。

其次，實行單一的匯率，即指中國人民銀行每日公布的人民幣匯價適用於外匯指定銀行(中資與外資)進行的所有外匯與人民幣的結算與兌換，包括經常項目收支和資本項目收支；適用於中資企業和外商投資企業的外匯收支往來；適用於居民與非居民的交往活動。總之，它適用於一切外匯與人民幣之間的交易。

再次，實行浮動匯率。外匯指定銀行之間的外匯市場美元的交易價在人民銀行公布的交易基準中間價±0.3%幅度內浮動，港元、日元的交易價可在人民銀行公布的交易基準中間價±1%的幅度內浮動。外匯指定銀行制定美元掛牌價時，其現匯買賣價不得超過人民銀行公布的美元交易中間價±0.15%；港元、日元現匯買賣掛牌價在人民銀行公布的交易中間價±1%幅度內制定；其他掛牌貨幣的現匯買入價與賣出價之間的價差不得超過0.5%。所有掛牌貨幣的現鈔賣出價與現匯賣出價相等，現鈔買賣價差不得超過其現匯買賣中間價的2.5%。此外，中國人民銀行每日公布的人民幣市場匯率也是浮動的。

最後，實行有管理的匯率。這主要體現在銀行間市場上。中國人民銀行在外匯交易中心設有獨立操作室，負責監控外匯市場的匯價波動情況。當市場波動幅度過大時，中國人民銀行通過吞吐外匯來干預外匯市場，保持匯率穩定。

8. 2005年7月以來人民幣匯率制度的發展

第一，2005年7月21日，中國實行新的人民幣匯率機制。根據中國人民銀行的公告，其人民幣匯率機制的形成有如下幾個方面：

(1) 自2005年7月21日起，中國開始實行以市場供求為基礎、參考一籃子貨幣進行調節的有管理的浮動匯率制度。人民幣匯率不再釘住單一美元，形成更富彈性的人民幣匯率機制。

(2) 中國人民銀行於每個工作日閉市後公布當日銀行間外匯市場美元等交易貨幣對人民幣匯率的收盤價，作為下一個工作日該貨幣對人民幣交易的中間價格。

(3) 2005年7月21日19:00時，美元對人民幣交易價格從原來的1美元兌8.28元人民幣調整為1美元兌8.11元人民幣，作為次日銀行間外匯市場上外匯指定銀行之間交易的中間價，外匯指定銀行可自此時起調整對客戶的掛牌匯價。

(4) 現階段，每日銀行間外匯市場美元兌人民幣的交易價仍在人民銀行公布的美元

交易中間價±0.3%的幅度內浮動，非美元貨幣兌人民幣的交易價在人民銀行公布的該貨幣交易中間價±1.5%的幅度內浮動。

上述公告表明中國人民銀行將根據市場發育狀況和經濟金融形勢，以市場供求為基礎，參考一籃子貨幣匯率的變動，對人民幣匯率進行管理和調節，適時調整浮動匯率區間，維持人民幣匯率的正常浮動，保持人民幣匯率在合理、均衡水平的基本穩定，促進國際收支平衡，維護宏觀經濟和金融市場穩定。

在2005年7月匯改之後，2007年5月21日、2012年4月16日、2014年3月17日每日銀行間外匯市場人民幣對美元波幅分別擴大到±0.5%、±1%和±2%。與此同時，從2005年7月人民幣匯率制度改革到2015年6月末，人民幣對美元匯率累積升值35.38%。

這一時期，人民幣匯率呈現出以下特徵：一是市場供求決定匯率水平的基礎作用逐步顯現。隨著結售匯制度逐步完善，銀行間外匯市場主體擴大，銀行間外匯市場的供求關係逐步成為決定匯率水平的基礎；二是匯率波幅有所擴大，銀行間外匯市場人民幣對美元每日波幅從0.5%擴大到2%；三是央行仍進行「常態式」的干預，這一期間，境外流入資本壓力明顯增大，為了維持匯率基本穩定，央行運用貨幣政策等手段進行外匯干預，致使外匯儲備快速增大，央行資產負債表構成發生明顯變化，外匯占款占央行資產的比例高達80%以上；四是人民幣匯率運行仍主要受到美元的影響，維持與美元走勢相對同步。

第二，2015年8月11日（以下簡稱「8.11」）對人民幣對美元匯率中間價報價方式進行了調整，人民銀行要求做市商在每日銀行間外匯市場開盤前參考上一日銀行間外匯市場的收盤匯率，綜合考量外匯供求情況以及國際主要貨幣匯率變化，再向中國外匯交易中心提供中間價報價。

「8.11」匯改綜合考量了以下因素：①中間價報價機制進一步市場化。報價機制調整後，人民幣匯率中間價更真實地反應當期的市場外匯供求，體現對市場的認可和尊重，使人民幣對美元匯率中間價報價機制更趨於市場化。②對中間價偏離市場匯率進行適當的修正和調整，8月11日人民幣兌美元匯率中間價較前一個交易日貶值了近200個基點，這實際上是對人民幣對美元匯率中間價偏離市場匯率進行一次性適當的修正和調整。③國內外諸多經濟因素綜合考量的結果。

第三，2015年12月11日，中國外匯交易中心首次發布CFETS人民幣匯率指數。該指數包括在中國外匯交易中心掛牌的13個外匯交易幣種樣本，貨幣權重採用考慮轉口貿易因素的貿易權重法計算而得。根據中國外匯交易中心所公布的CFETS貨幣籃子，美元、歐元、日元比重分別為26.4%、21.39%和14.6%。此外，港幣、英鎊和澳元分別占6.55%、3.86%和6.27%。人民幣新匯率指數「將有助於引導市場改變過去主要關注人民幣對美元雙邊匯率的習慣」，逐步把參考一籃子貨幣計算的有效匯率作為人民幣匯率水平的主要參照系。CFETS指數貨幣權重參見表2-2。

表 2-2　　　　　　　　　　　　CFETS 指數貨幣權重

幣種	CFETS 貨幣籃子貨幣權重（％）
美元	26.40
歐元	21.39
日元	14.68
港幣	6.55
澳元	6.27
馬來西亞林吉特	4.67
俄羅斯盧布	4.36
英鎊	3.86
新加坡元	3.82
泰銖	3.33
加元	2.53
瑞士法郎	1.51
新西蘭元	0.65

資料來源：中國外匯交易中心，中金公司研究部

2015 年 8 月 11 日以後，人民幣匯率運行出現以下兩個特點：一是匯率波動加大，貶值明顯。其中，2015 年 8 月 11 日至 9 月初，以及 2015 年年末和 2016 年 1 月份，出現了兩輪影響較大的貶值。二是離岸人民幣（CNH）、在岸人民幣（CNY）價差明顯加大，CNH 與 CNY 價差最高時達到 1,300 點，加劇了市場貨幣投機活動。三是市場貶值預期強化，加劇了人民幣匯率貶值，資本外流壓力明顯增大。四是央行外匯干預明顯加大，並延伸到對人民幣離岸市場進行宏觀調控。

第四，2015 年 12 月 1 日，IMF 正式公告中國人民幣將加入國際貨幣基金組織的特別提款權（SDR），並將在 2016 年 10 月 1 日生效。修正後的特別提款權籃子中 5 種貨幣的權重為：美元 41.73%、歐元 30.93%、人民幣 10.92%、日元 8.33%、英鎊 8.09%。特別提款權是國際貨幣基金組織 1969 年創造的用於彌補成員官方儲備的國際儲備資產。通常每隔五年 IMF 會對特別提款權的構成和價值進行審查，確保它反應各國貨幣在全球貿易和金融體系中的相對重要性。加入 SDR 是對中國經濟發展的肯定。作為世界上美國、中國、歐盟、日本、英國五大經濟體來講，人民幣是僅有的未成為 SDR 構成儲備貨幣的貨幣，這顯然與中國作為第二大經濟體和第一大貿易國的地位不相稱。

基金組織執行董事會最近一次的審查得出的結論是：中國及其貨幣符合加入特別提款權籃子的兩個標準——中國已進入世界上最大出口國之列，同時其貨幣可以「自由使用」。

自 1979 年改革開放以來，中國經濟得到迅猛的發展，目前已成為僅次於美國的第二大經濟體和世界上最大的貿易國。這次人民幣加入 SDR 實際上是對中國 30 年來經濟發展的肯定，也是發展中國家的貨幣首次正式加入 SDR。

人民幣加入 SDR，也意味著中國將在國際經濟事務方面承擔更多的責任和義務。從

目前來看，重要的是人民幣匯率在穩定世界經濟中的作用會更加重大。比如，當世界經濟發生重大的變化時，人民幣匯率要承擔起穩定世界經濟、防止全球經濟劇烈振動的責任和義務（圖2-2）。

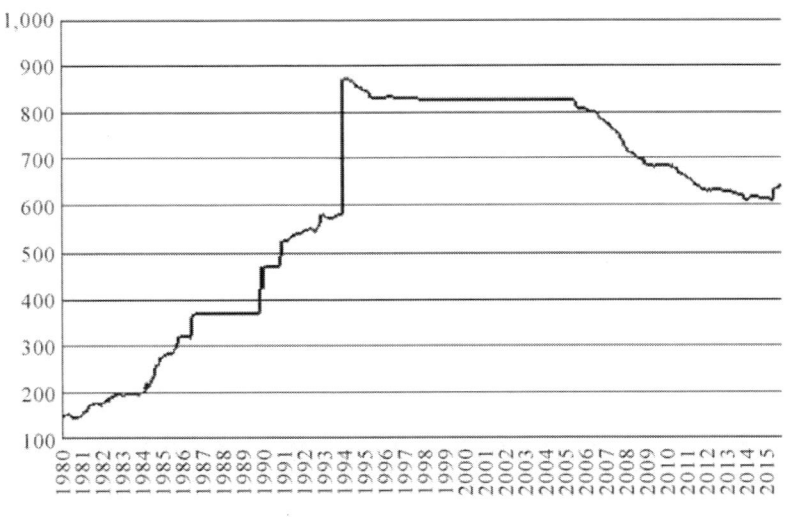

圖2-2　1980—2015年美元對人民幣月平均匯價走勢圖

單位：100美元兌人民幣

資料來源：國家外匯管理局

三、關於人民幣匯率制度的改革問題

1994年中國外匯體制改革後，美元匯率的變動對人民幣匯率變動起主要作用。1997年東南亞金融危機之前，人民幣對美元的匯率有一定程度的波動，但波動幅度不大；1999年以後，人民幣匯率制度演變為事實上的釘住美元制。1997年，國際貨幣基金組織把中國列為實行單一釘住美元的匯率制度的國家。這種單一釘住的匯率制度已經在一個固定的匯率水平上維持了相當長的時間。人民幣匯率制度的轉變也使人民幣匯率制度的選擇成為國內外研究中國問題的學者討論與關注的焦點。

1999年獲諾貝爾經濟學獎的美國著名經濟學家羅伯特・蒙代爾在中國銀行建行90周年的國際金融高層研討會上談到人民幣匯率時，指出：在短期內，擴大人民幣匯率浮動範圍將是個錯誤，將人民幣升值、貶值也是個錯誤，就讓它保持原位，漸進地慢慢地朝著人民幣可自由兌換的目標努力。

國內部分學者也認為釘住美元制是目前人民幣匯率制度的較好選擇。他們認為，從目前中國和周邊經濟體的總體情況來看，選擇釘住貨幣籃子制度可能不是一個良策。

從宏觀經濟運行來看，目前中國仍然沒有完全走出通貨緊縮，促進經濟增長仍然是最主要的經濟目標。在國內需求不振的情況下，外部需求仍然是促進經濟增長的重要因素，穩定的匯率不僅有利於促進中國進出口的穩定增長，而且也成為保持對外資吸引力

的主要手段。2001年和2002年，中國進出口貿易分別增長7.5%和21.8%，其中出口貿易分別增長6.8%和22.3%。同時，2001年外商直接投資為468.8億美元，2002年達到527.4億美元，並首次超過美國成為世界最大的直接投資引入國。中國外匯儲備逐年增加。1993年只有212億美元的外匯儲備，到2002年增加到2,864.1億美元，當年增加742.5億美元，為歷年來增加最多的一年。在這種情況下，人民幣的任何升值或貶值所帶來的匯率震盪對中國目前的經濟形勢都十分不利：升值不利於出口，貶值不利於穩定和吸引外國投資，並使資源配置更趨不合理，從而加重目前的緊縮效應。雖然維持匯率穩定會影響中國貨幣政策的獨立性，但是目前中國的資本管理仍然可以使中國自主決定貨幣的供給量和適當的利率水平。事實上，1997—1999年的貨幣政策操作在緩解外部衝擊、促進內需增加等方面起到了一定的積極作用。此外，由於現在無法預料美元對日元、歐元等匯率的變動趨勢，中國就更不會貿然實行貨幣籃子制度。

從微觀經濟運行來看，由於金融市場的局限，企業避免外匯風險渠道狹窄，中國也缺乏專業人士和專有技術來防範可能的匯率波動帶來的損失。

最後，從中國與東南亞經濟的發展來看，基於中國較高的經濟增長和目前巨大的國民生產總值，人民幣對美元的匯率長期穩定對亞洲經濟整體具有特別重要的意義。東南亞金融危機期間，人民幣不貶值政策雖使中國付出了巨大代價，但卻有效地防止了使局面更加惡化的傳染性貶值。2002年年初，日元貶值帶動了亞洲各國貨幣先後貶值，人民幣釘住美元的固定匯率制再次說明了其對亞洲經濟穩定的重要性。

中國經濟的發展離不開穩定的外部經濟環境。因此，從國內與周邊國家經濟持續增長的角度看，在一定時期內堅持人民幣釘住美元制對中國是一個較好的選擇，而且，目前有效的資本管制可以維持穩定的人民幣匯率。隨著中國資本帳戶的開放，維持人民幣匯率穩定將會越來越困難，尤其是隨著中國經濟規模的擴大，大國經濟的特點日漸顯露，貨幣政策的目標將由外部轉向內部，貨幣政策的獨立性愈加重要，人民幣匯率最終應朝著彈性更大的匯率制度過渡。為了實現人民幣匯率制度的平穩過渡，中國需要設立總體規劃，如加強人民幣匯率機制的培育，減少匯率調節的政治壓力，積極參與亞洲貨幣和金融合作，擴大波動幅度等。

部分學者認為，現在是人民幣匯率制度改革的大好時機，應增強人民幣匯率的靈活性。他們認為，亞洲金融危機國家假如不選擇釘住美元的匯率制度，金融危機就不會發生。這次危機的教訓是，應該選擇更靈活的匯率制度來阻止投機衝擊導致的金融危機和經濟衰退。加入WTO以後，中國經濟會更加開放，中國需要更靈活的匯率政策手段來避免各種來自外部或者內部的經濟衝擊，保證宏觀經濟穩定。這是因為，首先，中國經濟與外部經濟的聯繫越緊密，外部衝擊對中國經濟的影響就越大，就越需要匯率的靈活調整來應付這些衝擊。其次，加入WTO後，中國的市場准入條件放寬，更多的外國金融服務機構進入中國，外資金融機構進入後的金融創新會降低資本國際流動的成本，這為國際資本流動(合法或非法)提供了新的載體。最後，中國經濟中居民和各種企業通過

国际资本流动实现跨国投资资产组合以迴避宏观经济风险的需求，也会随著中国不断开放而提高，这增加了国际资本流动的需求。此外，中国是一个经济大国，对外贸易占国内生产总值的比重近一半，中国的货币政策将转向国内经济目标，在中国经济继续扩大开放的情况下，维持货币政策的独立性更为重要，这都需要相对灵活的汇率制度。

虽然目前单一钉住美元的汇率制度具有积极作用，如有力地促进中国的对外贸易和投资的发展，中国的外部收支保持持续的良好态势，但是，单一钉住美元汇率制仍有不容忽视的缺陷。首先，中国目前的单一钉住美元汇率制和中国多元化的贸易与投资结构不利于名义有效汇率指数的稳定。当世界主要货币之间的汇率发生变化时，名义有效汇率指数也会随之波动，从而对中国的进出口和宏观经济稳定造成威胁。在中国经济增长过程中，进出口在 GDP 中的份额不断增加，人民币名义有效汇率指数发生波动时，进出口及贸易顺差的变动会影响 GDP 走势。其次，单一钉住美元时，世界主要货币之间汇率发生波动会带来国内贸易品价格的相应波动。如果这种波动是频繁的，贸易品的价格也将会频繁波动。最后，单一钉住美元时，世界主要货币之间汇率波动造成中国名义有效汇率波动，并进一步造成贸易顺差的变化。在中国目前的强制性结售汇制度和中国外汇交易中心特定的交易格局下，贸易顺差影响到中央银行的外汇占款的波动，从而把主要外国货币之间的汇率波动引入到中国的货币供给当中，不利于实现稳定的货币供给和货币政策的独立性。

因此，国内部分学者提出将现行人民币单一钉住美元的汇率制度改革为钉住一篮子货币汇率制度。如其所述，引入货币篮子汇率制度的好处在于稳定由汇率变化引起的贸易收支变化，同时也引入了汇率的灵活性。对於中国的宏观经济而言，货币篮子汇率制可以让人民币浮动起来，扩展政策调节经济的空间，增强货币政策的独立性，为资本帐户的开放准备条件；同时，可以减少中央银行调节外汇市场的压力，解决目前中央银行政策的两难问题，也使政府免受人民币升值或贬值的困扰。

如何确定货币篮子中各种货币的权重？这取决於一国政府确定的目标函数。如果以贸易平衡为目标，货币篮子中的最优权重是贸易权重。就中国目前的情况而言，汇率制度的主要目标在於通过发展对外贸易促进宏观经济稳定和增长。中国外汇的供给主要来自於出口和外商直接投资，需求主要来自於进口。外商直接投资的流动多是出於贸易产品的投资，人民币名义有效汇率的波动对外商直接投资同样具有决定性影响。因此，当前中国汇率制度目标的核心可以落实在稳定对外贸易、稳定名义有效汇率上。那麼，货币篮子中各种货币的最优权重就是它们在中国贸易中的比重。

国际货币基金组织在肯定中国经济表现良好并对相关经济政策给予高度评价的同时，也建议中国应利用加入 WTO 之机改革人民币汇率制度。具体建议包括：逐渐增加汇率的弹性，以有助於中国加快融入世界经济以及推进结构性改革；欢迎近一时期更多地使用汇率波动区间，鼓励将来更大范围地使用有关区间，并逐渐放宽波动空间，在放宽汇率浮动区间基础上改为钉住一篮子货币。

第六節　人民幣國際化

一、貨幣國際化的定義和條件

1. 貨幣國際化的定義

貨幣國際化沒有絕對定義，但是一般認為一種貨幣應擁有以下幾個特徵就表明它已國際化：

（1）支付功能：私人使用該國際貨幣作為國際貿易和資本交易媒介貨幣；官方部門在外匯市場干預和平衡國際收支時以該國際貨幣作為工具。

（2）記帳單位：國際貨幣被用於承擔商品貿易和金融交易的計價功能；官方部門在確定匯率平價時使用該國際貨幣（作為匯率釘住的「駐錨」）。

（3）價值儲藏：私人部門（包括居民和非居民）願意持有該國際貨幣的債券、存款、貸款；官方部門願意持有該國際貨幣和以它計價的金融資產作為儲備資產。

2. 貨幣國際化的條件

根據歷史經驗，貨幣國際化的關鍵在於國際貨幣發行國家必須擁有強大的綜合國力，無論在經濟規模、外貿規模、政治、軍事、外交、科技技術領域都具有領導地位，並且其政治制度和社會結構穩定。只有具備強大的綜合國力，該國發行的貨幣才擁有背後優勢。此外，國際貨幣發行國的價格水平應該是穩定的，貨幣政策也應該是獨立的，同時貨幣能自由兌換，供應量能滿足國際市場的需求。

二、人民幣國際化的發展及現狀

貨幣國際化一般遵循從單純的計價和交易工具轉變為一種投資方式，並最終成為儲備貨幣這樣一個變化過程。這表明，一國貨幣要實現國際化，其經濟必須達到足夠的規模來推動和支持以本國貨幣計價的國際貿易，並且還要依靠市場參與者和國際社會對該貨幣的信心，即相信它能成為可靠的貿易和保值工具。上述模式是 20 世紀美元榮升主導地位的途徑，但人民幣國際化的起點和美元存在很大的差異，相較於 20 世紀中葉的美元，目前中國的金融市場尚不成熟、對外開放程度也不高，人民幣在資本項下還未實現完全可兌換，而且人民幣在海外沒有廣泛的市場。因此，人民幣國際化進程雖然部分遵守了傳統的貨幣國際化模式，但在很多方面都走出了自己的獨特路線。人民幣國際化主要通過中國作為全球主要貿易國的地位來推動，並輔以資本項目逐漸開放。當前，人民幣國際化主要通過以下七個方面來進行。

（一）人民幣國際化的開端：離岸存款和貿易結算

經濟學家通常認為人民幣國際化始於 2003 年年末。2003 年 11 月，中國人民銀行宣布為香港銀行辦理相關人民幣業務提供清算安排。次年 2 月，香港銀行正式開辦個人人

民幣存款、兌換和匯款業務。2010年7月,中國人民銀行和香港金管局修改了《關於人民幣業務的清算協議》,明確香港的銀行可以按照本地法規和市場因素開展企業和機構人民幣業務。從此,全球離岸人民幣存款量大增,因為這些存款既可以作為價值儲藏,也可以用於購買以人民幣計價的商品和服務,還有利於以更有效的方式進行離岸人民幣融資。

對離岸人民幣發展影響最為重大的是以2009年跨境貿易人民幣結算試點為開端的跨境人民幣業務。跨境人民幣業務作為人民幣國際化的發端,首先以國際貨幣最基本的支付結算功能作為切入點,而後逐步放寬至資本項目下的跨境投融資和以國際債券為代表的金融資產計價功能,最後過渡到儲備貨幣的職能。經過6年的發展,跨境人民幣業務結算量快速增加,產品品種不斷豐富。根據中國人民銀行官方數據,2015年經常項目下跨境人民幣收付共計7.23萬億元,較試點開始的2009年增長了2,000倍。其中貨物貿易收付6.39萬億元,服務貿易和其他經常項目收付8,432億元。同時人民幣在跨境直接投資中的使用也取得了長足發展,2015年對外直接投資(ODI)人民幣結算金額為7,361億元,同比增長2.3倍。截至2015年年末,ODI人民幣結算累計金額1.07萬億。2015年外商直接投資(FDI)1.59萬億元人民幣,同比增長66%,截至2015年年末,FDI人民幣結算累計金額3.28萬億元。在結算量和業務品種快速增長的同時,跨境人民幣業務對境外國家和地區的輻射面也不斷擴大,截至2015年年末,中國已經與全球近200個國家和地區建立了以人民幣為紐帶的經貿關係。

上述改革措施對人民幣國際化而言非常重要。截至2015年年底,貿易項目下人民幣跨境收支在中國海關統計的進出口貿易量中的占比已經接近30%,在2010年這一比例僅為3%。環球同業銀行金融電訊協會(SWIFT)的數據顯示,人民幣已成為全球第二大貿易融資貨幣、第五大支付貨幣、第六大外匯交易貨幣和第六大國際銀行間貸款貨幣。

(二)在岸投資渠道:QFII、RQFII和銀行間投資機制

投資者主要依靠三種渠道投資在滬、深交易所上市的股票、債券以及場外交易債券、投資基金等。

第一種是2002年建立的合格境外機構投資者(QFII)機制。通過QFII機制,投資者可以使用在中國以外的地方獲得的外幣(通常是美元)投資中國國內資本市場。截至2016年1月底,已有294家境外機構獲得了QFII資格,總的獲批投資額度為808億美元。

第二種渠道是2011年開始實施的RQFII制度。這種制度是對QFII機制的補充,在該機制下,外國投資者可以用從中國大陸以外的地方籌集的人民幣投資中國市場。由於可投資的範圍更廣,資金的運用也更加靈活,因此對RQFII的需求增長較QFII更快。在不到5年的時間裡,已有16個國家和地區成為RQFII的試點地區,總的投資額度達到1.21萬億元人民幣,同時有157家機構獲得RQFII資格,總計可流入資金為4,698億元

人民幣，已基本與 QFII 額度相當。RQFII 機制拓寬了離岸人民幣的回流渠道，進一步增強了境外投資者持有人民幣的積極性，同時隨著投資配額的可獲得性不斷提高、允許投資的範圍逐步擴大，在岸市場與離岸市場的聯繫日漸緊密，促進了人民幣資金的雙向流動。

第三種渠道是銀行間市場投資機制。該機制允許外國投資者直接進入在岸銀行間債券市場進行投資。在上述三種機制中，第三種機制的靈活度最大，在可投資品種和投資金額上都更有優勢。該渠道自 2010 年 8 月建立以來，在很長一段時間內都只對外國央行或貨幣當局、港澳人民幣清算行和境外參加銀行三類機構開放。2015 年 7 月，主權財富基金和國際金融組織獲准進入銀行間債券市場，同時外國央行或貨幣當局、主權財富基金和國際金融組織等三類機構的可投資品種擴大到包括債券現券、債券回購、債券借貸、債券遠期以及利率互換、遠期利率協議等其他經中國人民銀行許可的交易，投資額度也不受限制。2016 年 2 月，中國人民銀行發布公告，將該渠道再次拓展到境外商業銀行、保險公司、證券公司、基金管理公司及其他資產管理機構等各類金融機構，以及養老基金、慈善基金、捐贈基金等中國人民銀行認可的其他中長期機構投資者。截至 2015 年年末，共有 292 家境外機構獲准進入銀行間債券市場，包括 41 家境外央行、5 家國際金融機構、4 家主權財富基金、11 家人民幣業務清算行、93 家境外參加銀行、17 家境外保險機構、78 家 RQFII、41 家 QFII 和 2 家其他類型機構，總批覆額度為 19,763.4 億元人民幣。

(三) 離岸人民幣債券市場

離岸人民幣債券市場又稱為「點心債市場」。「點心債」主要是指在香港發行並以人民幣計價的債券。2007 年，中國人民銀行和國家發改委批准內地金融機構在香港發行人民幣債券。同年，國家開發銀行作為首家獲批機構在香港發行了 50 億元人民幣債券，自此，離岸人民幣債券市場正式形成。2008 年 12 月，在內地擁有大量業務的非金融企業也獲准在香港發行離岸人民幣債券。2009 年離岸人民幣債券發行主體進一步擴寬，中國財政部獲准在香港發行人民幣債券。2010 年 7 月，國外非金融公司獲准在中國以外的資本市場發行以人民幣計價的債券，麥當勞成為首家獲得許可利用該政策的國外跨國企業。在政策發布一個月後，麥當勞在香港發行人民幣債券，籌集資金 2 億元。2015 年，香港共計發行人民幣債券 785 億元，其中境外機構發行 260.7 億元，財政部發行 280 億元，境內機構發行 244.3 億元。

另外，從 2012 年開始，倫敦、臺北和新加坡等離岸人民幣市場也發行了規模不等的人民幣債券。短短 5 年時間，點心債市場已經成為各種規模的企業進行籌資活動的可行選擇，而且該市場也通過多種方式，實現了爆發性增長。截至 2015 年年末，境外離岸市場人民幣債券餘額達 6,278 億元。

(四) 滬港通和跨境人民幣資金集中營運

除了上面談到的措施之外，還有其他一些機制為人民幣離岸和在岸市場之間的雙向流動提供了靈活性。

其中一個就是滬港通機制。滬港通是上海和香港證券市場之間的交易及結算互聯互通機制，兩地投資者可以通過當地券商買賣在對方交易所上市的股票。滬港通試點啟動以來，截至 2015 年 5 月末，滬股通累計成交 7,781 億元，日均成交 63 億元，港股通累計成交 3,487 億元，日均成交 28.82 億元。滬港通機制的推出順應了資本市場國際化發展趨勢，有利於擴大中國資本市場雙向開放，提高人民幣資本項目可兌換程度。除滬港通外，深港通也在穩步推進當中，同時上海與倫敦證券交易所的互聯互通機制（滬倫通）也處於可行性研究階段。

另一個關鍵機制是跨境人民幣資金集中營運，特別是「跨境雙向人民幣資金池」業務，該業務自 2014 年起在上海自貿區試點，目前已推向全國。在該機制下，跨國企業集團從境外籌集資金不需要獲得監管機構批准，也不再受到境外借款額度限制，可以便捷、有效地在境內外市場之間調配資金，提高資金使用效率。特別是在境內外存在利差的情況下，有助於企業強化資金管理，提高資金盈利性。根據中國人民銀行官方數據，截至 2015 年年末，全國（除上海自貿區外）共設立資金池 557 個，應計所有者權益 10.8 萬億元，涉及企業超過 7,400 家，其中境內企業 5,800 家，境外企業近 1,600 家。共有 317 家主辦企業發生了跨境資金收付，總計金額 5,173.8 億元。自 2014 年 2 月試點以來至 2015 年年末，上海自貿區共有 303 家主辦企業發生了跨境資金收付，金額共計 5,124.7 億元。

（五）政府對人民幣國際化的支持

1. 雙邊本幣互換協議

與他國央行簽署雙邊本幣互換協議是最重要和公開的輸出人民幣的渠道，本幣互換成為向境外市場提供人民幣流動性、促進中國與這些國家和地區之間貿易、投資便利化的非常重要的金融基礎設施。截至 2015 年 12 月，與中國人民銀行簽署本幣互換協議的境外央行或貨幣當局已達 33 個，總額度超過了 3.3 萬億元人民幣（見表 2-3）。

表 2-3　　　　　　　中國人民銀行與國外貨幣當局本幣互換協議概覽

（截至 2015 年 12 月）　　　　　　單位：10 億元人民幣

國家和地區	金額	簽訂時間
阿爾巴尼亞	2	2013 年 9 月
阿根廷	70	2014 年 7 月（續簽）
澳大利亞	200	2015 年 3 月（續簽）
白俄羅斯	7	2015 年 5 月（續簽）
巴西	190	2013 年 3 月
加拿大	200	2014 年 11 月
歐洲央行	350	2013 年 10 月
英國	350	2015 年 3 月（續簽）
中國香港	400	2014 年 11 月（續簽）

表2-3(續)

國家和地區	金額	簽訂時間
匈牙利	10	2013年9月
冰島	3.5	2013年9月（續簽）
印度尼西亞	100	2013年10月（續簽）
哈薩克斯坦	7	2014年12月（續簽）
韓國	360	2014年10月（續簽）
馬來西亞	180	2015年4月（續簽）
蒙古	15	2014年8月（續簽）
新西蘭	25	2014年4月（續簽）
巴基斯坦	10	2014年12月（續簽）
卡塔爾	35	2014年11月
俄羅斯	150	2014年10月
新加坡	300	2013年3月（續簽）
斯里蘭卡	10	2014年9月
南非	30	2015年4月
瑞士	150	2014年7月
蘇里南	1	2015年3月
亞美尼亞	1	2015年3月
泰國	70	2014年12月（續簽）
土耳其	12	2015年9月（續簽）
阿聯酋	35	2015年12月（續簽）
烏克蘭	15	2015年5月（續簽）
智利	22	2015年5月
塔吉克斯坦	3	2015年9月
烏茲別克斯坦	0.7	2011年4月（已失效）

數據來源：中國人民銀行

2. 開發貸款

另外一個輸出人民幣的渠道是通過國際開發和援助計劃。2011年，中國進出口銀行和美洲開發銀行合作建立了以人民幣為基礎的基金，用於支持拉丁美洲和加勒比地區的投資。2014年7月，由中國、巴西、俄羅斯、印度以及南非一同建立的金磚國家新開發銀行（NDB）正式成立，並於2015年7月開業。有評論認為，NDB不僅有助於成員國逐漸降低對傳統的多邊援助來源（如IMF）等的依賴，還有助於促進這些國家的貨幣成為新的國際貨幣，而其中最重要的毫無疑問是人民幣。2015年12月，亞洲基礎設施投資銀行（AIIB）正式成立，建立AIIB的目的，一是為亞洲的基礎設施建設提供資金支持，促進亞洲區域的經濟一體化進程，更重要的是為了助推人民幣國際化。亞投行自籌建以來就受到了國際社會的廣泛關注，不僅有亞洲國家和巴西、南非等新興經濟體對亞

投行表示歡迎，包括英國、德國、法國和義大利在內的多個發達國家也對此表示讚譽，並成為亞投行的創始成員國。

3. 清算銀行和支付系統

中國人民銀行通過公開授權離岸「人民幣清算銀行」並對其提供潛在的流動性支持，在人民幣國際化進程中起到了重要的作用。離岸清算行模式的引入始於2003年，當時中國銀行（香港）有限公司被中國人民銀行指定為第一家離岸人民幣清算行。隨後，得益於中銀香港和香港銀行間清算有限公司共同開發的離岸交易即時清算系統，離岸清算行模式得到了快速發展。從那以後，在亞洲和歐洲逐漸建立了越來越多的離岸清算銀行。截至2015年12月末，中國人民銀行與東南亞、西歐、北美、南美、中東和大洋洲等區域的19個國家和地區建立了人民幣清算行安排（見表2-4）。人民幣清算行的設立，極大地促進了中國與上述地區之間的貿易投資便利化，在人民幣國際化進程中起到了十分重要的作用。

表2-4　　　　　　　　　　人民幣離岸清算行一覽表

（截至2015年12月）

國家和地區	清算銀行名稱
香港	中國銀行（香港）有限公司
澳門	中國銀行澳門分行
臺灣	中國銀行臺北分行
新加坡	工商銀行新加坡分行
英國	建設銀行（倫敦）有限公司
德國	中國銀行法蘭克福分行
韓國	交通銀行首爾分行
法國	中國銀行巴黎分行
盧森堡	工商銀行盧森堡分行
卡塔爾	工商銀行多哈分行
加拿大	工商銀行（多倫多）有限公司
澳大利亞	中國銀行悉尼分行
馬來西亞	中國銀行（馬來西亞）有限公司
泰國	工商銀行（泰國）有限公司
智利	建設銀行智利分行
匈牙利	匈牙利中國銀行
南非	中國銀行約翰內斯堡分行
阿根廷	工商銀行（阿根廷）有限公司
讚比亞	讚比亞中國銀行
瑞士	建設銀行蘇黎世分行

數據來源：中國人民銀行

2015年10月8日，由中國人民銀行組織開發的人民幣跨境支付系統（CIPS）正式上線運行。與現行支付系統相比，CIPS系統的主要優勢包括採用國際通行的ISO20022報文標準；運行時間為9點至20點，覆蓋了亞洲、歐洲和大洋洲等人民幣業務主要時區。CIPS系統的成功運行，進一步提高了人民幣清算、結算效率和人民幣跨境支付的安全性，便利人民幣的國際使用，標誌著人民幣國際化又邁出了十分重要的一步，具有里程碑意義。

（六）人民幣金融中心在全球的發展

香港作為特別行政區和中國對外開放的重要窗口，同時也因其重要的國際金融中心地位，自然是人民幣國際化的第一站。另外，香港還擁有足以讓其自豪的由三個子系統構成的多貨幣清算系統：一是以同步交收（Payment-Versus-Payment）方式為基礎的及時支付結算系統（RTGS），用於對外匯交易進行清算；二是基於貨銀兩訖（Delivery-Versus-Payment）的中央清算和結算系統（CCASS），用於對證券交易進行清算；三是中央貨幣市場單元（CMU）用於對債券和投資基金進行清算。2015年全年，RTGS系統實現了225.78萬億元的人民幣交易量，同比增長32%，其中絕大部分為離岸人民幣交易，只有10%是內地與香港之間的跨境人民幣交易。另外，離岸人民幣香港銀行間市場拆借利率（CNH HIBOR），對以離岸人民幣標價的債券及其衍生品的定價帶來了很大的便利，該利率報價涵蓋了從隔夜到一年期的離岸人民幣拆借利率，有利於投資者對風險進行管理。截至2016年2月末，香港人民幣存款餘額達8,039億元，占香港金融機構總存款的8.8%，占香港外幣存款的17.2%。

除香港之外，人民幣金融中心也在全球發展。新加坡憑藉蘇州工業園區和天津生態城等中新政府間合作項目，極大地促進了人民幣在新加坡的使用，逐漸成為重要的離岸人民幣中心。臺灣借助其對中國大陸所保持的貿易盈餘，累積了大量的人民幣流動性，目前在某些人民幣金融指標方面已經超越了新加坡，成為僅次於香港的第二大離岸人民幣流動性資金池。倫敦也將自己定位為全球最具流動性的國際金融中心和亞洲之外最大的人民幣金融中心（雖然其絕對體量仍只處於中等水平）。倫敦的交易時間與中國和美國的交易時間均有部分重疊，從而可以將兩國的交易時間有效銜接起來，這使得倫敦在全球金融交易中具有重要的地理優勢，人民幣即期外匯日交易量的26%是在倫敦市場完成的。盧森堡同樣也具有很強的競爭力。首先，盧森堡是三大國有商業銀行（工商銀行、中國銀行和建設銀行）的歐洲總部所在地。其次，盧森堡是歐洲最大的人民幣資金池，擁有包括存貸款、掛牌債券和共同基金在內的各種人民幣資產。和倫敦一樣，盧森堡也擁有豐富的人民幣金融產品經驗，而且第一筆由歐洲企業發行的點心債也是在盧森堡的證券交易所掛牌上市。德國和法國是中國在歐洲最重要的貿易夥伴，因此也都表達了建設人民幣金融中心的興趣和意願。德國公司目前已經進入中國在岸和離岸的人民幣債券市場，2014年戴姆勒公司成為第一家在中國銀行間市場發行債券的歐洲公司。加拿大也已經在多倫多建立了一個人民幣金融中心，填補了北美地區沒有人民幣金融中心的空白。

（七）人民幣已成為外國央行的外匯儲備

隨著人民幣國際化進程的持續推進以及離岸人民幣投資渠道的不斷拓寬，外國貨幣

當局已經開始加速累積人民幣,或者調整其外匯儲備以便在資產組合中包括一部分人民幣。已有多種跡象表明,雖然總量上人民幣在各國儲備貨幣中的占比仍然遠遠低於美元,但各國央行將人民幣作為儲備貨幣的意願卻愈來愈強烈。

澳大利亞、印度尼西亞、馬來西亞、韓國和泰國的中央銀行和主權財富基金都已經宣布,將增加人民幣和以人民幣計價的投資品在其資產負債表中的比重。

尼日利亞中央銀行正將430億美元的外匯儲備由美元轉換為人民幣,並會進一步將人民幣在其外匯儲備中的占比由2%提高到7%。

英國成為第一個發行以人民幣標價的主權債務的國家,並將募集的資金用於補充外匯儲備。

截至2015年年底,包括境外央行和貨幣當局在內的境外主體持有境內人民幣金融資產合計37,399.98億元,其中股票市值5,986.72億元,債券餘額7,517.06億元,貸款餘額8,515.55億元,存款餘額15,380.65億元。

更重要的是,2015年12月1日,國際貨幣基金組織(IMF)正式宣布將人民幣納入特別提款權(SDR)貨幣籃子(權重為10.92%,超過了英鎊和日元),更使人民幣的儲備貨幣地位得以提高。新的貨幣籃子從2016年10月1日起正式生效,屆時人民幣也將被認定為「可自由使用」貨幣。人民幣被納入SDR貨幣籃子是人民幣國際化的重大突破,具有里程碑意義,標誌著人民幣在國際上的被接受程度進一步提高,在成為國際儲備貨幣的道路上又邁進了一大步。

復習思考題

1. 什麼是外匯?
2. 試述人民幣國際化。
3. 一國應如何選擇合理的匯率制度?
4. 什麼是真實匯率與有效匯率?
5. 什麼是IMF新的匯率制度安排?
6. 人民幣匯率變動有什麼影響?
7. 如何看待現行人民幣匯率制度?

參考文獻

[1] 陳雨露. 國際金融 [M]. 北京:中國人民大學出版社, 2001.
[2] 姜波克. 國際金融學 [M]. 北京:高等教育出版社, 1999.
[3] 陳彪如, 馬之騆. 國際金融學 [M]. 成都:西南財經大學出版社, 2000.
[4] 石慧, 羅大為, 熊豔春. 人民幣國際化:現狀、挑戰以及基本原則 [J]. 西南金融, 2016 (6).
[5] 孫魯軍. 重估和調整匯率水平不是人民幣匯率制度改革方向 [J]. IMF研究動態, 2016 (16).

第三章　外匯市場

匯率是買賣貨幣的價格，國際貨幣的買賣場所就是外匯市場。外匯市場既是國際金融市場的基礎，又是國際金融市場的重要組成部分。本章首先從外匯市場概述入手，然後詳細分析、論述外匯風險及其管理、外匯衍生工具、外匯市場有效性等內容，最後對匯率的預測和評估進行介紹。

第一節　外匯市場概述

一、外匯市場的概念和主要形式

外匯市場(Foreign Exchange Market)是從事外匯買賣的場所或營運網路，是配置外匯資源的地方。

外匯市場按組織形式可以分為有形的市場和無形的市場。有形的外匯市場有具體的、固定的場所和統一的營業時間，外匯買賣各方代表在營業時間裡，聚集在交易所內進行各種外匯買賣活動。但大量的外匯業務不是在交易所內完成的，而是通過電話、電傳或路透交易系統(Reuter Dealing System)、德勵財經資訊系統(Telerate System)等先進設備，進行外匯的詢價、報價、買進、賣出、交割和清算的。這種沒有固定的交易地點和營業時間，由現代化通信網路聯繫起來的就是無形的外匯市場，這也是外匯市場的主要部分。

外匯市場按交易範圍可以分為零售市場(Retail Market)和同業外匯市場。零售市場，是客戶與銀行之間的交易市場，客戶是來自於各地的、零散的外匯供給者與需求者，這種交易往往在銀行的櫃臺上進行(Over the Counter)。同業外匯市場，是銀行間的市場，也是外匯市場的主體。銀行對客戶的外匯交易之後，必然會發生某種外匯的買入多於賣出(我們稱為多頭)，或賣出多於買入(我們稱為空頭)的情況，這種外匯買賣的差額稱為「外匯持有額」或「外匯頭寸」。為了避免持有外匯頭寸帶來的風險，銀行要在外匯市場上進行拋補活動，使頭寸為零。銀行同業市場上的外匯供求以及由此形成的匯率決定著銀行櫃臺上的外匯交易匯率。由於同業外匯市場上交易的金額一般比較大，常常是每筆交易都在百萬美元或者百萬美元以上，因此，同業外匯市場也被稱為批發市場(Wholesale Market)。

二、外匯市場的參與者

外匯市場的參與者是外匯市場中從事外匯買賣活動的交易主體。主要有：

(一) 外匯的實際供求者

外匯的實際供求者，主要包括進出口商、跨國投資者、出國旅遊者、因單方面轉移收支而產生外匯需求和供給的機構、個人以及其他的外匯供求者。他們進行外匯買賣的目的不是在外匯買賣中盈利，而是完成其他的經濟活動。在日益發達的外匯市場中，外匯供求者的交易量只占整個市場交易量的很少一部分，大量的交易是同業銀行間為平衡各自外匯頭寸而產生的。外匯供求者的交易一般通過銀行進行。

(二) 外匯銀行

外匯銀行主要包括專營外匯業務的本國商業銀行、兼營外匯業務的本國商業銀行、外國銀行在本國開設的分行或代理行、經營外匯業務的其他非銀行金融機構。在中國金融改革以前，中國銀行是中國人民銀行指定的外匯銀行。隨著中國金融的改革和開放，各大商業銀行和許多外國銀行分支機構被批准經營外匯業務。

商業銀行是外匯市場的中心。在零售市場上，商業銀行進行外匯買賣是為客戶服務，以賺價差為主。在批發市場上，商業銀行進行外匯買賣活動，一是代客戶買賣獲取適當的手續費，二是自營買賣以求獲利或避免風險。

外匯市場的領導者和組織者被稱為外匯市場的造市者(Market-Maker)，在眾多的外匯市場參與者中，那些資本雄厚、在世界各地有往來帳戶、擁有大量技術嫻熟的外匯交易人員、配備有先進精良設備的大銀行往往能迅速創造和組織外匯市場，其報價最有影響力和競爭力。而非銀行金融機構(如資產管理公司和保險公司等)，既為客戶提供包括外匯交易在內的廣泛服務，又因自身需要而參與外匯市場的交易。

(三) 外匯經紀人

外匯經紀人是介於外匯銀行之間或外匯銀行與客戶之間，為交易雙方接洽外匯交易而收取佣金的中間商。他們必須經過所在國中央銀行的批准才能取得經營仲介業務的資格。一般分為兩類：①一般經紀人(General Broker)，也叫大經紀人，是公司或合夥的組織。他們往往壟斷了介紹外匯買賣的業務，利潤十分可觀。他們還用自己的資金參與外匯買賣，賺取差價，承擔風險。②外匯掮客，也叫小經紀人，英文 running broker 譯為「跑街」。其利用通信設備和交通工具，奔走於銀行、進出口商、貼現商(Discount House)等機構之間，專代顧客買賣，以獲取佣金，但不墊付資金，不承擔風險。

(四) 外匯交易商 (Exchange Dealer, 在美國叫 Exchange Trader)

外匯交易商是指專門從事外匯交易，經營外國票據業務的公司或個人。外匯交易商大都從事數額較大的外匯買賣，利用時間與空間的差異獲得外匯買賣價格的差額利潤。

(五) 套匯者

套匯者利用各個外匯市場的差價，在同一時間內在低價市場買入某種貨幣，又在高

價市場賣出這種貨幣，從中賺取差價。由於套匯者是同時進行低買高賣，因此，其交易是沒有太多風險的。套匯行為可使各外匯市場的外匯價格保持一致，實現了外匯市場的高效率。套匯者主要是銀行和大型金融機構。

(六) 中央銀行及政府主管外匯的機構

各國中央銀行參與外匯市場的活動有兩個目的：一是儲備管理，二是匯率管理。一般地看，中央銀行或直接擁有，或代理財政經營本國的官方外匯儲備。另外，在外匯市場匯率急遽波動時，中央銀行為穩定匯率，控制本國貨幣的供應量，保證貨幣政策的順利實施，也經常通過參與市場交易進行干預，在外匯過多時買入或在外匯短缺時拋出。除央行外，其他政府機構也可能在外匯市場參與交易，但央行是主要的官方參與者。

三、外匯市場的特徵

一般商品市場是用貨幣購買商品，而外匯市場買賣的是外匯這一特殊商品，是用一種貨幣購買另一種貨幣，故有其特殊性。

1. 分散化

當今外匯市場存在於世界各地的主要金融中心，如倫敦、紐約、巴黎、法蘭克福、阿姆斯特丹、米蘭、蘇黎世、多倫多、巴林、香港、東京和新加坡等，遍及全球。

2. 無形化

目前，大部分外匯市場並無固定的交易場所，是個由電話、電傳、電報、計算機終端、通信線路等組成的外匯交易網路。可以說，經營外匯業務的金融機構各部門，就是外匯市場的組成部分。也可以說，哪裡有計算機，哪裡就可以成為外匯市場。

3. 高度一體化

(1) 交易幣種集中且有很大的同質性。目前各外匯市場交易的貨幣種類幾乎相同，集中在美元、歐元、日元、英鎊、瑞士法郎、加拿大元、義大利里拉等。

(2) 價格均等化。外匯市場行情受多種因素影響，瞬息萬變，如果貨幣比價之間有差異，馬上就會出現大規模的套匯行為直至差異消失，於是，最終的結果是匯價基本均等。

(3) 無時空限制。由於各地時差的存在，以及當前的外匯市場主要是無形市場，是由現代通信設施全球相連的交易網路，因而就形成了一個在時間和空間上都連續不斷的大市場。

四、外匯市場的功能

1. 使貨幣支付和資本轉移得以實現

國際政治、經濟和文化往來等都會產生國際收付行為，由於各國貨幣不同，必須將本國貨幣兌換成外匯，才能清償國際債權債務關係，這是外匯市場最基本的功能。例如，某日本出口商將一批商品賣給德國進口商。如果以日元作為合同價格，那麼德國進

口商就必須把馬克兌換成日元，以便支付進口貨款；如果以馬克作為合同價格，那麼，日本出口商就必須將收到的馬克兌換成日元。而這種貨幣兌換活動就是在外匯市場上進行的。

任何一種資本或貨幣資金的跨國移動，都會涉及不同貨幣之間的兌換，而外匯市場尤其是國際外匯市場的存在，實際上起到了將不同國家和地區的貨幣市場和資本市場連為一體的作用，從而使國際資金融通得以順利實現。這裡以國際間接投資為例。例如，一個英國居民欲購買美國財政部發行的國庫券，他就必須先在外匯市場上將英鎊兌換成美元，然後才能用換成的美元來購買美國的國庫券。

2. 配置外匯資源，調節國際外匯的供需，進而產生外匯的價格——匯率

各國外匯銀行與客戶進行外匯交易的結果，經常會產生貨幣餘額不一致或貨幣頭寸不均衡的問題，所以在外匯市場上拋補外匯，彼此融通有無，相互調節外匯的供需，以更好地配置外匯資源。

各國外匯銀行在接受客戶買賣外匯後，需要在銀行同業市場上進行調節，在競價過程中，便會產生同業市場上的匯率，並由此確定銀行對客戶交易的匯率。

3. 提供外匯風險管理和牟取風險利潤的場所

匯率的經常性波動，會使國際經濟交往的主體遭遇外匯風險。對於外匯風險，不同的經濟主體有不同的反應：風險規避者願意花費一定的成本來轉移風險；風險愛好者願意承擔風險以期實現預期的利潤；風險中立者則對風險採取無所謂的態度。

風險規避者利用即期、遠期、期貨、期權等多種交易方式，賣出或買進一筆價值相等於其他外國資產或負債的外匯，以防止匯率風險，從而達到保值的目的。而風險愛好者在預期某種貨幣將升值(或貶值)時，會購入(或賣出)該種貨幣，使自己擁有多頭或空頭的外匯頭寸，以期在日後匯率變動中賺取外匯收益。

第二節　外匯風險及其管理

一、外匯風險的概念和分類

外匯風險(Foreign Exchange Risk)，是指經濟主體在持有或運用外匯的經濟活動中，因匯率變動而蒙受損失或取得收益的可能性。因此，外匯風險是一種不確定性，不單單指損失，也可能指意外收益。

國際金融領域涉及的外匯風險大致可分為三種類型。

(一) 交易風險

所謂交易風險(Transaction Risk)系指在使用外幣進行計價收付的交易中，當事一方或另一方因計價外匯匯率變動而蒙受損失或獲得額外收益的可能性。

1. 交易風險對國際貿易的影響

在國際商品和勞務進出口交易中，如果計價和結算外匯匯率在支付(或收進)外幣貨款時較合同簽訂時上升(或下跌)了，進口商(出口商)就會付出(收進)更多(更少)的本國貨幣或其他外幣。比如，法國一家企業向某駐在國公司出口一批機械設備，雙方商定以美元結算，計價100萬美元，規定6個月內付款。在這段時間裡，法國出口商就會面臨外匯匯率風險，即美元貶值的風險。假設6個月後美元兌歐元的匯率下跌10%，則法國出口商拿100萬美元兌換歐元時就會有損失，損失率大約為10%，假定這筆貿易本來有15%的利潤，到結算時就只有5%；反之，6個月後如果美元升值10%，則法國出口商收到100萬美元再兌回歐元時就多了10%，等於這筆交易獲得了25%的利潤。因此，這是一種交易匯率風險，即不確定性，既可能帶來利益，也可能帶來損失。如果進行外匯投機，預測對了就可能賺錢，錯了就要賠本。但對多數進出口商來講，他們預期賺取的主要是正常貿易利潤，而不是計價貨幣升值利益。計價貨幣匯率基本保持不變，交易雙方均可望比較穩定地獲得貿易利潤。

2. 交易風險對資本輸出入和國際銀行貸款的影響

在資本輸出入的過程中，借貸雙方即期清償外幣債權時，如果協定外匯匯率較債權債務關係形成時下跌(上升)了，債權人(債務人)就只能收回(付出)相對更少(更多)的本幣或其他外幣。例如，英國一家商業銀行某年3月1日貸款給阿根廷某企業100萬英鎊，期限半年。在這半年裡，對英國銀行來講不存在匯率風險，因為英鎊是本幣，6個月後它回收英鎊在國內使用，因而不受匯率漲跌的影響，只存在通脹問題。此時有匯率風險的是阿方企業，在9月1日償還上述貸款時，假如適逢英鎊升值，阿根廷企業償還英國銀行100萬英鎊，這實際上已不只是原來的數目，還須加上增值部分的款額，因此阿根廷進出口企業就要遭受經濟損失。當然，阿根廷企業也存在另一種風險，假如半年後英鎊對阿根廷貨幣貶值，再買英鎊時就不需要那麼多的阿根廷貨幣了，結果是阿方企業非但不會遭受損失，還會有收益。這就是匯率風險的不確定性，也是借貸者設法避免的。因為，對阿根廷借款人來說，其目的是用這筆借款完成某個項目，期望從上述項目中獲得投資利潤，而對於貸款者英國銀行來講，目的是把資金貸放出去，穩定地把應得本息收回來。因此，借貸雙方均不希望匯率出現大幅度波動。

3. 匯率風險對外匯銀行的影響

外匯銀行在仲介性外匯買賣中持有多頭或空頭，也可能因匯率變動而蒙受損失。外匯銀行每個交易日都要從事一定量的外匯買賣業務，難免出現某些貨幣買入多於賣出(多頭)，另一些貨幣賣出多於買入(空頭)的情況。一旦持有多頭的貨幣匯率出現下跌，持有空頭的貨幣匯率出現上漲，那麼，在將來賣出多頭或買進空頭時，外匯銀行就要蒙受少收或多付本幣或其他貨幣的損失。例如，某年3月2日，蘇黎世外匯市場上，英鎊對瑞士法郎的收盤匯率為1英鎊＝3.084,5/3.085,5瑞士法郎。某家瑞士銀行按照1英鎊＝3.084,5瑞士法郎的英鎊買入價從某一客戶處買進100萬英鎊，同時又按照1英鎊＝

3.085,5 瑞士法郎的英鎊賣出價向另一客戶賣出 80 萬英鎊，從而出現 20 萬英鎊多頭。按照當日收盤時英鎊的賣出價，該瑞士銀行若賣出 20 萬英鎊，應當收回 61.71 萬瑞士法郎。然而，翌日外匯市場開市時，英鎊對瑞士法郎的開盤匯率跌至 1 英鎊 = 2.976,2/2.977,2 瑞士法郎，該瑞士銀行按 1 英鎊 = 2.977,2 瑞士法郎的英鎊賣出價將多頭的 20 萬英鎊賣出，只能收回 59.544 萬瑞士法郎，顯然要比前日收盤時少收回 2.166 萬瑞士法郎。

(二) 折算風險

折算風險(Translation Risk)又稱會計風險(Accounting Risk)，系指經濟主體在對資產負債進行會計處理、將功能貨幣轉換成記帳貨幣時，因匯率變動而呈現帳面損失或增值的可能性，在會計業務中這一風險又稱為外匯存量風險。

每個經濟主體經營管理的一項重要內容便是進行會計核算，通過編製資產負債表來反應其生產或經營狀況。為此，擁有外幣資產負債的經濟主體就需要將以外幣計量的各種資產包括真實資產和金融資產的負債，按一定的匯率折算成用母國貨幣表示的負債，以便匯總編製綜合財務報表。在這裡，功能貨幣就是指經濟主體在經營活動中流轉使用的各種貨幣；記帳貨幣則指經濟主體在編製綜合財務報表時使用的報告貨幣，通常採用母國貨幣。一旦功能貨幣與記帳貨幣匯率出現不一致，在會計上就要作相應的折算。這樣，由於功能貨幣與記帳貨幣之間匯率的變動，資產負債表中某些項目的價值也會相應發生變動。

例如，美國某公司擁有 10 萬英鎊存款。假定年初英鎊對美元的匯率為 1 英鎊 = 1.75 美元，在該公司財務報表中這筆英鎊存款折算為 17.5 萬美元。一年後，該公司在編製資產負債表時，匯率變動為 1 英鎊 = 1.50 美元，這筆英鎊存款經折算，就只等於 15 萬美元。在兩個不同日期的財務報表中，由於英鎊貶值，同樣的 10 萬英鎊存款折算成美元，結果在帳面上價值減少了 2.5 萬美元；反之，則增加 2.5 萬美元。這就是折算風險。

(三) 經濟風險

經濟風險(Economic Risk)，又稱經營風險(Operating Risk)，系指意料之外的匯率變動通過影響企業生產銷售數量、價格、成本等引起企業未來一定期間收益或現金流量減少的一種潛在損失。在這裡，收益是指稅後利潤，現金流量(Cash Flow)則指收益加上折舊額，這是用來衡量企業獲利狀況的兩個常用指標。匯率變動影響企業的生產成本、銷售價格，將引起產銷數量的調整，並最終給有關業主帶來獲利狀況的變化。值得注意的是，經濟風險定義中的匯率變動僅指意料之外的匯率變動，而不包括意料之中的匯率變動。這是因為企業在預測未來的獲利狀況而進行經營決策時，已經將意料到的匯率變動對未來獲利狀況的影響考慮進去了，因此這種意料之中的影響並不構成經營風險。對於一個企業來說，經濟風險比折算風險和交易風險更需要加以防範，因為其影響是久遠的，而折算風險和交易風險的影響則是一次性的。

二、外匯風險管理的方法

外匯風險的管理辦法主要有兩類：一類是市場的辦法，即運用各種交易技術和金融衍生工具進行風險管理；另一類是行政干預的辦法，主要是外匯管制。

（一）外匯風險管理的市場方法

1. 對交易風險的管理

管理者常使用合同技術、確定的經營戰略和安排外匯掉期交易等方法來管理外匯交易風險。

（1）合同技術。合同技術包括在遠期外匯市場、期貨和期權市場上進行貨幣保值。具體的保值方法將在下一節詳細敘述。

（2）經營戰略。經營戰略包括運用提前或滯後支付方法和建立跨國公司票據轉換中心。

① 提前或滯後支付方法。企業常運用加速或延緩支付和接受外匯的時間來減少外匯交易風險。提前指的是盡早做出支付，當企業持有軟貨幣和以硬貨幣標價的債務時，它希望盡可能早地在硬貨幣升值前支付以硬貨幣標價的債務。滯後就是推遲支付，當企業持有硬貨幣和以軟貨幣標價的債務時，企業將盡可能把支付債務時間推遲到軟貨幣貶值後進行，這樣可以減少支出。如果可能，企業也常採用提前或滯後支付方法來收取債務，這時，企業將盡可能安排早一些收回軟貨幣，推遲收取硬貨幣的時間。

② 建立跨國公司票據轉換中心。對於跨國公司而言，可以建立一個票據轉換中心，負責管理子公司之間的交易所帶來的外匯交易風險。從事製造的子公司僅把商品出售給票據轉換中心，然後轉換中心再把商品轉售給銷售子公司。名義上商品通過轉換中心轉手，但實際上商品的物質運動是直接從製造子公司到銷售子公司，而轉換中心只涉及帳戶處理而不是實際存貨。製造子公司以自身使用的貨幣開出票據給轉換中心，然後從那裡接受同種貨幣。而轉換中心則以銷售子公司使用的貨幣把票據開給銷售子公司，並從銷售子公司那裡收取銷售子公司使用的貨幣。這樣，所有製造子公司和銷售子公司都收到它們所需的貨幣，全部外匯風險都由轉換中心來承擔。跨國公司票據轉換中心的主要優點是對子公司之間相互交易所產生的外匯交易風險進行集中管理。因此，票據轉換中心的管理人員能集中精力來關注外匯交易風險，並優選最佳外匯保值技術。

（3）掉期交易。掉期交易是互換交易（Swap Transaction）中的一種。它是指將貨幣相同、金額相同，而方向相反、交割期限不同的兩筆或兩筆以上的外匯交易結合起來進行，也就是在買進某種外匯時，同時賣出金額相同的這種貨幣，但買進和賣出的交割時間不同。進行掉期交易的目的也是避免匯率變動的風險。目前掉期交易大致有三種形式：

① 即期對遠期交易（Spot Against Forward）。所謂即期對遠期交易，即某經濟主體在買進或賣出一筆現匯的同時，賣出或買進一筆期匯。期匯的交割期限為1個星期、1個

月、2個月、3個月、6個月不等。這是掉期交易最常見的形式。在短期資本輸出入中，如某經濟主體將一種貨幣兌換成另一種貨幣，通常需要做這種形式的掉期交易，即在期匯市場上同時拋售或補進，以避免外幣資產到期時匯率下跌或匯率上漲。

② 明日對次日交易(Tomorrow-Next or Rollover)。所謂明日對次日交易，即交易雙方在一筆外匯買賣成交後在第二個營業日（明日）交割，並在第三個營業日(次日）再做反向交割的一種交易。這種掉期交易通常發生在銀行同業隔夜資金拆借時。

③ 遠期對遠期交易(Forward to Forward)。所謂遠期對遠期交易，系指買賣雙方對不同交割期限的期匯做貨幣、金額相同而方向相反的兩個交易。在國際金融實踐中，這種掉期交易形式只是偶爾使用。

從以上說明我們可以看出，掉期交易實質上也是一種套期保值的做法，但又與一般的套期保值不同，其不同點在於：第一，掉期的第二筆交易須與第一筆交易同時進行，而一般套期保值僅發生於第一筆交易之後；第二，掉期的兩筆交易金額完全相同，而一般套期保值的交易金額卻可以小於第一筆，即做不完全的套期保值。

(4) 套期(Hedging)。套期是指覆蓋暴露的頭寸以避免外匯風險的交易。套期的目的是保值。人們進行套期交易，是希望將所持有的淨資產或淨負債頭寸保持原來的價值，不受未來匯率波動的影響。例如，一美國進口商因進口付匯所需，3個月後將支付一筆10萬英鎊的貨款，為避免3個月後英鎊匯率大幅度上漲而帶來的匯率風險，他可以在外匯市場上買入一筆價值10萬英鎊的3個月期匯，這樣不管之後匯率如何變化，其購匯成本已經確定，保值費用是現匯與3個月遠期匯率之差。

套期還可以通過期貨或期權市場來完成，這在下一節再說明。

由於交易者和投資者能夠通過套期保值的方式來規避匯率風險，這樣大大促進了國際貿易和投資活動。值得注意的是，一家大公司或大投資者會面臨許多的外匯收付，而只需對淨暴露的頭寸套期保值就可以了。同樣，銀行也應盡量在同業之間把暴露的頭寸覆蓋掉，餘下部分通過各種方式進行套期保值。

(5) 利息套匯(Interest Arbitrage)。利息套匯是指利用兩個金融市場短期利率上的差異，投資者將資金從利率低的地區調往利潤較高的地區，以賺取利差收益的一種外匯交易。由於拋補套利會用掉期交易來規避匯率風險，故在此介紹利息套匯的內容。

① 不拋補套利

由於把資金投資於國外以獲得收益時，先要把本幣兌換成外幣，到期後再把外幣兌換回本幣，便有了投資期間的匯率風險，如果採取措施能覆蓋掉這部分風險，我們便稱之為拋補套利；否則便是不拋補套利。我們先討論較簡單的不拋補套利。

假如，紐約的3個月期的資金年利率為13%，而倫敦的3個月期的資金年利率為14%，美國的投資者便可以借美元，按當時的匯率把美元兌換成英鎊，存入倫敦的銀行。如不考慮手續費等因素，資金轉移可獲年利1%。到期時，再按市場匯率把英鎊本息兌換成美元，這個過程就是套利。美元投資者的收益用公式可表示如下：

$$\frac{K}{S_0}(1+\frac{i^*}{4})S_1-K(1+\frac{i}{4}) \qquad (3.1)$$

這裡：K＝投資資本數額；

S_0＝投資時的即期匯率；

S_1＝投資收回時的即期匯率；

i^*＝國外的年利率；

i＝本國的年利率。

但如果英鎊3個月後貶值0.5%，那麼，美國投資者就只能賺0.5%（1%的利差減去英鎊貶值的0.5%）；如果英鎊貶值1%，則美國投資者無利可圖；如果英鎊貶值1%以上，美國投資者將會損失。當然，如果英鎊升值，美國投資者便可以同時獲取利差和匯差的雙重收益。

② 拋補套利

如上所述，不拋補套利存在匯率風險，而投資者為保證資金轉移所得通常會採取措施規避匯率風險，因此，利率套匯通常是拋補的。投資者在即期外匯市場上購得外匯存入國外的銀行，同時他會賣出與存款本金和利息等額的遠期外匯，與到期時的金額匹配。因此，拋補套利是指在進行國與國之間的資金轉移時，利用掉期交易規避外匯風險。

我們沿用前面的例子。假設3個月期英鎊的遠期貼水率為1%。為了進行拋補套利，美國投資者必須以當前匯率把美元兌換成英鎊，同時，賣出到期時可得到的英鎊本息的遠期，匯率是當前的遠期匯率。因為英鎊的貼水率為1%，所以美國投資者3個月間以損失0.25%的代價，避免匯率風險的損失。3個月中，他的淨收益為多出的1%利差減0.25%即0.75%，用公式表示為：

$$\frac{K}{S}(1+\frac{i^*}{4})F-K(1+\frac{i}{4}) \qquad (3.2)$$

這裡：S＝即期匯率；

F＝遠期匯率。

然而，隨著拋補套利的進行，獲利的可能性將逐漸減小，直到消失。這是因為：第一，由於資金不斷地由紐約轉向倫敦，紐約的利率由於供不應求而上升，而倫敦的利率由於供過於求而下降，於是兩種貨幣的利差會減小。第二，即期市場上英鎊的買入會抬高即期匯率，而遠期市場上由於英鎊的賣出會降低英鎊的遠期匯率，於是英鎊遠期貼水就會增加。隨著兩種貨幣利差的減小和英鎊貼水的增加，淨收益將減至零。

如果英鎊遠期升水，美國投資者的淨利潤為3個月間的淨利差加上英鎊3個月的遠期升水值。然而，隨著拋補套利的進行，如前所述，利差會逐漸減小，而英鎊的遠期升水也會逐漸變成貼水，直至獲利機會的消失。

2. 對折算風險的管理

管理外匯折算風險的最重要方法是資產負債表保值。資產負債表保值旨在使跨國公

司合併的資產負債表上暴露在外匯風險下的資產與負債數額相等。對一種外國貨幣而言，如能做到這一點，淨的會計折算風險則為零。因為，匯率變化在改變暴露資產價值的同時，也在改變暴露負債的價值，但兩者價值變化方向相反。例如，某跨國公司以外幣表示的暴露資產大於其暴露負債，為了達到資產負債表保值的目的，該公司可以作出兩種選擇，要麼在不減少暴露負債的前提下減少暴露資產，要麼在不減少暴露資產的前提下增加暴露負債。

3. 對經濟風險的管理

經濟風險管理的目標是預測和改變未預期的匯率變動對一家公司未來現金流動的影響。為了達到這一目標，管理者不僅要認識到在不均衡條件下發生的情況，而且要使公司以適當的方式對此作出反應。通過國際分散化的經營與融資，公司管理者能夠以最佳方式完成這一任務。國際經營分散化意味著工廠設置、銷售、原材料來源的分散化；國際融資分散化意味著從多個資本市場上獲得多種貨幣資金來源。一個著名的案例是20世紀80年代日本汽車業的國際分散化經營。20世紀80年代，日本迫於美國的壓力，不得不限制對美國的汽車出口，日本汽車廠商開始在美國生產汽車。尼桑公司於1980年在田納西州建立了自己的製造工廠；豐田公司於1984年在加利福尼亞與通用公司合辦了一家工廠，而後於1987年獨自在肯塔基州建立了自己的工廠；本田公司也在俄亥俄州開辦了一家汽車生產中心。在1987年，當美元價值下落到第二次世界大戰後的最低點時，日本汽車廠商的這一戰略轉變顯示出了巨大優勢。日本分散到美國生產汽車，避免了由美元貶值帶來的經濟風險。

（二）外匯管制

外匯管制也稱外匯管理，是指一個國家為了減緩國際收支危機，減少本國黃金外匯儲備的流失，而對外匯買賣和外匯資金調撥、移動以及外匯進出國境直接加以限制，以控制外匯的供給或需求，維持本國貨幣對外匯率的穩定所實施的政策措施。凡實行外匯管制的國家和地區，一般對貿易外匯收支、非貿易外匯收支、資本輸出入、匯率、黃金和現鈔的輸出入等都採取一定的管制辦法和措施。

1. 對貿易外匯的管制

（1）對出口收匯的管制。對出口實行外匯管制，一般都規定出口商須將其所得外匯及時調回國內，並結售給指定銀行。

（2）對進口付匯的管制。實行外匯管制的國家，除對進口外匯實行核批手續外，為了限制某些商品的進口，減少外匯支出，一般都採取下述措施予以管制：①進口存款預交制。進口商在進口某項商品時，應向指定銀行預存一定數額的進口貨款，銀行不付利息。②購買進口商品需外匯時，徵收一定的外匯稅。③限制進口商對外支付使用的外幣。④進口商品一定要獲得外國提供的一定數額的出口信貸，否則不准進口。⑤提高或降低開出信用證的佣金額，以控制進口。

2. 對非貿易外匯的管制

非貿易外匯收支的範圍較廣，貿易與資本輸出入以外的外匯收支均屬非貿易收支。

實行非貿易外匯管制的目的在於集中非貿易外匯收入，限制相應的外匯支出。各個國家根據其國際收支狀況，往往不同時期實行寬嚴程度不同的非貿易外匯管制。

3. 對資本輸出入的管制

資本的輸出入直接影響一國的國際收支，因此，無論是發達國家還是發展中國家，都很重視資本的輸出入，只是根據不同的需要，對它實行不同程度的管制。

4. 對匯率的管制

匯率管制是一國從本國的經濟利益出發，為調節國際收支、穩定本幣價值，而對本國所採用的匯率制度和匯率水平進行的管制。管制的方法主要有以下幾種：

（1）直接管制匯率。一國政府指定某一部門制定、調整和公布匯率，這一官方的匯率對整個外匯交易起著決定性的作用。各項外匯收支都須以此匯率為基礎兌換本國貨幣。但這種匯率的形成人為因素較大，很難反應真實的匯率水平，極易造成價格信號的扭曲。此外，採取這種形式的匯率管制，通常都伴之以對其他項目較嚴格的外匯控制。

（2）間接調節市場匯率。由市場供求決定匯率水平的國家，政府對匯率不進行直接的管制，而是通過中央銀行進入市場買入或拋出外匯，來達到調節外匯供求、穩定匯率的效果。為方便這一操作，大多數國家都建立了外匯平準基金，運用基金在市場上進行干預；有的則直接動用外匯儲備進行干預。

（3）實行複匯率制度。複匯率制度是指一個國家通過外匯管制，使本國貨幣匯率有兩個或兩個以上的表現形式，出現多重的匯兌標準，例如，對商品進出口使用一種匯率，而對資本輸出入使用另一種匯率。

5. 對黃金和現鈔輸出入的管制

實行外匯管制的國家對黃金交易也進行管制，一般不準私自輸出或輸入黃金，而由中央銀行獨家辦理。對現鈔的管理，習慣的做法是對攜帶本國貨幣出入境規定限額和用途，有時甚至禁止攜帶本國貨幣出境，以防止本國貨幣輸出用於商品進口和資本外逃以及衝擊本幣匯率。

第三節　避險的外匯交易工具與業務

上一節我們講到了外匯風險的管理方法，現在我們再從外匯交易的角度談談避險的工具與業務。根據外匯交易的工具和業務，通常把外匯市場的交易分為即期外匯交易、遠期外匯交易、外匯期貨交易和外匯期權交易。

一、即期外匯交易

即期外匯交易（Spot Exchange Transaction）也稱現匯交易，是外匯買賣雙方按照業務慣例在外匯買賣成交的當時或成交後一兩個營業日進行交割的交易。所謂交割就是外

的實際收付行為。除買賣成交的當時收付外匯外，一般說來，在同一時點的不同外匯市場之間的即期外匯交易是在成交後的一個營業日（除去節假日）進行交割，而在不同時點的不同外匯市場之間的即期外匯交易是在成交後的兩個營業日（除去節假日）進行交割。

即期外匯交易是外匯市場上交易量最大的外匯交易。在匯率頻繁波動而且波動幅度較大的情況下，為了加速資金週轉，同時為了避免匯率變動的風險，進出口商及商業銀行在外匯買賣中經常使用即期外匯交易，特別是商業銀行多用即期外匯交易來調整外匯頭寸的多頭或空頭。

即期外匯交易的手段是電話、電報、電傳或銀行的即期匯票。即期外匯交易所使用的匯率稱為即期匯率。而這裡的即期匯率一般是指電匯匯率。

二、遠期外匯交易

遠期外匯交易(Forward Exchange Dealing)又稱期匯交易，是指買賣成交後雙方並不立即辦理交割，而是按照所簽訂的遠期合同規定，在未來的約定日期辦理交割手續的外匯交易。例如，某企業與英國出口商簽訂了價值為 100 萬英鎊的商品合同。但是這家企業擔心在 9 月 1 日英鎊可能升值帶來經濟損失，於是它與中國銀行簽訂一筆購買 100 萬英鎊的遠期外匯合同。假設，當日中國銀行的掛牌現匯匯率是 1 英鎊 = 15.453,86 元人民幣。假定經過談判最終確定 1 英鎊的遠期匯率是 15.458,86 元人民幣，這個價格是 3 月 1 日談定的，到 9 月 1 日該企業按照這個匯率交割，付給中國銀行 1,545.886 萬元人民幣，中國銀行則付給企業 100 萬英鎊。這樣，該企業避免了英鎊在這 6 個月內的波動風險，即可能出現升值的風險。如果沒有這個合同，不做遠期交易，到 9 月 1 日該企業就要在市場上購買現匯，屆時如適逢英鎊升值為 1 英鎊 = 16.000,0 元人民幣，購買 100 萬英鎊也許要花 1,600 萬元人民幣，這樣企業就要損失 51.114 萬元人民幣。

由此可見，遠期外匯交易的基本功能就是尋求保值，即避免匯率風險。此外，也有為了投機(Speculation) 而進行的遠期外匯交易，後來延伸的各種各樣的期貨交易大多也是從遠期外匯交易發展而來的。

三、外匯期貨交易

外匯期貨交易(Foreign Exchange Future)，它是指在有組織的交易市場上以公開叫價的方式進行外幣期貨合約買賣的外匯交易。

(一) 外匯期貨交易的功能

1. 價格發現

所謂價格發現，是指外匯期貨市場形成的貨幣價格。這些貨幣價格反應了大量買方及賣方對目前供求形勢和價格的綜合看法。這並不意味著他們對未來價格的預料都是正確的。隨著條件轉變，對價格的預期也會改變。由於市場上頻繁地買賣外幣期貨合約，貨幣匯率會穩定在一定程度上，由此形成的價格是通過競爭形成的，具有重要的參考

價值。

2. 風險轉移

套期保值者通過外匯期貨合約的買賣將面臨的匯率風險轉移出去，以達到避險的目的。

3. 投機

投機是指本身在目前或未來並無現貨頭寸的情況下進行外匯期貨交易，以期從期貨的價格變動中取得利潤。由於期貨市場保證金要求不高，因而投機者可以用少量資金進行大規模的投機活動。如在國際貨幣市場上，一份125,000歐元的期貨合約只要事先繳納1,500美元的保證金就可以了。如果歐元期貨合同的執行價格是1歐元兌1.12美元，當歐元升值1%時，投機者可獲利 $1.12 \times 0.01 \times 125,000 = 1,400$ 美元，100份合約即可獲利140,000美元。

(二) 外匯期貨交易的有關規定

1. 保證金 (Margin)

保證金也稱按金，其所需交納數量的多寡同有關期貨價格的易變性有關，即同每日損益的概率分佈有關。在外匯期貨交易中，匯率變動大的貨幣，要求的保證金高些；反之則低些。不同經紀人索要保證金量不等，可以具體商議。

在美國的外匯期貨市場，有初始保證金和維持保證金之分。英國的倫敦國際金融期貨交易所(LIFFE)市場，沒有單獨的維持保證金，因而必須始終保持初始保證金水平。

(1) 初始保證金(Initial Margin)。初始保證金是簽訂期貨合同時必須繳存的保證金數量。外匯期貨市場上的匯率經常都在變化，第二天的匯率同第一天的匯率常常有所不同。兩日間的匯率差額便構成了買賣雙方的損益。當某一方由於匯率變化對自己不利而出現損失時，另一方便會獲利。如果前者不能支付這筆金額，勢必給後者帶來損失。為了避免這種信用風險，期貨的交易者需繳納保證金。

(2) 維持保證金(Maintenance Margin)。維持保證金是指保證金被允許下降的最低水平。例如，某交易所規定每一筆加拿大元合同的初始保證金為2,200美元，並規定其維持保證金為1,500美元。期貨清算每天都在進行，若某交易者買入加拿大元的期貨後，市場上的期貨價格不斷下跌，該交易者的保證金會不斷地被沖抵。當保證金下降到1,500美元以下時，他的經紀人就會通知他將保證金恢復到2,200美元。若該交易者做不到這一點，經紀人或經紀公司就會在期貨市場上強行平倉。

(3) 變動保證金(Variation Margin)。變動保證金＝初始保證金－維持保證金。

上例中，變動保證金＝2,200－1,500＝700（美元）。

以上說的是期貨價格變化對交易者不利時的情況。若期貨價格變化對他有利，他在每天的清算過程中就可以獲得一筆帳面收益。

(4) 雙重保證金制度。外匯期貨交易由買賣雙方委託經紀人通過交易所進行。為了防止信用風險，一方面買賣外匯期貨的雙方必須向其經紀公司(會員)交付保證金即開立

保證金帳戶；另一方面，經紀公司(會員)也必須向交易所的清算機構或票據交換所繳納保證金。這種雙重保證金制度，保證了外匯期貨交易的正常進行。

2. 合約標準化

(1) 合約金額標準化。以國際貨幣市場(IMM)為例，其經營的某些外幣的標準合約金額如表3-1所示。表中日元的最低合約單位，1張契約為1,250萬日元，因此5,000萬日元、1億日元等為其整數倍的交易就沒有問題，只不過多買幾張合約而已。但若6,000萬日元、1.2億日元等非整數倍則不能交易。

表 3-1　　　　　　　　　　某些外幣的標準合約金額

貨幣	每份合約貨幣數目 ①	最低波動價小數點等值 ②	美元價值 ③＝①×②
英鎊（GBP）	25,000	$ 0.000,5	12.50
歐元（EUR）	125,000	$ 0.000,1	12.50
瑞士法郎（CHF）	125,000	$ 0.000,1	12.50
加拿大元（CAD）	100,000	$ 0.000,1	10.00
墨西哥比索（MXP）	1,000,000	$ 0.000,1	10.00
日本元（JPY）	12,500,000	$ 0.000,001	12.50

(2) 交割時間標準化。交割月份是期貨合約規定的外幣合約的到期月。IMM的外匯期貨的交割月份分別為3、6、9、12月份。若合約到期前未進行對沖(即進行相反的買賣行為)，則必須進行現匯交割。交割日期就是期貨合約進行現匯交割的日期。IMM規定的交割日是到期月的第三個星期的星期三，如果那一天不是營業日，則順延至下一個營業日。

3. 報價

外匯期貨市場是以每一單位外幣（日元為每100日元）兌換多少美元來報價的，即美元報價制度。如GBP 1＝USD 1.561,0，EUR 1＝USD 1.12，JPY 100＝USD 1.010,8等。與一般遠期外匯市場的標價不同，期貨報價僅採用報價點數，即只報出小數點後的四位數字。而墨西哥比索和日元由於幣值小，分別以小數點後的 5 位數和6位數報價（如日元報價雖然也報四位數，但實際上是省略了兩位數。如報0.372,8，實際上是0.003,728）。

4. 清算

(1) 結算制度。負責交易結算的是交易所的票據交換所或清算中心。清算中心採用「按市價定值」和遵循「無負債」的方針，逐日清算未平倉的每筆交易。

首先根據每種期貨在交易日最後 10 秒(或 30 秒、60 秒，以各交易所規定為準)的加權平均價或收盤價，即當日結算價，與交易所會員進行的每筆交易價格進行比較，計算出會員們在當天交易中的盈虧，軋結買賣頭寸。盈餘者可取出帳面利潤，虧損者必須在

第二天交易前按規定補足保證金才能繼續交易(LIFFE 市場需立即補交保證金，而 IMM 市場如前所述，低於維持保證金時才需補足初始保證金水平)。

(2) 外匯期貨價格變化與持有者損益。在期貨市場上，購買外匯期貨合同為做多頭，賣出外匯期貨合同為做空頭。外匯期貨價格變化對多頭和空頭持有者造成的損益情況，如表 3-2 所示：

表 3-2　　　　　　外匯期貨價格變化對多頭和空頭持有者造成的損益情況

頭　寸 價　格	多頭	空頭
上升	益	損
下降	損	益

設 $P(0)$ 為買賣期貨的交易價，$P(1)$ 為當日收盤時的結算價，$P(2)$ 為第二天的結算價，若交易者以 $P(0)$ 做多頭：

當日收盤時期貨帳戶發生的現金淨收入或流出量為：

$[P(1)-P(0)]×$合同面額

第二個營業日交易者帳戶現金流量為：

$[P(2)-P(1)]×$合同面額

如果交易者做空頭，則現金流量與上述情況恰好相反。

若一份面額為 25,000 英鎊的期貨交易，且第一天交易價 $P(0) = 1.450,0$ 美元/英鎊，第一天結算價 $P(1) = 1.446,0$ 美元/英鎊，第二天結算價 $P(2) = 1.451,0$ 美元/英鎊，則在同一份合同中，多頭者與空頭者各自的現金流量如表 3-3 所示：

表 3-3　　　　　　　　多頭者與空頭者各自的現金流量情況

多　頭	空　頭
($1.446,0-$1.450,0)×25,000=-$100	+$100
($1.451,0-$1.446,0)×25,000=+$125	-$125

(3) 實物交割的匯率。以外匯換美元的實際過程叫交割(Delivery)，從交割日前推兩個營業日為每份合同交易終止日。若期貨合同在最後交易日收盤時仍有效，則期貨合同的多頭方有責任以當初開倉時的匯率，支付與外匯期貨面額等值的美元；而空頭方則有責任交付合同上確定的外匯額。多頭方與空頭方之間的美元交換外幣遵循交易所制定的程序，在交割日後兩天進行。請注意這裡用的是開倉時的匯率，即有些文獻中表述的「協議價格或約定匯率」，而不是外匯期貨合同交易終止日(即期貨合同最後交易日)的當日匯率。

(4) 對沖交易的匯率。由於期貨買賣的參與者主要是為了保值避險和投機，而非滿

足對不同貨幣頭寸的需要，因此，一般不進行實物貨幣交割。這樣，買賣期貨合同（即開倉）後，不參加實物交割者，通常以開倉時反方向的交易行為（即對沖，也叫平倉）進行了結，其結算匯率也就是平倉時的匯率。

假設某年4月1日，某人以1.55美元的開倉價買入一張面值為25,000英鎊、6月份到期的期貨合約，持有一個月後，該合約價格上漲為1.65美元，此時，該交易者平倉，在不考慮交易成本的情況下，可盈利：

(1.65－1.55)×25,000＝2,500（美元）

由上例可知，不進行實物交割，而進行對沖交易的匯率為反方向平倉時的匯率。

有的保值避險者和投機者因為需要，會在開倉後持倉到交割日前的期貨合同交易終止日，然後以軋差的方式結算差額。其軋差時的匯率也就是交易終止日的結算價。

仍假設某年4月1日，該交易者以1.55美元的開倉價買入一張面值為25,000英鎊、6月份到期的期貨合約，持有到期後，交易終止日的結算價為1.62美元，在不考慮交易成本的情況下，他可盈利：

(1.62－1.55)×25,000＝1,750（美元）

這實質上仍是一種不進行實物交割的對沖交易，只是持有到期而已。

(5) 結算匯率。依據交易所的「每日釘市制度」和「每日結算制度」，交易所的清算部門在每天收市後，會對每個會員公司的帳號進行清算。以當日結算價與持倉者的開倉價比較後計算出浮動盈虧（帳面盈虧），這個每日結算價，便是每日的結算匯率。

假設某年6月1日上午10點10分，某人以1.50美元的價格賣出一張9月份到期、面值為25,000英鎊的期貨合約，而當日結算價為1.53美元，在不考慮交易成本的情況下，他的浮動虧損為：

(1.50－1.53)×25,000＝－750（美元）

如果當日結算價為1.45美元，在不考慮交易成本的情況下，他的浮動盈利為：

(1.50－1.45)×25,000＝1,250（美元）

由於浮動盈利會使交易者的保證金增加，理論上可以將多出部分取走。但因期貨價格的變化無常，第二天也可能因結算價的變化需要補充保證金，因此，交易者在平倉前很少會因某一天的保證金增加而將多出部分取走。

(6) 固定價格作用和套期保值原理。既然外匯期貨合同持有至合同交易終止日以當日結算價結算，那麼期貨是否就不像遠期外匯交易那樣而失去「固定價格」和套期保值功能了呢？回答是否定的，外匯期貨交易仍然具有「固定價格」和套期保值功能。

假如，某人以每英鎊1.5美元買了一份9月份到期、面值為25,000英鎊的期貨合同。若他決定對此合同進行交割，於是9月的第三個星期三他將收到25,000英鎊。根據他開倉時的價格，需要付出：1.5×25,000＝37,500（美元）。這期間美元與英鎊的比價可能升也可能降，但無論哪種情況，他只需支付37,500美元。從這個例子可以知道期貨交易固定價格的作用。

又如，3個月後某人需支付一筆25,000英鎊的貨款，為避免到時英鎊匯價上漲增加買匯成本，他以每英鎊1.5美元的價格買入一張9月份到期、面值為25,000英鎊的期貨合同進行套期保值。3個月後現貨市場的英鎊匯價果然上漲，現貨市場上他多付出了一定數量的美元，但由於9月份到期的期貨合同價格也上漲了，期貨市場上他賺了一定數量的美元，交易的結果是盈虧相抵或者用期貨市場的盈利減少了一些現貨市場的虧損，從而起到了套期保值的作用。

5. 手續費

外匯期貨的買進和賣出，都要支付手續費。費率無統一規定，但費率很低，一般由期貨經紀公司或會員與委託人協商確定。

期貨交易所的清算部門在每天交易結束時，要清算每個成員經紀公司的帳號，使每天買賣相抵，收取全部損失款，支付所有利潤款。交易所面向每個會員經紀公司，對於每個賣者，它是買者，對於每個買者，它是賣者。交易者不用擔心誰是交易的另一方，因為在法律上交易所是每筆交易的另一方當事人。交易清算所擔保每筆交易的執行。

(三) 外匯期貨交易的應用

1. 套期保值交易

外匯期貨套期保值交易是利用外匯現貨市場價格與期貨市場價格同方向變動的特點，做與現貨市場方向相反、金額相等的期貨交易，通過對沖使持有的外匯頭寸保值。

(1) 賣出套期保值。賣出套期保值又稱賣出對沖或空頭套期保值，它是指在現貨市場上處於多頭地位的人，在外匯期貨市場上賣一筆相應的期貨合同。

① 賣方保值。例如，3月1日，中國某公司裝船發貨，收到9月1日到期的100萬英鎊遠期匯票，該公司擔心英鎊到期時對美元匯價下跌，遭遇外匯風險，於是決定在期貨市場做賣出套期保值交易。詳情見表3-4所示：

表3-4　　　　　　　　某公司在期貨市場的套期保值交易

現貨市場	期貨市場
3月1日 收到英鎊遠期匯票100萬 市場匯率1英鎊＝1.560,0美元 價值156萬美元	賣出40份、9月份到期的面值共為100萬英鎊的期貨合同 匯率1英鎊＝1.554,0美元 價值155.4萬美元
9月1日 賣出英鎊遠期匯票100萬 匯率1英鎊＝1.530,0美元 價值153萬美元	買進40份、9月份到期的面值共為100萬英鎊的期貨合同 匯率1英鎊＝1.522,0美元 價值152.2萬美元
100×(1.530,0-1.560,0)=-3萬美元（虧損）	100×(1.554,0-1.522,0)=3.2萬美元（盈利）

表 3-4 左端的虧損為現匯資產價值損失，右端的盈利為期貨合同的盈利。在忽略交易成本時，盈虧相抵，淨利 0.2 萬美元。

② 投資保值。例如，美國短期國庫券利率小於英國國庫券利率，美國一銀行在現貨市場上購買 100 萬英鎊投資 6 個月，為了避免將來英鎊貶值而蒙受損失，美國銀行同時在期貨市場上賣出英鎊，其交易情況亦如表 3-4 所示。

③ 資金調劑保值。例如，美國一跨國公司在英國有一家工廠，該廠 3 月 1 日急需現金，但預計 6 個月後資金狀況又會好轉。美國的公司總部欲把資金調往英國的工廠，為避免匯率波動風險，同時又在期貨市場上賣出英鎊合約。具體操作過程，也可用表 3-4 表示。

(2) 買進套期保值。買進套期保值又稱買入對沖或多頭套期保值，它是指在現貨市場上處於空頭地位的人，在期貨市場上買進一筆相應的期貨合同。

① 買方保值。例如，3 月 1 日，中國某進口公司預計 9 月 1 日以美元存款兌付 200 萬歐元的進口貨款，由於擔心歐元升值帶來外匯風險，因此通過外匯期貨交易保值。具體操作如表 3-5 所示：

表 3-5　　　　　　　某公司外匯期貨交易保值操作情況

現貨市場	期貨市場
3 月 1 日 預計 6 個月後支付 200 萬歐元 1 歐元 = 1.147,2 美元 價值 229.44 萬美元	買入 16 份歐元期貨合同 1 歐元 = 1.151,8 美元 價值 230.36 萬美元
9 月 1 日 買進 200 萬歐元 1 歐元 = 1.149,3 美元 價值 229.86 萬美元	賣出 16 份歐元期貨合同 1 歐元 = 1.150,3 美元 價值 230.06 萬美元
200×(1.147,2-1.149,3) = -0.42 萬美元(虧損)	200×(1.151,8-1.150,3) = 0.3 萬美元(盈利)

表 3-5 左端的虧損為現匯資產價值損失，右端為期貨合同的現金流入。盈虧相抵，損失為 0.12 萬美元。雖未能百分之百地保值，但套期保值後的損失 0.12 萬美元比套期保值前的損失 0.42 萬美元要小得多。

② 籌資保值。例如，3 月 1 日美國一廠商欲借 200 萬歐元使用 6 個月。為避免風險，他在現貨市場上賣出 200 萬歐元(換取美元以供所需)的同時，在期貨市場上再買入 16 份歐元期貨合約。這種套期保值的過程，也可用表 3-5 表示。

③ 資金調劑保值。設美國一公司在德國有分廠，分廠手頭有暫時閒置 6 個月才交稅的歐元現金(待繳稅金)，恰好美國的公司總部需短期信貸應付經營開支。這時德國的分廠可把資金兌成美元轉移到美國公司總部，為期 6 個月。它賣歐元現貨換美元，並買歐

元期貨，其套期保值過程也可用表 3-5 表示。

2. 投機交易

持有或將來持有外匯現貨頭寸的個人或廠商，可以利用外匯期貨進行避險；未持有外匯現貨頭寸的個人或廠商，亦可利用外匯期貨進行投資。在這種投機性的投資中，若預期匯率上漲則買入外匯期貨契約，預期匯率下跌則賣出期貨契約。若匯率走勢與其所預期的方向相同，則獲取利潤；反之則蒙受損失。

例如，某外匯投機商 3 月 1 日預測歐元對美元的匯率將上升，他於當天在 IMM 市場購進 12 月交割的歐元期貨合約 10 份，每份期貨合約為 125,000 歐元，並按要求交付保證金 10 份×1,500美元/份=15,000美元。6 月 1 日，歐元果然升值，於是他拋出 10 份歐元期貨合約，其獲利情況如表 3-6 所示：

表 3-6　　　　　　　　　外匯投機商獲利情況

3 月 1 日買進 10 份歐元期貨合約（12 月交割）
1 歐元 = 1.137,6 美元
6 月 1 日賣出 10 份歐元期貨合約（12 月交割）
1 歐元 = 1.142,1 美元
盈利：125,000×10×(1.142,1-1.137,6)=5,625 美元
利潤率：$\frac{5,625}{15,000}×100\%=37.5\%$

下面再舉一個期貨套期交易的例子。這裡的套期交易，指套取同一外匯期貨不同月份間的差價。

假定某年 10 月 1 日，IMM 市場的瑞士法郎的期貨價格分別為：12 月 CHF 1 = USD 0.402,1，次年 3 月 CHF 1 = USD 0.407,3，6 月 CHF 1 = USD 0.411,2，9 月 CHF 1 = USD 0.418,0。從上述期貨價中可以看出，當年 12 月瑞士法郎的價格最便宜，次年 9 月瑞士法郎的價格最貴，兩者之間存在差價 159 點（0.418,0-0.402,1=0.015,9）。

在 10 月 1 日這一天，如按賤買貴賣的原則買進 12 月份瑞士法郎的期貨合約，賣出 9 月份瑞士法郎的期貨合約。這樣，如果所買的 12 月份瑞士法郎的期貨合約價格上漲，所賣的 9 月份瑞士法郎的期貨合約價格下跌，則兩者之間存在的差價每縮小 1 點，投機商就可從每份合同的價格變動中套取利潤 0.000,1×125,000 = 12.50（美元）。同理，若兩者之間存在的差價每擴大 1 點，投機商就會因每份合同的價格變動損失 0.000,1×125,000 = 12.50（美元）。

四、外匯期權交易

（一）外匯期權的概念

外匯期權(Foreign Exchange Option)，也叫貨幣期權(Currency Option)或外幣期權(Foreign Currency Option)，是一種權利的買賣，期權購買方以支付期權費為代價，取得

在規定日期或在規定日期內，按事先約定的協議價格買入或賣出一定數量外匯或外匯期貨合同的權利。

最早的外匯期權交易產生在美國。1982年12月費城股票交易所(Philadelphia Stock Exchange) 首次開始了英鎊期權和馬克期權交易，並獲得了美國證券交易委員會的批准。這標誌著外匯期權交易成為一種正式的金融保值與投資工具。1984年芝加哥商品交易所推出了外匯期貨合同的期權交易。1985年5月和6月倫敦股票交易所(London StockExchange) 與倫敦國際金融期貨交易所先後開始買賣美式期權。同年9月，芝加哥商品交易所所屬的期權交易所開始買賣歐式期權。20世紀80年代後半期，國際外匯市場上的大銀行開始向顧客出售外幣現匯期權。從此，外匯期權開始走入以銀行為主體的外匯市場體系，成為外匯銀行的一項主要業務。

（二）外匯期權交易的特點

（1）權責不對等。外匯期權的買方購買到的是一種選擇權，當期權合同規定的匯率與作出是否執行合同的決策時的市場匯率相比對買方有利時，他就執行合約；否則，他就不執行合約。即期權合約買方只有權利，而沒有義務。但對期權交易的賣方而言，當買方要求執行合約時他必須履約，沒有選擇餘地，即賣方只有義務，而沒有權利。

（2）保險費不能收回。期權交易規定合約買方必須向合約賣方支付一筆費用，以彌補賣方在匯率上可能遭受的損失，這就是保險費(Premium)或期權費。保險費在期權合約成交的第一個營業日一次付清，而且不可追回。保險費等於期權價格乘上每份期權合約的面值再乘上合約份數，而期權價格取決於匯率的波動性和期權合約到期長短等因素。

（3）損失額度有限。不管匯率如何變動，期權合約買入者的損失都不會超過期權保險金；而遠期外匯合約則必須按照規定的匯率買賣外匯。

（三）外匯期權的種類

1. 按交割時間劃分

（1）歐式期權(European Option)。在合約到期日方可辦理交割的期權交易，不能提前交割。

（2）美式期權(American Option)。買方在合同到期或到期日之前任何一天均可要求賣方執行期權合同。與歐式期權相比，美式期權的買方在執行合同上更有靈活性，但支付的保險費也更高。

目前，世界上許多期權交易所都同時進行歐式期權和美式期權的交易。

2. 按期權的性質劃分

（1）看漲期權(Call Option)，亦稱多頭期權、購買期權或買入期權。它是期權合約購買者今後需要買入外匯但擔心外匯價格上漲給自己帶來損失而購買的期權 。期權購買者(Call Buyer)支付保險費並取得以協定匯率購買特定數量外匯的權利。購買看漲期權既可以使外匯價格上漲期間所負有的外匯債務得以保值，又可以在外匯價格上漲期間有權

以較低價格(協定價格)買進外匯,同時以較高的價格(市場價格)拋出,以賺取利潤。

(2) 看跌期權(Put Option),亦稱空頭期權、出售期權或賣出期權。它是期權合約購買者今後需要賣出外匯但擔心外匯價格下跌給自己帶來損失而購買的期權。購買者(Put Buyer)支付保險費並取得以協定匯率出售特定數量外匯的權利。購買看跌期權一方面可使外匯價格下跌期間所持有的外匯債權得以保值;另一方面又可以在外匯價格下跌期間,以較低的市場價格買入外匯,以較高的價格(協定價格)賣出外匯而獲得收益。

(四) 外匯期權交易契約

交易所內期權交易以公開競價方式進行,期權交易具有標準化的合同,其主要內容如下:

(1) 匯率均以美元表示,如1英鎊等於多少美元,1歐元等於多少美元等。

(2) 履約價格(Exercise Price),又稱合同價格(Contract Price)或協定價格(Striking Price),是指期權合同中預先規定的在行使期權時所使用的匯率。日元期權的價格以萬分之一美元表示,其他外匯期權均以百分之一美元表示。例如,JPY40Call 代表每一日元的看漲期權的履約價格為 0.004,0 美元。

(3) 到期月份(Expiration Months),亦稱交易月份,通常為每年3月、6月、9月和12月。

(4) 到期日 (Expiration Date),指期權買方有權履約的最後一天。費城股票交易所和芝加哥期權交易所的到期日為上述四個月的第三個星期三之前的星期六。芝加哥商品交易所的外匯期權在上述月份的第三個星期三之前的第二個星期五到期。

(5) 交易數量標準化。外匯期權交易額在美國有統一標準,它與前邊講的 IMM 外匯期貨合同中外匯數量一致。每筆芝加哥商品交易所的外匯期權代表著這樣一種權利,即保留對 IMM 外匯期權交易所、倫敦國際金融期貨交易所期權規模的一半。也就是費城股票交易所的英鎊、歐元、瑞士法郎、日元、加元的期權合同金額各為 GBP 12,500、EUR 62,500、CHF 62,500、JPY 6,250,000、CAD 15,000。

(6) 保證金。賣方繳納保證金通過清算會員繳存於清算所的保證金帳戶內,隨行市漲跌,在必要時追加,以確保當買方要求履約時,賣方依履約價格進行交割。

(7) 保險費,又稱期權和權利金,是由買方支付給賣方,以取得履約選擇權的費用。保險費通常有兩種表示方式:①按履約價格的百分比;②以履約價格換算的每單位貨幣的美元數。如一筆履約價格每英鎊 1.92 美元的看漲期權,其期權費可標為 4% 或 0.076,8 美元(1.92×4%)。

(五) 期權交易盈虧分析

1. 看漲期權

買入看漲期權後,若市場匯率上升,大於協定價格(履約價格或結算價格)與期權費(保險費)之和時,買方執行期權就會獲得收益。顯然,這裡邊有個上限價格(Ceiling Price)的問題。上限價格是履約時買入單位外匯的最高價格。

上限價格＝協定價格＋期權費　　　　　　　　　　　　　　　　　　　　(3.3)

上限價格採用的是一種近似算法，因為：一是期權費發生在先，協定價格發生在後（執行買入期權結算時才發生），兩者不在同一時點上，因此應根據利息率因素進行調整；二是購買期權可能涉及經紀人費用及其他費用，故這裡系一種簡化計算（下同）。

市場匯率上升後，期權購買者履約後的收益為：

收益＝市場匯率－上限價格　　　　　　　　　　　　　　　　　　　　(3.4)

若市場匯率未升反跌，則買方不會執行期權，期權費就會損失。可見，買方的最大損失以期權費為限。

例如，中國某進口公司預計 4 個月後要支付 500,000 美元貨款，現有外匯是瑞士法郎，即期匯價 USD 1＝CHF 1.322,0，4 個月遠期匯價 USD 1＝CHF 1.305,0。若瑞士法郎升值，該公司可直接在 4 個月後的即期市場上買入美元；若美元升值，該公司沒有保值措施就有虧損風險。最後該公司買入一筆看漲期權以應變，金額為 500,000 美元，協定匯率為 USD 1＝CHF 1.300,0，到期日定為 9 月 4 日，期權價格為 1 美元 0.02 瑞士法郎。

現假定到期日的即期匯率用 x 表示，則該公司包括期權費在內的瑞士法郎淨支出成本 C 表示如下：

（1）當 $x>1.300,0$ 時，$C=500,000\times1.300,0+500,000\times0.02=CHF\ 660,000$，表明美元匯率上漲，該公司行使期權，按協定匯價買入美元，得以保值。

（2）當 $x\leqslant 1.300,0$ 時，$C=500,000x+500,000\times0.02=CHF(500,000x+10,000)$，表明瑞士法郎升值，該公司放棄行使期權，直接從市場上即期買入美元，從而獲得匯價向有利方向變動的好處。

可見，該公司通過付出一定的期權費，在匯價不利時（美元上漲），可以避免未保值時的較大損失，達到遠期外匯保值的目的，固定外匯成本；而匯價有利時，又可以克服遠期外匯保值的局限，隨市場行情的變化，獲得較大的市場收益。

2. 看跌期權

看跌期權買入者以期權費為代價，獲得了在到期日或之前按協定價格出售合同規定的某種外匯的權利。買方看跌期權後，若市場匯率下跌，小於協定價格與期權費之差，買方執行期權就會獲得收益。這裡邊顯然有個下限價格（Floor Price）問題。下限價格是履約時賣出單位外匯的最低價格。

下限價格＝協定價格－期權費　　　　　　　　　　　　　　　　　　　　(3.5)

同上限價格的計算一樣，這裡的下限價格也是一種近似計算值。

市場匯率下跌後，期權的買方履行合約，其收益為：

收益＝下限價格－市場匯率　　　　　　　　　　　　　　　　　　　　(3.6)

若市場匯率未跌反升，買入者的期權就失去了價值，期權費就會白白喪失。

例如，中國某出口公司將投標銷售價值為 500,000 美元的藥材，開標日期在 3 個月後，為避免中標時美元匯率下跌，該公司可以拋售遠期美元。但萬一不中標，則將承擔

美元拋空的風險。因此，該公司決定買入 3 個月期美元看跌期權，協定匯價為 USD 1 = CHF 1.300,0，1 美元的期權價格為 CHF 0.015。

（1）若中標，設期權到期時即期匯價為 x，則該公司的瑞士法郎淨收入 R（扣除期權費支出）為：

① 當 $x<1.300,0$ 時，$R = 500,000 \times 1.300,0 - 500,000 \times 0.015 = CHF\ 642,500$，表明美元下跌，該公司行使期權。

② 當 $x \geq 1.300,0$ 時，$R = 500,000x - 500,000 \times 0.015 = CHF(500,000x - 7,500)$，表明美元上漲，該公司放棄行使期權，直接在市場上拋售美元。

可見，在匯價不利時，該公司通過事先買入的期權，避免了風險，保證了固定的淨收入；而在匯價有利時，扣除支付的期權費成本，該公司只要放棄行使期權即可獲得匯價變化的好處。

（2）若投標未中，期權到期時，只要即期匯價 $x<1.300,0$，該出口公司仍可行使期權 然後，買入即期美元向銀行交割，淨得瑞士法郎收入：$R = 500,000 \times (1.300,0 - 0.015) - 500,000x$；而當 $x \geq 1.300,0$ 時，該公司可放棄行使期權，則支付的期權費就是它的全部損失。

總之，對於期權賣方而言，收取了一定的期權費，就要承擔按協定匯價交付或買入期權項下某種定量外匯的義務和由此而產生的風險，且在匯價對期權賣方不利時，此風險在理論上是無限的，故期權的出售通常不作為抵補保值的手段，而多為銀行增加收入或投機商獲利使用。

第四節 中國銀行間外匯市場

中國外匯市場包括兩個層次的外匯市場：第一層次是銀行和客戶之間的外匯零售市場。該市場是指外匯指定銀行與企業、個人以及商業銀行進行外匯買賣的市場。第二層次是銀行間的外匯市場，又稱外匯批發市場。該層次處於外匯市場的核心地位，其業務包括外匯指定銀行以及其他可經營外匯買賣業務的金融機構之間，以及這些金融機構與中央銀行之間的外匯交易。這裡，我們將介紹中國的銀行間外匯市場。

中國銀行間外匯市場建立於 1994 年年初。銀行間外匯市場的建立，是社會主義市場經濟發展的需要，是中國外匯管理體制改革的產物。銀行間外匯市場的建立也和外匯體制改革息息相關。目前外匯市場的管理制度包括對匯價波動幅度的管理、對外匯市場主體准入的管理、對外匯指定銀行外匯頭寸的管理以及對其掛牌匯價的管理。其中，外匯指定銀行的頭寸管理制度是外匯市場管理的核心制度之一。

一、外匯管理體制改革和外匯調劑中心形成

改革開放前，由於外匯資源短缺，中國外匯管理實行比較嚴格的國家統收統支、高

度集中的計劃體制，沒有建立市場的必要與可能。1979年實施外匯留成辦法，企業有了一定可支配的外匯額度，由此產生調劑外匯額度餘缺的需要，為此，國務院於1980年批准開辦外匯額度調劑業務。1985年深圳率先設立地區性外匯調劑市場，作為專門辦理外匯調劑業務的仲介機構，但只限於櫃臺方式交易。1988年，上海創辦中國首家外匯調劑公開市場，把原來外匯調劑中心的櫃臺交易改為競價交易，允許價格浮動，體現了公開化、市場化的原則，提高了透明度。隨後其他地區紛紛效仿，設立各自的外匯調劑中心，截至1993年年底，全國各省市外匯調劑中心達108家之多。這一格局帶來的突出問題是，各地外匯調劑市場彼此分割，外匯資金難以合理流動，調劑市場匯率參差不齊，多重調劑價格並存。與此同時，官方還制定了用於非貿易收支的外匯公開牌價，形成了官方匯價與市場匯價並行的雙重匯率制度。

二、外匯管理體制改革和銀行間外匯市場建立

1994年以前，中國實行匯率雙軌制，官方匯率和外匯調劑市場匯率並存，兩者存在較大的差異。1994年1月1日，中國外匯管理體制實施重大改革，其中有三項內容最為重要：一是取消外匯留成、上繳和額度管理，實行結售匯制度；二是匯率並軌，實行以市場供求為基礎的、單一的、有管理的浮動匯率制度；三是建立統一的、規範化的、有效率的外匯市場。

1994年推出的銀行結售匯制度是中國外匯體制改革的重大進展，是中國銀行間外匯市場的微觀基礎，其出發點在於能夠在國際收支逆差情況下保持市場穩定。通過實行銀行結售匯制度，中國對外貿易項目以及與貿易相關的非貿易項目的外匯收入放鬆了管制，取消了過去經過外匯管理部門層層審批的環節，使企業簡化了用匯手續，加速了資金週轉，方便了企業成本核算，較大調動了企業出口創匯的積極性。

結售匯制度對人民幣匯率形成機制具有基礎性影響的外匯管理措施，主要包括企業向外匯指定銀行結售匯的規定和指定銀行的外匯週轉限額管理，具體包括：

第一，企業向外匯指定銀行結售匯的規定。1994年年初，除國家規定或者批准的情況外，企業經常項目的外匯收入必須到外匯指定銀行辦理結匯，境內機構持規定的有效商業單證才能辦理經常項目下的進口和非貿易項目的購匯和付匯。經國務院批准，自1997年10月15日起，逐步允許部分大中型中資企業開立外匯帳戶，允許保留外匯的最高金額限定為年進出口額的15%。1998年12月中國取消了尚存的外匯調劑業務，順利地將外商投資企業的外匯買賣全部納入銀行結售匯體系。2004年，國家外匯管理局發布了《關於調整經常項目外匯帳戶限額核定標準有關問題的通知》，該通知根據境內機構經常項目外匯收支的實際情況，將經常項目外匯帳戶可保留外匯的比例由上年度經常項目外匯收入的20%提高到30%或50%。

第二，對各外匯指定銀行的結售匯週轉頭寸實行限額管理。結售匯週轉頭寸指由國家外匯管理局核定，外匯指定銀行持有，專項用於結匯、售匯業務週轉的資金。國家外

匯管理局對於結售匯週轉頭寸的規定包括具體數額及浮動幅度。國家外匯管理局規定，銀行用於結售匯業務週轉的外匯資金不得超過核定的區間，否則必須進入銀行間外匯市場進行平補。外匯銀行除保留必要的用於結售匯的週轉性用匯外，不論其對外匯價格走勢有何判斷，差額都必須進入市場軋平。根據1994年外匯體制改革的要求，人民銀行在原有外匯調劑市場的基礎上建立了銀行間外匯市場——中國外匯交易中心於1994年4月在上海成立並正式推出外匯交易。

作為承載結售匯體制改革的銀行間外匯市場，經過多年的平穩運行和不斷完善，有效調節了外匯指定銀行的外匯餘缺，實現了全國範圍內外匯資源的合理有效配置，保證了結售匯制度的順利實施和人民幣匯率的相對穩定，有力地促進了人民幣經常項目下自由兌換的順利實施。

三、匯率形成機制改革和銀行間外匯市場的演變

由於國內外經濟和金融形勢發生了重要變化，2005年7月21日起，中國開始實行以市場供求為基礎，參考一籃子貨幣進行調節、有管理的浮動匯率制度。人民幣匯率不再釘住單一美元，形成更富彈性的人民幣匯率機制。中國人民銀行根據市場發育狀況和經濟金融形勢，適時調整匯率浮動區間。同時，中國人民銀行負責根據國內外經濟金融形勢，以市場供求為基礎，參考一籃子貨幣匯率變動，對人民幣匯率進行管理和調節，維護人民幣匯率的正常浮動，保持人民幣匯率在合理、均衡水平上的基本穩定，促進國際收支平衡，維護宏觀經濟和金融市場的穩定。此外，為提高國內金融機構外幣資金運作效率，推動境內外幣拆借市場發展，中國外匯交易中心於2002年6月3日推出外幣拆借仲介服務。同時，為滿足國內市場不斷增長的投融資需求和避險需求，降低金融機構特別是中小金融機構的外匯資金運作成本，以及服務金融管理當局的監管要求，中國外匯交易中心的外幣買賣系統於2005年6月20日正式上線。

2006年6月，人民銀行發布《中國人民銀行外匯一級交易商准入指引》，建立外匯一級交易制度，外匯一級交易商與中國人民銀行進行外匯交易，成為完善外匯市場調控的重要方式。加上2006年年初實施的詢價交易模式和做市商制度改革，外匯市場結構由此前單一的集中競價交易市場發展成為詢價交易市場、競價交易市場、央行與一級交易商市場並存的市場體系。

競價交易也稱撮合交易，是指銀行間外匯市場採用電子競價交易系統組織交易，會員通過現場或遠程交易終端自主報價，交易系統按「價格優先，時間優先」撮合成交。詢價交易是指銀行間外匯交易主體以雙邊授信為基礎，通過自主雙邊詢價，雙邊清算進行的外匯交易。銀行間外匯市場做市商，是指經國家外匯管理局核准，在中國銀行間外匯市場進行人民幣與外匯交易時，承擔向市場會員持續提供買、賣價格義務的銀行間外匯市場會員。引入做市商制度，為市場提供流動性。

這樣，中國形成了兼容多種交易方式，開市前生成每日人民幣匯率基準，提供人民

幣對外幣和外幣對外幣的現貨交易，容納多種類型機構參與，由中國外匯交易中心提供交易、清算、信息和監管服務的現代化銀行間外匯現貨市場體系。

同時，外匯市場管理的核心制度之一的外匯指定銀行的頭寸管理制度也發生了很大的變化。自1994年以來，中國逐漸實行由強制結售匯制度向意願結售匯制度的轉變，尤其在2005年，這一改革明顯加快。

（1）企業向外匯指定銀行結售匯放寬。自2001年起，中國通過改進外匯帳戶開立和限額管理，逐步擴大企業保留外匯自主權。一是放寬企業開立外匯帳戶保留外匯的條件；二是提高外匯帳戶內保留外匯的限額。

（2）對各外匯指定銀行的結售匯週轉頭寸的放寬。近年來，國家外匯管理局根據國際收支狀況，不斷調整外匯指定銀行週轉頭寸的限額，以進一步發展外匯市場，增強銀行外匯交易和風險管理的靈活性與主動性，促進人民幣匯率的價格發現。

四、匯率形成機制改革和銀行間外匯市場的發展

2008年7月底左右，為了應對不斷深化的全球金融危機，中國收窄了人民幣匯率波動幅度，沒有參與國際上的競爭性貨幣貶值，為穩定外需、抵禦國際金融危機的衝擊，為亞洲及全球經濟的復甦做出了巨大貢獻。

2010年，隨著全球經濟逐步復甦，中國經濟回升向好的基礎進一步鞏固，成為進一步推進人民幣匯率制度改革的有利時機：一是中國經濟回升向好的基礎進一步鞏固，經濟運行平穩，這為進一步推進人民幣匯率形成機制改革提供了有利的時機。二是中國正在加快經濟結構調整、轉變發展方式，國際金融危機爆發使得這一任務更加重要和緊迫。匯率形成機制改革有利於促進經濟結構調整，提高發展的質量與效益。三是進一步增強人民幣匯率彈性，實現雙向浮動，也是提高宏觀調控的主動性和有效性的需要，可應對不同情境下的外部衝擊。

2010年6月19日，經國務院批准，人民銀行決定進一步推進人民幣匯率形成機制改革，增強人民幣匯率彈性。在2005年匯改基礎上進一步推進人民幣匯率形成機制改革，人民幣匯率不再進行一次性重估調整，而重在堅持以市場供求為基礎，參考一籃子貨幣進行調節。同時，繼續按照已公布的外匯市場匯率浮動區間，對人民幣匯率浮動進行動態管理和調節，保持人民幣匯率在合理、均衡水平上的基本穩定，促進國際收支平衡，維護宏觀經濟和金融市場的穩定。

進一步推進人民幣匯率形成機制改革，完善有管理的浮動匯率制度，是根據中國國情和發展戰略做出的選擇，符合完善社會主義市場經濟體制的改革方向，符合落實科學發展觀的要求，是中國深度融入全球化條件下國家利益的需要，符合中國長遠利益和核心利益。一是有利於促進結構調整和全面協調可持續發展。浮動匯率可靈活調節內外部比價，有助於資源向服務業等內需部門配置，推動產業升級，轉變經濟發展方式，減少貿易不平衡和經濟對出口的過度依賴。二是有利於抑制通貨膨脹和資產泡沫，增強宏觀

經濟的主動性和有效性，改善宏觀調控能力。三是有利於維護戰略機遇期。作為經濟全球化的受益者，繼續推進匯改有利於實現互利共贏、長期合作和共同發展，有利於維護中國經濟發展的戰略機遇期和國際經貿環境。

五、匯率形成機制改革和銀行間外匯市場的成熟

隨著中國外匯市場發育趨於成熟，交易主體自主定價和風險管理能力日漸增強，為順應市場發展的要求，促進人民幣匯率的價格發現，增強人民幣浮動匯率雙向浮動彈性，完善以市場供求為基礎、參考一籃子貨幣進行調節、有管理的浮動匯率制度建設，中國人民銀行決定擴大外匯市場人民幣兌美元匯率浮動幅度，並於2012年4月12日發布中國人民銀行公告第4號，自2012年4月16日起，銀行間即期外匯市場人民幣兌美元交易價浮動幅度由±0.5%擴大至±1%，即每日銀行間即期外匯市場人民幣兌美元的交易價可在中國外匯交易中心對外公布的當日人民幣兌美元中間價上下1%的幅度內浮動。2014年3月，人民幣兌美元匯率每日浮動幅度再次由±1%擴大至±2%。2015年8月，進一步改革人民幣匯率形成機制，讓每日人民幣兌美元中間價在更大的程度上參考前一日收盤價。

六、人民幣外匯市場的外匯交易品種

1994年中國匯率制度改革，建立了全國統一的銀行間外匯市場，實行銀行對客戶的結售匯制度，人民幣匯率基本上由市場供求決定。中國人民銀行只是根據銀行間外匯市場交易情況公布匯率，規定銀行間市場的匯率浮動幅度以及銀行掛牌匯率的浮動幅度，並通過央行外匯公開市場操作，適時入市買賣外匯，平抑市場供求。

1997年4月中國人民銀行和國家外匯管理局批准中國銀行試點對客戶遠期結售匯業務，正式開始了國內人民幣對外幣的衍生品交易。2005年8月15日，銀行推出銀行間人民幣外匯遠期交易。2006年4月24日正式推出銀行間人民幣外匯掉期交易。2011年4月1日起，推出人民幣對外匯的普通歐式期權交易。下面是中國銀行間外匯市場交易的產品種類。

1. 人民幣外匯即期交易和品種

（1）定義：人民幣外匯即期交易指交易雙方以約定的外匯幣種、金額、匯率，在成交日後第二個營業日或第二個營業日以內交割的人民幣外匯交易。

（2）交易品種：美元/人民幣（USD/CNY）、歐元/人民幣（EUR/CNY）、日元/人民幣（JPY/CNY）、港元/人民幣（HKD/CNY）、英鎊/人民幣（GBP/CNY）、澳元/人民幣（AUD/CNY）、新西蘭元/人民幣（NZD/CNY）、蘇丹鎊/人民幣（SGD/CNY）、瑞士法郎/人民幣（CHF/CNY）、加元/人民幣（CAD/CNY）、人民幣/馬來西亞林吉特（CNY/MYR）、人民幣/俄羅斯盧布（CNY/RUB）、人民幣/南非南特（CNY/ZAR）、人民幣/韓元（CNY/KRW）、人民幣/泰國銖（CNY/THB）、人民幣/哈薩克斯坦堅戈

(CNY/KZT)。

2. 人民幣外匯遠期交易和品種

（1）定義：人民幣外匯遠期交易指交易雙方以約定的外匯幣種、金額、匯率，在約定的未來某一日期（成交日後兩個營業日以上）交割的人民幣外匯交易。

（2）交易品種：美元/人民幣（USD/CNY）、歐元/人民幣（EUR/CNY）、日元/人民幣（JPY/CNY）、港元/人民幣（HKD/CNY）、英鎊/人民幣（GBP/CNY）、澳元/人民幣（AUD/CNY）、新西蘭元/人民幣（NZD/CNY）、蘇丹鎊/人民幣（SGD/CNY）、瑞士法郎/人民幣（CHF/CNY）、加元/人民幣（CAD/CNY）、人民幣/馬來西亞林吉特（CNY/MYR）、人民幣/俄羅斯盧布（CNY/RUB）、人民幣/南非南特（CNY/ZAR）、人民幣/韓元（CNY/KRW）。

3. 人民幣外匯掉期交易和品種

（1）定義：人民幣外匯掉期交易指交易雙方約定一前一後兩個不同的交割日、方向相反的兩次本外幣交換，在前一次貨幣交換中，一方用外匯按照約定匯率從另一方換入人民幣，在後一次貨幣交換中，該方再用人民幣按照另一約定匯率從另一方換回相同幣種和數量的外匯。

（2）交易品種：美元/人民幣（USD/CNY）、歐元/人民幣（EUR/CNY）、日元/人民幣（JPY/CNY）、港元/人民幣（HKD/CNY）、英鎊/人民幣（GBP/CNY）、澳元/人民幣（AUD/CNY）、新西蘭元/人民幣（NZD/CNY）、蘇丹鎊/人民幣（SGD/CNY）、瑞士法郎/人民幣（CHF/CNY）、加元/人民幣（CAD/CNY）、人民幣/馬來西亞林吉特（CNY/MYR）、人民幣/俄羅斯盧布（CNY/RUB）、人民幣/南非南特（CNY/ZAR）、人民幣/韓元（CNY/KRW）。

4. 人民幣外匯貨幣掉期交易和品種

（1）定義：人民幣外匯貨幣掉期交易指在約定期限內交換約定數量人民幣與外幣本金，同時定期交換兩種貨幣利息的交易。本金交換的形式包括：①在協議生效日雙方按約定匯率交換人民幣與外幣的本金，在協議到期日雙方再以相同的匯率、相同金額進行一次本金的反向交換；②在協議生效日和到期日均不實際交換人民幣與外幣的本金；③在協議生效日不實際交換本金、到期日實際交換本金；④主管部門規定的其他形式。利息交換指交易雙方定期向對方支付以換入貨幣計算的利息金額，交易雙方可以按照固定利率計算利息，也可以按照浮動利率計算利息。

（2）交易品種：美元/人民幣（USD/CNY）、歐元/人民幣（EUR/CNY）、日元/人民幣（JPY/CNY）、港元/人民幣（HKD/CNY）、英鎊/人民幣（GBP/CNY）。

5. 人民幣對外匯期權交易和品種

（1）定義：人民幣對外匯期權交易（以下簡稱「期權交易」）是指在未來某一交易日以約定匯率買賣一定數量外匯資產的權利。期權買方以支付期權費的方式擁有權利；期權賣方收取期權費，並在買方選擇行權時履行義務（普通歐式期權）。期權交易

幣種、金額、期限、定價參數（波動率、執行價格、即期價格/遠期匯率、本外幣利率等）、成交價格（期權費）和結算安排等由交易雙方協商議定。

（2）交易品種：美元/人民幣（USD/CNY）、歐元/人民幣（EUR/CNY）、日元/人民幣（JPY/CNY）、港元/人民幣（HKD/CNY）、英鎊/人民幣（GBP/CNY）。

6. 外幣對交易和品種

（1）定義：外幣對交易指通過交易中心進行的不涉及人民幣的外匯對外匯的交易。

（2）交易品種：歐元/美元（EUR/USD）、澳元/美元（AUD/USD）、英鎊/美元（GBP/USD）、美元/瑞士法郎（USD/CHF）、美元/港元（USD/HKD）、美元/加元（USD/CAD）、美元/日元（USD/JPY）、歐元/日元（EUR/JPY）、美元/蘇丹鎊（USD/SGD）9個貨幣對的即期、遠期與掉期交易。

復習思考題

1. 目前國際外匯市場有何特點？
2. 簡述遠期匯率與利率的關係。
3. 簡述遠期匯率的表示方法與計算方法。
4. 什麼是外匯期貨交易？它與遠期外匯交易有何區別？
5. 什麼是外匯期權？期權交易的特點是什麼？
6. 什麼是外匯風險？防範外匯風險有哪些基本方法？
7. 淺析中國銀行間外匯市場的發展。

參考文獻

[1] 姜波克. 國際金融學 [M]. 上海：上海人民出版社，1999.
[2] 陳雨露. 國際金融 [M]. 北京：中國人民大學出版社，2000.
[3] 陳彪如. 國際金融概論 [M]. 上海：華東師範大學出版社，1996.
[4] 王聰. 國際金融通論 [M]. 廣州：暨南大學出版社，1997.
[5] 孫健. 國際金融 [M]. 青島：中國海洋大學出版社，2000.
[6] 劉舒年. 國際金融 [M]. 北京：對外經濟貿易大學出版社，1997.
[7] 姜波克. 國際金融新編 [M]. 3版. 上海：復旦大學出版社，2001.
[8] RICHARD M LEVICH. International Financial Markets：Prices and Policies [M]. New York：McGraw-Hill，1998.
[9] PETER S ROSE. Money and Capital Markets：Financial Institutions and Instruments in a Global Market Place [M]. 6th ed. New York：McGraw-Hill，1997.
[10] 汪小亞，楊金梅. 中國銀行間市場發展路徑 [M]. 北京：中國金融出版社，2013.

第四章　國際收支

　　國際收支(Balance of Payments)是一國居民的一切對外經濟、金融關係的總結。一國國際收支狀況反應了該國在國際上的經濟地位，同時也影響到該國的宏觀經濟與微觀經濟的運行。因此，國際收支不平衡的調節也就成為一國宏觀經濟調節的重要內容之一。

第一節　國際收支概述

一、國際收支概念的發展

　　由於國際收支反應的對象——國際經濟交往在內容和形式上都經歷了具有各自特點的不同歷史階段，所以在世界經濟發展的不同階段，國際收支概念的內涵也有著一定的差異。另外，作為對國際經濟活動的反應，國際收支還因為人們考察角度和方法的差異而有不同的含義。

　　在國際信用不很發達、國際資本流動甚微的時代，國際收支主要反應對外貿易收支，即主要反應商品的進出口，因而那時西方經濟學家還沒有使用國際收支的概念，而用的是貿易差額的概念。其後，又有一些經濟學家把國與國之間的債權債務關係以及債權債務的清償(外匯的收與支)作為國際收支的全部內容。隨著信用經濟在國際交往中的發展和擴大，資本流動發展迅速，人們開始認識到貿易與資本收支的內在聯繫，特別是認識到資本收支的重要性，這樣，上述的國際收支概念就遠不能全面地反應各國之間國際經濟交易的全部內容。於是，完整的國際收支概念逐漸形成，國際收支分析的重要性也就更加引起人們的重視。今天，我們研究的國際收支就比較全面地包括貿易收支、資本收支以及其他方式的國際轉移等內容，也就是包括了一國居民對其非居民的全部交易。可以預見：第一，國際收支的內涵還沒有停止它的演變，這是因為國際經濟活動本身在內容和形式上的演變和創新仍在繼續。第二，隨著金融活動、信用經濟在世界範圍內的深化，國際收支中的信用部分將在量上不斷擴大，在具體形式上不斷創新。

　　根據上述國際收支概念的歷史發展，國際收支概念有廣義與狹義之分。把國際收支定義為對外貿易收支或外匯收支都屬於狹義的國際收支概念。對外貿易收支是國際收支中的一個重要項目，對一國國際收支的均衡產生著重要影響，但它並不能包括全部的國際經濟交易。例如，國與國之間的贈與、捐款、賠款、僑民匯款等，並不是交易關係。

國際收支所表示的是一國在一定時期的對外經濟流量,而交易所表示的是一定時期的資產負債存量。用外匯收支來定義國際收支也不完全正確。國際收支的絕大部分要通過外匯進行,而且外匯收支的盈利或虧損所形成的一個國家的外匯儲備的增與減對一國對外經濟具有重要意義,但並非一切國際經濟交易都要表現為外匯的收與支。例如,最近幾年國際上日益盛行的易貨貿易就不通過外匯的實際收與付進行。又例如,一個國家對外提供的無償援助中的實物援助也不借助於外匯進行。可見,狹義的國際收支概念是一個以支付為基礎的不完全的概念;而只有廣義的建立在全部經濟交易基礎上的國際收支概念才是一個完整的反應一國對外經濟總量的概念。

二、國際貨幣基金組織的「國際收支」概念

在《國際收支手冊》(簡稱《手冊》)第5版上,國際貨幣基金組織為了便於各成員向它報送國際交易的數據,對國際收支作了以下的說明:「國際收支是一種統計報表,它系統地記載了在特定時期內一經濟體(An Economy)與世界其他地方的各項經濟交易。大部分交易是在居民與非居民之間進行的,包括貨物、服務和收入、對世界其他地方的金融債權和債務的交易,以及轉移項目(如禮贈)①。從會計意義上講,需要建立對銷項目以平衡單方面的交易②。交易定義為一項經濟流量,它反應經濟價值的產生、轉化、交換、轉移或消失,並且涉及貨物或金融資產所有權的變更、服務的提供或勞務及資本的提供。」③

從上述說明可以看出,國際貨幣基金組織不僅為國際收支這一概念下了定義,而且還表明了國際收支這一概念應包含的內容,即:第一,國際收支大部分(除註釋①中說明的外)是一經濟體的居民與世界其他地方的非居民之間經濟交易的總結或統計。第二,經濟交易的內容包括各國間的貨物、服務和收入、金融債權和債務的交易,以及不需要償還的單方面轉移。第三,在進行國際收支統計時還需要設置完全是會計處理上所需的對應科目。這些科目是為了平衡上述經濟交易中未能互相抵消的交易和變化。這也就是說,當國際收支統計數字出現不平衡時,需要設置使統計表平衡的科目,這個科目就是「淨誤差與遺漏」(Net Errors and Omissions)。第四,國際收支統計所反應的是國際經濟交易的流量(Flow),而不是存量(Stock)。

對基金組織的上述說明,還有幾點應加以補充:

首先,基金組織使用了「一經濟體與世界其他地方」的說法,而沒有用「一國與世界其他國家」的說法。這是因為,世界除了一百多個有獨立主權的國家之外,還有一些

---

① 不屬於居民/非居民範疇內的國際收支交易有居民部門之間的可轉讓的金融資產的交換,以及程度更低的非居民之間的可轉讓的國外金融負債的交易。——原註

② 本手冊中的國際帳戶的定義和分類的目的是幫助向基金組織報送國際交易的數據,這些定義和分類並不是為了解釋或實施基金組織協定的有關條款(這些條款涉及上述交易,官方採取行動或不採取行動的法律特點)。——原註

③ 國際貨幣基金組織.國際收支手冊[M].中文版.北京:中國金融出版社,1995:6.

沒有獨立主權但具有獨立貨幣制度的地區，例如香港。而其他國家或地區與它們的交易都屬於國際收支的範圍。因此，上述說法比「國家」的說法範圍更廣。但因約定俗成，人們常用「一國與其他國家」的說法。

其次，一個國家居民與其他國家居民的私人交易，很顯然不能單獨一項一項地列在國際收支當中。由於國際收支是總結性的陳述，所以，它是按一定的分類方法加總得出的一個國家所有的國際經濟交易。作為一些特例，一國國際收支還包括一些外國居民並沒有直接捲入的交易，例如，一個國家中央銀行向該國商業銀行出售一部分外匯。

再次，由於國際交易反應的是一個國家居民與其他國家居民在商品、勞務和資本方面的交易，所以，需要對居民和非居民的概念加以說明。按《國際收支手冊》第5版，「在一個國家的經濟領土內具有一定經濟利益中心的機構單位就是一個居民單位」[1]的定義，它包括：①家庭和組成家庭的個人；②法定的實體和社會團體，如公司和準公司(如國外直接投資者的分支機構)、非營利性機構和該經濟體中的政府。當然，這兩大類主要機構單位是不是一國的居民，還有一定的條件，例如居住年限或連續工作年限為一年或更長時間等。反之，不符合上述定義或條件的家庭、個人、法定的實體和社會團體，則是一國的非居民。一些國際性機構，如在美國的聯合國、國際貨幣基金組織、世界銀行等，不是美國的居民。

最後，《手冊》規定了國際經濟交易記錄的時間和計價。記錄國際經濟交易的時間是按權責發生制原則指導交易的記載時間。所以，一旦經濟價值產生、改變、交換、轉移或消失，交易就被記錄下來。一旦所有權發生變更，債權和債務就隨之出現。不管是實際資源還是金融債權債務，計價都是以成交時的實際市場價格作為交易計價的基礎。

三、《國際收支手冊》的變化

從1977年國際貨幣基金組織出版第4版《國際收支手冊》以來，國際交易的方式發生了重大變化，這些變化是：服務貿易的增加、金融市場自由化、資本控制在許多國家被取消、新的金融工具的發明以及重組外債新方法的出現等。由於這些變化，國際貨幣基金組織在1993年出版了《國際收支手冊》第5版，主要目的是：指導其成員編製國際收支平衡表和國際投資頭寸表；使國際收支與基金組織編製的貨幣或銀行概覽、政府財政報表，以及聯合國1993年新編製的國民帳戶體系等統計報表更為有效地配合，以加強國際收支作為經濟分析的工具。第4版與第5版《國際收支手冊》的比較參見表4-1。

---

[1] 國際貨幣基金組織. 國際收支手冊 [M]. 中文版. 北京：中國金融出版社，1995：20. 對這一定義中的「一個國家的經濟領土」和「經濟基礎利益中心」，《手冊》都有具體的說明。

表 4-1　　　　　　第 4 版和第 5 版《國際收支手冊》比較

變化的領域	第 4 版（1977 年）	第 5 版（1993 年）
總體	只有國際收支流量報告	有一套相互關聯的帳戶，包含流量（國際收支）和存量（淨國際投資頭寸）
服務和收入	殘餘項「其他商品、服務和收入」不區分經常性和資本性轉移	單獨列示所有商品、服務、收入和經常性轉移，便於國民帳戶體系總量（例如國民可支配收入總額，GNDI）的編製
經常帳戶的再定義	經常帳戶包括所有無償轉移	經常帳戶不包括資本性轉移
資本和金融帳戶的再定義	只包括金融交易，但稱作「資本帳戶」	重新定義以反應： (1)「資本帳戶」（主要是資本轉移） (2)「金融帳戶」大體與第 4 版的「資本帳戶」相對應
證券投資	有限地列出標準的組成部分	擴大列示範圍，將新的貨幣市場工具也包括進來
計價變化	包括所有計價變化，以及黃金的貨幣化和特別提款權分配	流量數據中不包括計價變化，它們被記錄在存量數據部分
異常融資	有限的範圍	擴大的範圍

第 5 版的一些重要變化是：

（1）重新定義經常項目。新手冊重新定義經常項目為商品、服務、收入以及經常轉移，而把資本轉移劃到重新命名的資本和金融項目中。經常項目的這種分類有助於與國民帳戶體系(SNA)保持一致，便於統計國內生產總值（GDP）、國民生產總值（GNP）、國民可支配總收入（Gross National Disposable Income）和國民儲蓄（National Saving）等。

（2）為了反應服務交易日益增長的重要性，以滿足各種統計體系的需要，擴大了服務交易的組成部分。

（3）對資本項目重新命名。資本項目現被命名為資本和金融帳戶（Capital and Financial Account）。資本項目包括資本轉移和非生產、非金融資產的收買和放棄。金融項目按照投資類型或功能分為直接投資、證券投資、其他投資和儲備資產等。

（4）在第 5 版中，金融流量和存量包括的範圍明顯擴大，並在結構上重新進行了調整。該手冊在這方面覆蓋了各種新的金融工具以及涉及特別融資交易的補充分類（即國際收支平衡表與拖欠相關的項目）。

（5）要求各成員編製投資頭寸表，從而使國際投資頭寸表上的存量分析與國際收支表上的流量分析加以結合。

第二節　國際收支帳戶原理

一國的國際收支狀況表現在一國國際收支平衡表上，因此，有必要討論一國國際收

支平衡表是如何編製的。

一、復式記帳制

編製國際收支平衡表同編製其他會計報表一樣，都要採用復式記帳制，即每筆交易都由價值相等的兩個科目來表示。其中的一項稱為貸方(Credit)，冠以正的數學符號(+)；另外一個科目稱為借方(Debit)，冠以負的數學符號(-)。從原則上講，有借必有貸，借貸必相等，因而國際收支平衡表的貸方之和應等於借方之和；平衡表中的全部帳目的淨餘額為零。

但在實際工作中，國際收支平衡表中的各項目的數據由於取自不同的渠道，各種項目經常處於不平衡之中，因而借方之和不一定等於貸方之和，也就是或者出現淨貸方餘額，或者出現淨借方餘額。因此，為了平衡這一淨餘額，就單獨設立了一個帳目，即「淨誤差與遺漏」。這一帳目的數額與上面的餘額相等，但符號相反，即：當國際收支出現貸方餘額時，淨誤差與遺漏的數額等於淨貸方餘額，但記為負號(-)；當出現淨借方餘額時，淨誤差與遺漏的數額等於淨借方餘額，但記為正號(+)。

二、國際收支交易中的借方與貸方

概括地說，記入貸方的項目包括：①表明出口的實際資源；②反應一經濟體對外資產減少或一經濟體對外負債增加的金融項目。記入借方的項目包括：①反應進口的實際資源；②反應對外資產增加或對外負債減少的金融項目。

總之，對於資產不管是實際資產還是金融資產，正號(貸記)代表資產持有量的減少，負號(借記)代表資產持有量的增加；相反，對於負債，正號(貸記)代表資產持有量的增加，負號(借記)代表資產持有量的減少。

具體地說，在記錄借方與貸方的項目時，我們運用了五種通常的交易分類①，這五種分類如下：

分類 I ：商品與服務項目
分類 II ：經常轉移項目
分類 III：長期資本項目
分類 IV：短期私人資本項目
分類 V ：短期官方資本項目

對五種分類中的每一種的任何一項具體的交易，又分為借方或貸方，這些分類和交易情況如表 4-2 所示。

---

① JAMES C INGRAM. International Economics [M]. 2nd ed. New York: John Wiley, 1986: 16-33.

表 4-2　　　　　　　　國際收支帳戶上借方和貸方的分類體系

借方（-）	貸方（+）
分類 I	
A. 商品進口 B. 服務進口	A. 商品出口 B. 服務出口
分類 II	
作出經常轉移	接受經常轉移
分類 III	
A. 增加東道國私人或政府擁有的外國的長期資產 B. 減少外國私人或政府在東道國擁有的長期資產	A. 減少東道國私人或政府擁有的外國的長期資產 B. 增加外國私人或政府在東道國擁有的長期資產
分類 IV	
A. 增加東道國私人擁有的短期外國資產 B. 減少外國私人在東道國擁有的短期資產	A. 減少東道國私人擁有的短期外國資產 B. 增加外國私人在東道國擁有的短期資產
分類 V	
A. 增加東道國政府(官方貨幣當局)擁有的短期外國資產 B. 減少外國政府(官方貨幣當局)在東道國擁有的短期資產	A. 減少東道國政府(官方貨幣當局)擁有的短期外國資產 B. 增加外國政府(官方貨幣當局)在東道國擁有的短期資產

資料來源：DENNIS R APPLEYARD, ALFRED J. Field International Economics [M]. Boston: Irwin, 1992: 471-480.

為了較好地掌握國際收支帳戶，有必要用設想的國際交易例子來加以說明。我們假設東道國為 A 國，把所有的外國看成一個國家，即 B 國。在這裡我們描述九種不同的交易，並指出交易記錄的方式與步驟。

（1）交易 1。A 國出口 2,000 美元的商品到 B 國，並以短期銀行存款形式將這一貨款存入 B 國銀行。對這一項交易，國際收支帳戶記錄為：

貸方：分類 I.A. 商品出口　　　　　　　　　　　　　　　+USD 2,000
借方：分類 IV.A. 增加東道國私人擁有的短期外國資產　　　-USD 2,000

在這個例子裡，由於出口商品，應記為貸方，而借方項的產生是由於 A 國出口商現在在 B 國有活期存款，這一存款列為短期資產。

（2）交易 2。A 國出口商向 B 國出口 3,000 美元的商品，支付方式是 B 國進口商取出它在 A 國銀行的存款。在這一交易裡，貸方項目如交易 1 一樣是商品出口，但兩者的融資方式卻不一樣，這裡是外國廠商用它在東道國銀行的存款來支付。因此，第二筆交易記錄為：

貸方：分類 I.A. 商品出口　　　　　　　　　　　　　　　+USD 3,000
借方：分類 IV.B. 外國私人擁有的短期東道國資產減少　　　-USD 3,000

(3) 交易 3。假設 A 國消費者從 B 國廠商那裡購買 5,000 美元的商品，並且 A 國消費者取出它在 B 國銀行的存款來支付。對於這一項交易，在國際收支帳戶上記錄為：

借方：分類Ⅰ.A. 商品進口　　　　　　　　　　　　　　　　　　　　　　-USD 5,000
貸方：分類Ⅳ.A. 減少東道國私人擁有的外國短期資產　　　　　　　　　　+USD 5,000

由此可以看到，首先要記錄原始交易事實和列出借方，然後列出其交易的「融資」部分。在這個例子裡，當列出進口項時，應記住的事實是進口記為借方項目，應在其前加上負號；在對進口作出支付時，減少東道國居民在海外銀行的存款，所以對進口融資項目記為正號。

(4) 交易 4。A 國居民從 B 國公司那裡購買 6,000 美元的商品，支付方式是把自己在東道國銀行的活期存款劃到 B 國公司在 A 國銀行的帳戶上去。在這個例子裡，顯然借方分類與交易 3 一樣，但融資方式卻不同了。

借方：分類Ⅰ.A. 商品進口　　　　　　　　　　　　　　　　　　　　　　-USD 6,000
貸方：分類Ⅳ.B. 增加外國私人在東道國擁有的短期資產　　　　　　　　　+USD 6,000

貸方項目反應了這樣一個事實，即增加外國人在東道國銀行活期存款就是增加了外國居民對 A 國資產的所有權。

(5) 交易 5。A 國居民把 1,000 美元的商品作為禮物贈送給 B 國居民。在國際收支帳戶上，這是一種特殊類型的項目。它不同於先前討論的項目，因為它不包含真正經濟意義上的交易。不過這裡還是存在與外國人在經濟上的交往，所以必須記錄在收支帳戶的某個位置上，以解釋在這一時期東道國與外國的相互關係。在這一例子中，由於商品從東道國送出，貸方記為「出口」。儘管在此例中沒有支付，然而，由於復式記帳原理，也必須對借方項目作出記錄。對這一特殊類型項目，國際收支帳戶「創造」了一個借方項目。交易 5 的記錄如下：

貸方：分類Ⅰ.A. 商品出口　　　　　　　　　　　　　　　　　　　　　　+USD 1,000
借方：分類Ⅱ. 作出經常轉移　　　　　　　　　　　　　　　　　　　　　-USD 1,000

(6) 交易 6。A 國運輸公司為 B 國提供價值 2,000 美元的運輸服務，B 國公司把它在 A 國銀行的活期存款劃到 A 國運輸公司在 A 國銀行的存款帳戶上。在這個例子中，A 國產生了類似交易 1、交易 2 和交易 5 的出口，但出口的是服務而不是商品。這一交易的記錄如下：

貸方：分類Ⅰ.B. 服務出口　　　　　　　　　　　　　　　　　　　　　　+USD 2,000
借方：分類Ⅳ.B. 減少外國私人在東道國擁有的短期資產　　　　　　　　　-USD 2,000

借方項目表示外國公司已經減少它在東道國的銀行存款，因而是 A 國對 B 國債務的減少。

(7) 交易 7。A 國居民購買由 B 國公司新發行的價值 2,500 美元的公司長期債券，支付方式是把它在 A 國的銀行存款劃到 B 國公司在 A 國銀行的帳戶上。這一交易屬於金融資產的交易，而不是商品交易。國際收支帳戶上反應的是東道國居民用短期金融資產

(銀行存款)換取長期金融資產(債券)的交易。

借方：分類Ⅲ.A. 增加東道國私人擁有的長期外國資產　　　　　　-USD 2,500
貸方：分類Ⅳ.B. 增加外國私人在東道國擁有的短期資產　　　　　+USD 2,500

(8) 交易8。下面的交易將涉及外匯市場。假設B國商業銀行希望減少它在A國銀行的A國貨幣餘額，方法是把一部分A國貨幣(如美元)轉換成B國貨幣(如英鎊)。假如B國商業銀行減少所持有美元的一種方式是向B國中央銀行出售美元(假定是800美元)以換取英鎊。因此，交易8包括了B國商業銀行向B國中央銀行出售800美元。在這裡，外國中央銀行擁有的A國貨幣(美元)的數量增加；而與此同時，外國商業銀行減少了在A國銀行的美元餘額。在交易8裡，不包含任何商品交易，只存在金融資產交易。在A國的國際收支帳戶上，其記錄如下：

借方：分類Ⅳ.B. 減少外國私人在東道國擁有的短期資產　　　　　-USD 800
貸方：分類Ⅴ.B. 增加外國政府在東道國擁有的短期資產　　　　　+USD 800

這裡，外國持有的A國金融資產總額並沒有改變，而改變的只是這一金融資產在外國私人部門和公共部門之間的分佈。

(9) 交易9。假設B國中央銀行持有A國貨幣(美元)，但它擔心A國貨幣(美元)對B國貨幣(英鎊)的價值會下降(即美元相對於英鎊貶值)。由於存在對A國貨幣(美元)的置信度的問題，外國中央銀行希望減少它所持有的A國貨幣(美元)的數量。假設交易9為：B國中央銀行通過出售在A國銀行的500美元存款給A國中央銀行，轉換成價值500美元的本國貨幣。在這種情況下，由於僅有政府當局參與，兩個項目都出現在分類Ⅴ上。在A國國際收支帳戶上應記錄為：

借方：分類Ⅴ.B. 減少外國政府在東道國擁有的短期資產　　　　　-USD 500
貸方：分類Ⅴ.A. 減少東道國政府擁有的短期外國資產　　　　　　+USD 500

三、國際收支平衡表的編製

在現實的經濟生活中，一個國家一年內往往從事成千上萬筆國際交易。但為了簡化，我們僅僅假設在這一年內A國只進行上述9項國際交易。

首先，我們把上述借方項目與貸方項目列入表4-3的T形帳戶裡。然後，把9項交易中的每一項從Ⅰ~Ⅴ進行分類。

表4-3　　　　　　　　　　　A國的國際交易　　　　　　　　　　單位：美元

	借方（-）		貸方（+）	
(1)	Ⅳ.A.	-2,000	Ⅰ.A.	+2,000
(2)	Ⅳ.B.	-3,000	Ⅰ.A.	+3,000
(3)	Ⅰ.A.	-5,000	Ⅳ.A.	+5,000
(4)	Ⅰ.A.	-6,000	Ⅳ.B.	+6,000

表4-3(續)

	借方（-）		貸方（+）	
(5)	Ⅱ．	-1,000	Ⅰ．A．	+1,000
(6)	Ⅳ．B．	-2,000	Ⅰ．B．	+2,000
(7)	Ⅲ．A．	-2,500	Ⅳ．B．	+2,500
(8)	Ⅳ．B．	-800	Ⅴ．B．	+800
(9)	Ⅴ．B．	-500	Ⅴ．A．	+500

（一）經常項目

（1）商品進口與出口項目分類如下：

分類Ⅰ．A．

商品出口（+USD 2,000，+USD 3,000，+USD 1,000）　　　　　　　　　+USD 6,000

商品進口（-USD 5,000，-USD 6,000）　　　　　　　　　　　　　　　-USD 11,000

貿易餘額　　　　　　　　　　　　　　　　　　　　　　　　　　　　-USD 5,000

顯然，A國商品進口比出口多5,000美元。商品出口減去商品進口得到的貿易餘額（Balance of Trade）為正數時，產生貿易盈餘（Balance of Trade Surplus）；當為負數時，產生貿易赤字（Balance of Trade Deficit）。傳統上，人們偏愛貿易盈餘，而不願意出現貿易赤字。貿易餘額常常成為報紙、電視臺和電臺的重要新聞。但是，我們應該清楚地認識到，由於在貿易餘額的測定中未考慮服務、經常轉移以及資本流動，所以它是一個對國際收支測定的不完善指標。

（2）貿易餘額僅是在國際收支平衡表上的幾個餘額之一。下一步我們把服務項目（Services）與貿易項目加在一起，得到：

貿易餘額　　　　　　　　　　　　　　　　　　　　　　　　　　　　-USD 5,000

分類Ⅰ．B．

服務出口　　　　　　　　　　　　　　　　　　　　　　　　　　　　+USD 2,000

服務進口　　　　　　　　　　　　　　　　　　　　　　　　　　　　　　　　0

商品與服務餘額　　　　　　　　　　　　　　　　　　　　　　　　　-USD 3,000

服務項目（分類Ⅰ．B．）有2,000美元盈餘，它抵消貿易項目5,000美元赤字的一部分，結果是商品與服務項目的餘額為-3,000美元。

（3）再一個項目包括了分類Ⅱ，即經常轉移。當把經常轉移加到商品與服務項目上去時，我們就得到了整個經常項目（Current Account）的餘額。

商品與服務餘額　　　　　　　　　　　　　　　　　　　　　　　　　-USD 3,000

接受經常轉移　　　　　　　　　　　　　　　　　　　　　　　　　　　　　　0

作出經常轉移　　　　　　　　　　　　　　　　　　　　　　　　　　-USD 1,000

經常項目餘額　　　　　　　　　　　　　　　　　　　　　　　　　　-USD 4,000

經常項目的重要性在於它反應了國民收入的來源和使用。一方面，商品和服務出口

產生收入,而從國外接受饋贈也是收入的來源之一。另一方面,商品和服務進口產生了支出,而向國外饋贈也產生了支出。

(二) 資本和金融項目

現在讓我們來討論分類Ⅲ、分類Ⅳ和分類Ⅴ。這三項分類通常稱為資本和金融項目(Capital Items),這裡簡稱資本項目,因為它們涉及的是金融資產的流動,而並未涉及與收入和支出有關的商品、服務和經常轉移的流動。這裡要特別注意的是,由於經常項目餘額為-4,000美元,資本項目的餘額必須等於+4,000美元。為什麼呢?這是由復式記帳的性質所決定的,國際收支帳戶總借方(負號表示)與總貸方(正號表示)之和必然等於零。當人們講到國際收支赤字時,它並不是講的國際收支中所有項目的總和。國際收支赤字僅反應了國際收支中部分項目的情況,如商品和服務項目或經常項目等。

(1) 現在我們來討論分類Ⅲ,即長期資本項目。

經常項目餘額	-USD 4,000
分類Ⅲ	
A. 東道國私人或政府擁有外國的長期資產淨增加額(-)	-USD 2,500
B. 外國私人或政府擁有東道國的長期資產淨增加額(+)	0
經常項目與長期資本項目餘額	-USD 6,500

應記住的是,分類Ⅲ與分類Ⅳ和分類Ⅴ一樣,一方面,東道國擁有的外國資產增加(部分A)用負號表示,因為這種增加是借方項目;另一方面,外國人擁有東道國資產增加(部分B)用正號表示,因為這種增加是貸方項目。

分類Ⅰ、分類Ⅱ和分類Ⅲ的累積餘額-6,500美元代表經常項目和長期資本項目餘額。這一餘額常稱為基本餘額(Basic Balance),這是因為國際收支上的這三個項目反應了影響一國國際收支和國內經濟的長期力量。經常項目餘額反應了國民的收入及其增長、消費行為,以及國際競爭對國際收支的影響,而長期資本流動反應了投資者從世界範圍的角度對國外與國內相對獲利性的看法。這些長期關係在很大程度上不同於影響國際收支的短期力量,如利率和預期匯率變動。這些短期力量將在分類Ⅳ和分類Ⅴ的短期資本項目上得到反應。

(2) 現在我們轉向對分類Ⅳ的短期私人資本流動的討論。在現實世界裡,這一分類佔有極大的份額,它反應了對分類Ⅰ~分類Ⅱ的融資以及獨立於經常項目的交易。

經常項目和長期資本項目餘額	-USD 6,500
分類Ⅳ	
A. 由東道國私人擁有的短期外國資產淨增加(-)	
(-USD 2,000,+USD 5,000)	+USD 3,000
B. 由外國私人擁有東道國的短期資產淨增加(+)	
(+USD 6,000,+USD 2,500,-USD 3,000,-USD 2,000,-USD 800)	+USD 2,700
官方儲備交易餘額	-USD 800

經濟學家常常用分類Ⅰ~分類Ⅳ的累積餘額來對廣義國際收支赤字(或盈餘)進行測定。這一餘額又常稱為官方儲備交易餘額(Official Reserve Transactions Balance)。它反應了除政府官方短期資本交易外與其他國家之間全部交易的淨影響。也可以說，分類Ⅰ~分類Ⅳ有-800美元餘額，因此，政府必須用+800美元來償付這一餘額，所以這一餘額又稱為官方償付餘額。

(3) 下面討論分類Ⅴ。

官方儲備交易餘額	-USD 800
分類Ⅴ	
A. 由東道國政府擁有的外國短期資產淨增加額 (-)	+USD 500
B. 由外國政府擁有的東道國短期資產淨增加額 (+)	
(-USD 500, +USD 800)	+USD 300
國際收支餘額	0

在構造國際收支平衡表的過程中，我們談到了6個不同的項目。這6個項目在分析中有不同的地位。當我們讀到或聽到有關一國國際收支時，有必要理解這6個項目，在我們的例子裡，這些項目如下：

商品項目（分類Ⅰ.A.）	-USD 5,000
商品與服務項目（分類Ⅰ = Ⅰ.A. + Ⅰ.B.）	-USD 3,000
經常項目（分類Ⅰ和分類Ⅱ）	-USD 4,000
經常項目與長期資本項目（分類Ⅰ~分類Ⅲ）	-USD 6,000
官方儲備交易項目（分類Ⅰ~分類Ⅳ）	-USD 800
資本項目（分類Ⅲ、分類Ⅳ和分類Ⅴ）	+USD 4,000

在區分各種不同項目時，有時經濟學家使用自主性項目(Autonomous Items)和調節性項目(Accommodating Items)這兩個概念，或使用線上項目(Above the Line Items)和線下項目(Below the Line Items)這兩個概念。自主性項目反應了出自某種經濟動機而產生的國際交易，如公司的利潤最大化和個人效用最大化等動機。調節性項目反應了由於國際收支中其他活動而需要進行的融資，如分類Ⅴ。對線上和線下項目的劃分帶有一定的隨意性。例如，在研究國際商品競爭時，我們可能注重的是貿易項目的研究；當考慮政府對外匯市場的干預時，我們注重對官方儲備項目的研究。不管分析家的關注點如何，如果我們需要分析和解釋在某一特定時期內一國與世界其他地區的國際經濟貿易，就有必要構成一個完善的國際收支平衡表。

第三節　中國國際收支平衡表

為了更完整地瞭解國際收支各項目的經濟含義和它們之間的相互關係，我們有必要瞭解中國的國際收支平衡表的構成。

一、國際收支平衡表的主要構成

按照國際貨幣基金組織的《國際收支手冊》第5版，國際收支平衡表（Balance of Payments Statement）的標準組成部分為：

（一）經常帳戶（Current Account）

經常帳戶涉及經濟價值以及居民和非居民之間不包括金融帳戶在內的所有交易，還包括未得到任何回報而提供的或得到的經常性經濟價值抵消帳目。經常帳戶包括四個部分：

1. 貨物（Goods）

貨物（常稱為商品）包括一般進出口商品、用於加工的貨物、各種運輸工具、在港口購買的貨物（如燃料、給養、儲備和物資）、非貨幣黃金。

2. 服務（Service）

服務包括運輸、旅遊、通信服務、建築服務、保險服務、金融服務、計算機和信息服務、專有權力使用費和特許費、其他商業服務、個人、文化和娛樂服務、別處未提及的政府服務（如大使館、領事館的開支，國際性和地區性組織的服務）。

3. 收入（Income）

收入包括職工的報酬、投資收入（直接投資和證券投資的股本收入和債務的利息收入）。

要說明的是這裡並不把對金融資產的購買記入收入這一項目，而只把在金融資產上賺得的收入記入經常項目，這是因為投資收入能用於當前的消費。

4. 經常轉移（Current Transfer）

經常轉移包括各級政府和其他部門的經常轉移。

通常我們把上述項目發生的收支又稱為貿易收支、非貿易收支和轉移收支。

貿易收支是由商品的進出口所引起的收與支。貿易收支不僅在經常項目中，而且在整個國際收支中具有重要地位。其收入與支出的差額形成貿易順差或逆差，進而影響到經常項目的狀況。由於該狀況反應的是具有一定物質存在形式的、看得見摸得著的實物，因而人們又把它稱為有形貿易（Visible Trade）收支。

一國進出口商品的種類、數量和價格水平對該國的貿易收支產生較大的影響。為了統一估算進口和出口，國際貨幣基金組織規定，商品的進口和出口以各國海關統計為

準，均採用離岸價格(Free of Board，FOB)計算，保險和運輸費列入服務收支。

服務收支是由服務的輸出和輸入引起的收與支。由於服務是無形的，因此，服務收支又可稱為無形貿易(Invisible Trade)收支。

轉移收支是指單方面進行的、不要求等價交換或償還的價值轉移，所以又稱為單方面轉移(Unilateral Transfers)。私人轉移主要有年金、僑民匯款、贈與、獎學金等。官方轉移主要有對外經濟和軍事援助、戰爭賠款、捐款等。

(二) 資本和金融帳戶(Capital and Financial Account)

它由資本帳戶和金融帳戶兩大部分組成。

1. 資本帳戶

資本帳戶的主要組成部分是資本轉移和非生產、非金融資產的收買/放棄。

資本轉移包括涉及固定資產所有權的轉移、同固定資產買進聯繫在一起或以其為條件的資金轉移以及債權人不索取任何回報而取消的債務。

非生產、非金融資產的收買/放棄包括各種無形資產，如註冊的單位名稱、租賃合同或其他可轉讓的合同和商譽。

2. 金融帳戶

按投資類型或功能劃分，金融帳戶包括3個部分。

(1) 直接投資(Foreign Direct Investment)

直接投資反應一經濟體的居民單位(直接投資者)對另外一個經濟體的居民單位(直接投資者)的永久利益。國際收支平衡表中的「直接投資」就包括這兩者的所有交易。

(2) 證券投資(Portfolio Investment)

證券投資包括股票和債券的交易。它通常按資產和負債加以區別。

債券交易又細分為長期債券、中期債券、貨幣市場工具和派生金融工具（如選擇權）。

證券投資和直接投資的區別在於：前者只是為了獲得投資收益；而後者不光要獲得投資收益，還想進一步獲得控制和管理的權力。在現實世界裡，很難區分證券投資和直接投資。經濟學家一般認為，獲得股權大於10%的投資，稱為直接投資；獲得股權小於10%的投資，稱為證券投資。

(3) 其他投資

其他投資包括長短期的貿易信貸、貸款、貨幣和存款，以及應收款項和應付款項。它通常按資產和負債加以區別，如按一年或一年以下和一年以上區別，則可分為長短期資產和負債。

(三) 儲備資產

儲備資產包括一經濟體的貨幣當局可用來滿足國際收支和在某些情況下滿足其他目的的資產的交易。具體地說，儲備資產包括貨幣化的黃金、特別提款權、在基金組織的儲備頭寸、外匯資產(貨幣、存款和有價證券)以及其他債權。

當經常帳戶與資本和金融帳戶的前三項(以下所指資本和金融帳戶的內容均同此)相抵後仍有差額時，往往通過官方儲備的增減變動來加以調節，以達到平衡。由於官方儲備的增減變化是為了平衡上述項目的差額，因此，官方儲備的增加反應在國際收支平衡表的借方(負號項目)；反之，官方儲備的減少反應在貸方(正號項目)。

(四) 淨誤差與遺漏

淨誤差與遺漏是一個人為的平衡項目。由於國際收支平衡表是按照復式記帳原理編製的，借方總額與貸方總額必須相等，而經常項目與資本和金融項目沖抵後的淨差額應通過官方儲備的增減來達到平衡。但是，由於統計數據來源不一，甚至數據不全或有錯誤等原因，淨差額與官方儲備的實際增減數並不相等，借貸方不能平衡。為了使整個國際收支平衡表的淨差額為零，建立了「淨誤差與遺漏」項目來人為地使國際收支平衡表平衡。

(五) 國際收支平衡表中各項目之間的關係

根據國際收支平衡表各項目的性質，國際收支平衡表各項目之間的關係可用以下三個等式表示：

$$C+K=R+E \tag{4.1}$$
$$(C+K)-R=E \tag{4.2}$$
$$(C+K)-(R+E)=0 \tag{4.3}$$

式中：C 為經常項目；

K 為資本和金融項目；

R 為官方儲備；

E 為誤差與遺漏。

(4.1)式表明，自主性交易與調節性交易的數額相等，方向相反，也表明調節性交易的性質和作用。

(4.2)式表明「淨誤差與遺漏」數量的計算方法，即「淨誤差與遺漏」是在動用了官方儲備(R)彌補($C+K$)的缺口之後的差額。從這裡也可以看出，它完全是一個為了會計上的需要而設置的人為的平衡項目。

(4.3)式表明整個國際收支平衡表的淨差額應為零。

二、中國國際收支平衡表

中國於 20 世紀 80 年代初開始試編國際收支平衡表。表 4-4 記錄了中國 1982—2015 年的國際收支概況。下面我們對此表進行說明和分析。

(一) 1982 年以來中國國際收支變動的階段性

1. 1982—1983 年國際收支順差階段

這一時期經常項目出現較大數額的順差，分別達到 56.74 億美元和 42.40 億美元。與此同時，1982 年和 1983 年資本和金融項目淨流出分別是 17.36 億美元和 13.72 億美元。

表 4-4　　　　　　　　　　1982—2015 年中國國際收支概覽表　　　　　　　　單位：億美元
(1)

項目	1982	1983	1984	1985	1986	1987	1988
一、經常項目	56.74	42.4	20.3	-114.17	-70.35	3	-38.03
貸方	254.01	253.55	293.2	300.78	311.99	405.36	479.49
借方	197.27	211.15	272.9	414.95	382.34	402.36	517.52
A. 貨物和服務差額	48.12	25.71	0.54	-125.01	-73.9	2.91	-40.61
貸方	237.12	232.82	268.02	282.53	297.82	391.71	459.12
借方	189	207.11	267.48	407.54	371.72	388.8	499.73
1. 貨物差額	42.49	19.9	0.14	-131.23	-91.4	-16.61	-53.15
貸方	211.25	207.07	239.05	251.08	257.56	347.34	410.54
借方	168.76	187.17	238.91	382.31	348.96	363.95	463.69
2. 服務差額	5.63	5.81	0.4	6.22	17.5	19.52	12.54
貸方	25.87	25.75	28.97	31.45	40.26	44.37	48.58
借方	20.24	19.94	28.57	25.23	22.76	24.85	36.04
B. 收益差額	3.76	11.58	15.34	8.41	-0.23	-2.15	-1.61
貸方	10.17	14.53	19.22	13.87	9.01	9.76	14.69
借方	6.41	2.95	3.88	5.46	9.24	11.91	16.3
C. 經常轉移差額	4.86	5.11	4.42	2.43	3.78	2.24	4.19
貸方	6.72	6.2	5.96	4.38	5.16	3.89	5.68
借方	1.86	1.09	1.54	1.95	1.38	1.65	1.49
二、資本和金融項目差額	-17.36	-13.72	-37.52	84.85	65.4	27.31	52.69
貸方	35.56	30.41	45.12	211.74	213.33	191.66	202.62
借方	52.92	44.13	82.64	126.89	147.93	164.35	149.93
A. 資本項目差額	0	0	0	0	0	0	0
貸方	0	0	0	0	0	0	0
借方	0	0	0	0	0	0	0
B. 金融項目差額	-17.36	-13.72	-37.52	84.85	65.4	27.31	52.69
貸方	35.56	30.41	45.12	211.74	213.33	191.66	202.62
借方	52.92	44.13	82.64	126.89	147.93	164.35	149.93
1. 直接投資差額	3.86	8.23	12.85	13.27	17.94	16.69	23.44
貸方	4.3	9.16	14.19	19.56	22.44	23.14	31.94
借方	0.44	0.93	1.34	6.29	4.5	6.45	8.5
2. 證券投資差額	0.21	-6.21	-16.38	30.27	15.68	10.51	8.76
貸方	0.41	1.53	9.42	30.49	16.08	11.91	12.16
借方	0.2	7.74	25.8	0.22	0.4	1.4	3.4
3. 其他投資差額	-21.43	-15.74	-33.99	41.31	31.78	0.11	20.49
貸方	30.85	19.72	21.51	161.69	174.81	156.61	158.52
借方	52.28	35.46	55.5	120.38	143.03	156.5	138.03
三、儲蓄資產變動	-42.17	-26.95	5.31	54.22	17.27	-16.6	-4.55
貸方	0.61	0	6.81	55.76	18.51	0	0.76
借方	42.78	26.95	1.5	1.54	1.24	16.6	5.31
其中：外匯儲備變動	-42.78	-19.15	6.81	55.76	11.72	-14.51	-4.99
四、淨誤差與遺漏	2.79	-1.73	11.91	-24.9	-12.32	-13.71	-10.11

(2)

項目	1989	1990	1991	1992	1993	1994	1995
一、經常項目	-43.18	120	133	64	-119	77	16
貸方	501.93	608	705	856	922	1,264	1,543
借方	545.11	488	572	792	1,041	1,188	1,526
A. 貨物和服務差額	-49.28	107	116	50	-118	74	120
貸方	478.22	574	659	788	866	1,189	1,472
借方	527.5	467	543	738	983	1,116	1,352
1. 貨物差額	-56.2	92	87	52	-107	73	181
貸方	432.2	515	589	696	757	1,026	1,281
借方	488.4	424	502	644	863	953	1,101
2. 服務差額	6.92	15	29	-2	-11	1	-61
貸方	46.02	59	70	92	109	164	191
借方	39.1	44	41	94	120	163	252
B. 收益差額	2.29	11	8	2	-13	-10	-118
貸方	18.94	30	37	56	44	57	52
借方	16.65	20	29	53	57	68	170
C. 經常轉移差額	3.81	3	8	12	12	13	14
貸方	4.77	4	9	12	13	18	18
借方	0.96	1	1	1	1	4	4
二、資本和金融項目差額	64.28	-28	46	-3	235	326	387
貸方	211.85	204	203	302	508	618	677
借方	147.57	232	157	305	274	291	290
A. 資本項目差額	0	0	0	0	0	0	0
貸方	0	0	0	0	0	0	0
借方	0	0	0	0	0	0	0
B. 金融項目差額	64.28	-28	46	-3	235	326	387
貸方	211.85	204	203	302	508	618	677
借方	147.57	232	157	305	274	291	290
1. 直接投資差額	26.13	27	35	72	231	318	338
貸方	33.93	35	44	112	275	338	377
借方	7.8	8	9	40	44	20	39
2. 證券投資差額	-1.8	-2	2	-1	31	35	8
貸方	1.4	0	6	9	50	45	18
借方	3.2	2	3	9	20	10	10
3. 其他投資差額	39.95	-52	9	-74	-27	-27	40
貸方	176.52	169	154	182	183	235	282
借方	136.57	221	145	256	210	262	241
三、儲蓄資產變動	-22.02	-61	-111	21	-18	-305	-225
貸方	0.55	0	0	24	1	0	0
借方	22.57	61	111	3	18	305	225
其中：外匯儲備變動	-21.78	-55	-106	23	-18	-304	-220
四、淨誤差與遺漏	0.92	-31	-68	-83	-98	-98	-178

(3)

項目	1996	1997	1998	1999	2000	2001	2002
一、經常項目	72	370	315	211	205	174	354
貸方	1,814	2,184	2,177	2,347	2,990	3,179	3,875
借方	1,741	1,815	1,862	2,135	2,785	3,005	3,521
A. 貨物和服務差額	176	428	438	306	289	281	374
貸方	1,717	2,072	2,074	2,210	2,796	2,994	3,654
借方	1,541	1,644	1,636	1,903	2,507	2,713	3,280
1. 貨物差額	195	462	466	360	345	340	442
貸方	1,511	1,827	1,835	1,947	2,491	2,661	3,257
借方	1,315	1,364	1,369	1,587	2,147	2,321	2,815
2. 服務差額	-20	-34	-28	-53	-56	-59	-68
貸方	206	246	239	262	304	333	397
借方	226	280	267	316	360	393	465
B. 收益差額	-124	-110	-166	-145	-147	-192	-149
貸方	73	57	56	83	126	94	83
借方	198	167	222	228	272	286	233
C. 經常轉移差額	21	51	43	49	63	85	130
貸方	24	55	47	54	69	91	138
借方	2	3	4	4	5	6	8
二、資本和金融項目差額	400	210	-63	52	19	348	323
貸方	710	926	893	918	920	995	1,283
借方	310	716	956	866	901	648	960
A. 資本項目差額	0	0	0	0	0	-1	0
貸方	0	0	0	0	0	0	0
借方	0	0	0	0	0	1	0
B. 金融項目差額	400	210	-63	52	20	348	323
貸方	710	926	893	918	920	995	1,283
借方	310	716	956	865	900	647	960
1. 直接投資差額	381	417	411	370	375	374	468
貸方	424	454	456	410	421	471	531
借方	43	38	45	40	46	97	63
2. 證券投資差額	17	69	-37	-112	-40	-194	-103
貸方	34	92	19	18	78	91	23
借方	16	23	56	130	118	285	126
3. 其他投資差額	2	-276	-437	-205	-315	169	-41
貸方	253	380	418	489	421	695	730
借方	251	655	854	695	736	526	771
三、儲蓄資產變動	-317	-357	-64	-85	-105	-473	-755
貸方	0	0	1	13	6	0	2
借方	317	357	65	98	111	473	757
其中：外匯儲備變動	-315	-349	-51	-97	-109	-466	-742
四、淨誤差與遺漏	-155	-223	-187	-178	-119	-49	78

(4)

項目	2003	2004	2005	2006	2007	2008	2009
一、經常項目	431	689	1,324	2,318	3,532	4,206	2,433
貸方	5,196	7,032	9,039	11,478	14,684	17,462	14,842
借方	4,766	6,342	7,715	9,160	11,152	13,256	12,409
A. 貨物和服務差額	358	512	1,246	2,089	3,080	3,488	2,201
貸方	4,850	6,583	8,369	10,617	13,423	15,818	13,333
借方	4,492	6,071	7,123	8,528	10,342	12,330	11,131
1. 貨物差額	444	590	1,342	2,177	3,159	3,606	2,495
貸方	4,383	5,934	7,625	9,697	12,201	14,347	12,038
借方	3,939	5,344	6,283	7,519	9,041	10,741	9,543
2. 服務差額	−85	−78	−96	−88	−79	−118	−294
貸方	468	649	744	920	1,222	1,471	1,295
借方	553	727	840	1,008	1,301	1,589	1,589
B. 收益差額	−102	−51	−161	−51	80	286	−85
貸方	161	206	393	546	835	1,118	1,083
借方	263	257	554	597	754	832	1,168
C. 經常轉移差額	174	229	239	281	371	432	317
貸方	185	243	277	316	426	526	426
借方	10	14	39	35	55	94	110
二、資本和金融項目差額	549	1,082	953	493	942	401	1,985
貸方	2,432	3,984	4,851	7,346	9,936	9,845	8,634
借方	1,883	2,903	3,897	6,853	8,994	9,444	6,649
A. 資本項目差額	0	−1	41	40	31	31	39
貸方	0	0	42	41	33	33	42
借方	0	1	1	1	2	3	3
B. 金融項目差額	549	1,082	912	453	911	371	1,945
貸方	2,432	3,984	4,809	7,305	9,903	9,812	8,592
借方	1,883	2,902	3,897	6,852	8,992	9,441	6,647
1. 直接投資差額	494	601	904	1,001	1,391	1,148	872
貸方	579	681	1,112	1,333	1,694	1,868	1,671
借方	85	80	208	331	303	720	799
2. 證券投資差額	114	197	−47	−684	164	349	271
貸方	173	347	261	497	771	872	1,102
借方	59	150	308	1,181	606	524	831
3. 其他投資差額	−60	283	56	136	−644	−1,126	803
貸方	1,680	2,956	3,437	5,475	7,439	7,072	5,820
借方	1,739	2,672	3,381	5,340	8,083	8,198	5,017
三、儲蓄資產變動	−1,061	−1,901	−2,506	−2,848	−4,607	−4,795	−4,003
貸方	3	5	19	6	5	1	1
借方	1,064	1,905	2,526	2,854	4,612	4,796	4,005
其中：外匯儲備變動	−1,060	−1,904	−2,526	−2,853	−4,609	−4,783	−3,821
四、淨誤差與遺漏	82	130	229	36	133	188	−414

(5)

項目	2010	2011	2012	2013	2014	2015
一、經常項目	2,378	1,361	2,154	1,482	2,197	3,306
貸方	19,355	22,897	24,665	26,621	27,992	26,930
借方	16,977	21,536	22,511	25,139	25,795	-23,624
A. 貨物和服務差額	2,230	1,819	2,318	2,354	2,840	3,846
貸方	17,436	20,898	22,483	24,250	25,451	24,293
借方	15,206	19,079	20,165	21,896	22,611	-20,447
1. 貨物差額	2,542	2,435	3,216	3,599	4,760	5,670
貸方	15,814	19,038	20,569	22,190	23,541	21,428
借方	13,272	16,603	17,353	18,591	18,782	-15,758
2. 服務差額	-312	-616	-897	-1,245	-1,920	-1,824
貸方	1,622	1,860	1,914	2,060	1,909	2,865
借方	1,933	2,477	2,812	3,305	3,829	-4,689
B. 收益差額	-259	-703	-199	-784	-341	-454
貸方	1,424	1,443	1,670	1,840	2,130	2,278
借方	1,683	2,146	1,869	2,624	2,471	-2,732
C. 經常轉移差額	407	245	34	-87	-302	-87
貸方	495	556	512	532	411	359
借方	88	311	477	619	714	-446
二、資本和金融項目差額	2,869	2,655	-318	3,461	382	-4,853
貸方	11,667	14,495	13,520	17,528	25,730	
借方	8,798	11,840	13,838	14,067	25,347	
A. 資本項目差額	46	54	43	31	0	3
貸方	48	56	45	45	19	5
借方	2	2	3	14	20	-2
B. 金融項目差額	2,822	2,600	-360	3,430	383	-4,856
貸方	11,618	14,439	13,475	17,483	25,710	
借方	8,796	11,838	13,835	14,053	25,328	
1. 直接投資差額	1,857	2,317	1,763	2,180	2,087	621
貸方	2,730	3,316	2,956	3,806	4,352	
借方	872	999	1,194	1,626	2,266	
2. 證券投資差額	240	196	478	529	824	-686
貸方	636	519	829	1,058	1,664	
借方	395	323	352	529	840	
3. 其他投資差額	724	87	-2,601	722	-2,528	-4,791
貸方	8,253	10,603	9,689	12,619	19,694	
借方	7,528	10,516	12,290	11,897	22,222	
三、儲蓄資產變動	-4,717	-3,878	-966	-4,314	-1,178	3,429
貸方	0	10	136	13	312	
借方	4,717	3,888	1,101	4,327	1,490	
其中：外匯儲備變動	-4,696	-3,848	-987	-4,327	-1,188	3,423
四、淨誤差與遺漏	-529	-138	-871	-629	-1,401	-1,882

資料來源：國家外匯管理局年報（2,015）

但這一時期資本和金融項目的規模在整個國際收支中所占比重較小，1982 年和 1983 年經常項目的順差彌補了資本和金融項目的逆差，從而使 1982 年和 1983 年的整個國際收支為順差，國家外匯儲備在這兩年分別增加 42.78 億美元和 19.15 億美元。

2. 1984—1989 年國際收支順差與逆差互現階段

這一時期的國際收支變動情況，我們以國家外匯儲備變動來判斷。1984 年、1985 年、1986 年外匯儲備減少，1987 年、1988 年、1989 年外匯儲備增加。之所以出現這種國際收支順差和逆差互現情況，是由於這一時期，除 1984 年和 1987 年經常項目為順差外，其餘年份均為逆差。引起經常項目逆差的重要原因是貿易逆差。這裡值得指出的是，1987 年經常項目順差得益於服務項目順差和經常轉移順差；從商品進出口來講，仍為逆差。但從資本和金融項目來看，除 1984 年外，其他 5 年都為資本和金融項目淨流入。1987 年、1988 年和 1989 年的資本和金融項目順差彌補了這三年的經常項目逆差，因而這三年的外匯儲備增加。其餘年份為國際收支逆差。

3. 1990—2002 年為國際收支順差

在這 13 年內，以外匯儲備的增減來判斷國際收支的順逆差，應該說除了 1992 年外匯儲備減少外，其餘年份外匯儲備均為增加，且增加的絕對金額都高於 1990 年以前的年份。這充分反應了中國國際收支明顯好轉，國際經濟地位顯著提高。從這 13 年來看，除 1993 年經常項目為逆差外，其餘年份均為順差；同期資本和金融項目除 1990 年、1992 年和 1998 年為淨流出外，其餘年份都為淨流入。

但這裡，我們要對 1992 年外匯儲備的減少加以說明。中國從 1977 年對外公布國家外匯儲備開始，直至 1992 年 8 月，中國的外匯儲備都是由兩部分構成的：一部分是官方(中央銀行)持有的外匯儲備，一部分是中國銀行的外匯結餘。很顯然，這從理論上是說不通的，在實踐上也是與國際慣例相悖的。從理論上說，外匯儲備應該是各國政府能夠無條件獲得和使用的貨幣；而商業銀行的外匯餘額是銀行的外匯營運的結存，從性質上說，這部分餘額是商業銀行的對外資產。因此，國際上的通行做法是：在計算一國的外匯儲備時，各國一般都不包括各商業銀行外匯買賣相抵後的餘額。中國從 1992 年 8 月起改變了原來的做法是一個進步。應該說，1992 年以後中國的外匯儲備才是官方真正持有的、可以自由動用的貨幣資產。

從以上三個階段可以看出，1982—2002 年中國國際收支的發展經歷了小額順差—順逆互現—更大順差這樣一個從低到高的發展過程。在這一進程中，中國國際收支規模不斷擴大，國際收支態勢向良好方向發展。

4. 2003—2013 年國際收支持續雙順差(除 2012 年外)，2009 年後資本項目順差占比總體上升

2003—2013 年，經常帳戶順差累計 2.23 萬億美元，資本和金融帳戶（不含儲備資產，下同）順差累計 1.51 萬億美元，淨誤差與遺漏累計為 -0.18 萬億美元，儲備資產

(不含匯率、價格等非交易因素影響）增加3.56萬億美元。其中，2003—2008年，經常帳戶順差、資本和金融帳戶順差占國際收支總順差的74%和26%，2009—2013年上述占比分別為48%和52%。這一方面是因為2009年以來中國經常帳戶平衡狀況改善，另一方面是由於主要發達經濟體量化寬鬆貨幣政策（QE）增加了全球流動性，中國資本項下資金流入明顯增多。

中國累積的對外資產大部分體現為官方儲備，2009年後市場主體的對外資產占比上升。2003—2013年，中國對外資產累計增加5.09萬億美元，其中，儲備資產增幅占比達70%，中國市場主體對外其他投資資產（對外貸款、境外存款、出口應收款等）增幅占比為20%，直接投資和證券投資資產增幅占比分別為8%和2%。其中，2003—2008年中國對外資產增加額的儲備資產占比為76%。2009—2013年，儲備資產增幅占比降至65%；市場主體的其他投資和直接投資資產增幅占比分別為24%和10%，較2003—2008年占比提升9個和6個百分點。

對外資產的資金來源主要是穩定性較高的經常帳戶順差和直接投資項下境外資本流入，2009年後非直接投資渠道資本流入有所增多。2003—2013年，中國經常帳戶順差累計2.23萬億美元，直接投資項下境外資本淨流入累計1.85萬億美元，相當於同期對外資產形成額的44%和36%。此外，波動性較大的外國來華非直接投資（證券投資、境外借款等其他投資）合計貢獻了23%。其中，2003—2008年，中國經常帳戶順差相當於對外資產形成額的53%；直接投資項下境外資本淨流入和非直接投資淨流入的貢獻分別為28%和14%。2009—2013年，經常帳戶年均順差較2003—2008年下降6%，在對外資產形成中的貢獻率下降至36%；直接投資項下境外資本淨流入年均規模增長1.1倍，貢獻率上升至43%；外國來華非直接投資淨流入年均規模大幅提升1.9倍，貢獻率升至30%。

5. 2014—2015年中國經常項目順差、資本和金融帳戶逆差的國際收支格局基本形成

2014年尤其是2014年下半年以來，中國經常帳戶順差、資本和金融帳戶逆差的國際收支格局基本形成。2014年下半年至2015年，中國經常帳戶順差5,045億美元，資本和金融帳戶逆差5,835億美元，淨誤差與遺漏為-2,940億美元，儲備資產累計下降3,731億美元。

對外債務去槓桿化已開啟並持續了一段時間，逐步釋放了前期累積的短期資本流入風險。2014年下半年至2015年年末，外國來華非直接投資累計淨流出3,468億美元，相當於2003—2013年持續淨流入規模的30%，相當於在2009—2013年主要發達經濟體QE期間淨流入規模的43%。也就是說，過去十年左右的非直接投資淨流入中已有三四成流出了中國。但在中國企業對外貿易總體提升、投融資渠道不斷拓寬的情況下，此類境外融資縮減後預計仍將保留一個合理正常的規模。

中國對外總資產繼續增加，官方儲備資產和市場主體對外資產「一降一升」。2014年下半年至2015年，中國對外資產總體增加了2,672億美元。其中，企業等市場主體的直接投資資產增加2,633億美元，相當於2003—2013年11年增加額的66%；證券投資資產增加865億美元，相當於過去11年間增加額的70%；貸款等其他投資資產增加2,870億美元，也達到了過去11年間增加額的28%。以前在人民幣升值預期下，中國市場主體不願意持有對外資產，但在人民幣匯率雙向波動環境下，增加對外資產的積極性大幅提升，成為儲備資產下降的主要原因，這也是「藏匯於民」的必然過程。

(二) 中國國際收支的特點

從上面中國國際收支運行的軌跡，我們可以看出中國國際收支具有如下幾個特點：

1. 中國國際收支的變化同中國經濟體制改革密切相關

中國經濟體制從整體方面經歷了兩次大的變革：第一次是以1978年12月黨的十一屆三中全會為標誌，中國經濟從封閉式、半封閉式的經濟體制轉變為對內改革、對外開放的經濟體制；第二次是以1992年2月鄧小平同志視察南方的講話和1993年11月黨的十四屆三中全會的《關於建立社會主義市場經濟體制若幹問題的決定》為標誌，中國經濟體制從社會主義計劃經濟向社會主義市場經濟體制的轉變。這個轉變還沒有完成，還在繼續中。改革開放解放了長期以來被壓抑的生產力，為中國現代化建設創造了良好的體制條件；社會主義市場經濟的逐步建立開闢了廣闊的市場需求和資金來源，更大規模地發展了中國的生產力，形成了可觀的綜合國力。

在第一次的變革前，中國在長達30年的時間沒有建立國際收支的概念，也不編製國際收支平衡表，對極少量的外匯實行以收定支、集中管理的原則。改革開放以後，特別是中國在國際貨幣基金組織合法席位的恢復，以及中國對外開放的實踐，使我們認識到了國際收支在國民經濟中的重要性，並開始試編國際收支平衡表。就這點來說，這是改革開放為中國國際收支理論與實踐帶來的一大成果。

從表4-4中我們可以看到，在國際收支的變化上，1992年是一明顯的分界線。從規模上看，無論經常項目收支、資本和金融項目收支還是國際儲備（主要是外匯儲備），1992年以後都比1992年以前明顯增加。

2. 中國國際收支的變化同中國經濟發展的曲折歷程密切相關

在結束了「文化大革命」的動亂之後，中國經濟迅速地恢復和發展。1978—1982年國民收入的年度增長率維持在8%~11%。反應在對外貿易收支上這段時期的變化也是比較平衡的。

但從1983年開始，中國經濟發展的過熱勢頭已經開始出現，1985—1988年達到了發展的最高點。1983—1988年這6年間國民收入的年度增長率維持在10%以上（1986年除外）。國內經濟的過熱反應在國際收支的經常項目上是出現了3年的經常項目逆差，而從對外貿易收支來說則在1985—1988年連續4年出現逆差。國內經濟的過熱反應在國

際收支的資本和金融項目上是進入舉債建設的高峰期。大量的資本流入彌補了對外貿易的逆差,因而國家外匯儲備(注意:不是完全意義上的國家外匯儲備)在這 6 年中有 3 年增加。

1988—1991 年中國進入了治理整頓時期,國內經濟實行了緊縮政策,總支出減少,國民收入年增長率也迅速回落。與此相適應的是國際收支中的經常項目和對外貿易也從逆差轉為順差,資本和金融項目的淨流入也逐年減少,國家外匯儲備逐年增加。

1992 年以後,在社會主義市場經濟理論的指引下,中國經濟又一次進入高速發展時期。但這一時期與 20 世紀 80 年代的高速發展時期有著質的不同。這一時期不是經濟盲目發展過程中的過熱,而是在國家宏觀經濟調控手段逐漸完善和成熟過程中,在成功地控制了通貨膨脹的同時保持了經濟的適度快速增長。中國經濟在高增長、低通脹的健康軌道上運行,整個國民經濟處於良性循環中。在這個有利的國內經濟背景下,中國的國際收支的發展也呈現良好的態勢。1992—2002 年期間,除 1993 年經常項目為逆差外,其餘年份均為順差。國家外匯儲備 1993 年後(注意:真正意義上的國家外匯儲備)連年增加,極大地提高了中國在國際上的地位和影響力。但我們也可以看出,1992 年中國經濟開始出現過熱勢頭。1992—1996 年商品進口額接近出口額。1995 年經常項目順差僅為 16 億美元,比 1994 年減少了 60 億美元。1997 年的東南亞金融危機使中國受到極大的不利影響,因而中國經常項目順差從 1998 年開始連續減少。1998 年外匯儲備僅有 50 億美元的盈餘,比 1997 年減少了 290 億美元。

3. 中國國際收支的變化同中國外匯管理體制的改革密切相關

中國外匯管理體制的改革是整個經濟體制改革的一個有機組成部分。經濟體制的改革要求外匯管理體制改革,外匯管理體制的改革有助於中國對內對外經濟、金融的健康發展。中國外匯管理體制的改革內容十分豐富,經濟發展的不同時期又有不同的外匯體制改革內容。這裡我們主要談兩個方面:

一是人民幣匯率生成機制的變革。中國人民幣匯率的生成機制經歷了 20 世紀 80 年代的由高估向合理水平靠近和 20 世紀 90 年代的完全由政府決定的官方匯率向主要由市場供求力量決定的市場匯率轉變兩個大的階段。這兩次轉變使人民幣匯率在促進國際收支改善中起了極大作用。

為了適應對外經濟發展和外貿體制改革的需要,改變人民幣匯率高估狀態是 20 世紀 80 年代人民幣匯率改革的中心。1985 年 1 月 1 日把人民幣匯率從過去的官方匯率與貿易內部結算價並存的復匯率改為單一匯率,官方匯率向內部結算價靠攏,人民幣實際對外貶值 86.7%。以後,人民幣匯率又經歷了三次大幅度貶值,即 1985 年 10 月貶值 14.3%,1986 年 7 月貶值 15.8% 和 1989 年 12 月貶值 21.2%。這幾次大幅度貶值使人民幣匯率從高估狀態向合理水平靠近,使中國出口迅速增加,從 1985 年的 251.08 億美元增加到 1990 年的 515.19 億美元,短短五年間就翻了一番。

1994年1月1日的匯率並軌(官方匯率向調劑市場匯率靠近)使人民幣又一次對外貶值52.63%，同時實現了單一的、以市場供求為基礎的人民幣匯率。從此，人民幣匯率的生成機制主要由市場力量決定。這一變化大大地刺激了出口。出口額在1994年就達到了1,025.6億美元，比1993年增加了269億美元，一年的增幅就達35.56%。1996年又比並軌時的1994年出口額增加485.17億美元，增長了47.31%。與此同時，進口並未因人民幣在1994年的並軌(貶值)受到影響，反而應該說，正是因為這一併軌和人民幣市場匯率的初步形成，使進口仍有較大增長，只是進口增幅比出口增幅小(1996年進口比1994年增長38.07%)。這充分說明，中國國際收支狀況與中國外匯管理體制的改革，尤其是人民幣匯率生成機制的變革密切相關。

二是1996年12月1日，人民幣實現經常項目下的可兌換。人民幣經常項目可兌換的實現滿足了國際貨幣基金組織和世界貿易組織對成員國的要求，為中國開放型的市場經濟體制的建立創造了良好的環境。經常項目可兌換的實現保證了中國與其他國家經常性交易的支付和資金轉移的暢通，使經常項目交易所必須使用的貨幣可以自由兌換。這不僅使中國企業的外匯需求和資金轉移不再受到限制，也使外商在華企業投資的進口用匯限制被取消，利潤匯出的限制也被取消，同時允許外商企業保留部分現匯。這些都極大地促進了中國經常項目的改善。1997—2002年經常項目連年大幅盈餘就是例證。

4. 中國國際收支變化同國際經濟金融環境變化密切相關

2003年以來，國際經濟金融環境主要經歷了三個階段——2003—2007年的全球經濟繁榮時期、2008—2013年的國際金融危機爆發和應對時期、2014年以來的全球經濟緩慢復甦和分化時期。這對中國國際收支造成了較大影響，基本形成了兩大週期：一是2003—2013年的經常帳戶、資本和金融帳戶「雙順差」，外匯儲備較快增長；二是2014年（尤其是下半年）以來的經常帳戶、資本和金融帳戶「一順一逆」，外匯儲備下降。

第四節 國際收支分析

一、國際收支的赤字和盈餘

在現行匯率水平條件下，外匯需求量大於供給量時，國際收支就出現赤字；反之，出現盈餘。凱恩斯理論全盛時期，尤其在20世紀60年代和70年代初期，國際收支分析家往往把國際收支的項目分為自主性交易(Autonomous Transactions)和調節性交易(Accommodating Transactions)。在很大程度上，自主性交易是出自於收入動機的交易。從某種意義上講，調節性交易是由自主性交易引起的。從廣義上講，調節性交易包括用來融資自主性交易的所有交易；從狹義上講，調節性交易代表政府對一國國際支付地位有意識的反應。當自主性交易出現赤字時，人們就認為國際收支存在赤字，同時調節性交易

出現淨貸方餘額。

　　國際收支的赤字和盈餘代表一種不均衡的狀況。一種觀點認為，如果允許匯率自由變動，可以自行消除赤字或盈餘，回到均衡，因此，從1973年浮動匯率制實行以來，西方經濟學家很少像以前那樣注重國際收支的赤字和盈餘的測定。1976年，美國商務部停止定期公布對國際收支赤字和盈餘的估計。部分理由是，與固定匯率制相比，浮動匯率制下國際收支赤字和盈餘的意義不大，而且這種不平衡並不能精確地加以測定。原因是匯率常受到政府行為的干預而無法達到市場水平，以致國際收支赤字或盈餘的確存在，但不精確。

　　下面討論常見的三種測定國際收支赤字和盈餘的方法。

　1. 貿易差額

　　貿易差額是商品出口與進口之間的差額。進出口貿易是一個國家收與支最大的項目，對國際收支是否平衡影響最大。因此，在分析國際收支赤字和盈餘時，人們往往首先關注貿易餘額是順差還是逆差。對非儲備貨幣國而言，出口是外匯收入的主要來源。儘管一個國家可以通過資本流入得到外匯，但與出口比較起來，資本流入因各種原因極不穩定，因此，出口提供的是最有保障的外匯供給渠道。而進口的狀況對一國經濟的發展有著重要的作用，因此，人們對進口也給予了極大的關注。

　2. 經常項目差額

　　經常項目差額是商品、服務、收入和經常轉移的貸方和借方的差額，它是最有用的分析國際收支失衡的指標之一。經常項目是一國國民生產總值的重要組成部分。經常項目出現順差，說明該國從國外取得了一筆淨收入，國民生產總值將大於國內生產總值；反之則小於國內生產總值。正因為經常項目與一國國內經濟具有密切的內在聯繫，因此，在分析國際收支是否均衡時，人們對經常項目的變動給予高度重視。

　3. 官方儲備差額

　　官方儲備差額等於經常項目差額加上資本和金融項目差額以及淨誤差與遺漏。因此，也有人把經常項目、資本和金融項目以及淨誤差與遺漏項目歸於線上項目，而把官方儲備作為調節性交易(線下項目)。由於國際收支赤字與盈餘常常表現為外匯供給與需求之間的缺口，而且政府通常運用官方儲備交易來融資赤字和吸收盈餘，所以外匯儲備反應了一國國際收支地位和在國際上的經濟地位。在經濟理論中，有的理論認為外匯儲備的變化會影響到一國貨幣供給量。

　　表4-5總結了上述三種測定國際收支盈餘和赤字的方法。

表 4-5　　　　　　　　　測定國際收支赤字和盈餘的方法

項目分類	赤字或盈餘的測定
商品貿易	測定 1：貿易差額
加上： 　　服務 　　收入 　　經常轉移	測定 2：經常項目差額
加上： 　　資本項目 　　直接投資 　　證券投資 　　其他投資	
淨誤差與遺漏	測定 3：官方儲備差額

二、國際經濟交易與國內經濟行為的關係

這裡對商品、資本國際流動與國內經濟的關係進行分析。

1. 國內儲蓄、投資與資本和金融項目(以下簡稱資本項目)之間的聯繫

國民收入帳戶(National Income Accounts)記錄的是一經濟體的國民收入的帳戶結構，以及它的組成部分如何受到國際交易的影響。

從國民收入(Y)來說，

國民收入(Y)＝消費(C)＋儲蓄(S) 　　　　　　　　　　　　　　　　　　　(4.4)

從國民支出(E)來說，

國民支出(E)＝消費(C)＋投資(I_d) 　　　　　　　　　　　　　　　　　　(4.5)

(4.4)式減(4.5)式，得到：

$Y-E=S-I_d$ 　　　　　　　　　　　　　　　　　　　　　　　　　　　　　(4.6)

這一方程表明，如果一國收入超過它的支出，結果會出現儲蓄大於國內投資，產生超額資本。在國內投資得到滿足之後，超額資本必然投向國外。這樣也可以說，儲蓄等於國內投資(I_d)加上對外淨投資(I_f)，或 $S-I_d=I_f$。對外淨投資等於一國淨公共和私人資本流出加上官方儲備增加。淨私人和公共資本流出等於資本項目赤字，而淨官方儲備增加等於官方儲蓄餘額。在沒有政府干預和沒有官方儲蓄交易的條件下，超額儲蓄將等於資本項目赤字。

2. 經常項目與資本項目之間的關係

首先從國民收入出發。用國民收入減去國內商品與服務的支出(D)，剩下的商品和

服務必然等於出口(X)，即 $Y-D=X$。與此類似，從總支出(E)中減去國內商品與服務支出，餘額必然為進口(M)，即 $E-D=M$。結合上述兩個方程，得到：

$$Y-E=X-M \tag{4.7}$$

(4.7)式告訴我們，當國民收入大於國民支出時，就會出現經常項目盈餘（$X-M>0$）。把(4.6)式與(4.7)式組合起來，得到：

$$S-I_d=X-M \tag{4.8}$$

根據(4.8)式得知：如果一國儲蓄超過投資，這個國家會出現經常項目盈餘。由於 $S-I_d=I_f$，又可得到下列方程：

$$I_f=X-M \tag{4.9}$$

(4.9)式告訴我們，經常項目餘額必然等於淨資本流出，即如果一國經常項目出現盈餘($X-M>0$)，這個國家必然是淨資本出口國。

重新排列方程得到：

$$X-M-I_f=0 \tag{4.10}$$

根據(4.10)式，在自由浮動匯率制下，經常項目餘額與資本項目餘額必然相互抵消。在存在政府對外匯市場干預的情況下，經常項目餘額加上資本項目餘額和官方儲備餘額必然等於零。

3. 政府預算赤字與經常項目赤字的關係

到目前為止，在國內總支出和總收入中還沒有包括政府支出和收入(稅收)。政府部門與私人部門不同，政府預算赤字會對經常項目赤字產生影響。

國民支出(E)可分解為私人消費(C)加上私人投資(I_d)，再加上政府支出(G)。私人消費(C)等於國民收入(Y)減去私人儲蓄(S)和稅收(T)，組合這些關係得到：

$$E=Y-(S+T)+I_d+G \tag{4.11}$$

重新排列(4.11)式得到：

$$(E-Y)=(I_d-S)+(G-T) \tag{4.12}$$

(4.12)式表示超額的國民支出，是由國內私人投資超過私人儲蓄的餘額（I_d-S）和總的政府(中央和地方政府)赤字($G-T$)兩個部分組成的。

重新排列(4.7)式和(4.12)式得到：

$$X-M=(S-I_d)-(G-T) \tag{4.13}$$

從這一方程可知，一國出現經常項目赤字，是由於沒有足夠儲蓄來滿足它的私人投資，或出現了政府預算赤字。

第五節　國際投資頭寸表

在基金組織出版的《國際收支手冊》第 5 版和第 6 版中，除了國際收支帳戶外，還增加了國際投資頭寸（International Investment Position）的內容。國際投資頭寸是一個經濟體的對外金融資產和負債的平衡表。

根據上述概念，構成這一頭寸的金融項目包括對非居民的債權、對非居民的債務、貨幣黃金和特別提款權等。

國際收支反應的是一經濟體對外經濟交易的流量，而國際投資頭寸反應的則是一國對外金融資產和負債的存量。因此，作為國際投資頭寸在一定時期末(如一年年底)的統計，主要包括：①一經濟體對世界其他地方的金融債權存量的價值和構成(在國外的直接投資、證券投資、其他投資和儲備資產)；②一經濟體對世界其他地方的負債存量的價值和構成。

國際收支帳戶僅僅反應對外經濟交易的變化；而國際投資頭寸存量的變化來自於各種交易(流量)的變化，以及匯率、價格等計價的變化，或其他各項調整(如不予補償的沒收)等。這裡所說的「其他各項調整」包括特別提款權分配/撤銷所引起的變化，黃金貨幣化/非貨幣所引起的變化，重新分類(如在股本額達到 10% 的分界線時，證券投資轉化為直接投資)，債權人單方面取消債務，和沒收或不加償還地佔有。

從上可見，一經濟體的淨國際投資頭寸也就是這一經濟體的對外金融資產減去對外負債。這一淨頭寸反應了某一截止日期，該經濟體對世界其他地方的經濟狀況和趨勢。因此，國際投資頭寸與基金組織、世界銀行、經濟合作與發展組織和國際清算銀行對外債的核心定義是一致的。

中國從 2004 年開始編製國際投資頭寸表，表 4-6 給出了 2004—2015 年中國的國際投資頭寸表。從表中可知，從 2004 年到 2015 年中國對外是一個淨債權國。其淨債權在不斷增加，從 2004 年的 2,764 億美元增加到 2014 年的 16,028 億美元。不過 2015 年淨債權相比 2014 年有所下降，為 15,965 億美元。從表 4-6 還可以知道兩件事：①中國對外淨債權的增加主要是源於中國外匯儲備的增加；② 2015 年相對 2014 年的中國淨債券的下降主要是由於外匯儲備的下降。

表 4-6　2004—2015 年中國國際投資頭寸表　　單位：億美元

項目	2004年年末	2005年年末	2006年年末	2007年年末	2008年年末	2009年年末
淨頭寸	2,764	4,077	6,402	11,881	14,938	14,905
資產	9,291	12,233	16,905	24,162	29,567	34,369
1　直接投資	527	645	906	1,160	1,857	2,458
1.1　股權	514	591	709	891	1,389	1,585
1.2　關聯企業債務	13	54	197	269	468	872
2　證券投資	920	1,167	2,652	2,846	2,525	2,428
2.1　股權	0	0	15	196	214	546
2.2　債券	920	1,167	2,637	2,650	2,311	1,882
3　金融衍生工具	0	0	0	0	0	0
4　其他投資	1,658	2,164	2,539	4,683	5,523	4,952
4.1　其他股權	0	0	0	0	0	0
4.2　貨幣和存款	553	675	736	1,380	1,529	1,310
4.3　貸款	590	719	670	888	1,071	974
4.4　保險和養老金	0	0	0	0	0	0
4.5　貿易信貸	432	661	922	1,160	1,102	1,444
4.6　其他	83	109	210	1,255	1,821	1,224
5　儲備資產	6,186	8,257	10,808	15,473	19,662	24,532
5.1　貨幣黃金	41	42	123	170	169	371
5.2　特別提款權	12	12	11	12	12	125
5.3　在國際貨幣基金組織的儲備頭寸	33	14	11	8	20	44
5.4　外匯儲備	6,099	8,189	10,663	15,282	19,460	23,992
5.5　其他儲備資產	0	0	0	0	0	0
負債	6,527	8,156	10,503	12,281	14,629	19,464
1　直接投資	3,690	4,715	6,144	7,037	9,155	13,148
1.1　股權	3,381	4,367	5,731	6,527	8,527	12,284
1.2　關聯企業債務	309	349	413	510	628	864
2　證券投資	566	766	1,207	1,466	1,677	1,900
2.1　股權	433	636	1,065	1,290	1,505	1,748
2.2　債券	133	130	142	176	172	152
3　金融衍生工具	0	0	0	0	0	0
4　其他投資	2,271	2,675	3,152	3,778	3,796	4,416
4.1　其他股權	0	0	0	0	0	0
4.2　貨幣和存款	381	484	595	791	918	937
4.3　貸款	880	870	985	1,033	1,030	1,636
4.4　保險和養老金	0	0	0	0	0	0
4.5　貿易信貸	809	1,063	1,196	1,487	1,296	1,617
4.6　其他	200	257	377	467	552	121
4.7　特別提款權	0	0	0	0	0	0

表4-6(續)

項目	2010年年末	2011年年末	2012年年末	2013年年末	2014年年末	2015年年末
淨頭寸	16,880	16,884	18,665	19,960	16,028	15,965
資產	41,189	47,345	52,132	59,861	64,383	62,189
1　直接投資	3,172	4,248	5,319	6,605	8,826	11,293
1.1　股權	2,123	3,125	3,917	4,693	7,408	9,393
1.2　關聯企業債務	1,050	1,123	1,403	1,911	1,418	1,901
2　證券投資	2,571	2,044	2,406	2,585	2,625	2,613
2.1　股權	630	864	1,298	1,530	1,613	1,620
2.2　債券	1,941	1,180	1,108	1,055	1,012	993
3　金融衍生工具	0	0	0	0	0	36
4　其他投資	6,304	8,495	10,527	11,867	13,938	14,185
4.1　其他股權	0	0	0	0	0	1
4.2　貨幣和存款	2,051	2,942	3,906	3,751	4,453	3,895
4.3　貸款	1,174	2,232	2,778	3,089	3,747	4,569
4.4　保險和養老金	0	0	0	0	0	172
4.5　貿易信貸	2,060	2,769	3,387	3,990	4,677	5,137
4.6　其他	1,018	552	457	1,038	1,061	412
5　儲備資產	29,142	32,558	33,879	38,804	38,993	34,061
5.1　貨幣黃金	481	530	567	408	401	602
5.2　特別提款權	123	119	114	112	105	103
5.3　在國際貨幣基金組織的儲備頭寸	64	98	82	71	57	45
5.4　外匯儲備	28,473	31,811	33,116	38,213	38,430	33,304
5.5　其他儲備資產	0	0	0	0	0	7
負債	24,308	30,461	33,467	39,901	48,355	46,225
1　直接投資	15,696	19,069	20,680	23,312	25,991	28,423
1.1　股權	14,711	17,842	19,425	22,149	24,076	26,181
1.2　關聯企業債務	985	1,227	1,255	1,163	1,915	2,242
2　證券投資	2,239	2,485	3,361	3,865	7,962	8,105
2.1　股權	2,061	2,114	2,619	2,977	6,513	5,906
2.2　債券	178	371	742	889	1,449	2,200
3　金融衍生工具	0	0	0	0	0	53
4　其他投資	6,373	8,907	9,426	12,724	14,402	9,643
4.1　其他股權	0	0	0	0	0	0
4.2　貨幣和存款	1,650	2,477	2,446	3,466	5,030	3,267
4.3　貸款	2,389	3,724	3,680	5,642	5,720	3,293
4.4　保險和養老金	0	0	0	0	0	93
4.5　貿易信貸	2,112	2,492	2,915	3,365	3,344	2,721
4.6　其他	106	106	277	144	207	172
4.7　特別提款權	0	107	107	108	101	97

資料來源：國家外匯管理局年報（2015）

復習思考題

1. 什麼是國際收支？
2. 簡述國際收支平衡表的主要內容及各項目之間的相互關係。
3. 分析近年來中國國際收支狀況。
4. 什麼是國際收支均衡和失衡？
5. 什麼是國際投資頭寸表？

參考文獻

[1] 何澤榮. 中國國際收支研究 [M]. 成都：西南財經大學出版社，1998.
[2] 國際貨幣基金組織. 金融規劃——中國案例 [R]. 2000.

第五章　國際資本流動

第一節　國際資本流動的現狀

一、國際資本流動概念與測定

簡言之，國際資本流動就是指資本在世界範圍內的不同國家或地區之間的轉移，或者說資本的跨境流動。這裡我們首先討論的是對國際資本流動規模的測定。

通常而言，有如下方法測定國際資本流動：①直接用國際收支平衡表中的「金融帳戶」代表國際資本流動。②用國際收支平衡表中的「資本帳戶」，加上「金融帳戶」下直接投資、證券投資、其他投資科目以及「誤差和遺漏帳戶」來測定一國私人資本流動的總體規模。③將資本和金融帳戶下的資本項目、直接投資、證券投資、其他投資科目以及官方儲備項目視為測定一國私人資本流動的總體規模。④以國際儲備變動減去經常帳戶差額來衡量國際資本流動的幅度和方向。這四種不同的方法各有利弊，因研究對象和經濟所處階段等因素的不同，應有所側重地選擇。國內部分學者在其度量上選擇第二種方法，主要考慮到中國資本帳戶未完全開放的現實，而國外投行則普遍選擇第四種測定方法。

從 2015 年開始，中國根據國際貨幣基金組織 2009 年發布的《國際收支手冊》（第 6 版）來編製國際收支平衡表。平衡表的編製原則就是「有借必有貸，借貸必相等」，這意味著在平衡表中，資本和金融帳戶差額+經常帳戶差額+淨誤差與遺漏=0。新版的平衡表將「儲備資產」納入金融帳戶統計，即資本和金融帳戶差額=儲備資產差額+非儲備資本和金融帳戶差額。如果「非儲備資本和金融帳戶差額」能代表國際資本流動的規模及方向，那麼則有國際資本流動總額為儲備資產、經常帳戶差額和淨誤差與遺漏之和。本章以此作為國際資本測度的方法。

二、國際資本流動分類

國際資本流動按照不同的標準可以劃分為不同的類型。一般而言，傳統上根據期限將國際資本流動劃分為長期國際資本流動和短期國際資本流動，這一直是學術界所公認的方法。使用期限在一年以上或者未規定使用期限的為長期國際資本流動，期限在一年以下的為短期國際資本流動。

(一) 長期國際資本流動

長期國際資本流動按流動方式的不同,又可以細分為直接投資、證券投資和國際貸款三種類型。

1. 國際直接投資

國際直接投資 (International Direct Investment) 是指一個國家的企業或個人對另一國企業部門進行的投資。直接投資可以取得某一企業的全部或部分管理和控制權,或直接投資新建企業。按照 IMF 的定義,通過國際直接投資而形成的直接投資企業是「直接投資者進行投資的公司型或非公司型企業,直接投資者是其他經濟體的居民,擁有(公司型企業) 10%或10%以上的流通股或投票權,或擁有(非公司型企業)相應的股權或投票權」。其特點是投資者能夠控制企業的有關設施,並參與企業的管理決策。直接投資往往和生產要素的跨國界流動聯繫在一起,這些生產要素包括生產設備、技術和專利、管理人員等。因而國際直接投資是改變資源分配的真實資本的流動。

國際直接投資一般有五種方式:①在國外創辦新企業,包括創辦獨資企業、設立跨國公司分支機構及子公司;②與東道國或其他國家共同投資,合作建立合營企業;③投資者直接收購現有的外國企業;④購買外國企業股票,且達到一定比例;⑤以投資者在國外企業投資所獲利潤作為資本,對該企業進行再投資。

2. 國際證券投資

國際證券投資 (International Portfolio Investment),也稱為間接投資,是指通過在國際債券市場上購買外國政府、銀行或工商企業發行的中長期債券,或在國際股票市場上購買外國公司股票而進行的對外投資。證券投資與直接投資存在區別,主要表現在:證券投資者的目的是獲取債券、股票回報的股息和紅利,對所投資企業無實際控制和管理權;而直接投資者則持有足夠的股權來承擔被投資企業的盈虧,並享有部分或全部管理控制權。

3. 國際貸款

國際貸款 (International Loans),是指一國政府、國際金融組織或國際銀行對非居民(包括外國政府、銀行、企業等)所進行的期限為一年以上的貸款活動,主要包括政府貸款、國際金融機構貸款、國際銀行貸款。

(二) 短期國際資本流動

學術界對於短期國際資本有一個公認的劃分標準,即將借貸和投資期限在一年以下的視為短期資本。對於短期國際資本流動的分類,國際上有一個公認的權威的定義,即由 Kindleberg (1997) 提出的按照國際資本流動的動機來定義短期國際資本流動。他認為短期國際資本流動是指投資者旨在短時間內改變或扭轉其資本在國家間的流動方向,並據此可以將短期國際資本分為四類:

(1) 貿易資本流動。這是指由國際貿易引起的貨幣資金在國家間的融通和結算,這

是最為傳統的國際資本流動形式。國際貿易活動的進行必然伴隨著國際結算，引起資本從一國或地區流向另一國或地區。各國出口貿易資金的結算，導致出口國的資本流入。各國進口貿易資金的結算，則導致進口國或代付國的資本流出。隨著經濟開放程度的提高和國際經濟活動的多樣化，貿易資本在國際流動資本中的比重已經大為降低。

（2）銀行資金流動。這是指各國外匯專業銀行之間調撥資金引起的資本國際轉移。各國外匯專業銀行在經營外匯業務過程中，由於外匯業務或謀取利潤的需要，經常不斷地進行套匯、套利、掉期、外匯頭寸的拋補和調撥、短期外匯資金的拆進拆出、國際銀行同業往來的收付和結算等，這些都會產生頻繁的國際短期資本流動。

（3）保值性資本流動。這是指短期資本的持有者為了使資本不遭受損失而在國與國之間調動資本所引起的資本國際轉移。保值性資本流動產生的原因主要有國內政治動盪、經濟狀況惡化、外匯管制的加強和新稅法的頒布、國際收支持續逆差，從而導致資本外逃到幣值相對穩定的國家，以期保值，免遭損失。

（4）投機性資本流動。這是指投機者利用國際金融市場上利率差別或匯率差別來獲取利潤所引起的資本國際流動。具體形式主要有：對暫時性匯率變動的投機；對永久性匯率變動的投機；與貿易有關的投機性資本流動；對各國利率差別做出反應的資本流動。由於金融開放與金融創新，國際投機資本的規模越來越龐大，投機活動也越來越盛行。

從當前全球金融市場快速發展和金融工具不斷創新的情形來看，單一地以時間為標準將其區分為長期資本流動和短期資本流動未免有失偏頗。譬如一些長期債券和熱門股票，由於良好的質量，其流動性很強，很多情況下人們也只是短期持有，從某種意義上講，它可以成為短期投資的替代品。再譬如長期投資資本，如果所剩期限不足一年，其性質與短期資本並無太大不同。由於這些局限的存在，IMF 在 1996 年出版的《國際收支手冊》中對國際收支平衡表的結構和編製方法進行了調整，認為根據以一年為界來劃分長短期資產和負債的方法，僅適用於實際期限比較固定的其他投資，具體包括貿易信貸、貸款、貨幣、存款以及各種應收款和應付款。中國於 1997 年開始執行這一標準。在最新的《國際收支手冊》中，金融項目按照投資類型和功能分為直接投資、證券投資、金融衍生工具和員工認股權、其他投資和儲備資產五大類，但國際資本流動的期限劃分仍沿用了過去的標準。

三、全球國際資本流動現狀

布雷頓森林體系崩潰後全球金融一體化趨勢愈加明顯，國際資本流動日趨頻繁。1980 年以來，無論是高收入經濟體還是中低收入經濟體，他們所面臨的國際資本流入、流出的規模不斷膨脹，資本流動的波動性（標準差）也明顯上升（表 5-1）。其中，大

量資本湧向新興市場經濟體（Emerging Market Economies，簡稱 EMs[①]），從 20 世紀 80 年代初不足 1,000 億美元，到此次金融危機前的 2007 年達到 7,000 億美元。新興市場經濟體同樣經歷了國際資本波瀾壯闊的變化。迄今為止，流向新興市場經濟體的私人資本呈現三次週期性變化（圖 5-1）。第一次國際資本流入高潮出現在 1980 年和 1985 年間，此間國際資本大多以借貸方式湧向拉美經濟體。伴隨著拉美債務危機，國際資本流動進入平靜期。第二個週期出現於 1990 年年初，國際資本開始大規模湧入亞洲經濟體，但這種湧入隨著 1997 年亞洲金融危機爆發而趨於萎縮。第三個週期開始於 2002 年，此時國際資本湧入地區不僅有亞洲、歐洲，還有傳統的拉美及加勒比海地區（圖 5-2）。值得注意的是自 2014 年開始，國際資本加速從新興市場經濟體抽逃。截至 2015 年 8 月，從新興市場經濟體淨流出的資本已經超過 2014 年全年淨流出量。

表 5-1　　　　　　　　　　　　　國際資本流動概況

		全部經濟體		高收入		中上收入		中低收入	
		中位數	標準差	中位數	標準差	中位數	標準差	中位數	標準差
淨資本流動 (CIF-COD)	全樣本	1.39	5.07	0.64	3.92	1.29	5.62	2.08	5.51
	1970s	2.06	3.01	1.64	2.41	3.37	3.94	3.54	3.09
	1980s	1.59	3.93	1.42	2.71	0.39	5.56	2.71	4.11
	1990s	0.98	3.68	0.87	2.79	0.82	4.23	1.28	4.18
	2000s	1.09	3.97	-0.18	3.6	1.90	3.94	0.56	4.37
國內資本流入 (CIF)	全樣本	6.21	6.39	8.89	7.81	4.83	6.06	4.07	5.21
	1970s	5.10	2.56	4.73	2.66	5.08	3.07	5.62	2.29
	1980s	3.89	3.49	4.79	3.47	0.83	4.03	3.99	3.37
	1990s	4.97	4.58	7.00	5.54	3.96	4.12	4.43	4.16
	2000s	7.59	5.26	15.16	9.16	5.58	4.96	4.22	3.93
國外資本流出 (COD)	全樣本	4.36	5.37	8.33	8.05	3.78	5.1	2.87	3.87
	1970s	2.52	2.16	3.43	2.29	3.34	2.96	2.07	1.77
	1980s	1.57	2.56	3.78	3.09	1.40	2.71	0.54	2.06
	1990s	3.75	3.65	6.56	5.32	2.80	3.32	2.54	3.03
	2000s	6.74	5.31	17.71	8.13	6.44	4.86	3.73	3.35
觀測個數		103		39		26		38	

資料來源：BRONER F, DIDIER T, ERCE A, SCHMUKLER S L. Gross Capital Flows: Dynamics and Crises [J]. Journal of Monetary Economics, 2013, 60 (1): 113-133.

[①]　本書所指的新興市場經濟體包括除發達經濟體外的所有經濟體。這裡用的發達經濟概念是指 IMF 所界定的 36 個國家和地區，餘下 153 個經濟體都是本書所說的 EMs。

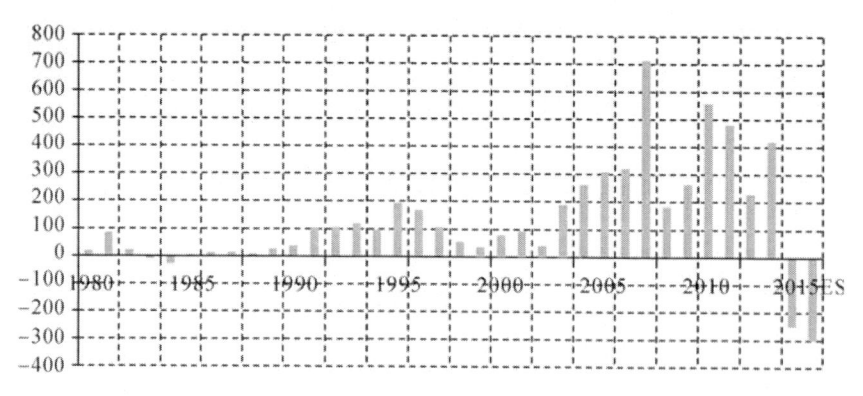

图 5-1　1980—2015 年涌入发展中经济体的国际资本变化图（单位：十亿美元）

资料来源：IMF 世界经济展望数据库（World Economic Outlook Data Base）并经作者处理。2015 年的数据截至 8 月份

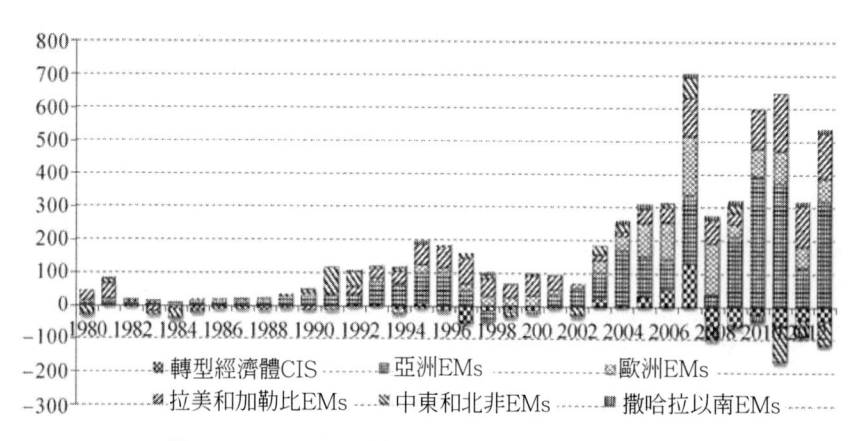

图 5-2　1980—2013 年国际私人资本在 EMs 的区域分佈

资料来源：IMF 世界经济展望数据库（World Economic Outlook Data Base）并经作者处理；单位：十亿美元

　　从图 5-2 中还可以看出，在国际资本三次週期性变化中，各区域的新兴市场经济体资本流入是不均衡的，说明国际资本存在显著的「地域偏好」（Home Bias）。这种偏好可能与区域内的经济增长、贸易结构、资本管制、金融开放度密切相关。另外，国际资本在涌入部分 EMs 的同时还从其他地区流出，而且这种流出非常剧烈。以 2007—2008 年为例，此前尚有 1,000 亿美元流入「转型经济体」（简记 CIS，指的是苏联加盟共和国和东欧社会主义国家），但一年后该地区出现近 1,000 亿美元的淨流出。中东和北非地区在 2011 年还存在正的资本流入，但此后连续三年出现 1,000 亿美元以上的淨资本流出。学界称之为国际资本流动「突然停止」（Sudden Stops，SS）。与之相反的是国际资本「突然涌入」（Surge），图 5-2 中亚洲经济体 2008—2009 年出现了大幅国际资本涌入，数量从 2008 年的 305 亿美元陡增至 2009 年的 2,082 亿美元。国际资本突然涌入和突然停止都会对东道国经济产生剧烈冲击。

(一) 國際資本流動的結構與地域分佈

通常而言，國際資本分為 FDI、證券投資（Security Investment）、其他投資（Other Investment）三類。不同類型資本屬性存在顯著差異。根據已有研究，通常 FDI 的穩定性最強，證券資本次之，其他私人投資穩定性最差，因此有必要關注資本結構問題。從圖 5-3 中可以看出，1990 年以前流入 EMs 的各類國際資本比較均勻。1990 年之後，以直接投資形式流入 EMs 的資本越來越居於主導地位，其上升速度較為平穩。2007 年以前流入 EMs 的私人證券資本一直不明顯，但全球金融危機之後證券資本大幅湧入 EMs，而其他投資卻在 2008 年全球金融危機之後從 EMs 大幅撤離。儘管至目前，IMF 尚未公布 2014 年的資本流動數據，但根據《金融時報》（*Financial Times*）和國際金融協會（Institute of International Finance，IIF）披露的數據，2014 年 7 月至 2015 年 8 月逾 1 萬億美元的國際資本流出 EMs。

圖 5-3　1980—2013 年流向新興市場經濟體的資本結構

註：直接投資、證券投資、其他投資分別對應 BOP 帳戶中的 Direct Investment、Portfolio Investment、Other Investment；金融資本是前面三項的加總；單位：十億美元

資料來源：IMF 世界經濟展望數據庫（World Economic Outlook Data Base）並經作者處理

國際資本在新興市場經濟體中的地域分佈情況如何？不同類型國際資本的地域分佈特徵迥異。從圖 5-4 可以看出，總體而言，「直接投資」在亞洲 EMs 中占比高且呈週期波動態勢，1980—1992 年 FDI 在亞洲的占比穩步上升到 60%，儘管此後由於金融危機等因素，FDI 占比減少，但其在亞洲的占比很少低於 40%；其次，FDI 在拉美和加勒比海地區分佈較多，在 2000 年時占比達 55%，隨後迅速衰減到 40% 左右；FDI 在中東和北非區域分佈變化較大，20 世紀 80 年代初期占比較高，但隨後迅速衰減，目前占比平均為 5%。其他地域 FDI 的分佈較少。FDI 的區域分佈昭示著全球經濟成長的核心區域在亞洲和拉美地區。

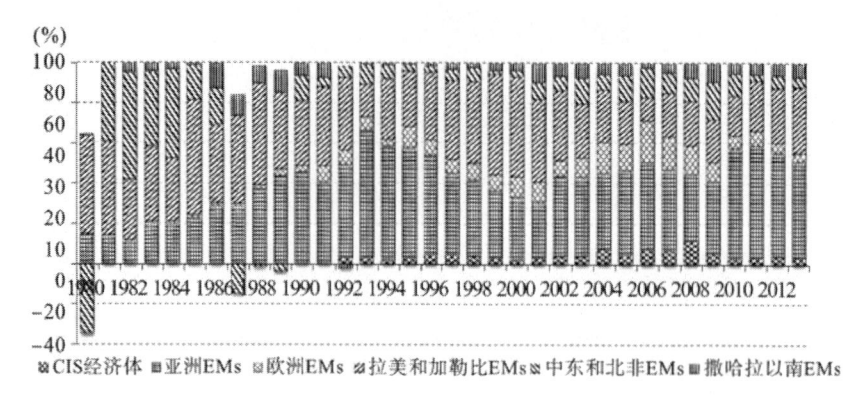

圖 5-4　1980—2013 年「直接投資」在 EMs 經濟體中的分佈

資料來源：IMF 世界經濟展望數據庫（World Economic Outlook Data Base）並經作者處理。

相對於「直接投資」而言，「證券投資」在 EMs 的分佈呈現比較明顯的週期性（圖 5-5）。20 世紀 80 年代初證券資本以流入 EMs 為主，特別是中東和北非地區。1983—2002 年的第一個週期中，1984—1996 年證券資本呈現湧入高潮，其中 1982—1989 年證券資本流入亞洲 EMs 趨勢明顯，1990—1996 年證券資本則主要流入拉美地區，1997—2002 年證券資本以從 EMs 流出為主；2003 年之後是第二個週期，以證券資本流入 EMs 為主。2008 年國際金融危機期間大量證券資本流出 EMs，但隨後迅速恢復。總體上在這個階段，亞洲地區的證券資本流入占比最高，其次是拉美和加勒比海地區，其他區域變化較大。

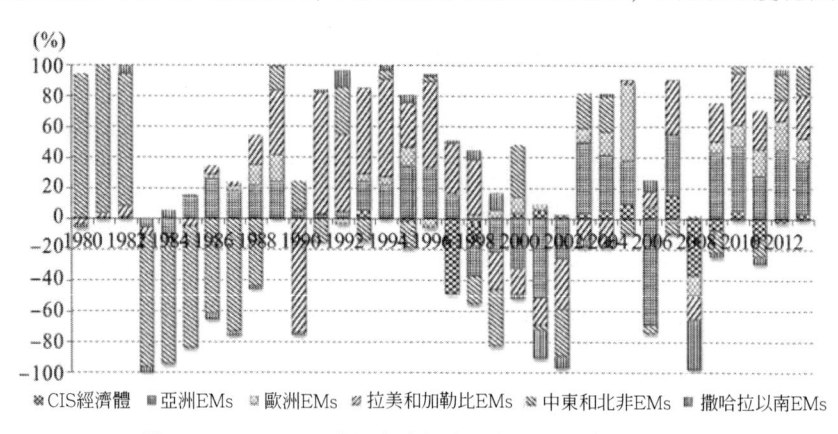

圖 5-5　1980—2013 年「證券投資」在 EMs 經濟體中的分佈

「其他投資」在 EMs 的地域分佈也呈現明顯的週期性（圖 5-6）：第一階段為 1984—2000 年，1992 年達到峰值，在隨後的英鎊衝擊、亞洲金融危機的影響下，其他投資從 EMs 撤離；第二階段為 2001 年至今，2007 年達到峰值，之後大量「其他投資」撤離 EMs。通常認為「其他投資」的穩定性最差，對金融危機、經濟形勢的敏感性最高。在發展中經濟體普遍發展乏力、美國加息政策呼之欲出的背景下，2014 年 9 月份至今大量資本（甚至 FDI）借助「其他投資」渠道從 EMs 抽逃。

图 5-6　1980—2013 年「其他投資」在 EMs 經濟體中的分佈

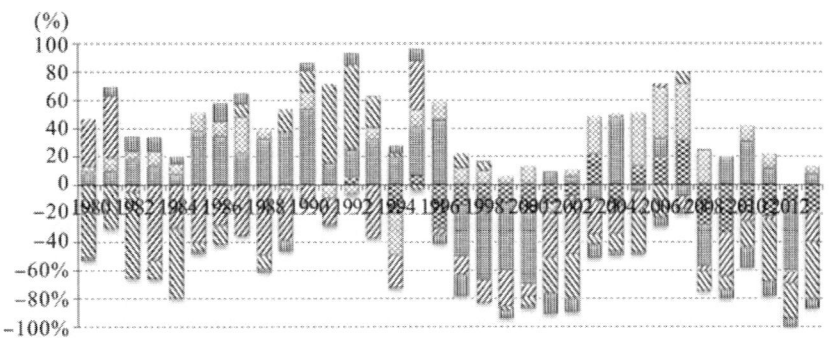

图例：CIS經濟體　亞洲EMs　歐洲EMs　拉美和加勒比EMs　中東和北非EMs　撒哈拉以南EMs

(二) 國際資本的國別來源及流向

流向 EMs 的國際資本來自哪裡？表 5-2 顯示的是 2005 年至今全球資本流動的來源地及目的地分佈情況。從地域上看國際資本主要來自歐洲地區特別是歐元區的發達經濟體，包括石油國家在內，目的地則較為分散，覆蓋了拉美、亞太、北美地區的主要發展中經濟體。

表 5-2　　　　　2005 年以來全球主要經濟體的資本流動概況　　　　單位：十億美元

年份 國家	2005	2006	2007	2008	2009	2010	2011	2012	2013
美國	699.7	775.3	611.5	774.4	238.3	425.6	531.4	457.8	349.6
中國	95.3	49.3	94.2	40.1	198.5	286.9	265.5	-31.8	326.2
英國	38.9	39.0	111.7	266.3	14.4	29.5	29.5	73.8	152.8
巴西	-9.4	15.6	89.8	29.7	71.1	100.0	112.4	72.7	74.0
土耳其	37.3	38.2	45.3	36.4	9.2	57.3	64.1	68.3	72.7
澳大利亞	50.1	50.9	36.0	51.6	63.0	41.3	69.5	77.7	68.2
印度	25.3	37.8	94.4	34.4	38.1	69.6	59.4	86.5	62.4
加拿大	-19.3	-19.3	-10.6	2.4	51.0	58.7	64.0	65.5	61.1
墨西哥	15.1	10.4	22.9	35.0	11.8	44.9	51.3	51.1	60.1
哥倫比亞	3.3	2.9	10.3	9.4	6.4	11.8	13.0	17.3	19.2
俄羅斯	-17.7	4.0	86.1	-138.4	-37.4	-19.7	-74.6	-29.5	-42.6
挪威	-47.2	-39.3	-18.7	-75.9	-68.6	-37.0	-65.9	-51.3	-46.5
卡塔爾	0.0	0.0	0.0	0.0	0.0	0.0	-64.2	-42.9	-55.2
沙特	8.4	-7.5	2.1	34.7	7.2	2.7	-14.4	-6.6	-61.3
科威特	-32.1	-48.8	-33.4	-49.6	-25.4	-43.4	-57.3	-76.5	-64.4
韓國	-0.8	9.0	-7.8	-35.5	42.9	2.9	-9.4	-41.1	-66.3
荷蘭	-37.0	-57.9	-40.9	-13.6	-83.8	-30.4	-59.3	-80.0	-94.5
日本	-121.0	-109.6	-194.1	-202.9	-163.3	-212.5	2.2	-96.1	105.9

表5-2(續)

年份 國家	2005	2006	2007	2008	2009	2010	2011	2012	2013
瑞士	-88.4	-59.2	-39.6	-10.3	35.6	19.1	12.0	78.9	-122.4
德國	-154.2	-215.9	-169.6	-205.2	-240.3	-142.0	-199.5	-263.8	-308.2
歐元區總體	-35.6	-16.9	94.9	311.2	-5.8	-4.4	-33.7	-192.2	-319.0

註釋：陰影部分為國際資本輸出地，包括歐元區；負號表示國際資本淨流出；粗體表示發達經濟體；這裡的國際資本是指 BOP 下資本和金融帳戶餘額，這與文初說明的測度方法是一致的

資料來源：IMF 國際金融統計（International Financial Statistics）並經作者計算整理

世界最大的發展中經濟體中國和發達經濟體美國同時成為全球最大的淨國際資本流入國，他們吸收的國際資本類型上是否存在差異？作為全球最大資本流出國的德國，其資本輸出類型與前兩者有何區別？從圖 5-7 可以看出，流入中國的國際資本類型主要是 FDI，其他項目變化不大；與之不同的是美國的國際資本淨流入是以證券投資形式流入為主，而 FDI 則處於淨流出局面；作為國際資本輸出大國的德國，主要通過對外直接投資和其他投資的形式輸出資本。

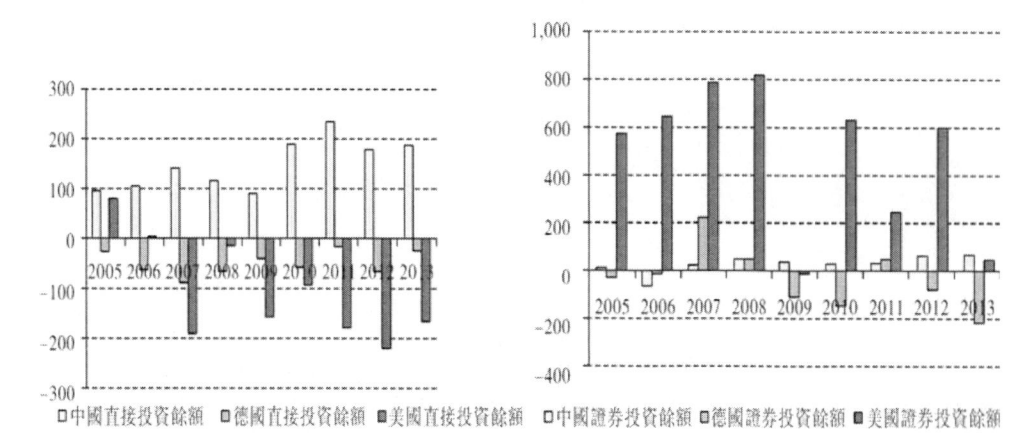

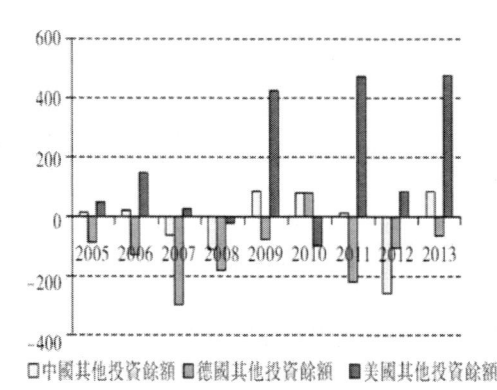

圖 5-7　各類型資本在美國、中國、德國經濟體中的分佈

資料來源：IMF 國際金融統計（International Financial Statistics）並經作者計算整理；單位：十億美元

第二節 國際資本流動成因

一、國際資本流動的驅動因素

引起國際資本流動的原因很多，有根本性的、暫時性的，有政治的、經濟的甚至心理預期的，歸結起來主要有以下幾個方面：

1. 利潤（利率）驅使

保值、增值是資本在國家或地區間流動的第一動力。當投資者預期國外的投資收益率高於本國，資本就會從本國或本地區流向該國或該地區；反之，資本就會從該國或該地區回流到本國或本地區。此外，當投資者在一國所獲得的實際利潤高於本國或他國時，該投資者就會增加對這一國的投資，以獲取更多的國際超額利潤或國際壟斷利潤，這些也會導致或加劇國際資本流動。在利潤機制的驅動下，資本從利率低的國家或地區流往利率高的國家或地區。

2. 匯率變動

匯率的變化也會引起國際資本流動，尤其在布雷頓森林體系崩潰後，全球進入浮動匯率制度的時代，主要國家貨幣匯率波動幅度不斷擴大。如果一個國家貨幣匯率持續上升，則會產生貨幣兌換需求，從而導致國際資本流入。相反，如果一個國家貨幣匯率不穩定或下降，資本持有者可能預期所持資本的實際價值將會降低，就會把手中的資本或貨幣資產轉換成他國資產，從而導致資本向匯率穩定或升高的國家或地區流動。

3. 通貨膨脹

通貨膨脹往往與一個國家的財政赤字有關係。如果一個國家出現財政赤字，該赤字又是以發行紙幣來彌補，那麼必然增加對通貨膨脹的壓力。一旦發生嚴重的通貨膨脹，為減少損失，投資者會把國內資產轉換成外國資產。如果一個國家發生了財政赤字，而該赤字以出售債券或向外借款來彌補，也可能會導致國際資本流動。這是因為人們會預期到將來政府會通過印發紙幣來抵銷債務或徵收額外賦稅來償付債務，就會把資產從國內轉往國外，導致資本外流。

4. 外資策略

無論是發達國家還是發展中國家，都會不同程度地通過不同的政策和方式來吸引外資，以達到一定的經濟發展目的。大部分發展中國家的經濟都比較落後，迫切需要資金來加速本國經濟的發展。因此，它們往往通過開放市場、提供優惠稅收、改善投資軟硬環境等措施吸引外資，從而引發國際資本流入。

5. 政治、經濟及戰爭風險

政治、經濟及戰爭風險也是影響一個國家資本流動的重要因素。政治風險是指一國的政治氣候惡化而可能使資本持有者遭受損失的風險。經濟風險是指一國投資條件發生

變化而可能給資本持有者帶來的損失。戰爭風險，是指可能爆發或已經爆發的戰爭對資本流動造成的影響。例如海灣戰爭，就使國際資本流向發生重大變化，在戰爭期間許多資金流入以美國為主的幾個發達國家。戰後安排又使大量資本湧入中東，尤其是科威特等國。又比如2008年開始的全球金融危機和歐洲主權債務危機加劇了全球金融恐慌，促使大量資本從發達國家流向新興市場經濟體。待2014年美國形勢穩定後，大量資本紛紛從新興市場經濟體回流美國。

6. 惡意投機

所謂惡意投機，包含兩種含義：第一，是指投機者基於對市場走勢的判斷，純粹以追逐利潤為目的，刻意打壓某種貨幣而搶購另一種貨幣的行為。這種行為的普遍發生，毫無疑問會導致有關國家貨幣匯率的大起大落，進而加劇投機，匯率進一步動盪，形成惡性循環，投機者則在「亂」中謀利。這是一種以經濟利益為目的的惡性投機。第二，投機者不是以追求盈利為目的，而是基於某種政治理念或對某種社會制度的偏見，動用大規模資金對某國貨幣進行刻意打壓，由此阻礙、破壞該國經濟的正常發展。但無論哪種投機，都會導致資本的大規模外逃，並會導致該國經濟的衰退，如1997年7月爆發的東南亞貨幣危機。一國經濟狀況惡化→國際炒家惡性炒作→匯市股市暴跌→資本加速外逃→一國經濟衰退，這幾乎已成為當代國際貨幣危機的「統一模式」。

7. 其他因素

政治及新聞輿論、謠言、政府對資本市場和外匯市場的干預以及人們的心理預期等因素，都會對短期資本流動產生極大的影響。

二、國際資本流動的理論

從時間上看，西方國際資本流動理論的發展大約可分為三個階段。第一階段是19世紀初期，這一階段國際資本流動較之前的時期顯著增長，這一時期出現了兩個具有代表性的重要理論，即單動因理論和復動因理論。第二階段是20世紀中期，這一階段出現了流量理論、存量理論、貨幣理論和交易成本理論等經典理論，極大地促進了國際資本流動理論的發展。第三階段大概開始於20世紀80年代後期，尤其是90年代至今，在全球經濟一體化、國際金融市場蓬勃發展、金融工具不斷創新、衍生工具層出不窮的背景下，出現了國際資本推動和拉動學說，這兩個理論的出現，又拓展了之前的國際資本流動動因理論，為國際資本流動理論的發展開拓了新局面。

1. 動因論

動因論主要包括單動因論和復動因論。其中單動因論主要包括1821年李嘉圖提出的比較優勢論理論，隨後1848年穆勒提出的比較費用論理論，1880年巴奇哈特的利率誘惑論、1901年維克賽爾的利率理論。單動因理論認為利潤是國際資本流動的唯一動因，並將利率視為其表現形式。復動因理論的代表有1923年馬歇爾的利率論和1924年俄林的風險論，這些理論從利差、風險與投資者對風險的態度幾個方面解釋了國際資本流動

的動因。1932年馬克盧普提出「逆利差行為」現象，將國際資本流動劃分為自發、引致和淨資本流動三種形式。1936年艾弗森分別從成本、利差和政治因素等角度闡述了國際資本流動的動因，他認為政治安全與經濟穩定與否會影響流動成本，利差高低也會影響國際資本流向。國際利差則會受消費行為、收入水平、生產要素供給及生產方式的影響。總而言之，復動因理論以更廣闊的視角分析了資本投資效用的最大化，極大地豐富了國際資本流動動因理論。

2. 流量理論

流量理論與單動因論的古典模型內涵一致，其從資本流動與利率水平之間的關係出發，認為國際資本流動的決定因素是利率，各國之間的利差會引發資本流動。國際資本流動機制是一種利率驅動型，其中比較典型的是1951年米德提出的一個模型。

一國貿易差額可以表示為：

$$T = T[\bar{Y}, \overset{+}{e/p}] \tag{5.1}$$

其中T表示貿易差額，Y表示總產出，e表示匯率，p表示價格水平，e/P表示一國出口競爭力。式中「$-$」表示貿易差額T與總產出Y負相關，「$+$」表示貿易差額T與e/P正相關。

一國的資本流量可以表示為：

$$F = F[\overset{+}{i}, \bar{i^*}] \tag{5.2}$$

其中F表示資本淨流量，i表示國內利率，i^*表示國外利率。

則該國國際收支差額（官方儲備R）可表示為：

$$\Delta R = T + F = T[\bar{Y}, \overset{+}{e/p}] + F[\overset{+}{i}, \bar{i^*}] \tag{5.3}$$

從模型（5.3）可以看出，當給定產出和價格水平時，如果國內利率上升，則可以改善國際收支。蒙代爾-弗萊明模型提出相對較高的國內利率會增加資本淨流入或減少資本淨流出，利率的調整能夠糾正國際收支失衡。在浮動匯率制下國際資本流動對利率變化更敏感。1963年蒙代爾在其研究中指出利率和匯率是影響國際資本流動的兩大主要因素。

3. 存量理論

存量理論的核心觀點是利率差並非國際資本流動的唯一因素，國內外風險水平及投資者或潛在投資者的能力也是重要因素。1952年馬克維茨和1958年托賓的資產組合模型形成國際資本流動的存量理論。他們認為選擇投資於多種證券的組合可以提高收益的穩定性，降低風險。因組合中不同資產的收益不完全相關，可以分散風險，投資者會選擇不同國家的資產作為投資對象，從而引起資本的國際流動。

1968年，布蘭遜應用馬克維茨-托賓的資產組合理論分析國際資本流動，提出了著名的存量調整模型。他認為短期資本流動由進出口、利率和匯率決定，長期資本流動由國內收入、國外收入和利率決定。把這些因素代入馬克維茨-托賓模型中，得到國外資

產 F^f 占給定財富 W 的比率是國內利率 i、國外利率 i^*、風險 E 和財富存量 W 的函數，形如：

$$F^f/W = {}_i(i, i^*, E, W) \qquad (5.4)$$

對上式求微分，則可得：

$$dF^f = {}_\_dW + {}_iWdi + {}_{i^*}Wdi^* + {}_EWdE + {}_wWdW + \mu \qquad (5.5)$$

上式右邊 dW 是財富增長對資本流動的「流量效應」，剩餘部分是利率及其他變量組合調整的「存量效應」。大多數研究忽略「流量效應」，而採用線性化的方法考察利率、匯率的「存量效應」，建立如下線性迴歸模型：

$$dF^f = \alpha_0 + \alpha_1 di + \alpha_2 di^* + \alpha_3 dE + \alpha_4 dW + \xi \qquad (5.6)$$

在該模型的設定下，投資者是根據收益與風險的權衡來配置各資產比例的，並且會對資產組合比例不斷進行調整，使實際資產組合比例與意願資產組合比例相吻合。也就是說資本流動還取決於回報率、風險預測和投資者財富。

4. 貨幣分析理論

貨幣分析法認為一國國際收支狀況取決於該國的貨幣供求。該理論強調國際收支本質上是一種貨幣現象，決定國際收支的關鍵是貨幣需求和供給之間的關係。既然國際收支本質上不過是一種貨幣現象，那麼國際收支失衡和國際資本流動就可以使用貨幣政策進行引導。1976 年哈里‧約翰遜提出了資本流動的貨幣模型：

貨幣需求函數：

$$H_d = H(\overset{+}{P}, \overset{+}{Y}, \overset{-}{i}) \qquad (5.7)$$

貨幣供給函數：

$$H_s = (1/\varphi) \cdot (R+D) \qquad (5.8)$$

其中，H_d 表示貨幣需求，H_s 表示貨幣供給，P 表示價格水平，Y 表示總產出，i 表示利率，D 表示國內信貸，R 表示國際儲備，φ 表示法定存款準備金率，$1/\varphi$ 則表示貨幣乘數。

貨幣供求均衡：

$$R+D = \varphi \cdot H(P, Y, i) \qquad (5.9)$$

對上式求微分，則可得國際收支貨幣均衡：

$$dR = Hd\varphi + \varphi H_P dP + \varphi H_Y dY + \varphi H_i di - dD \qquad (5.10)$$

該模型認為總產出的增加或價格水平的上漲會增加貨幣需求，改善國際儲備；利率提高會降低貨幣需求，從而惡化國際收支，並且認為利率水平決定國際資本的短期流動，而國際資本的長期流動則受貨幣存量和國內信貸政策的影響。

1974 年，波特將貨幣需求函數與存量理論結合起來，創立了組合餘額模型，結論是國內貨幣供給、經常帳戶餘額與國際資本淨流動呈負相關關係；國內產出和國內財富與國際資本淨流動呈正相關關係。只要國內利率可以靈活調整，國外利率就不是資本流動的主因，但國外利率會通過影響產出和資本帳戶影響資本跨國流動，從而比較全面地解

釋了國際資本流動的動因。

1980 年，福蘭克爾與赫尼威爾在約翰遜的基礎上發展了一個更為一般的均衡模型，在模型中，國際資本的短期流動取決於利率水平，國際資本的長期流動受貨幣存量調整和國內信貸政策的影響。貨幣分析理論下的國際資本流動機制，側重於國際長期資本流動，強調經濟政策對長期流動的重要影響。

5. 國際資本流動交易成本理論

交易成本理論是 1999 年由金（Hak-Min Kin）提出。他認為：國際資本流動不僅受到國內外利差的影響，還受到國內外投資交易成本的制約。其中交易成本包括資本轉移成本、信息獲得成本、管制成本、財務成本等。該模型假設某投資者既在國內投資又在國外投資，那麼其投資收益 Y_T 是國內投資收益 Y 與國外投資收益 Y^* 之和。進一步可將國內投資收益表達為：

$$Y_T = \mu(K - I^*) + \mu^* I^*$$

其中 K 表示國內投資 I 與國外投資 I^* 之和，因而有 $K = I + I^*$。μ、μ^* 分別表示投資於國內和國外的預期收益率。在不完善市場條件下，$\mu = r(1-c)$；$\mu^* = r^*(1-c^*)$。其中，r 為國內實際利率，r^* 為國外實際利率，c 為國內交易成本率，c^* 為國外交易成本率。由此可得：

$$Y_T = r(1-c)(K - I^*) + r^*(1-c^*) I^*$$

對上式 Y_T 求關於 I^* 的導數可得：

$$dY_T / dI^* = r^*(1-c^*) - r(1-c) = \mu^* - \mu$$

該式表明，國外投資的邊際收益為國外投資的預期收益率與國內投資預期收益率之差。交易成本模型反應了國際資本流動不僅受國內外利差的影響，而且還受到國內外投資的交易成本的制約。在不完全市場的假設條件下，可以得到決定國際資本流動方向的 9 種狀態：

(1) 當 $r^* < r$ 及 $c^* = c$ 時，$dY_T / dI^* < 0$，資本流入；

(2) 當 $r^* = r$ 及 $c^* > c$ 時，$dY_T / dI^* < 0$，資本流入；

(3) 當 $r^* < r$ 及 $c^* > c$ 時，$dY_T / dI^* < 0$，資本流入；

(4) 當 $r^* > r$ 及 $c^* = c$ 時，$dY_T / dI^* > 0$，資本流出；

(5) 當 $r^* = r$ 及 $c^* < c$ 時，$dY_T / dI^* > 0$，資本流出；

(6) 當 $r^* > r$ 及 $c^* < c$ 時，$dY_T / dI^* > 0$，資本流出；

(7) 當 $r^* < r$ 及 $c^* < c$ 時，dY_T / dI^* 數值不定，資本流動方向不確定；

(8) 當 $r^* > r$ 及 $c^* > c$ 時，dY_T / dI^* 數值不定，資本流動方向不確定；

(9) 當 $r^* = r$ 及 $c^* = c$ 時，$dY_T / dI^* = 0$，無國際資本流動；

在狀態 (1) 和 (4) 中，交易成本不為零但結果與完全市場條件下相同，即兩國投資交易成本相同，資本流動決定於其利率的差異；狀態 (2)、(5) 表明，如果利率相

同，資本流向取決於交易成本的差異（而流量理論則認為在利差為零的狀況下無資本流動）；狀態（2）、（3）發展了古典資本流動假設，認為國內投資的交易成本較國際低的原因是資本轉移成本低及信息獲得的便利；狀態（5）、（6）、（7）、（8）符合當代國際資本流動的實際情況，即某些時候國際投資的交易成本低於國內，如對國內投資者和國外投資者稅收待遇的差別（吸引外資的優惠政策）、國內投資由於政治經濟的不穩定而具有高風險（具體表現為發展中國家的資本外逃）、國內金融市場欠發達而國際市場擁有更多可選擇的金融產品和更為便利的信息渠道；狀態（9）表明國內外利率、國際間資本流動的交易成本也相同，資本的國際流動變得「無利可圖」，因而不存在資本的國際流動。這是一種不合理的狀態，因而現實中並不存在。

站在國際資本流動的交易成本理論角度，通信技術的發展、金融工具的創新、管制的放鬆和優惠的稅收都會降低交易成本，進而促進資本的國際流動。

6. 國際資本流動的推動學說和拉動學說

國際資本流動背後的動因是什麼？早期學者從「收益」的角度分析國際資本流動，認為只要經過風險調整的收益足夠高，東道國就會有大量的外資流入（Blanchard & Giavazzi，2002）。即便東道國風險調整後的收益與母國一樣，外資為獲取投資「分散化」(Diversification)的利益依然會流向東道國（Kraay & Ventura，2000）。Mody 和 Murshid(2005) 對 1979—1999 年 60 個經濟體資本流動行為進行實證考察後，證實了資本流入「分散化」動機強於「收益」動機。

目前對於國際資本流入 EMs 的分析主要是從國際資本的供求角度展開的。通常認為國際資本的供給主要來自國際發達經濟體，來自它們的因素（國際因素）構成了國際資本流向 EMs 的推動因素（Push Factors）。這些因素涵蓋了發達經濟體的金融創新活動、投資收益和資本流出政策（Levy-Yeyati，1999）。而 EMs 是國際資本的需求方，其自身狀況構成了國際資本流向 EMs 的拉動因素（Pull Factors），包括經濟體自身的國內信貸、經濟成長、貿易狀況、經濟開放度、金融抑制程度、匯率制度等諸多方面（McKinnon & Pill，1999）。

是「推動」因素更重要還是「拉動」因素更重要？部分研究認為推動因素（國際因素）是資本流向 EMs 的主因，如 Fernandez-Arias（1996）、Reinhart 和 Reinhart（2008）、Forbes 和 Warnock（2012）、Mandalinci（2013）、Fratzscher（2012）。也有學者認為「拉動因素」（內部因素）對於資本流動的影響更大，如 Taylor 和 Sarno（1997）、Mody 等（2001）、Leonardo 等（2001）、Alfaro 等（2005）、Ali Askin Culha（2006）。更進一步，Forbes 和 Warnock（2012）注意到不同類型國際資本在穩定性上的差異後，對國際資本流動的構成進行分類考察，發現 80% 的資本湧入和 70% 的資本流出都是債權資本，而債權資本又與國際風險程度、區域傳染性負相關，與一國層面的經濟增長正相關。根據前人的實證研究，Koepke（2015）梳理了不同類型的國際資本與不同類型「推動」和「拉動」影響因素的相關係數表（表 5-3）。

表 5-3　　　　　　　　　不同類型因素與不同類型國際資本流動的相關性

類型	驅動因素	證券投資(股權)	證券投資(債權)	銀行資本	直接投資(FDI)
推動因素 (Push Factors)	全球風險規避程度	強負相關 (M&T 2011, F 2012, BDES 2013, R 2013, A&Z 2013, A&Z 2014, K 2014)	強負相關 (negative: M&T 2011, F 2012, BDES 2013, R 2013, A&Z 2013, A&Z 2014, K 2014)	強負相關 (J&M 2002, FHST 2004, T 2010, M&T 2011, R 2013, B&S 2013a, B&S 2013b, H&M 2013)	關係不明 (ALS 2005; positive/negative: BDES 2013; negative: M&T 2011, positive: R 2013)
	成熟經濟體利率水平	強負相關 (F 1996, W 1997, M&R 1999, T&S 1997, CCM 1998, B 2006, FLS 2012, D&V 2014, FKSS 2014, K 2014)	強負相關 (negative: F 1996, W 1997, T&S 1997, M&R 1999, B 2006, D&V 2014, FKSS 2014, K 2014)	弱負相關 (negative: B&S 2013a, GQS 2014; positive/negative: G 2002, CCR 2014; positive: J&M 2002)	關係不明 (insignificant: W 1997, M&R 1999, HMV 2001, D&K 2008a; negative: ALS 2005; positive: G&R 2000)
	成熟經濟體產出增長率	弱正相關 (positive/insignificant: B 2006, D&K 2008a, F&W 2012; insignificant: A&Z 2013)	弱正相關 (positive/insignificant: B 2006, D&K 2008a, F&W 2012; insignificant: A&Z 2013)	關係不明 (insignificant: FHST 2004; positive/negative: G 2002; positive: J&M 2002)	關係不明 (insignificant: G&R 2000; positive/negative: D&K 2008a, ALS 2005)
(拉動因素 Pull Factors)	國內產出增長	強正相關 (positive: D&K 2008a; positive/insignificant: B2006, D&K 2008b, A&Z 2013, K 2014)	強正相關 (positive: D&K 2008a; positive/insignificant: B 2006, D&K 2008b, A&Z 2013, F 2012, K 2014)	強正相關 (positive: J&M 2002, FHST 2004, T 2010, H&M 2013, B&S 2013b)	強正相關 (positive: GNP 1998, HMV 2001, A&H 2003, D&K 2008a, D&K 2008b)
	資產收益率	強正相關 (positive: FOS 2001, F 2012, L 2012, K 2014)	強正相關 (positive: FOS 2001, F 2012, K 2014)	強正相關 (positive: FHST 2004, B&S 2013b, H&M 2013)	關係不明 (insignificant: W 1997; negative: R&R 2003)
	國別風險	弱負相關 (negative: W 1997, K&W 2008, D&F 2012; negative/positive: H&K 2007)	弱負相關 (negative: W 1997, K&W 2008, D&F 2012; negative/positive: H&K 2007)	強負相關 (negative: W 1997, FHST 2004, H&K 2007, K&W 2008)	弱負相關 (negative: R&R 2003, B&D 2006; negative/insignificant: ALS 2005)

資料來源：Robin Koepke.What Drives Capital Flows to Emerging Markets? [R]. A Survey of the Empirical Literature.IIF Working Paper, 2015. 表中縮寫為文獻來源,具體請見 Robin Koepke 原文

從表 5-3 可以看出「推動因素」大多對證券資本流動影響較大，對銀行資本流動影響較小，對 FDI 的影響最小。「推動因素」中「全球風險規避程度」對證券資本和銀行資本的負面影響最為顯著。「成熟經濟體利率水平」對證券資本特別是債券資本的影響較大，對銀行資本影響較弱，對 FDI 的影響並不明確。就「拉動因素」而言，三類代表性要素均顯著影響銀行資本流動。「拉動因素」中國內產出增長率對所有投資類型都存在顯著的正向影響，而資產收益率對除 FDI 外的其他因素也存在顯著的正向影響。但東道國國別風險對資本流動的負向影響並不十分顯著。

第三節　國際資本流動風險

國際資本流動如何衝擊東道國經濟？現有的研究表明，資本流動的規模並不足為懼，關鍵是短期內大量資本流入之後又迅速流出，即資本流動大量湧入後又「突然停止」（Sudden Stops 或 Capital Account Reversibility，簡稱 SS），這往往才是危機的導火索。那麼何為國際資本流動「突然停止」？二者對東道國經濟的衝擊機制如何形成？通常而言，國際資本大規模湧入 EMs 往往會導致東道國貨幣升值、經濟過熱、財政擴張、資產價格膨脹、經常項目赤字、金融機構貨幣錯配等一系列問題（Reinhart & Reinhart，2008；Furceria，2012；Tillmann，2013），增加了 EMs 經濟體的金融脆弱性，使 EMs 遭遇 SS 的可能性進而演化為貨幣危機、銀行危機的可能性（Cardarelli 等，2010；Caballero，2012）。

一、國際資本流動「突然停止」的成因

學術界對 SS 的成因研究主要從內外兩個角度展開。

1. 內部角度

內部視角主要考察國際資本流動的構成類型與 SS 形成之間的聯繫。通常認為國際資本流動中股權性資本如 FDI 的穩定性較強（Chuhan 等，1998；Levchenko & Mauro，2006），理由是在東道國長期投資的收益較少受到諸如利率、匯率的短期變動影響。但這並不意味著 FDI 不具有波動性和逆轉性（Taylor & Sarno，1997），當一國的基本面發生變化時，FDI 的投資者也會通過加速資本收益匯回或減少對母公司債務的方式來掩飾資本流出的事實（Sula，2010）。FDI 甚至可以通過在東道國進行抵押貸款，並將其撤至國外的方式進行抽逃（Bird & Rajan，2002）。就債權資本流動而言，Gabriele（2000）視其波動性介於 FDI 和證券資本之間，由於貸款利率預先確定，外資債權人（銀行）提高利率的可能性不高，縱然提高也只會增加債務違約風險。於是更多的債權銀行將選擇大額存單的方式抽逃資金以降低損失（Bailey 等，2000；Willianson，2001；Wilette 等，2004）。由於信息不對稱問題，通常認為證券資本的逆轉性（Reversibility）最強，也最能引致一國發生 SS。實證方面，Sarno 和 Taylor（1999）對 1988—1997 年 18 個亞洲和拉美經濟體吸收的美國資本，運用卡爾曼濾波將國際資本流動分離出永久性和暫時性的成分，發現股權資本、債權資本、官方資本流動中暫時性的成分比較高，商業信貸資本流動的永久性成分較高，FDI 幾乎全部是永久性成分；Lerchenko 和 Mauro（2007）也認可 FDI 的穩定性並認為債券資本和其他類型資本流動逆轉是 SS 的主要誘因；Sula 和 Willett（2009）利用 1990—2003 年 35 個新興市場經濟體的數據證實國際資本流動的構成確實影響 SS 的發生概率。當他們進一步用資本流動波動率代表國際資本的逆轉性時，發現

FDI是所有國際資本類別中最穩定的；雖然私人貸款和證券資本一樣具有較高的逆轉性，但在危機中私人貸款逆轉性最強。

2. 外部視角

從外部視角考察SS時主要從國際、國內環境入手。國際環境主要包括美國利率水平、全球風險水平等。國內環境包括東道國經濟水平、匯率制度、貿易開放度、資本自由流動程度等。Calvo等（2004）在對32個經濟體1990—2001年的數據進行面板迴歸後發現，美元化程度和資本流動對匯率的敏感度是影響SS的關鍵變量。Sula（2010）在對1990—2003年間38個發展中經濟體SS的成因考察後認為以高經常帳戶赤字和實際匯率升值為代表的國內脆弱的經濟環境是SS最主要的成因。作者也考察了資本構成對SS的影響，並認為私人貸款和證券資本最容易形成SS，而FDI最穩定。Fratzscher（2012）利用EPFR數據庫2005年10月22日至2010年11月22日16,000只股票、8,000只債權基金在50個經濟體的國際資本流動情況進行實證分析後發現，國際環境（國際危機、全球流動性、全球風險）是驅動危機間資本流動的關鍵，而面對「共同因素」（Common Factor）的衝擊時各國所表現出的差異（Heterogeneity）主要受到各國自身的因素（宏觀經濟狀況、制度狀況和政策措施）的影響。Forbes和Warnock（2012）在重新對資本流動進行分類的基礎上，分析出全球性的因素，尤其是全球風險是全球極端資本流動的主要驅動力；相對於前者，國內因素就顯得不那麼重要。Cowan和De Gregorio（2006）、Cowan等（2008）、Rothenberg和Warnock（2011）進一步將SS區分成由國外投資者引致的真實SS和國內投資者引致的資本外逃。

3. 國際資本突然停止成因分析：一個理論框架

國際資本突然停止和國際資本突然湧入是硬幣的兩面，一些性質相同的因素驅動這兩個事件的發生。按照前人的研究發現，我們將影響突然湧入（Surge）和突然停止（Sudden Stops）的因素按照國際、區域和國內三個層次進行梳理（表5-4）：

①美國利率。美國利率通常會影響全球資本市場和資本流動。當美國利率上升時，更多的資本出於逐利的考慮從發展中經濟體抽撤至美國，從而觸發發展中經濟體的SS（Giovanni & Shambaugh，2008）。②全球風險。全球風險上升時，資本都會存在回撤問題，所以這也會導致資本從發展中經濟體回流到發達經濟體。本書使用VXO（利用30天S&P 100期權波動率計算得出）、波動率指數（VIX）、泰德利差（Ted Spread）、標普500指數收益波動率代表全球風險。③經濟/收入增長。通常認為經濟/收入增速越快則一國對國外資本的吸引力越強，發生SS的可能性越低。④國內實際利率。此與美國利率相反，當國內利率提高時外資湧入，該國發生SS的概率降低；反之升高。⑤匯率變動。資本湧入新興經濟體時若東道國匯率升值，則該國發生SS的概率降低。本文使用實際有效匯率（REER）偏離程度代表匯率變化。⑥匯率制度。通常而言，固定匯率制存在政府的隱性擔保，因而固定匯率制會鼓勵東道國進行國際借貸，間接增加該國發生SS的概率。⑦資本帳戶開放度。資本帳戶越開放，則該國爆發SS的概率越高。本章使

表 5-4　　　　　　　　國際資本流動「突然停止」的影響因素表

類型		變量	代碼	計算方法	期望符號（Surge）	期望符號（Sudden Stops）
影響因素	全球因素	美國利率	intw	三個月美國國債利率並剔除通脹（intw-inf）/（1+inf）	−	+
		泰德利差	ted		−	+
		全球風險	vix	標普 500 指數收益率的波動率	−	+
		商品價格指數	comp	實際值與趨勢值對數之差	−	+
	區域因素	區域傳染性	cont		+	+
		他國危機	crisis	發生危機則為 1，否則為 0		+
		貿易關聯度	tralink		*	*
		金融關聯度	finlink		*	*
		他國外匯儲備	resr	區域內他國外匯儲備占區域外匯儲備比重	−	+
	國內因素	經濟增速	gdp	如果 gdp＞0，則 gdp/（1+gdp）；如果 gdp＜0，則 gdp/（1-gdp）；剔除通脹。	+	−
		收入水平	income	對數處理	+	−
		匯率偏離度	erdev	利用 i 經濟體的物價水平對 i 經濟體相對於美國的收入進行迴歸所得殘值即是	+	−
		利率水平	intd	國內利率並提出通脹	+	+
		貿易條件	tot	出口價格指數/進口價格指數	*	*
		債務程度	debt	債務/GDP	−	+
		貿易開放度	to	（進口+出口）/GDP		
		經常項目	ca	CA/GDP	+	−
		本國外匯儲備	res	Reserve/GDP	+	−
		金融一體化程度	fi	（資本+金融帳戶餘額）/GDP	*	*
		資本帳戶開放度	kaopen	Chinn-Ito 指數	*	*
虛擬因素		匯率制度	regime	IMF 分類	*	*
		區域	region	UN 分類	*	*

註：「＋」/「－」分別意味著影響因素上升或下降對東道國爆發國際資本流動突然停止或突然湧入的概率起到「推動」/「降低」的作用；「＊」表示作用不確定

用 Chinn-Ito 指數代表資本帳戶開放度。⑧經常帳戶與 GDP 之比。這一比率越高，該國經濟越穩健，爆發 SS 的概率也相應越低。⑨貿易開放度。通常認為一國對外貿易越開放，則該國遭遇 SS 的概率越高。但根據 Cavallo 和 Frankel（2008）的研究，一國貿易占 GDP 的比重每上升 10%，則該國 SS 爆發概率下降約 1%。所以經常帳戶與 GDP 之比對 SS 的影響尚待考證。⑩貿易關聯度、金融關聯度。這兩個指標主要考察 SS 是否在區域間通過貿易和金融兩個渠道進行傳染，本章使用 Forbes 和 Warnock（2012）的方法計算

貿易、金融關聯度。⑪區域傳染性。本章用區域內平均流向他國的資本/GDP 代表。⑫虛擬變量。這裡引入虛擬變量，目的是考察 SS 是否具有傳染性，引入區域內其他國家發生 SS 的變量作為東道國 SS 的解釋變量。⑬外匯儲備。通常而言本國的外匯儲備上升，自身抵禦 SS 的能力增強，通過信號顯示途徑能阻擊投機資本，從而降低 SS 發生的概率。⑭債務與 GDP 之比。按照 Abbas 等（2010）、Forbes 和 Warnock（2012）的解釋，債務程度越深則東道國面臨的風險越大。⑮金融一體化程度。⑯貿易條件。該指標與 SS 之間的關係並不確定。

二、國際資本流動「突然停止」的影響

「突然停止」如何釀就危機？Calvo 和 Reinhart（2000）認為 SS 會通過「凱恩斯渠道」（Keynesian Channel）和「費雪渠道」（Fisherian Channel）對實體經濟產生衝擊。當發生 SS 時，一國通常借助減少外匯儲備或匯率貶值加以應對，這會帶來出口上升/總需求下降。在工資價格粘性的背景下，總需求下降自然會導致一國經濟衰退，稱之為凱恩斯效應。在費雪效應下，國內需求下降會引致非貿易品相對於貿易品的價格下降，這會降低非貿易品廠商的庫存/抵押品的價值，進而加劇其融資困難。對於銀行而言，抵押品價值下降也會導致其不良貸款率上升，甚至出現資不抵債的現象，爆發銀行危機的概率上升。出於安全考慮，銀行對公眾信貸會更加謹慎，這會進一步加劇凱恩斯渠道下的緊縮問題。面臨銀行危機和經濟衰退，一國官方通常會採取大規模的財政救援計劃。在國內扭曲的分配體系下，資源配置效率低下的救援效果甚微，這反而給一國造成財政負擔，為信貸危機埋下伏筆。在上述危機的疊加效應下，甚至國內投資者也會對本國狀況失去信心，於是資本加劇外逃，進而導致貨幣危機發生。

國際資本流動突然停止對東道國產出的影響如何？理論上大多使用金融加速器（Bernake 等, 1999）或信貸約束（Kiyotaki & Moore, 1997）來分析 SS 對產出的影響，並普遍認為 SS 發生後東道國產出會下降。Calvo 等（2006）在對 1980—2004 年 31 個新興市場經濟體分析後發現，普通的 SS 會導致平均產出下降 4.4%，但是系統的突然停止（Systematic Sudden Stops, SSS）會導致產出下降 10%；Hutchison 和 Noy（2006）在對 1975—1997 年 24 個發展中經濟體統計後發現，貨幣危機使產出下降 2%~3%，但突然停止發生當年就會導致產出下降 6%~8%，三年內累積導致產出下降 13%~15%。由此他們認為 SS 對實體經濟更有破壞力；Bordo 等（2010）則站在歷史角度考察了 1880—1913 年 20 個新興市場經濟體的狀況後發現 SS 可以通過直接和間接兩個渠道影響產出。直接渠道下 SS 可以使產出平均下降 4%，間接渠道下 SS 發生往往伴隨著債務、銀行、貨幣等類型的金融危機，這些危機還會導致產出平均再下降 3.6%；Cowan 等（2008）進一步將 SS 分離為「突然開始」（Sudden Starts）和「真實的突然停止」（True Sudden Stops）兩種類型。前者由國內資本加速流出引致，會引起產出平均下降 0.4%，後者由國外資本流出引致，會引起產出平均下降 1.5%；不過也有研究發現 SS 對產出的衝擊較

小而且無滯後性，如 Kaminsky（2006）測算出 SS 僅會導致產出下降 0.2%，且產出下降只會在 SS 發生的當年。

SS 不僅對產出存在衝擊，對經常項目也存在較大的影響。Guidotti 等（2004）對110個經濟體 1974—2002 年的數據分析後發現 SS 發生時，通常伴隨著一國經常項目逆轉（Current Account Reverse，CAR），即一國經常項目赤字減少甚至轉向盈餘，其幅度通常在 2% 以上。Edwards（2004）在分析全球 157 個經濟體 1970—2001 年的經常項目逆轉同 SS 之間的關係時發現，46.1% 的經濟體在經歷 SS 之後會遭遇經常項目逆轉，22.9% 遭遇經常項目逆轉的經濟體也會經歷 SS。由此可見，SS 與 CAR 關係十分密切。

SS 同樣會對信貸、投資產生影響。Calvo 等（2006）注意到發生 SS 的經濟體產出往往迅速恢復從而實現 V 形反轉，但信貸、投資卻長期處於谷底難以恢復，Calvo 等稱這種現象為「鳳凰涅槃」（Phoenix Miracle）[1]。那麼信貸、投資在低谷徘徊，為何產出反而逆勢上漲？作者認為在存在金融摩擦（Financial Frictions）的環境中，企業依然能獲得短期營運資本貸款，但是長期資本融資近乎停滯；Joyce 和 Nabar（2009）在對 1976—2002 年 26 個經濟體系統考察後發現，如果一國的銀行部門比較穩健，那麼即便該國遭遇 SS，對該國投資的影響仍不顯著。由此可見 SS 對投資的影響並非直接和線性的，而是需要借助銀行體系進行傳遞。

三、國際資本流動「突然停止」的測定

通常對 SS 的識別有兩類方法。其一是以 Radelet 和 Sachs（1998）、Rodrik 和 Velasco（1999）、Sula（2010）為代表的學者提出的界定方法——$\Delta FA<0$ 且 $\Delta FA/GDP \leqslant \tau$，即認為該經濟體發生了 SS；其二是以 Calvo 等（2004）、Bordo 等（2010）、Rothenberg 和 Warnock（2011）為代表的界定方法——$\Delta FA \leqslant \mu_{\Delta FA} - \beta\delta_{\Delta FA}$。其中 FA 代表資本金融項目餘額，$\Delta FA$ 表示資本金融項目的變動額，μ 是 ΔFA 的滾動均值，δ 是 ΔFA 的滾動標準差，β 是標準差的倍數。τ 表示資本金融項目變動額占 GDP 的比重臨界值。數值 τ 通常由研究者根據資本管制情況予以確定，通常設定為 -5%。如果一國資本管制更為嚴格或對資本金融項目變動的「耐心」較差，則 τ 值可以更低。第一類方法中的 $\Delta FA<0$ 的不足之處在於只考慮到出現資本流出時的 SS，須知 FA 由一個較高的正值變成較低的正值同樣意味著發生 SS。因而本書使用第二類方法，同時為確保 SS 的意義，特附加一個條件 $\Delta FA/GDP \leqslant -5\%$。

借鑑 Calvo 等（2004）、Bordo 等（2010）、Rothenberg 和 Warnock（2011）等對國際資本流動「突然停止」的界定，本書將國際資本突然湧入（Surge）界定為：$\Delta FA \geqslant \mu_{\Delta FA} + \beta\delta_{\Delta FA}$ 且 $\Delta FA/GDP \geqslant 5\%$，其中 FA 代表資本金融餘額，$\mu$ 是 ΔFA 的滾動均值，δ 是 ΔFA 的滾動標準差。

---

[1] 對於這個謎題，Thomas Mayer、Michael Biggs、Andreas Pick（2010）指出 Calvo 等提出的信貸與 GDP 對比來說明「鳳凰涅槃」問題是不合理的，因為 Calvo 等使用的是信貸存量，而 GDP 又是流量，量綱不同。Mayer 等使用信貸流量與 GDP 之比，發現其與經濟增速是高度正相關的。具體請見：http://www.voxeu.org/article/myth-phoenix-miracle[2010/05/14]。

按照上述算法，這裡測算了中國遭遇到的國際資本「突然湧入」和「突然停止」的時點和頻率。從圖5-8中a圖可以看出，2006年以後中國的資本和金融項目餘額變化在不斷放大並頻繁突破Surge上限，同時在2007Q3、2007Q4、2011Q3、2011Q4、2014Q2時點上也突破Sudden Stops下限；從圖5-8中b圖可以看出，2008年以前交替發生著「突然停止」和「突然湧入」，但2008—2010年，中國未發生「突然停止」，反而發生了數次國際資本「突然湧入」。這與當時的國際金融危機環境密不可分，當時中國在4萬億資金刺激下經濟一枝獨秀，反觀美歐身陷泥淖，國際資本從美歐抽撤至中國。由此可見，資本的避險、逐利性是驅動其在國際穿梭的永恆動力。

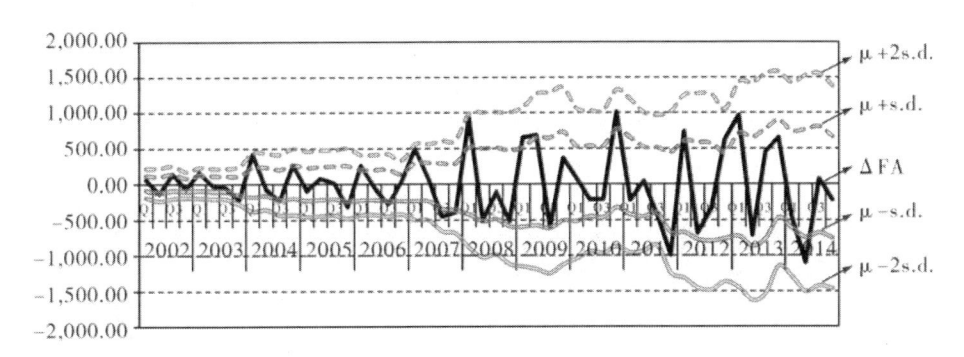

a. 突然停止、突然湧入的識別情況

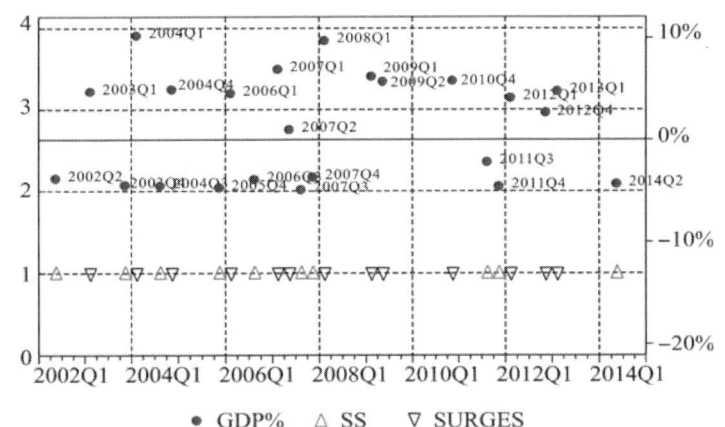

b. 突然停止、突然湧入情形匯總

圖5-8 中國面臨的「突然湧入」和「突然停止」示意圖

註：ΔFA表示金融帳戶餘額的變動值；μ為ΔFA的滾動均值（以8個季度為1週期）；s.d.為滾動標準差；μ-s.d.表示以變化值的滾動均值為中心，減去1個變化均值的標準差，作為識別突然停止的臨界值，一旦ΔFA超過該值，則被認定發生了突然停止；同樣μ+s.d.則是為了識別國際資本突然湧入（Surges），一旦ΔFA超過此限，則會被認為發生了資本湧入；圖b是根據圖a統計出來的，一旦在圖a中被識別，則表現在圖b中；GDP%表示ΔFA與產出之比

數據來源：IMF國際金融統計（International Financial Statistics）並經作者計算整理

從圖 5-8 中的 a 圖還可看出，2011 年 Q3 之後中國又開始遭遇 SS 問題，特別是 2014 年第 2 季度，流入中國的資本數量較上一季減少 1,100 億美元。且自 2014Q2 至今，中國的金融項目（除儲備外）連續 6 個季度出現資本淨流出，累積規模達 1,814 億美元。這種情況是以前從未有過的，包括在亞洲金融危機期間，中國金融項目也僅有兩個季度呈現淨流出局面。金融帳戶資本淨流出成為中國外匯儲備下降的重要成因。

第四節　中國國際資本流動概況

國際資本流動通常有三種重要形式，分別是外國直接投資（FDI）、證券投資（Portfolio Investment）和其他投資。在本節中，我們在介紹中國國際資本流動總體情況的基礎上，重點說明外國來華的直接投資的發展概況。

一、中國國際資本流動的總體情況

1982 年至今，中國的資本和金融帳戶餘額整體上為正且規模不斷擴大，這體現出以中國為代表的 EMs 在吸收全球金融資本方面的能力在不斷增強（圖 5-9），不過資本和金融帳戶（不含外匯儲備）餘額也經歷了跌宕起伏的變化。按照趨勢，可將中國國際資本流動分為三個階段：第一階段是 1982—2000 年，此間國際資本流入、流出額度變化較小，只在亞洲金融危機期間國際資本出現大幅流出的局面；第二階段是 2001—2010 年，此間國際資本流入中國的速度、額度遠超流出額，因而這時資本和金融帳戶（不含外匯儲備）餘額急遽上升，達到前所未有的高度；第三個階段自 2011 年開始，尤其是 2012 年以後，在中國國內經濟增長乏力、美國經濟加速復甦、美聯儲加息預期不斷強化的背景下，中國的國際資本淨流入呈明顯的「Λ」形反轉，從大幅流入轉為大幅流出。

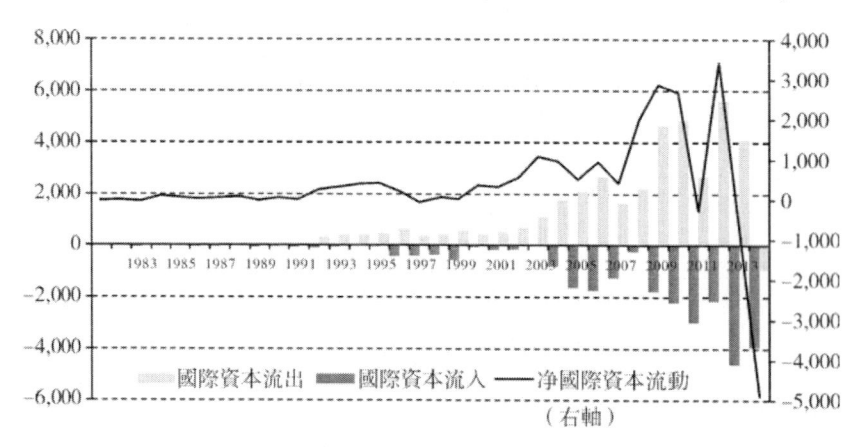

圖 5-9　中國 1982 年至今的國際資本流入流出情況

資料來源：國家外匯管理局；單位：億美元；按 BPM6 標準編製。

那麼國際資本是以何種身分進入中國的呢？進一步將資本和金融帳戶餘額分解為資本帳戶餘額、直接投資餘額、證券投資餘額和其他投資餘額後（圖5-10、圖5-11）不難看出，「直接投資」是中國資本和金融帳戶長期盈餘的中流砥柱，其占比可達中國資本和金融帳戶盈餘的60%以上。其次是「其他投資」「證券投資」呈明顯的週期性波動趨勢，而「資本帳戶餘額」所占比重甚微，可以忽略。通過各類型資本的對比不難發現：「直接投資」長期呈現上升態勢，這必然與中國「自身因素」而非國際因素密切相關。「證券投資」在2010年以前正負交替出現，此後則持續為正。值得注意的是「其他投資」劇烈的波動性，自2008年開始「其他投資」呈現不規則的變動，且其波動幅度不斷擴大，成為左右中國資本流動方向的最強力量。在「其他投資」的影響下，中國資本流動在2007Q4、2008Q4、2011Q4、2014Q2相繼遭遇了大規模的國際資本流出局面。可以說，「其他投資」的流向及波幅直接決定著中國所面臨的資本流動格局。

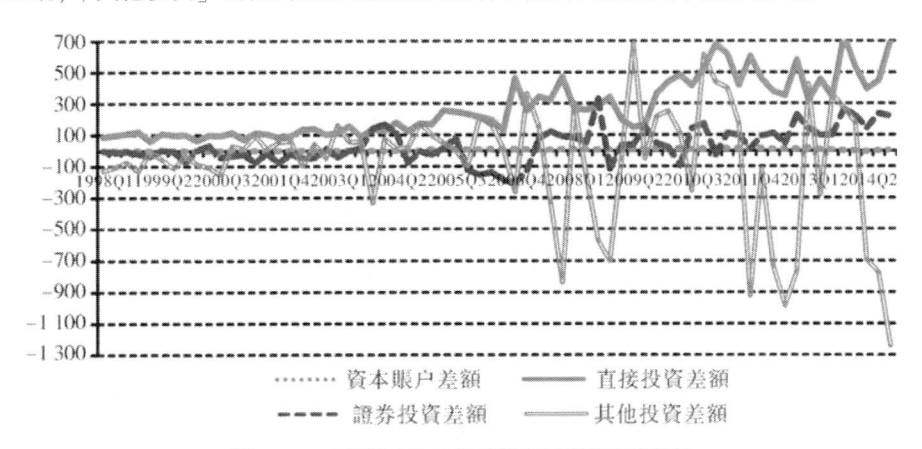

圖5-10 中國資本和金融帳戶各子項變化示意圖

資料來源：國家外匯管理局；單位：億美元

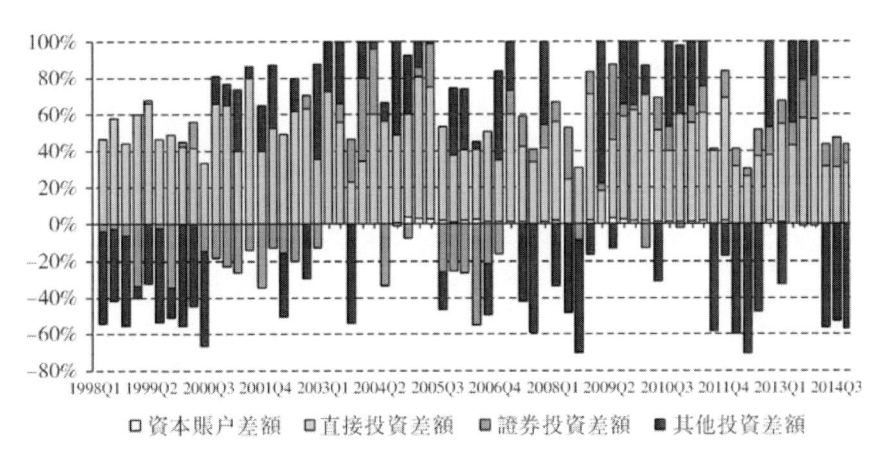

圖5-11 中國資本和金融帳戶餘額結構

資料來源：國家外匯管理局

中國經濟自 1990 年以來平均實際增長率達 10% 以上。儘管最近幾年，由於「三期疊加」等原因，中國經濟從中高速增長轉向中低速增長的「新常態」，但中國經濟基本面並未發生實質的改變。從經濟發展水平、技術進步的潛力和改革開放的效應來看，中國經濟還將在一定時期內保持較快增長。這樣，對於國內外的投資者而言，中國都將為其提供一個不斷擴張的大市場。

二、在中國的外國直接投資

中國自 1978 年實行改革開放政策以來，吸收利用外國直接投資大體經歷了五個階段。對於 FDI 發展階段的認識可以清晰地勾勒出中國改革開放的進程。

1. 第一階段：1979—1985 年，起步階段

1979 年 7 月，五屆人大二次會議通過並頒布了《中華人民共和國中外合資經營企業法》，並於 7 月 8 日起實施。這部法律允許外國投資者與國內企業組建合資企業，標誌著中國對外資開放的開始，也為外國直接投資奠定了一個基本的法律框架。在隨後的幾年裡，又通過了一些相關的法律和法規（主要是稅收和管理方面的法律和法規）。

就在同一年，中國政府在深圳、珠海、汕頭、廈門四個地區成立了經濟特區，其目的主要是吸引外資，增加出口。在經濟特區內實行特殊政策，給予外資企業在稅收、信貸和原料供應方面的優惠待遇。具體來說，特區內的外商投資企業僅繳納 15% 的公司所得稅（國內企業為 33%），在設立之初的兩年內可暫不繳納公司所得稅，在設立兩年後只按規定稅率的一半繳納。

雖然通過了合資企業法，建立了經濟特區，但外資增長速度很慢，一方面是因為法律框架還很不健全，基礎設施也很不完善；另一方面，中國經歷了數十年的閉關鎖國，與世界其他國家尤其是外資主要來源地的美國、西歐的經濟往來很少，這些國家對中國不瞭解，對計劃經濟國家持嚴重的懷疑態度。1979—1982 年，只有 922 個外商投資項目，合同外資金額為 60.1 億美元，實際投資額為 11.7 億美元，平均每年只有幾億美元。

1984 年，鄧小平在視察了經濟特區後，充分肯定了對外資開放所取得的成績。同年 4 月，上海、天津、大連、青島和廣州等 14 個城市被確定為第一批開放城市，對外資開放。在對待外資方面，允許這些城市採取與經濟特區相同的特殊政策。這些城市很快建立了各自的「經濟技術開發區」，區內實行與經濟特區同樣的政策。

1985 年，長江三角洲、珠江三角洲和閩南三角洲成為沿海經濟開發區，中央政府允許這些地區的地方政府在外資和外貿方面有更大的管理權，實行與沿海開放城市相同的政策。

這一階段累計吸收外資 217.9 億美元，雖然外國直接投資的數量很有限，但中國政府畢竟邁出了可喜的一步，同時也向世界表明了中國對外開放的態度，為日後進一步吸引外資奠定了基礎。

2. 第二階段：1986—1991 年，法律體系逐步完善階段

在中國吸引外資的過程中，也出現了或多或少的問題，比如外資企業無法利用本地的資源和其他物資供應、地方官僚主義、亂收費等。在這種情況下，中國政府決定進一步改善投資環境，以吸引更多高質量的外國投資。1986 年 10 月，國務院頒布了《關於鼓勵外商投資的規定》，這些規定要求減少所有在中國的外資企業的公司所得稅，給予更大的管理自主權；另外還對出口導向的外資企業和高技術的外資企業給予更為優惠的待遇。

同時，中國政府針對第一階段開放中出現的問題採取了一些措施，包括於 1986 年 4 月頒布外商獨資企業法，取消對外資所有權的限制。1988 年又頒布了獨資企業法的實施細則。1988 年 4 月，期待已久的合作企業法也出抬了。事實上，在這之前，中國已有 5,000 餘家合作企業。1990 年春，中國政府又對 1979 年頒布的合資企業法進行修改，放鬆了對外資企業的限制，包括取消外國人不能擔任企業經理的規定，不再規定合資企業的期限等。這些法律都向外國人保證，除非發生特殊情況，否則中國政府不會國有化或沒收外資企業，如果確有必要，也會給予外商適當的補償。

1988 年，中國政府開放遼東半島、山東半島，將海南從廣東獨立出來作為中國的第 31 個省和第 5 個特區。進而於 1990 年 4 月決定開發和開放上海浦東新區。同年 9 月，上海市政府頒布了鼓勵開發浦東新區的地方性法規，為外資提供了更為廣闊的投資空間，包括合資銀行、合作銀行、合營金融公司、房地產行業、商業零售和諮詢業等。

外資對這些政策做出了積極的回應，外國直接投資又開始增加。1987—1989 年，儘管中國發生了嚴重的通貨膨脹和宏觀經濟不穩定，但外資仍然繼續增加。1986—1991 年，外國直接投資合同金額累計達到 332 億美元，平均每年 66 億美元，外商實際投資 167 億美元，平均每年 33 億美元。與第一階段相比，這兩個數字分別上升了 142% 和 255.3%。

在這一階段，中國對外國直接投資的法律環境已經比較完善，這就為 1992 年開始的高速增長時期的到來奠定了基礎。

3. 第三階段：1992—1997 年，高速發展階段

在 1992 年鄧小平南方談話和e共產黨的十四大以後，中國政府進一步敞開大門，繼續採取吸引高質量外資的措施。向外資進一步開放了新的投資領域，包括商業零售、金融服務業、公路、鐵路和通信業，以及煤炭、石油和其他採礦業。

1994 年 7 月 1 日，中國政府頒布了新的公司法。儘管該法的主要目的是為社會主義市場經濟體制下的國有企業構建法律基礎，但從長期來看，它為國內企業和外資企業提供了平等的競爭環境。1995 年 6 月，國務院又發布了《指導外商投資方向暫行規定》和《外商投資產業指導目錄》。1996 年 4 月取消了對外資企業進口設備免徵進口稅的優惠待遇。同時中央政府下放了外商投資的審批權限，投資金額低於 3,000 萬美元的項目由地方政府自行審批（在此之前，地方政府只能審批投資金額低於 1,000 萬美元的項目）。

在這一階段，外國投資者在中國的投資非常活躍，大型跨國公司的投資不斷增加。據統計，被美國《財富》雜誌列為全球 500 強的企業中，已有 300 多家來華投資，其中包括著名的美國通用汽車公司、埃克森石油公司、福特公司、日本松下電器公司、三菱重工、德國大眾汽車公司、荷蘭菲利浦公司等。

在這一時期，外國直接投資成為中國利用外資的主要形式。1993 年，外國直接投資占全部利用外資的比重為 69%，1994 年為 78.2%，1995 年為 78%，1996 年為 76.1%，1997 年由於受到東南亞金融危機等的影響，該比例有所下降，為 70.3%。

4. 第四階段：1998—2001 年，結構調整和穩步發展吸引外商投資階段

1997 年年底，中國政府召開了有關吸引外資問題的全國性會議，總結了中國近 20 年來吸引外資的經驗教訓，同時提出了進一步改革開放和提高利用外資水平的一系列政策，主要包括：

（1）進一步鼓勵外資進入農業、高新技術、基礎設施、環境保護和出口等行業。

（2）擴大外商投資領域。進一步開放競爭性行業，擴大引進外資的產業規模，比如石油化工、建築業等。在已開放的商業零售、金融保險、礦產、旅遊、外貿、通信等行業的試點基礎上，認真分析發展過程中出現的問題，進一步解決好合資合作的問題。

（3）逐步實現對外商投資企業的國民待遇。

（4）鼓勵外國投資者到中國的中西部投資。

在 2001 年年底加入 WTO 之後，中國出口行業的競爭優勢吸引了大量外商投資湧入。外商來華投資額從世紀初的 400 億美元增至 2014 年的 1,100 億美元。

5. 第五階段：2012 年後，經濟「新常態」下的外資政策調整

2012 年以後，中國擴大了外資投資領域，限制類項目取消了 50%。為推動外商投資的便利化，中國把核准制基本上改為備案制，大概現在保留的需核准項目也只有 5%。中國推動以准入前國民待遇加負面清單的管理模式，同時在和美國、歐盟進行 BIT（雙邊投資協定）談判，和很多國家進行 FTA（自由貿易區）談判。國務院於 2015 年 3 月 10 日發布了《外商投資產業指導目錄（2015 年修訂）》，進一步明確了外資管理政策的新變化：

一是積極放寬外資准入。通過修訂目錄大幅減少對外商投資的限制。此次修訂後，總條目達 423 條，比 2011 年版目錄 471 條減少了 48 條。其中，限制類條目減少 41 條，鼓勵類和禁止類條目數量基本穩定，分別減少 5 條、2 條。開放力度是歷次修訂中最大的一次。

二是轉變外資管理方式。充分發揮市場在資源配置中的決定性作用，減少目錄中「限於合資、合作」規定。「限於合資、合作」條目數從 2011 年版的 43 條減少到 15 條，「中方控股」條目數從 2011 年版的 44 條減少到 35 條。

三是調整優化經濟結構。鼓勵外商投資進入現代農業、高新技術、先進製造、節能環保、新能源、現代服務業等領域，承接高端產業轉移。鼓勵外資在研發環節投資，推

動引資、引技、引智有機結合。鼓勵類條目原則上不做刪除，以保持政策連續性、穩定性和可預期性。

四是進一步增強透明度。刪除舊版目錄中的「國務院專項規定或產業政策另有規定的，從其規定」的兜底條款，將限制、禁止類中原「國家和中國締結或者參加的國際條約規定限制/禁止的其他產業」規範為「國家法律法規和中國締結或者參加的國際條約規定限制/禁止的其他產業」；所有外資股比規定均在目錄中列明，允許類條目不再保留外資股比限制。

復習思考題

1. 何為國際資本流動？
2. 長期和短期國際資本流動的區別與聯繫是什麼？
3. 1980—2015年湧入發展中經濟體的國際資本變化特點是什麼？
4. 國際資本流動的驅動因素有哪些？
5. 試用哈里·約翰遜的「貨幣分析法」討論國際資本流動的影響因素。
6. 何為國際資本流動的「推動－拉動」理論？「推動－拉動」的因素有哪些？
7. 何為國際資本流動「突然停止」？
8. 國際資本流動「突然停止」的成因有哪些？
9. 如何測度國際資本流動「突然停止」？
10. FDI對東道國經濟增長的貢獻途徑是什麼？

參考文獻

[1] 朱孟楠. 國際金融學 [M]. 廈門：廈門大學出版社，2013.

[2] 姜波克. 國際金融學 [M]. 上海：復旦大學出版社，2012.

[3] 吳雲松. 上海吸引外商投資障礙的實證研究 [J]. 財經研究，2002 (11).

[3] BORDO M D, CAVALLO A F, MEISSNER C M. Sudden Stops: Determinants and Output Effects in the First Era of Globalization, 1880-1913 [J]. Journal of Development Economics, 2010, 91 (2): 227-241.

[4] CALVO G A, REIHART C M. When Capital Inflows Come to a Sudden Stop: Consequences and Policy Options [R]. MPRA Paper, No. 6982.

[5] FERNANDEZ-ARIAS E. The New Wave of Private Capital Inflows: Push or Pull? [J]. Journal of Development Economics, 1996, 48 (2): 389-418.

[6] FORBES K J, WARNOCK F E. Capital Flow Waves: Surges, Stops, Flight, and Retrenchment [J]. Journal of International Economics, 2012, 88 (2): 235-251.

[7] FRATZSCHER M. Capital Flows, Push Versus Pull Factors and the Global Financial Crisis [J]. Journal of International Economics, 2012, 88 (2): 341-356.

[8] GUIDOTTI P E, STURZENEGGER F, VILLAR A. On the Consequences of Sudden Stops [J]. Economia, 2004, 4

(2): 171-214.

[9] ROTHENBERG A D, WARNOCK F E. Sudden Flight and True Sudden Stops [J]. Review of International Economics, 2011, 19 (3): 509-524.

[10] ROBIN KOEPKE. What Drives Capital Flows to Emerging Markets? [R]. A Survey of the Empirical Literature. IIF Working Paper, 2015.

第六章　國際儲備

第一節　國際儲備的界定、功能

一、國際儲備的概念界定

按照國際貨幣基金組織（IMF）出版的《國際收支和投資頭寸手冊》（*Balance of Payments and International Investment Position Manual*）第 6 版給出的定義，國際儲備資產（International Reserve）是指「由一國貨幣當局控制的、可隨時獲得並用於滿足國際收支融資需求、外匯市場匯率干預需求以及其他相關目的（如確保外界對本國經濟和本幣擁有信心、國際借貸的擔保等）的資產，並且這種資產必須是確實存在的」。儲備資產區別於其他資產的特性有三：①廣泛的可接受性（Generally Accepted），即能為他國所接受用於國際收支支付之用；②其資產價值能明確地用外幣表示；③貨幣當局能有效控制並且能立即獲得（此處強調資產的流動性，定義中使用「Readily Available」表達）。

國際儲備主要由以下四個部分組成：

（1）貨幣黃金（Monetary Gold）：一國官方持有的黃金。

（2）外匯儲備（Foreign Exchange）：由一國官方掌控的國外可兌換貨幣的存款和其他可變現的金融資產。

（3）在 IMF 儲備頭寸（International Monetary Fund Reserve Positions）：亦稱為普通提款權（General Drawing Rights），是會員國在 IMF 的儲備頭寸。這一頭寸大小主要取決於該會員國在國際貨幣基金組織認繳的份額。

（4）特別提款權（Special Drawing Rights）：由 IMF 分配給會員國而尚未使用的特別提款權餘額。

二、國際儲備的功能

世界上任何一個國家都持有國際儲備，其原因在於國際儲備具有重要的「功能」。下面按照歷史發展的視角對國際儲備功能逐一闡釋。[1]

---

[1] 通常而言，一國國際儲備中外匯儲備在數量和影響力上都占據絕對支配地位，同時考慮到表述習慣，本章在後續部分中將國際儲備寫作外匯儲備。

(一)支持貨幣發行的功能

這一功能是國際儲備最初承擔的角色。在典型的金本位時期，外匯儲備用於支持貨幣發行的功能最明顯。此時貨幣當局可以利用外匯儲備（主要是黃金儲備）調節流通中的貨幣量，當流通中缺少金幣供應而物價緊縮時，貨幣當局可以將黃金熔化以鑄幣，反之亦然。儘管金本位後期出現了「銀行券」，但貨幣當局一般都規定銀行券的含金量以確保其價值，這使得貨幣當局的貨幣發行行為受到嚴格的「約束」，只有擁有黃金的情況下才能發行銀行券。由於眾所周知的原因，典型的金本位制在第一次世界大戰時期崩潰。儘管第一次世界大戰後英國竭力恢復金本位制，但由於國際形勢、黃金產量和分佈不均等問題，金本位制還是瓦解了。第二次世界大戰結束後美國崛起，擁有世界上70%以上的黃金儲備，在1944年簽署的布雷頓森林體系後，美國事實上恢復了國際金本位制。在布雷頓森林體系下，美元與黃金掛勾、其他資本主義國家與美元掛勾的「雙掛勾」體制事實上是「畸形」的金本位制。在這種體制下，美元發行的背後有黃金支撐。但由於黃金產量與對美元貨幣需求並不協調導致「特里芬」問題愈演愈烈並最終導致布雷頓森林體系崩潰，黃金最終走上「非貨幣化」道路。

(二)調節國際收支的功能

國際收支平衡是一國貨幣當局通常追求的目標。但在國際經濟交往過程中，一國不可能持續地實現國際收支平衡。在某些時期，一國國際收支赤字（或盈餘）會導致外部失衡，進而對內部均衡產生衝擊。當一國出現國際收支赤字時，如果該國實行的是浮動匯率制，那麼可以通過本幣貶值的方式實現外部均衡。但通常來講，由於政策時滯問題，從本幣貶值到國際收支改善會經歷一個漫長而痛苦的過程。如果實行的是固定匯率制，在該國貨幣面臨著貶值壓力的情況下，貨幣當局可以利用外匯儲備彌補赤字從而避免貶值壓力。如果固定匯率制下該國沒有充足的外匯儲備，那麼該國將不得不採用「支出調整」（Expenditure-Changing）或「支出轉換」（Expenditure-Switching）政策。前者意味著該國採用緊縮性的財政、貨幣政策，減少國內貨幣供應從而降低國內需求、改善國際收支，但這會造成國內失業率上升和產出下降；後者意味著該國可以採用改變匯率、提高進口關稅、增加出口退稅的歧視性貿易政策，這亦能平衡國際收支，但會引發貿易摩擦甚至貨幣戰爭，使外部均衡目標漸行漸遠。由此可見，持有充足的外匯儲備對於一國尤其是採用固定匯率制的國家尤為重要。

(三)清償債務、防禦危機的功能

外匯儲備可用於清償債務，抵禦債務危機對國內經濟的衝擊。1960—1970年，拉美經濟體如巴西、墨西哥、阿根廷相繼開始了工業化進程，其所需資金大部分來自於國際借款。1975—1982年拉美國家債務年增長率達到20.4%，數量從1975年的750億美元增加到1982年的3,150億美元，達到該區域GDP的50%以上，每年還本付息總量從1975年的120億美元上升到1982年的660億美元。20世紀七八十年代，石油危機後全球進入了通脹時代，許多經濟體（包括美國）出現國際收支赤字。美國採取了提高利率

的緊縮性調整政策，這使與美國經濟聯繫密切的拉美國家遭遇了經常項目赤字，同時利率調整也加重了這些國家的債務負擔。從 1982 年起，墨西哥、阿根廷、巴西、智利等國相繼發生債務違約。拉美債務危機的原因很多，有外債規模失控、外債結構失衡、外債使用不當、外貿形勢惡化等，但最重要的原因是拉美國家缺少足夠的外匯儲備。正是考慮到拉美國家債務危機中外匯儲備的重要作用，Greenspan 和 Guidotti（1999）提出利用外匯儲備與短期外債之比度量外部危機的可能性。

（四）干預市場、穩定匯率的功能

布雷頓森林體系崩潰後，全球進入了浮動匯率時代。與此同時全球資本流動日益加劇，國際資本流動對匯率的衝擊越來越突出。而全球日益密切的經貿往來需要一個穩定、可預期的匯率環境，於是外匯儲備干預市場穩定匯率波動的功能逐漸引起重視。以日本為例，儘管日本實行的是浮動匯率制，但日本銀行一直充當外匯市場的積極干預者，防範日元對主要經濟體貨幣匯率大幅波動。如果一國實行的是固定匯率制，則該國利用干預市場穩定匯率的外匯儲備需求更加明顯：當該國貨幣面臨投機衝擊，本幣存在貶值壓力時，貨幣當局可以在外匯市場中拋售外匯儲備回收本幣，減小本幣貶值的壓力；當該國面臨本幣升值壓力時，亦可採取反向操作，減小本幣升值壓力。貨幣當局利用外匯儲備進行外匯市場干預，不僅可以避免本幣大幅升值或貶值，而且有利於平抑匯率波動，增強匯率的穩定性預期，有助於國際經貿發展。1997 年東亞經濟體面臨本幣貶值壓力，泰國、菲律賓、馬來西亞、韓國等國家缺少充足的外匯儲備抵禦投機壓力，本幣大幅貶值導致「貨幣錯配」問題凸顯，大量企業的資產負債表迅速、持續惡化，並導致企業資不抵債而破產、失業率上升、經濟衰退的結局。

（五）防範資本投機、穩定經濟運行的功能

20 世紀 90 年代以後國際資本流動加快，新興市場國家如東亞加快了資本帳戶開放的步伐，許多國家的經常帳戶赤字依賴國際資本流入而產生的資本帳戶盈餘來彌補，這使新興市場國家面臨的資本帳戶逆轉（Capital Account Reverse）的風險[1]越來越突出。特別是亞洲金融危機之後，基於預防動機的外匯理論更多地考慮了資本流動的因素，此時的外匯儲備的預防性持有理論又稱為「自我保險」（Self Insurance）[2] 理論，其主要觀點是：發展中國家面臨著外部「融資驟停」（Sudden-Stops）和內部資本外逃風險，同時由於本國金融體系落後，無法從國際金融市場融取所需資金，再加上危機發生時 IMF 等國際機構往往提出一些讓人難以接受的救援條件，所以發展中國家特別是遭受了危機衝擊的國家往往通過自身儲備大量外匯資產的方式抵禦貨幣金融危機對消費和產出的衝擊。[3] 這種觀點可以用簡單的國際收支等式表達。

---

[1] 指資本流出該國使該國資本帳戶的盈餘下降，其至轉為赤字的風險。
[2] 另一種自我保險的解釋主要是：當發展中國家面臨著波動的產出、無彈性的財政支出、高稅收成本和主權風險（Sovereign Risk）時，它們囤積大量外匯儲備主要是為了穩定財政開支。
[3] 這一觀點較早地由 Ben-Bassat 和 Gottlieb（1992）提出。他們視國際儲備為產出的穩定器，因為國際儲備能降低由資本外逃和融資驟停帶來的產出下降風險。

國內總吸收恆等式為：$A_t = Y_t - TB_t$，其中 A_t 為國內總吸收，Y_t 為國內產出，TB_t 為貿易餘額。不考慮「誤差和遺漏」情況下的國際收支恆等式為：$CA_t + KA_t = \Delta R_t$，其中 CA_t 為經常帳戶餘額，KA_t 為資本和金融帳戶餘額，ΔR_t 是外匯儲備變動額。$CA_t = TB_t + IT_t$，TB_t 為商品和服務貿易餘額，IT_t 為收入和經常項目轉移餘額。那麼國內總吸收可以重新表達為 $A_t = Y_t + KA_t + IT_t - \Delta R_t$。假如一國遭遇了「融資驟停」，即 KA_t 下降，甚至從盈餘轉向赤字，為了不影響國內吸收（消費、投資和政府支出），可通過減少外匯儲備 R_t 來緩衝「融資驟停」的不利衝擊。

外匯儲備的功能如上所述，但是否外匯儲備持有越多越好呢？持有外匯儲備固然能帶來如上的好處，但持有外匯儲備的成本亦不能忽視。這也是接下來要重點討論的問題。正是鑒於此，才有必要通過權衡持儲的成本—收益確定一國的最優外匯儲備持有量。

第二節　外匯儲備數量管理與結構管理

一、外匯儲備數量管理

在研究外匯儲備量時，通常存在「充足」（Adequate, Sufficient）和「最優」（Optimal, Feasible）這兩個問題。充足的外匯儲備，指面臨某種風險/不確定性的經濟體應擁有的、抵禦這種風險和不確定性以確保國內產出穩定的外匯儲備量。所謂最優的外匯儲備，指經濟體應對各種已知風險所需的、最「經濟」的外匯儲備量。從界定上來看，「充足」的外匯儲備一般用於預防某種特定風險且較少考慮持儲成本，如資本外逃風險、出口波動風險、融資驟停風險等，而「最優」的外匯儲備量則預防的是一系列非系統性風險，同時考慮持儲的成本問題。許多學者在實際操作中將「充足」的外匯儲備視為「最優」外匯儲備量的下限。

產生「充足」和「最優」的問題是有一定歷史根源的。1944 年確定的布雷頓森林體系事實上恢復了全球金本位制。在這種體制下匯率固定、資本流動受限，國家間經貿往來的不確定性較小，一國在確定自身的外匯儲備量時一般只考慮應對國際收支逆差之需。此時一國持有的外匯儲備量根據自身的貿易量確定，並且規模較小，很少考慮持有外匯儲備的機會成本問題。所以在 20 世紀六七十年代關於外匯儲備量的研究基本上停留在「充足性」層面上。但是布雷頓森林體系崩潰後，匯率波動加劇，資本流動頻繁，經濟體面臨的外部不確定性增加，一國為應對國際收支波動、匯率波動、資本外逃、融資驟停等問題所需的外匯儲備量上升，外匯儲備的「成本」問題引起越來越多的重視。所以，20 世紀 70 年代以後涉及的外匯儲備量問題往往是「最優性」的問題。

當前關於外匯儲備的研究中，儘管還有文章使用「充足性」的說法，但事實上已經轉化為研究外匯儲備量最優化的問題。一般來講研究最優（充足）外匯儲備量主要沿

著四條路徑展開，下面分別闡述。

(一) 比率分析法

最早出現的是比率分析法。比率分析法又稱經驗分析法、拇指法則（Rules of Thumbs），強調外匯儲備與某項經濟指標存在穩定的聯繫，這種聯繫一旦失衡，就會導致國際收支問題甚至金融危機。這種分析方法的代表性指標是特里芬（Triffin, 1960）提出的外匯儲備與進口額之比（R/IM），他認為一國持有的外匯儲備量至少應該滿足該國3~4個月的進口之需。很明顯，特里芬比率強調的是外匯儲備的交易功能，在19世紀60年代經濟體持有外匯儲備也主要是為滿足貿易赤字融資需求。這一比率得到IMF的認可並被推廣，直到現在仍然是一個極其重要的經驗比率。R/IM比率最大的缺陷在於其過於強調外匯儲備的交易功能、經常性帳戶對於外匯儲備管理的重要性，而忽視資本流動和資本帳戶的重要性。這種忽視在資本流動並不甚發達的20世紀五六十年代或許還不算問題，但是在布雷頓森林瓦解後資本流動日益頻繁的今天，無視資本流動而過於依賴R/IM指標顯得有些不合時宜。

進入20世紀80年代以後，新興市場經濟體迅速放開資本項目，吸引了大量國際資本。但90年代發生的國際資本「融資驟停」（Sudden Stops）① 則成為東南亞、拉美貨幣危機的直接誘因。如何度量外部資本的不穩定性成為研究熱點。Greenspan 和 Guidotti（1999）提出的外匯儲備與短期債務之比（$R/STED$）彌補了特里芬比率的不足。Greenspan 和 Guidotti（1999）認為$R/STED$至少應該為100%才能有效防禦債務危機。Bussière 和 Mulder（1999）指出$R/STED$指標能有效地度量一國發生貨幣危機的概率。$R/STED$下降，說明該國外匯儲備不足，外國投資者對東道國信心下降，發生危機的概率上升；反之亦然。Garciù 和 Soto（2004）、Jeanne 和 Rancière（2006）、Jeanne（2007）在實證研究中也證實了該指標的重要意義。該指標被認為是通過總結受金融危機衝擊國家的經驗教訓之後提出的最有價值的指標之一。鑒於此，IMF也於2003年正式將其納入危機預警體系內。

然而$R/STED$指標偏重於考察國外資本對本國經濟的衝擊（External Drain），忽略了國內資本外逃（Capital Flight, Internal Drain）對本國經濟的衝擊。基於此，Calvo（1996）提出以外匯儲備與廣義貨幣量之比（R/M_2）作為測度本國居民對外國資產潛在需求的指標。該指標越高，說明單位本幣受到的外幣支撐越強，公眾對本幣的信心越強，發生資本外逃和由此導致的金融危機的可能性就越低（Kaminsky & Reinhart, 1996; Berg & Pattillo, 1999; Rodrik & Velasco, 1999）。Wijnholds 和 Kapteyn（2001）指出對於固定匯率制經濟體而言，該指標在10%~20%範圍內比較合適；對於實行浮動匯率制的國家而言，5%~10%的比率比較合適。

最近出現的經驗性指標是外匯儲備與GDP之比（R/GDP）。學界對於用此指標衡量

---

① 這種「融資驟停」指的是外部對東道國的融資在很短的時間內迅速下降，甚至此前流入的資金轉而流出。

外匯儲備的充足性尚存爭議。Green 和 Torgerson（2007）等學者認為用 R/GDP 指標衡量外匯儲備的充足性缺少理論和實證依據，因為 GDP 不能成為緩衝危機的工具。Jeanne 和 Rancière（2008）的研究表明，對於小型開放經濟體其最優的儲備水平可參照此指標。

經驗比率法在分析外匯儲備數量問題方面具有簡明、易測的優點，直到現在仍有著廣泛的應用。但該法僅提供了一國外匯儲備合理數量的下限，並未指明一國的最優數量。同時，四個指標的參照值也是據經驗而定，缺少堅實的經濟學理論基礎，更忽視了個體儲備需求的差異性。

（二）成本收益法

由 Heller（1966）構建並經 Hamada 和 Ueda（1977）、Frankel 和 Jovanovic（1981）進一步修正的成本收益模型強調一國持有外匯儲備既存在收益又存在成本，因此必須權衡二者以求最優數量。由 Heller 構建的成本收益模型是基於預防性持儲目的的，這是因為在固定匯率制下調整國際收支赤字會面臨產出下降的調整成本（Adjustment Cost），持有外匯儲備則能避免這種成本，因而沒有儲備下產出下降的調整成本構成了持有外匯儲備的收益。但是持有外匯儲備也存在機會成本。確定最優外匯儲備儲備 R^*_{Heller} 就是尋求邊際成本與收益相同的臨界點。具體推導過程如下。

首先持有外匯儲備的機會成本為：

$$\text{TC}_f = r \cdot R \tag{6.1}$$

其中 TC_f 表示持有外匯儲備的機會成本，r 是持有外匯儲備的利差，可以用資本社會收益率和外匯儲備投資收益率之差表示，R 是外匯儲備持有量。Heller 假定調整成本源自外部失衡，並且調整政策屬「支出調整」型政策，即東道國通過調整財政貨幣政策控制國內需求，帶來產出下降、失業率上升的成本。Heller 之所以做出如上假設是因為在 20 世紀 60 年代布雷頓森林體系下匯率固定，各國不可能採用以鄰為壑的匯率政策。假定外部失衡數量為 B，那麼調整成本可以設定為：

$$\text{TC}_a = \frac{\Delta B}{m} \tag{6.2}$$

其中 m 為邊際進口傾向，TC_a 是調整成本。之所以將調整成本設定成（6.2）式的形式，是因為外部失衡 ΔB 會導致產出下降，因此這裡借用了凱恩斯乘數效應的形式。最小化機會成本和調整成本的外匯儲備量即為最優量。機會成本和調整成本的邊際成本為：

$$\text{MC}_f = r \tag{6.3}$$

$$\text{MC}_a = \frac{1}{m} \tag{6.4}$$

就調整成本而言，只有當外匯儲備耗盡時才會產生調整成本，因此須進一步考察外匯儲備耗盡的概率。Heller（1966）假定國際收支波動是隨機的，並且遵循布朗運動過程（Brownian Motion），也就是說發生國際收支赤字和盈餘的概率各為 50%，所以外匯儲

備耗盡的概率 π_i 為：

$$\pi_i = 0.5^i \tag{6.5}$$

其中 i 為期初所持的單位外匯儲備在 i 期后耗盡。當外匯儲備達到最優時，邊際機會成本和邊際調整成本相等，為：

$$\pi_i \cdot \frac{1}{m} = MC_a = MC_f = r \tag{6.6}$$

綜合 (6.5)、(6.6) 兩式可得：

$$i = \frac{\log(r \cdot m)}{\log 0.5} \tag{6.7}$$

若每一期平均的外匯儲備變動數量為 h，那麼 Heller 的最優外匯儲備持有量可以表示為：

$$R_{Heller}^* = \frac{\log(r \cdot m)}{\log 0.5} \cdot h \tag{6.8}$$

由於 r、m 兩個變量均大於零小於 1，所以其商的對數為負值，同時 $\log 0.5$ 等於 $-0.301,03$，因此 $\log(r \cdot m)/\log 0.5$ 為正值。隨著 r、m 的增加，$\log(r \cdot m)/\log 0.5$ 數值不斷減小。隨著 h 增加，R_{Heller}^* 數值不斷上升。故而一國最優外匯儲備與利差和邊際進口傾向負向相關，與外匯儲備變動額正相關。

Hamada 和 Ueda（1977）批評 Heller 模型中國際收支波動遵循布朗運動過程的假定，他們認為國際收支波動近似地服從隨機遊走過程。對於某一時點而言，持有外匯儲備的機會成本等於 $\frac{r \cdot R}{2}$，平均調整成本為 $1/[2(R-1)m]$，進而 Hamada 和 Ueda 推導出的最優外匯儲備持有量為：

$$R_{H-U}^* = \left[1 + \frac{1}{(r \cdot m)^{\frac{1}{2}}}\right] \cdot h \tag{6.9}$$

與前人不同的是，Frankel 和 Jovanovic（1981）認為國際收支波動遵循的是如下隨機過程：

$$dR(t) = -\mu dt + \sigma dW(t) ; \quad R(0) = R_0, \quad \mu \geq 0 \tag{6.10}$$

其中 $dR(t)$ 表示外匯儲備變化，其在短期內（dt）服從均值為 $-\mu dt$，方差為 $\sigma^2 dt$ 的 Wiener 過程。$W(t)$ 表示維納過程。在任何一個時點外匯儲備分佈服從：

$$R(t) = R_0 - \mu t + \sigma W(t) ; \quad R(t) \sim N(R_0 - \mu t, \sigma^2 t) \tag{6.11}$$

Frankel 和 Jovanovic 將持有外匯儲備的預期成本劃分為調整前因持有外匯儲備而放棄的收益和調整時的預期成本。通過最小化預期成本，最優外匯儲備持有量可以表示為：

$$R_{F-J}^* = \sqrt{\frac{2C\sigma^2}{(2r\sigma^2)^{\frac{1}{2}}}} \tag{6.12}$$

其中 $C=R_0/m_0$，C、R_0、m_0、σ^2 分別表示固定的調整成本、初始給定的外匯儲備量邊際、進口傾向和國際收支波動率。在他們對（6.12）模型進行對數展開後，利用 1971—1975 年 22 個發達經濟體的年度數據進行迴歸後發現，離差系數為 0.279，國際收支波動率系數為 0.502，前者約為後者的一半，這與理論模型中的系數關係十分吻合。

(三) 迴歸分析法

迴歸分析法主要是將影響外匯儲備的變量引入迴歸模型之中，確定一個比較穩健的迴歸模型，進而用於估計和預測一國最優外匯儲備量。與持有貨幣相同，早期持有外匯儲備的動機研究中也將其劃分成交易性動機、預防性動機、投機性動機，只是在布雷頓森林體系崩潰後動機的內涵和範圍擴大。以預防動機為例，在 1970 年以前預防性動機主要體現在持有外匯儲備預防國際收支波動方面，但 1970 年以後的預防動機明顯偏向預防資本流動對國內經濟產生的不利影響，比如預防「資本外逃」和「融資驟停」。20 世紀 90 年代以後發展中經濟體特別是東亞諸國在金融危機之後產生了「攀比動機」，試圖把外匯儲備作為遏制投機資本的信號顯示；針對東亞經濟體的外匯儲備劇增，還有學者是從「重商主義」角度闡釋的。Calvo 和 Reinhart（2002）、Rajan（2002）、Dooley（2003）、Eichengreen（2004）、McKinnon（2005）等人提出了「新重商主義」(New Mercantilism) 動機理論以解釋發展中經濟體的外匯儲備囤積行為。他們認為發展中經濟體在龐大的勞動力就業壓力下，確立了出口導向型的經濟增長模式，並通過控制（低估）本幣匯率的方式獲得出口優勢。這樣所形成的高額外匯儲備實際上並不是亞洲經濟體刻意追求的結果，而只是他們發展戰略的「副產品」。同時，還有部分學者從匯率因素、國家治理水平、貪腐程度探討外匯儲備持有動機問題。對持儲動機分類請見表 6-1：

表 6-1　　　　　　　　　代表性的動機及變量選擇

動機種類	代表性變量
交易性動機	人口數量、人均 GDP
預防性動機	早期預防性動機：經常項目波動率、出口波動率 後期預防性動機：資本外逃（M_2/GDP）、資本項目赤字/GDP、短期外債/GDP、融資驟停
投機性動機	機會成本：利差
攀比性動機	攀比效應：以他國或大國的外匯儲備持有量作為本國外匯儲備量的解釋變量
重商主義動機	出口增長率、匯率低估程度
其他因素	匯率波動性、貪腐程度、治理水平、金融開放程度、金融一體化程度

在迴歸分析法中比較有代表性的模型有：Flanders（1971）模型、Frankel（1974）模型、Iyoha（1976）模型、Bilson 和 Frankel（1979）模型、Frankel（1983）模型。

Flanders 模型的形式如下：

$$L/M = \alpha_0 + \alpha_1 F/L + \alpha_2 \delta_L + \alpha_3 GR + \alpha_4 D + \alpha_5 Y + \alpha_6 V \quad (6.13)$$

在這個模型中 L 表示外匯儲備，M 表示進口總額，δ_L 表示儲備波動率，GR 表示 GNP 年增長率，D 表示本幣貶值率，Y 和 V 分別表示人均 GNP 和出口波動率。Flanders 模型的優點是考慮的影響因素較多，但是有些變量的符號難以解釋。他使用經濟增長率 GR 代表「機會成本」因素，使用出口波動率 V 表示預防性動機，但這兩個變量在他的實證研究中並不顯著。

Frankel (1974) 模型主要利用柯布-道格拉斯生產函數建立了雙對數的理論模型，形如 $R = Am^{\alpha_1}\sigma^{\alpha_2}M^{\alpha_3}$，對其取對數後可得如下迴歸式：

$$\text{Ln } R = \alpha_0 + \alpha_1 \text{Ln } m + \alpha_2 \text{Ln} \sigma + \alpha_3 \text{Ln} M \tag{6.14}$$

其中 R、m、σ、M 分別代表外匯儲備量、邊際進口傾向、國際收支波動率、進口額。作者發現三個解釋變量的系數在發展中國家和發達國家存在顯著的差異，特別是發達國家的系數 α_3 為 0.363，發展中國家這一系數為 0.756，二者均小於 1，這就從實證上推翻了特里芬比率的「外匯儲備進口彈性為 1」的假定，說明持有外匯儲備存在規模效應。但是發達國家的系數遠小於發展中國家，這又說明發達國家外匯儲備利用效率更高，可以支持更多的進口需求。

Iyoha (1976) 模型考慮到了發展中國家的實際並借鑒 Kenen 和 Yudin (1965) 的設定思路，將模型改造為：

$$R = \alpha_0 + \alpha_1 X^e + \alpha_2 \sigma^2 + \alpha_3 r + \alpha_4 P + \alpha_5 R_{-1} + \alpha_6 R_{-2} \tag{6.15}$$

其中 X^e、σ^2、r、P、R_{-1}、R_{-2} 分別為一國預期出口收入、進出口收入波動率、持有外匯資產的收益率、經濟開放度、滯後一期和兩期的外匯儲備持有量。Iyoha (1976) 的貢獻在於其首次使用截面數據證實了持儲機會成本 r 與外匯儲備量 R 之間的負相關關係。

布雷頓森林體系崩潰後，浮動匯率對外匯儲備的影響增強。普遍認為，在浮動匯率制下，一國貨幣當局更容易將實際的外匯儲備調整到最優值上。Bilson 和 Frankel (1979) 設定外匯儲備局部調整路徑為：

$$R_t - R_{t-1} = \alpha + \gamma [R_t^* - R_{t-1}] + \omega_t \tag{6.16}$$

而最優外匯儲備的形式為：

$$R_t^* = \beta_0 + \beta_1 \sigma_t + \beta_2 Y_t + \beta_3 m_t + e_t \tag{6.17}$$

其中 R_t、R_t^*、σ_t、Y_t、m_t 分別為實際外匯儲備、最優外匯儲備、國際收支波動率、人均國民收入和邊際進口傾向。通過將 (6.17) 式代入 (6.16) 式進行迴歸，即可得到 (6.17) 式各變量的系數。這樣避免了將實際外匯儲備作為最優外匯儲備進行迴歸所造成的系統性偏差。

Frankel (1983) 進一步拓展了 (6.16) 式，將貨幣市場失衡也引入局部調整模型中，融合了吸收分析法和貨幣分析法。其形式如下：

$$R_t - R_{t-1} = \alpha [R_t^* - R_{t-1}] + \beta [M_t^* - M_{t-1}] + \eta_t \tag{6.18}$$

其中 M_t^*、M_{t-1} 分別為 t 期最優的貨幣需求和 $t-1$ 期的貨幣供給。

(四) 效用最大化分析法

近年來在最優外匯儲備研究領域中，Jeanne 和 Rancière（2006，2008，2011）提出的效用最大化模型（Utility-Maximizing Approach）備受推崇。這一模型從國際收支調節的吸收分析法入手，認為資本「突然停止」會降低經濟體的國內吸收（消費）。如果經濟體持有足夠的外匯儲備，就可以緩衝「突然停止」對國內吸收的影響（Crisis Mitigation）。在這一邏輯的指引下，他們首先假定一個小型開放經濟體中，代表性消費者須將其財富配置在三個時期的時間維度（危機前、危機中、危機後）上。貨幣當局則通過國際借款和發行長期債券以獲取外匯儲備，並以轉移支付形式將儲備分配給不同時期的消費者，最終實現代表性消費者跨期消費效用最大化。通過求解效用最大化函數可得最優外匯儲備的閉合解（Close Form Solution）形式。根據 Jeanne 和 Rancière 的測算，新興市場經濟體的最優外匯儲備持有量約為該國 GDP 的 10%。相對於前人模型而言，J-R 模型直接把國際資本流動「突然停止」所招致的損失表達到微觀消費者的消費函數中，具有非常堅實的微觀基礎，因而代表著效用最大化方法在外匯儲備領域的研究前沿（張志超，2009）。J-R 模型提出後引起學界廣泛關注，先後有 Fernando（2007）對烏拉圭、Chami 等（2007）對約旦、Floerkemeier 和 Sumlinski（2008）對中亞和高加索 6 國、Ruiz-Arranz 和 Zavadjil（2008）對東亞 10 個經濟體、Čeh 和 Krznar（2008）對克羅地亞、Bernard（2011）對中美洲 11 國、Rodríguez 和 Funk（2012）針對哥斯達黎加以及 Yang 和 Yan（2012）對臺灣地區的最優外匯儲備測度均使用了 J-R 模型並得到一些「不同尋常」的發現。比如針對備受詬病的東亞外匯儲備囤積現象，Ruiz-Arranz 和 Zavadjil（2008）運用 J-R 模型考察東亞 10 個經濟體后發現這些經濟體從儲備囤積中所獲的危機預防收益遠高於機會成本，東亞不存在儲備過度的問題。更進一步地，作者使用門限迴歸模型證實外匯儲備在降低經濟體國際融資成本上的顯著作用，這可以解釋亞洲金融危機後東亞儲備激增現象。

二、外匯儲備的結構管理

外匯儲備的結構管理主要是幣種結構管理和資產結構管理。在 20 世紀 70 年代以前，結構管理並未引起重視，一個主要原因就是布雷頓森林體系下確定美元霸主地位，美元成為唯一的國際硬通貨。同時由於當時國際金融市場並不發達，加之國際資本流動受限，外匯儲備的主要投資途徑也限於國債。但布雷頓森林體系崩潰後，一方面，各國持有的外匯儲備量開始增加；另一方面，美元地位下降，日元、德國馬克異軍突起，主要貨幣間匯率波動加劇，這也增加了外匯儲備保值增值的難度，因此外匯儲備的結構管理問題才提上日程。

（一）外匯儲備的幣種管理

進行外匯儲備幣種管理主要需要研究兩個問題：一是幣種的選擇，二是幣種結構的確定。選擇合理的幣種，既要考慮一國對外貿易和金融支付所使用的貨幣，還要考慮一

國外債的幣種結構以及國際貨幣體系中的主要貨幣。幣種結構的確定，即為確定各種貨幣在外匯儲備中的權重。關於這個問題，主要有以下三個模型：

1. Heller-Knight 模型

Heller 和 Knight（1978）在《中央銀行儲備貨幣偏好》一文中認為匯率制度安排和國際收支結構是決定一國幣種結構的主要因素。他們認為在當時匯率制度下，一國貨幣當局首先應該確保的是減少外匯儲備的匯率波動風險，這一點可以通過資產分散達到。那麼應該怎麼具體處理呢？針對釘住匯率制經濟體，一國貨幣當局應該根據「錨定」貨幣確定外匯儲備幣種，這樣才能避免匯率波動的風險；針對釘住一籃子貨幣的經濟體，應該按照籃子貨幣確定外匯儲備幣種構成；針對浮動匯率制經濟體，需要按照某種匯率指數（如出口對該國更重要，則選用出口加權）來確定幣種結構。除匯率制度安排外，貿易結構也是影響幣種結構安排的重要因素。他們在利用1970—1976年76個經濟體進行面板數據迴歸後發現，貿易結構和匯率制度安排確實是影響幣種結構的兩大因素。

但是 Heller 和 Knight 模型也存在不足，具體表現在忽視了發展中經濟體償還外債方面對幣種結構的影響、依據歷史數據迴歸只解釋了幣種分配「是什麼」而非「應該是什麼」的問題、未考慮到幣種資產之間的收益和風險問題。

2. Dooley 模型

Dooley 等人（1986，1989）的《外匯儲備幣種構成管理與發展中國家外部債務》和《外匯儲備幣種結構》這兩篇文章奠定了其理論基礎。他們建立了如下模型：

$$\frac{A_{i,k,t}}{A_{i,t}} = \beta_0 + \sum_{\substack{v=1 \\ v \neq i}}^{5} \beta_{1,v}(\mathrm{TR}_{i,v,t}/\mathrm{TT}_{it}) + \sum_{\substack{v=1 \\ v \neq i}}^{5} \beta_{2,v}(D_{i,v,t}/\mathrm{TT}_{it}) + \sum_{s=1}^{5} \beta_{3,s} E_{i,v,t} + \mu_{i,t}$$

(6.19)

其中 t 是時期（$t=1, 2, 3, \cdots, T$），i 是國家（$i=1, 2, 3, \cdots, n$），k 為儲備貨幣個數（$k=5$，如美元、日元、英鎊、馬克、法國法郎），s 為儲備貨幣國貨幣制度安排類型（$s=1, 2, 3, 4, 5$），$A_{i,k,t}$ 指 i 國 t 時期持有以儲備貨幣 k 為計值貨幣的資產數量，$\overline{A_{i,t}}$ 為 i 國 t 時期全部的外匯儲備，$\mathrm{TR}_{i,v,t}$ 為 i 國 t 時期的貿易總量，它可以用 i 國 t 時期與儲備貨幣國 v 之間的全部進出口之和表示，TT_{it} 為 i 國 t 時期進出口和外債支付額的總和，$D_{i,v,t}$ 為 i 國 t 時期以儲備貨幣 v 償還的外債，$E_{i,v,t}$ 為 i 國 t 時期採用的匯率制度安排類型。在這個模型中，右邊第一項為常數項，第二項反應貿易流對儲備貨幣構成的影響（此為交易性需求影響），第三項反應債務償還需求對貨幣構成的影響（此為債務性需求影響），而第四項體現了匯率制度安排對幣種結構的影響。

Dooley 等人在利用上述模型對1976—1985年19個工業國和39個發展中國家儲備構成實證考察時發現，無論是發展中國家還是工業化國家，交易性外匯儲備需求和匯率制度都對儲備貨幣構成產生影響。只有發展中國家的債務性儲備需求會對貨幣構成產生影響。

3. M-V 模型

1952 年 Markowitz 資產組合理論奠定了 M-V 模型的基礎。M-V 模型主要考察幣種組合籃子的風險和收益，該模型認為風險是幣種組合籃子價值的波動性，而收益源自幣種籃子的預期價值。在操作上，M-V 模型首先設定中央銀行幣種結構管理的目標，然後在約束條件下尋求最優解。該模型一般把幣種組合有效邊界最小風險點作為最優解，而無須首先確定貨幣當局的風險偏好系數。Ben-Bassat（1980，1984）則開創性地將 M-V 模型運用於分析儲備幣種選擇問題。他的模型如下：

目標函數：

$$\min \sigma^2 = \sum_{i=1}^{n} \alpha_i^2 \sigma_i^2 + 2\sum_{i=1}^{n} \sum_{\substack{j=1 \\ j \neq i}}^{n} \alpha_i \alpha_j r_{ij} \sigma_i \sigma_j \quad (6.20)$$

約束條件：

$$\rho = \sum_{i=1}^{n} \alpha_i \rho_i, \quad \sum_{i=1}^{n} \alpha_i = 1 \quad (6.21)$$

其中 α_i 為資產組合中儲備貨幣 i 的最優比重，σ_i^2 是儲備貨幣 i 收益率的方差，r_{ij} 是儲備貨幣 i 與 j 之間的相關係數，ρ_i 為儲備貨幣 i 的收益率，其取決於利率 r_i 和該貨幣匯率相對於一籃子貨幣的變化率 E_i，因而有 $\rho_i = (1+r_i)/(1+E_i) - 1$。但是 M-V 方法尚存在計值貨幣的選擇、貨幣收益率的計算、方差協方差矩陣的不穩定性、參數估計和最優權重置信區間等問題。

(二) 外匯儲備的資產結構管理

外匯儲備資產結構管理實際上就是將外匯儲備資產合理地分配在活期存款、短期國債、中長期國債、企業債券、股票、黃金和實物資源等途徑上，目的在於協調好外匯儲備的流動性、收益性和風險性。

一般來講，外匯儲備資產結構管理要特別注意儲備貨幣貶值引發的匯率風險和資產期限錯配引發的流動性風險。在實際操作中一般將外匯儲備進行分層，區分出流動性、預防性和投資性部分，然後根據各層次外匯儲備的定位進行區別投資。譬如說為滿足流動性而持有的外匯儲備，可以考慮持有短期國債、外匯存款等低收益、低風險、高流動性的金融產品。

第三節　中國高額外匯儲備的現狀與成因

一、全球外匯儲備分佈狀況

全球外匯儲備總量從 20 世紀 90 年代中後期迅速增長，截至 2013 年 12 月份全球外匯儲備總量達到 12 萬億美元（見圖 6-1）。從外匯儲備的分佈來看，發展中經濟體 2000 年以後外匯儲備迅速增長，目前已占到全球外匯儲備總量的 60% 以上，發達國家的外匯

儲備持有比重卻在不斷地下降。從地域結構上來看（見圖6-2），全球外匯儲備持有的主體部分在亞洲，其他地域外匯儲備持有量比較穩定，而亞洲外匯儲備持有增長是全球外匯儲備增長的主要動力。如果將亞洲外匯儲備進行劃分（見圖6-3），那麼不難發現亞洲整體外匯儲備中，日本所占比重比較穩定，占25%~35%，而中國占比從1995年開始迅速增長，目前占亞洲外匯儲備總量的45%以上。

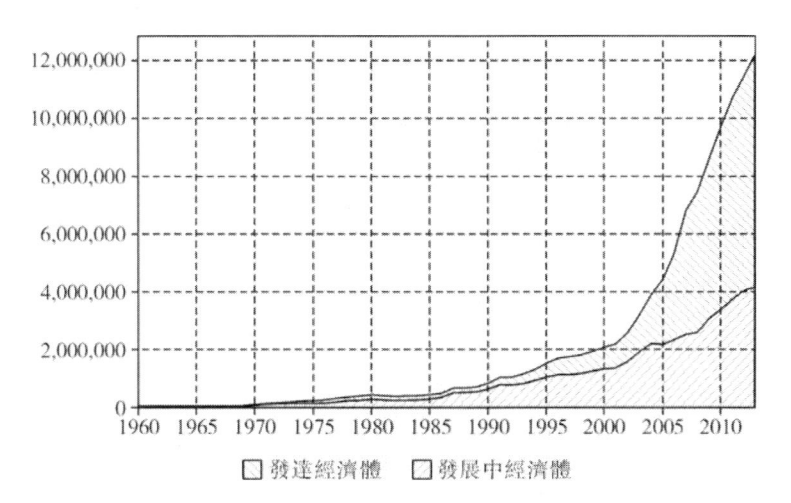

圖6-1　全球外匯儲備總量及經濟體分佈圖（單位：百萬美元）

數據來源：國際貨幣基金組織IFS數據庫並經作者整理；經濟體的分類按照聯合國標準

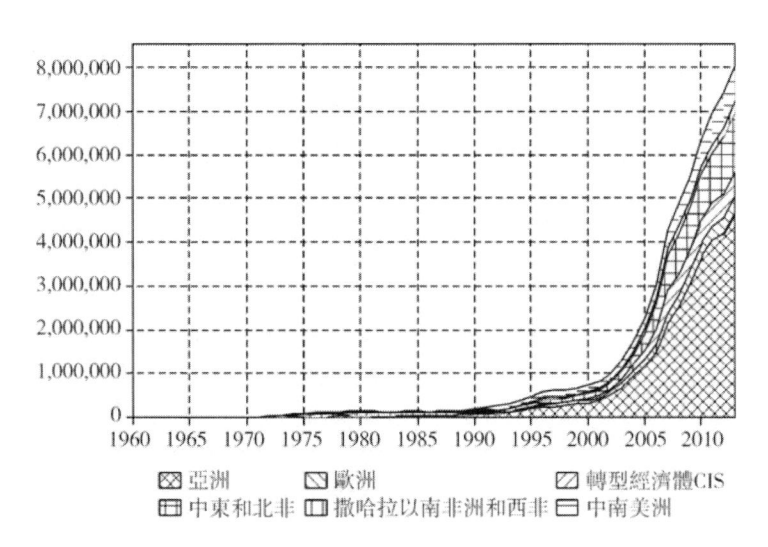

圖6-2　全球外匯儲備的地域分佈圖（單位：百萬美元）

數據來源：國際貨幣基金組織IFS數據庫並經作者整理

图 6-3　亚洲外汇储备的分佈图

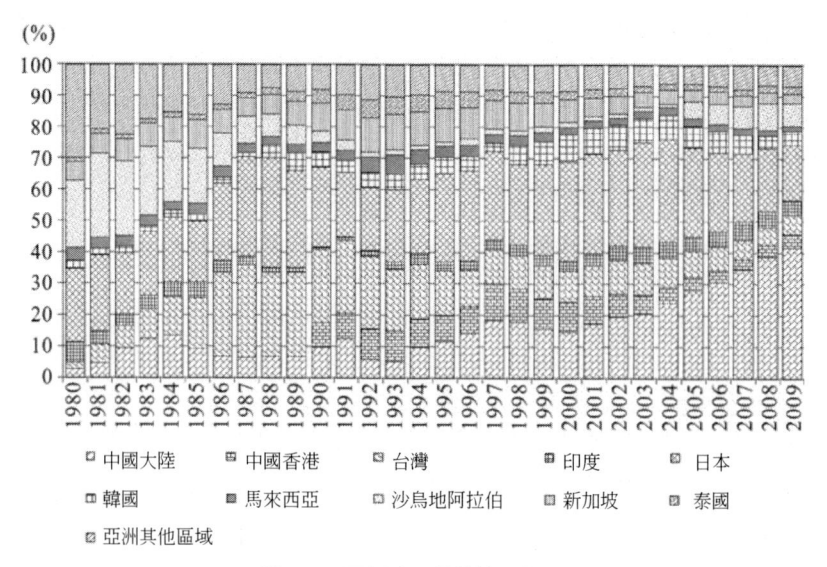

数据来源：国际货币基金组织 IFS 数据库并经作者整理

从某种程度上讲，中国外汇储备囤积是导致全球外汇储备增长的重要因素。那么，为什么中国等亚洲经济体如此「锺爱」囤积外汇储备？导致中国和亚洲其他经济体外汇储备增长的原因为何？

二、中国的外汇储备增长情况

根据 IFS 数据，截至 2015 年 12 月 31 日，中国的外汇储备总量达到 3.4 万亿美元（见图 6-4），居全球首位，占全球外汇储备总量的 30%。在中国的外汇储备（不含黄金）中（见图 6-5），外币储备平均占 98% 以上，在 IMF 头寸和 SDR 所占比重越来越少，不足 0.5%，由此可见中国的外汇储备主体是外币储备。一个比较突出的特征是，中国的黄金储备呈现「阶梯式」的增长模式，货币当局一般很少调整黄金储备的数量。这其中的原因在於黄金价格波动频繁，大幅度地调整黄金储备必然会引致黄金价格更剧烈地波动，同时黄金已经非货币化，仅充当最後融资工具的角色。

1950 年中国外汇储备（不含黄金）仅为 1.57 亿美元，直到 20 世纪 70 年代中後期才突破 10 亿美元关口，继而 1982 年突破 100 亿美元大关，1996 年突破 1,000 亿美元大关，2006 年突破 10,000 亿美元大关（见图 6-4）。1978—2014 年，中国外汇储备年平均增长速度为 29.15%。如果结合经济的发展阶段，可以将外汇储备变化划分为如下历史时期。

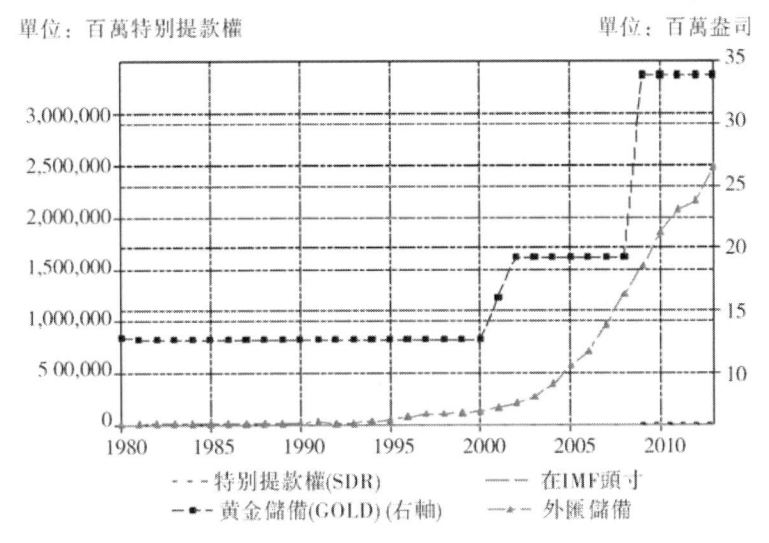

圖 6-4　中國外匯儲備子類構成圖（單位：十億美元）

數據來源：IFS 數據庫。根據 IMF 公布的數據，截至 2016 年 8 月 19 日，1 特別提款權（SDR）等於 1.405,420 美元

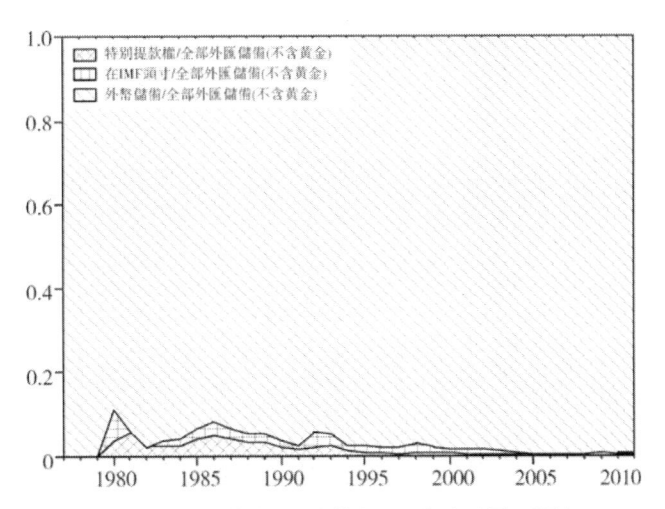

圖 6-5　中國外匯儲備（不含黃金）子類比重圖（單位:%）

數據來源：IFS 數據庫

（一）1950—1977 年的外匯儲備極度匱乏時期

中國由於在這一階段相繼經歷了朝鮮戰爭、「冷戰」和內部的「文化大革命」，經濟只在第一個五年計劃中取得重大發展，其餘時間經濟發展速度較慢甚至出現衰退的局面。中國的對外貿易對象基本上局限在「華約」集團，並且貿易形式以易貨貿易為主。這一階段中國的外匯儲備始終在 20 億~90 億美元上下波動，貨幣當局外匯儲備極度匱乏，當時外匯被列為重點管制物品。

(二) 1978—1992 年外匯儲備劇烈波動階段

1978 年中國實施改革開放戰略，與美國等西方國家的關係出現階段性改善，中國對外出口累積了一定的外匯儲備，另一方面由於引進先進國外技術、設備的需求增加，最終導致這一階段外匯儲備波動劇烈。這一階段外匯儲備平均增長率為 29.15%，其中外匯儲備在 1982 年增加 124%。西方國家自 1989 年起對中國進行經濟制裁，導致中國出口形勢在 1990 年之後惡化，1992 年全國外匯儲備減少 46.7%。縱觀改革後的 14 年，中國外匯儲備並未出現顯著性增長的局面，外儲總額亦未突破 200 億美元。

(三) 1992—2002 年外匯儲備平穩增長階段

1992 年鄧小平「南方談話」使中國的改革開放走向深入，國家相繼抬出了多項吸引外資的優惠政策，鼓勵外商對華投資，組建多種形式的合資企業。與此同時，中國外匯儲備管理體制也實施了重大改革，1994 年匯率「雙軌制」結束，人民幣官方匯率從 1 美元 = 5.8 人民幣調至 1 美元 = 8.708 人民幣，取消經常項目下的外匯留成制度，實行強制結售匯制和外匯銀行頭寸限額，建立統一銀行間的外匯交易市場。這些措施極大地刺激了外商對華投資的積極性和國內企業出口動力。中國國際收支經常項目餘額逐漸增加，促使外匯儲備迅速增長，1994—2002 年中國外匯儲備平均增長率為 37.14%，中國逐漸走出了外匯短缺的局面。特別是 1996 年中國外匯儲備首次突破 1,000 億美元大關，為中國抗擊亞洲金融危機奠定了物質基礎。

(四) 2002—2014 年外匯儲備急遽增長階段

亞洲金融危機之後，全球經濟逐漸復甦，特別是美國網路經濟的興起，使國際產業轉移趨勢加劇。中國 2001 年年底加入世界貿易組織，得以在全球框架內參與國際產業分工。由於中國在人力、自然資源成本上的優勢以及招商引資的優惠待遇，中國迅速成為國際製造業轉移的對象。2002 年以後中國經常項目盈餘連年增加。同時，2004—2005 年人民幣升值壓力陡增，大量的資本湧入中國帶來資本項目盈餘上升。僅 2004 年，中國外匯儲備增速就達 50%。雖然 2005 年人民幣匯改後，人民幣對美元匯率緩慢、穩定地升值，但人民幣對歐元和其他主要貨幣仍處於貶值通道，這使中國的出口並未受到顯著影響。2007 年美國爆發次貸危機，2009 年歐洲爆發債務危機，全球金融環境動盪不安，在惡劣的外部環境下，中國成為全球經濟增長越來越重要的引擎，資本流入加快。

(五) 2015 年至今的動盪期

2014 年之後，中國外匯儲備規模從此前的 3.99 萬億美元開始下降，2015 年年底降至 3.4 萬億美元，2016 年 7 月繼續降至 3.2 萬億美元。外匯儲備驟然下降主要受嚴峻的外貿形勢和資本流出拖累。已有的研究表明，中國國際收支中的經常項目和資本金融具有「同向性」和「共生性」特點。2014 年開始國內經濟下滑趨勢明顯。在 2015 年美國從全球金融危機的陰影中走出、美元加息的呼聲不斷的背景下，國內資本流出趨勢強化。這兩點造成了中國外匯儲備不斷下滑的現實。

三、中國高額外匯儲備的產生機制

中國高額、高速增長的外匯儲備是各種因素交織的產物，其中既有國內經濟增長模式的作用，也有外匯管理制度的影響，還有出口刺激政策與招商引資政策的影響。

(一) 高額外匯儲備的直接原因：從經常項目和資本金融項目角度說起

從國際收支平衡表中可知，一國外匯儲備是由經常項目（Current Account）、資本和金融項目（Capital and Financial Account）和誤差與遺漏項目（Errors and Emissions Account）共同作用而成。這三項的變動值之和構成了一國當年外匯儲備的變動額。本文首先對中國外匯儲備變動進行分解（見表6-2）。從表中可以整體地看出：1982—2015年，中國的資本項目對外匯儲備貢獻並不明顯，這與中國實行資本管制的政策密不可分；在1982—2001年大多數時間裡中國都存在資本外逃的問題，2002—2008年則一直存在資本內流的問題，2009年開始再度出現持續性的資本外逃現象。

表6-2　　　　　　　中國的國際收支：1982—2015年　　　　　　單位：百萬美元

時間	經常項目盈餘	資本項目盈餘	金融項目盈餘	淨誤差和遺漏項目	儲備變動
1982	56.74	0.00	-17.36	2.79	-42.17
1983	42.40	0.00	-13.72	-1.73	-26.95
1984	20.30	0.00	-37.52	11.91	5.31
1985	-114.17	0.00	84.85	-24.90	54.22
1986	-70.35	0.00	65.40	-12.32	17.27
1987	3.00	0.00	27.31	-13.71	-16.60
1988	-38.03	0.00	52.69	-10.11	-4.55
1989	-43.18	0.00	64.28	0.92	-22.02
1990	119.97	0.00	-27.74	-31.34	-60.89
1991	132.71	0.00	45.81	-67.61	-110.91
1992	64.01	0.00	-2.51	-82.52	21.02
1993	-119.04	0.00	234.74	-98.03	-17.67
1994	76.58	0.00	326.44	-97.75	-305.27
1995	16.18	0.00	386.75	-178.30	-224.63
1996	72.42	0.00	399.67	-155.47	-316.62
1997	369.63	0.21	210.36	-222.54	-357.24
1998	314.71	-0.47	-62.75	-187.24	-64.26
1999	211.14	-0.26	52.05	-177.88	-85.05
2000	204.32	-0.35	19.58	-118.93	-105.48
2001	174.05	-0.54	348.29	-48.56	-473.25
2002	354.22	-0.50	323.40	77.94	-755.07
2003	430.52	-0.48	549.21	82.24	-1,061.48

表6-2(續)

時間	經常項目盈餘	資本項目盈餘	金融項目盈餘	淨誤差和遺漏項目	儲備變動
2004	689.41	-0.69	1,082.22	129.67	-1,900.60
2005	1,323.78	41.02	912.47	229.21	-2,506.49
2006	2,318.43	40.20	452.85	36.28	-2,847.76
2007	3,531.83	30.99	911.32	132.90	-4,607.04
2008	4,205.69	30.51	370.75	188.44	-4,795.39
2009	2,432.57	39.39	1,945.31	-413.83	-4,003.44
2010	2,378.10	46.30	2,822.34	-529.36	-4,717.39
2011	1,360.97	54.46	2,600.24	-137.66	-3,878.01
2012	2,153.92	42.72	-360.38	-870.74	-965.52
2013	1,482.04	30.52	3,430.48	-629.25	-4,313.79
2014	2,774.34	-0.33	-513.61	-1,082.60	-1,177.80
2015	3,306.02	3.16	-4,856.14	-1,882.44	3,429.39

註：數據來自國家外匯管理局；經常項目負值代表赤字，資本項目盈餘負值代表資本淨流出，金融項目盈餘負值代表資金淨流入，誤差和遺漏科目負值代表投機資本淨流出，儲備變動負值代表儲備增加，之所以如此是因為BOP之和應為0

如果將中國國際收支狀況進一步劃分，可以分成三個階段（見圖6-6）。

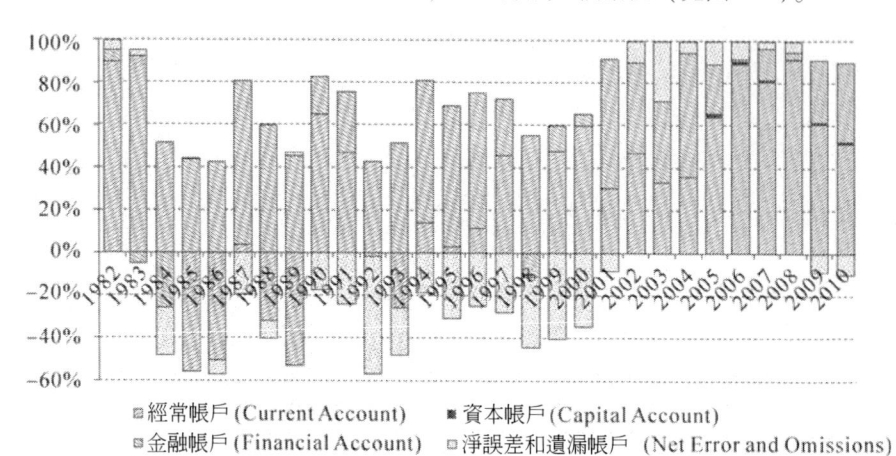

圖6-6 國際收支諸項對中國外匯儲備形成的影響

數據來源：國家外匯管理局

第一階段是1982—2001年，這一時期中國國際收支波動比較劇烈，1982—1993年間或出現經常項目赤字，1994年人民幣匯率制度改革（對美元大幅貶值）以後經常項目一直維持盈餘狀態；1982—2001年金融項目以盈餘為主，推動了外匯儲備增加。尤其是在1988年、1989年、1993年經常項目赤字的背景下，通過金融項目的盈餘累積實現了外匯儲備增長；1982—2001年，除1982、1984、1989三年外，其餘各年均存在資本外

逃問題。

　　第二階段為2002—2011年。這一階段經常項目和金融項目的「雙順差」局面基本形成，另外此前一直存在的資本外逃現象消失，中國出現了長期、穩定的資本「內流」趨勢，三者共同推高了中國的外匯儲備。這三者中，經常項目盈餘對外匯儲備增長的貢獻率從2002年的47%逐漸上升到2008年的90%，金融項目對外匯儲備增長的貢獻率從1993年的峰值1,300%下降到1996年的172%，進而2001年的73.4%，此後持續大幅下降，最低在2006年僅為0.9%；「資本項目」餘額在2005年首度出現正值，但所占比重始終在1%左右徘徊。值得注意的是「淨誤差和遺漏」項目波動劇烈，其對外匯儲備增加貢獻最大的年份出現在2003年，貢獻率達到28.27%，但隨後數年一直在10%以下。

　　第三階段為2011年至今。儘管這一階段較短，但是既有的數據表明在全球金融危機的背景下，歐美對華進口需求下降，同時國內轉變經濟增長方式的具體措施相繼實施，出口導向型的發展戰略正在向內需推動型發展轉變。這直接導致中國出口和經常項目盈餘大幅下降，其中2013年經常項目盈餘下降超過30%。出於對中國經濟前景的悲觀預期，2011年累計出現了4,600億美元的資本外逃。與此同時，金融項目餘額出現震動，從2011年2,600億美元驟減到2012年的-360億美元，繼而在2013年達到3,400億美元，不過這一數值在2014年、2015年迅速降至-513億美元、-4,800億美元。整體而言，在這一新的階段，經常項目盈餘對外匯儲備拉動作用減弱，金融項目對外匯儲備的貢獻正負交加，「誤差和遺漏」項目一直為負，對外匯儲備增加的副作用明顯。

　　總體而言，2002年以後經常項目盈餘對外匯儲備的貢獻率平均達到64.47%，資本項目盈餘的貢獻率達到0.69%，金融項目的貢獻率達到29.46%，而誤差和遺漏項目（資本內流）的貢獻率為5.38%。很明顯經常項目和金融項目的貢獻率之和達到94.93%（見圖6-6）。

　　那麼經常項目和金融項目下哪些科目對中國外匯儲備的影響最大呢？縱觀經常項目收支各項可知（見圖6-7），貨物貿易除1987年外均為盈餘，而服務貿易除1987年為巨額正值外，其他年份大多是負值，但額度較小。收益項目除1993—2005年外，基本上是正值。單方面轉移除1986—1987年外始終為正值。從經常項目各項對經常項目盈餘的貢獻率來看，1982—2000年，貨物貿易對經常項目盈餘的平均貢獻率為131.63%，服務貿易的貢獻率為8.49%，收益項目的貢獻率為-56.47%，而單方面轉移的貢獻率為16.36%；2001—2010年貨物貿易對經常項目盈餘的平均貢獻率為100.76%，服務貿易的貢獻率為-11.74%，收益項目的貢獻率為-12.11%，而單方面轉移的貢獻率為23.09%；因而從整體而言，貨物貿易對經常項目的貢獻率最大，接近100%，單方面轉移次之，收益項目的作用基本為負值。貨物貿易主體各自的貢獻又如何呢？

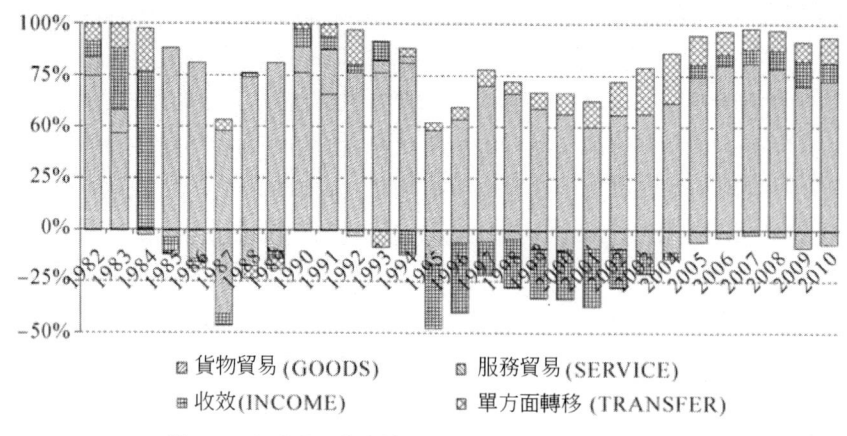

图 6-7 經常項目收支諸項對經常項目盈餘形成的影響

數據來源：國家外匯管理局

從企業性質來看（見圖6-8），2002—2007年間國有企業對國際收支經常項目下貨物貿易起著負向作用且有不斷擴大的趨勢，2007年國企造成的經常項目赤字接近500億美元，年均赤字增長36%；集體企業對進出口盈餘起著積極的作用，年均增長16.7%，但數額上未超過200億美元左右；「其他企業」對貨物貿易的貢獻最大且呈現高速增長的態勢，年均增長126%，2007年貢獻經常項目盈餘1,700億美元；私營企業對盈餘貢獻次之，年均增長80.8%，2007年貢獻1,400億美元；外資企業2007年貢獻經常項目盈餘1,300億美元，年均增長55.4%。

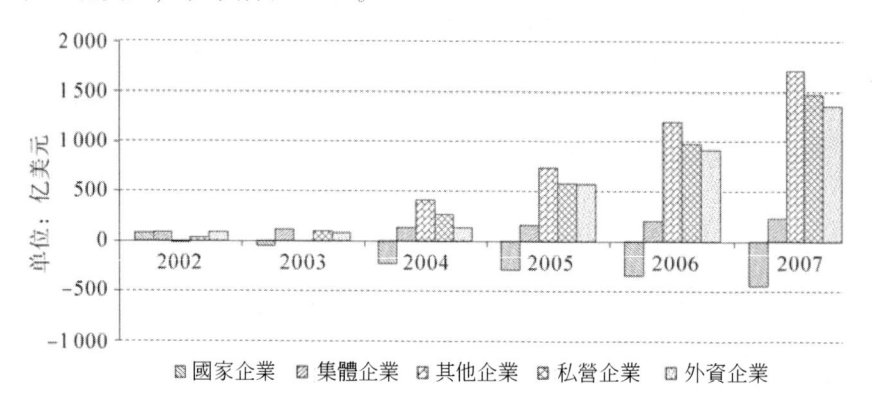

圖6-8 經常項目下不同類型企業進出口餘額及占比狀況

數據來源：CSMAR數據庫，經作者整理。進出口分類數據僅有2002—2007年的

金融項目下，除1983年、1984年、1992年、1998年外，其餘各年外商直接投資均為正值，證券投資餘額除1987年為正值外，其餘各年均為負值。金融衍生品項目餘額全部為0，其他投資科目除1997年、1999年、2000年、2007年、2008年外均為正值。從各科目對金融科目盈餘的貢獻程度來看，1982—2010年間外商直接投資科目的貢獻率為111.80%，證券投資貢獻率為-70.02%，金融衍生品盈餘貢獻率為0，其他投資貢獻率

為 58.22%。由此可見直接投資是金融科目盈餘增加的主要推動因素，其次為其他投資，證券投資是金融科目盈餘的減少因素（見圖 6-9）。

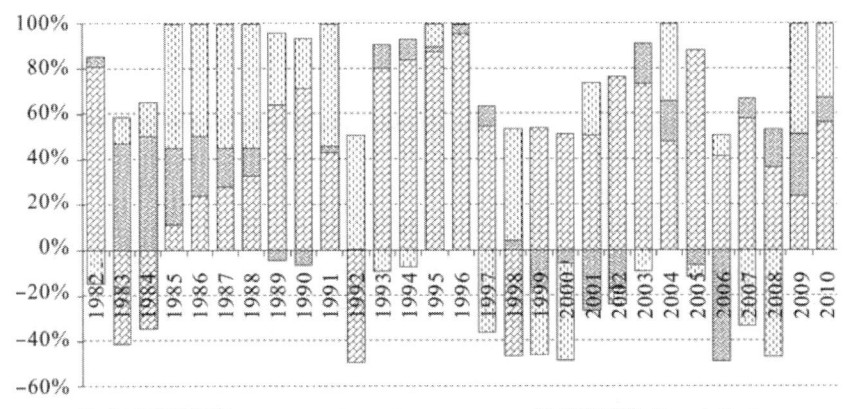

圖 6-9　金融項目收支諸項對資本和金融項目盈餘形成的影響

數據來源：CSMAR 數據庫，經作者整理

（二）高額外匯儲備的政策性原因：從強制結售匯制度說起

1994 年中國實行外匯管理體制改革，用銀行結售匯制度代替上繳和留成制度，同時取消用匯的指令性計劃和審批，對境內中資機構實行強制結售匯制度，外匯企業須將其外匯全部售予外匯指定銀行。企業用匯時須憑藉報關單等有效證件到外匯指定銀行辦理兌付。這項改革將對外經濟交往中經常項目匯兌納入了銀行結售匯體系中。1996 年又將外資企業的外匯往來納入銀行結售匯體系中。儘管 1996 年 12 月 1 日中國接受了 IMF 協定第八條的規定，實現了經常項目用匯可兌換，1997 年國家允許中資企業開設外匯帳戶，允許其保留一部分外匯收入，但外匯留存的政策性門檻（如企業年進出口額、註冊資本方面的要求）比較高，並且外匯留存額僅為年進出口額的 15%。針對外匯銀行收售企業的外匯儲備，國家法規規定其實行外匯頭寸限制，只允許銀行持有一部分供企業日常購買的外匯，其餘部分須在外匯調劑市場中流轉。1994 年中國外匯交易中心成立，其目的在於為強制結售匯制度下外匯銀行所獲得的、超出其日常頭寸限額的外匯資產提供一個融通渠道。各外匯銀行在交易中心互相融通，人民銀行也參與其中。如果外匯交易中心市場中外匯供給大於需求，那麼人民銀行負責買進，反之則賣出外匯。這也成為匯率形成機制的基礎。人民銀行可以設定一個交易價格（匯率），各外匯銀行憑此確定交易數量。當供過於求或供不應求時，中央銀行從中干預。這就是 1994—2005 年人民幣匯率形成的機制。

整體而言，中國的強制結售匯制有兩個構成部分，分別是外匯銀行與外匯企業的強制結售匯市場（二級市場）以及外匯企業和人民銀行之間的結售匯市場（一級市場）。這個市場也決定著人民幣匯率的形成機制。具體見圖 6-10：

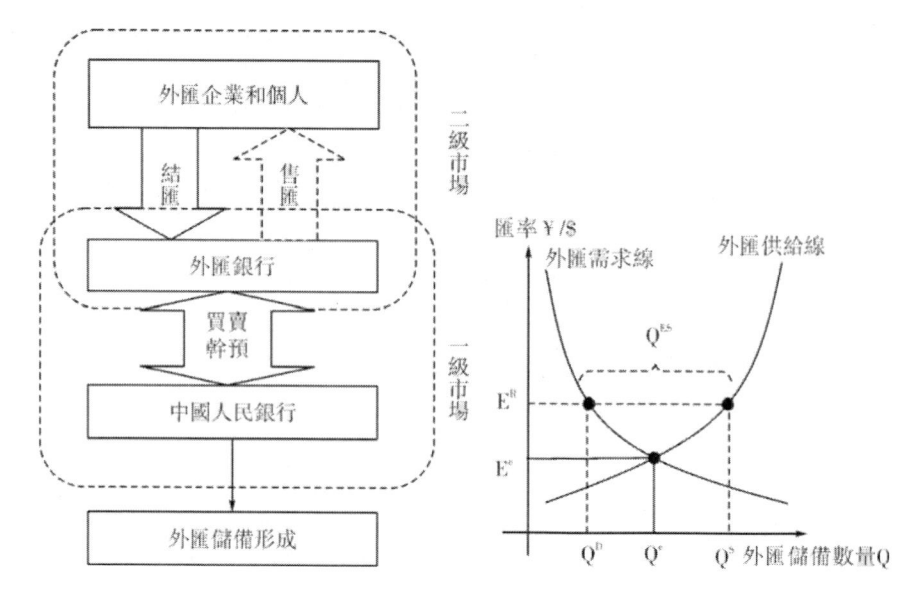

圖 6-10　中國的強制結售匯體系與人民幣匯率形成機制

這種雙層的強制結售匯體系確定了中國 1994—2005 年間的固定匯率制度。如果不存在強制結售匯的規定，外匯銀行可以按照自身的意願買賣外匯資產，這樣形成均衡的匯率 E^e 和交易數量 Q^e，此時市場出清。即便是個體（如企業和個人）不能參與外匯市場交易，那麼他們的供給和需求也會通過外匯銀行表達出來。一旦採取強制結售匯制，貨幣當局就存在操縱市場的能力和空間。如果貨幣當局認為均衡匯率 E^e 較低，不利於出口，那麼可以人為地抬高外匯價格於 E^R 處，此時外匯市場中對外匯的需求 Q^D 小於供給 Q^S，存在外匯的超額供給，人民銀行可以通過購買回收多餘的外匯量 Q^{ES}，此時這部分外匯形成外匯儲備。同樣如果貨幣當局設定的匯率低於均衡匯率，此時對外匯的需求超過供給，這需要貨幣當局投放更多的外匯儲備滿足差額需求，此時外匯儲備減少。

就目前的情況來看，儘管國家外匯管理局放寬了企業和個人用匯的限制，如 2002 年外匯帳戶開戶條件限制條件取消、2007 年企業可以根據自身經營需要自行保留經常項目的外匯收入、2008 年修訂後的《外匯管理條例》規定經常項目外匯收入可以自行保留或者賣給銀行、2011 年 1 月 1 日起企業的外匯收入可以存於境外，但這都需要繁瑣的「審批」和「認證」，並非是無條件的待遇，所以中國強制結售匯制度並未消除。由於中國仍然實行資本項目管制（在 IMF 的 43 項資本項目交易中，中國有 11 項實現可兌換，11 項較少限制，15 項較多限制，6 項嚴格限制），以致居民個體和企業持有外匯資產的投資途徑十分有限。

（三）高額外匯儲備的制度性原因：從經濟增長模式說起

在 1978 年的改革開放之初，中國經濟雖然增長提速但起伏較大。1978—1991 年，中國經濟年均增長率為 9.08%，經濟增長率標準差為 3.48%；而 1992—2001 年這兩項

指標分別為10.25%和2.56%，2002—2009分別為10.76%和1.83%。造成改革之初經濟波動的原因可能是意識形態方面的約束以及缺少改革經驗致使很多措施不得不採取「摸石頭過河」「交學費」的方式開展。典型的例證是1978年關於真理問題大討論、關於股份制企業姓「資」姓「社」的討論、價格雙軌制、從經濟特區到沿海開放城市再到內地的經濟體制改革思路。1989年的政治風波使國內的經濟改革戛然而止，甚至急速向「左」。1992年鄧小平南方談話之後，高層在改革方面達成共識。1993年11月中共中央十四屆三中全會通過《關於建立社會主義市場經濟體制若幹問題的決定》，中國的市場經濟改革步伐確立。

中國經濟先天地確立了外向型的發展模式，這其中的原因有：國內資本匱乏，技術落後，民眾收入水平消費能力有限，政府也缺少必要的資本開展大規模國內建設；國際上「產品內分工」（Intra-product Specialization）趨勢越來越明顯，按照比較優勢理論中國參與對外貿易具有勞動力、自然資源的成本優勢；東亞「四小龍」「四小虎」的示範效應。

如果將中國的對外貿易劃分為加工貿易和非加工貿易，我們會清晰地發現前者1994年帶來的累積貿易順差為359億美元，2005年則增加至6,000億美元，進而在2010年達到9,966億美元，而非加工貿易自1987年以後始終為負值。從圖6-9可以看出金融項目下外商直接投資（FDI）對中國外匯儲備增長也存在巨大的影響。如果將經常項目下加工貿易累積盈餘和金融項目下外商直接投資（FDI）相加，那麼二者之和將達到外匯儲備100%以上。比較有意思的是，在中國外商直接投資與加工貿易密切相關，直接的證據是2005年中國加工貿易出口類型分佈中「外商直接投資」企業占比為79%，國有企業占比為16%，集體企業占比為3%，其他類型占比為2%。而外商投資企業中「中外合作企業」僅占5.1%，「中外合資企業」為29.1%，「外商獨資企業」高達65.8%（盧峰，2006）。在2008—2009年全球金融動盪的背景下，外商投資企業對加工貿易的貢獻度在2008年3月達到峰值75.4%，之後出現下降的趨勢，但是從2010年又開始反彈，截至2011年12月「外商投資企業」經常項目下加工貿易盈餘的貢獻度再度突破歷史，達84.12%，集體企業為9.44%，國有企業的貢獻度為145.79%，其他企業貢獻度為152.23%。外商投資企業中「中外合作」企業占6.97%，「中外合資」企業占13%，而「外商獨資」企業占到80%；從圖6-11可以看出，「中外合作」企業類型對外商投資盈餘貢獻比較穩定地維持在10%左右，「中外合資」類型企業的貢獻度呈現波動性下降趨勢，從2005年的40%下降到2011年的10%~15%，而「外商獨資」企業的貢獻度則從40%上升到80%左右。這在某種程度上體現了外商對合作形式選擇的趨勢。

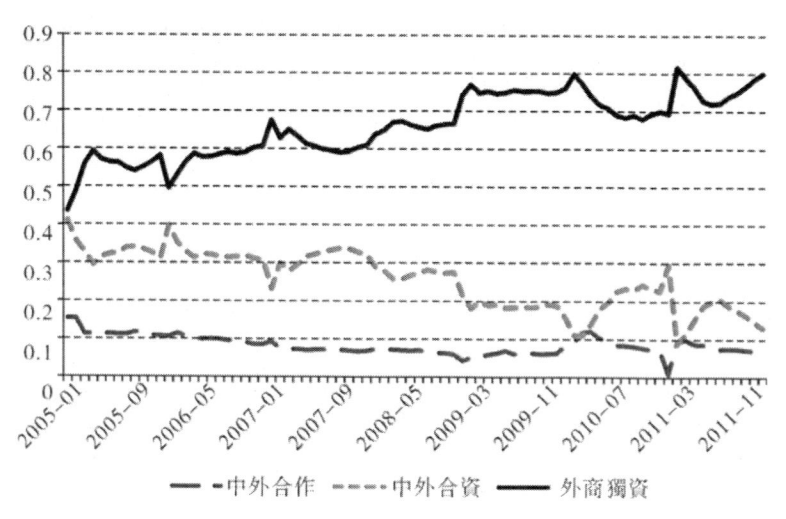

圖 6-11　中外合資、中外合作及外商獨資企業貨物貿易盈餘貢獻度

數據來源：CSMAR

　　為何「外商投資」企業能創造更佳的績效呢？這與中國在全球產業分工中的地位有關。從中國的貿易結構不難看出，加工貿易是中國貿易的主體形式。而加工貿易與 FDI 存在相互促進、相互強化的共生機制（張燕生，等，2007；張明，2009）。2001 年年底中國加入世界貿易組織，得以在平等的規則下參與全球產品內分工，這使中國的成本優勢得以凸顯。同時，中國在全球產品內分工的學習能力不斷增長，導致從事分工環節的附加值不斷提升，這也成為外商投資企業以 FDI 形式進入中國的重要動因。外商直接投資活動則客觀上推動中國成為全球供應鏈的重要環節。

　　那麼接下來就出現了一個問題：中國的加工貿易盈餘和 FDI 盈餘是否會長期持續？因為二者是形成經常項目和金融項目「雙順差」的重要根源，所以其關係到外匯儲備增長的前景。前面提到加工貿易和 FDI 具有「共生性」，二者的可持續性問題可歸於「中國的加工優勢是否可持續」。客觀上講，中國在加工貿易中的「低成本」優勢正在被自身日益增加的勞動力成本、資源環境成本侵蝕。《參考消息》報導：「……中國在輕工業和電子裝配的基礎上建立的強大出口行業在過去 30 年中保持著 17% 的年增長率，但這種情況正在迅速轉變，勞動力成本自 2005 年以來以 15% 的增速上升，（人民幣）貨幣升值 22%，正給中國廉價製造模式帶來新的壓力，導致紡織、鞋類和服裝工廠關閉或遷移到越南、柬埔寨和孟加拉國。」以往招商引資中政策紅利（包括土地、稅收優惠）正在縮減，東南亞國家（如越南、緬甸、老撾等）憑藉自身更低廉的成本給中國製造了強大的競爭壓力，人民幣升值也客觀上削弱了中國產品的國際競爭力。但中國加工製造業的核心競爭優勢已非表面上的「低成本」，而在於東南亞經濟體所不具備的龐大的市場規模、系統的加工製造業體系和優良基礎設施配置、規模龐大的勞動力群體、完善的法律體系以及上述因素疊加起的「規模效應」（這也是東南亞國家雖然具有勞動力成本優勢，

但世界 500 強大多將加工生產基地設在中國的原因）。這些因素將推動產業結構從勞動密集型向資本、技術密集型結構轉移，吸引 FDI 從出口導向型向市場導向型轉變，進而提升中國加工製造業的實力，刺激國外高級要素（品牌、技術、創新網路、組織結構）向低級要素（勞動力、自然資源）富有的中國轉移。既有的數據也表明中國在世界低端出口中所占的份額近年來逐漸下降，中國製造商正轉向利潤更高的行業而不是在競爭中趨於失勢。

復習思考題

1. 何為外匯儲備？它包含哪些具體組成部分？各組成部分的含義如何？
2. 何為特別提款權？特別提款權是如何計算的？
3. 外匯儲備的功能（作用）有哪些？
4. 在衡量儲備充足性方面，$R/STED$ 與 R/M_2 這兩個指標的區別有哪些？
5. 怎麼解釋中國國際收支中經常項目與資本金融項目餘額的「共生性」和「同向性」？
6. 中國外匯儲備激增的直接性、政策性和制度性根源有哪些？

參考文獻

［1］盧鋒. 中國國際收支雙順差現象研究：對中國外匯儲備突破萬億美元的理論思考［J］. 世界經濟，2006（11）.

［2］徐永林，張志超. 外匯儲備幣種結構管理：國際研究經驗［J］. 世界經濟，2010（9）.

［3］鄒宏元，陳奉先，涂萬春. 預防性持有、攀比效應與亞洲經濟體外匯儲備囤積——基於 1980—2009 年的數據分析［J］. 數量經濟技術經濟研究，2011（7）.

［4］陳奉先. 國際資本流動「突然停止」、消費平滑與最優外匯儲備持有量［J］. 經濟理論與經濟管理，2016（9）.

［5］AIZENMAN J, LEE J. International Reserves: Precautionary Versus Mercantilist Views, Theory and Evidence［J］. Open Economies Review, 2007, 18（2）: 191-214.

［6］BEN-BASSAT A, GOTTLIEB D. Optimal International Reserves and Sovereign Risk［J］. Journal of International Economics, 1992, 33（3/4）: 345-362.

［7］FRENKEL J A, JOVANOVIC B. Optimal International Reserves: A Stochastic Framework［J］. The Economic Journal, 1981, 91（362）: 507-514.

［8］HELLER H R. Optimal International Reserves［J］. The Economic Journal, 1966, 76（302）: 296-311.

［9］JEANNE O, RANCIÈRE R. The Optimal Level of International Reserves for Emerging Market Countries: A New Formula and Some Applications［J］. The Economic Journal, 2011, 121（555）: 905-930.

［10］TRIFFIN R. Gold and the Dollar Crisis: The Future of Convertibility［M］. Oxford: Oxford University Press, 1960.

第二編 匯率、價格、利率和國內經濟

第七章　國際平價條件

本章主要包括兩個最基本的國際平價條件——購買力平價與利率平價及其擴展形式。在此基礎上，給出國際費雪效應和貨幣、利率與匯率的關係。

第一節　購買力平價模型

購買力平價是國際金融理論中歷史悠久的匯率理論，可追溯到 16 世紀的西班牙。[①] 但最初的研究缺乏系統性，討論的重點也不是匯率的決定，且不注重以統計數據來檢驗匯率的均衡值。第一次世界大戰後瑞典經濟學家古斯塔夫・卡塞爾(Gustav Cassel)系統地提出了購買力平價理論，並提出一些相應的經驗檢驗方法。故人們公認購買力平價理論是由卡塞爾於 1916 年提出並於 1922 年完善的。[②] 隨後，該理論與檢驗方法被繼續擴展和完善。

外匯的價格——外匯匯率與其他任何商品的價格一樣取決於供求的均衡。購買力平價及其擴展的理論模型是從對商品需求所派生的對外匯需求的角度來研究均衡匯率的決定的，故由購買力平價所決定的均衡匯率中未考慮資本流動的影響因素。

一、絕對購買力平價理論

(一) 封閉經濟中的一價定律

在一國經濟的範圍內，如果信息是充分的且交易成本為零，那麼套利的存在總使得一價定律成立，即：兩個完全相同的物品必須賣同一價格。這可表示為：

$$P_{ai} = P_{bi} \quad (i = 1, 2, \cdots, n) \tag{7.1}$$

式中：P_{ai} 為第 i 種物品在 a 地的價格；

P_{bi} 為第 i 種物品在 b 地的價格。

在此，需注意的是：①交易成本是指與交易相聯繫的超過實際交換的商品成本的所有成本；②對大宗交易而言，交易成本可以忽略不計；③套利是指買進或賣出某物以利用差價而獲取無風險利潤的過程。

[①] 勞倫斯・S. 科普蘭. 匯率與國際金融 [M]. 唐迅，等，譯. 北京：中國金融出版社，1992：44.
[②] 何璋. 國際金融 [M]. 北京：中國金融出版社，1993：62.

（二）開放經濟中的一價定律

開放經濟是指純理論意義上的沒有貿易壁壘的國家所處的經濟環境。由於不同國家有不同的貨幣，而不同貨幣之間又存在著交換，所以如果信息是充分的、交易成本為零且關稅為零，那麼開放經濟中的一價定律表述為：

$$P_i = SP_i^* \quad (i=1, 2, \cdots, n) \tag{7.2}$$

式中：P_i 為第 i 種物品的本幣價格；

P_i^* 為該物品的外幣價格；

S 為單位外幣的本幣價格。

也就是說，國際套利使得同一種物品在不同的國家或地區用同一種貨幣表示的價格是相同的。

（三）絕對購買力平價定律

由於 $P_i = SP_i^*$ 成立，我們進一步假定：國內與國外編製物價指數的權重都相等。即 n 種物品中每一種物品在 b 國消費總量的份額與此種物品在 a 國消費總量的份額是相等的。或者，某一物品的偏差能與另一種物品的偏差相抵消。這樣，$W_i = W_i^*$，由此，國內外物價指數分別為：

$$P = \sum_{i=1}^{N} W_i P_i, \quad P^* = \sum_{i=1}^{N} W_i^* P_i^* \tag{7.3}$$

在這些假定成立的前提下，從公式(7.2)可直接導出：

$$P = SP^* \tag{7.4}$$

該式就是絕對購買力平價定律。在這裡，P 和 P^* 不再是某一種商品的價格，而是一般物價水平。因此，絕對購買力平價定律可表述為：當國內外的物價水平用同一種貨幣計算時是相等的。

二、相對購買力平價定律

由於在實際分析中，並不需要本國與外國的物價指數均選取同一基期，而只要基期的價格都定為100，且有時只需要關注物價水平與匯率的變動率。所以，需要討論相對購買力平價。

我們對 $P = SP^*$ 取對數再微分，得

$$\log P = \log S + \log P^*$$

$$\frac{dP}{P} = \frac{dS}{S} + \frac{dP^*}{P^*}$$

那麼

$$\frac{dS}{S} = \frac{dP}{P} - \frac{dP^*}{P^*} \tag{7.5}$$

公式(7.5)即是相對購買力平價定律。它可表述為：一國通脹率高於(低於)另一國

的幅度與其匯率的貶值(升值)幅度是相同的。

三、購買力平價的經驗檢驗

(一) 真實匯率

真實匯率(又譯為實質匯率) 是指外國商品與服務相對於本國商品與服務的相對價格，可表示為：

$$Q = \frac{SP^*}{P} \tag{7.6}$$

式中：Q 為真實匯率；

S 為名義匯率；

P 和 P^* 分別為國內和國外的物價指數。

真實匯率的概念為我們分析一國商品與服務的國際競爭力的變化提供了新視角。如假定其他條件不變，一國貨幣名義匯率下降，表明該國商品與服務的國際競爭力提高；反之則反是。但是如果該國相對物價上漲率大於其貨幣對外貶值幅度，則該國的國際競爭力下降。故名義匯率不能充分反應一國國際競爭力的變化。而真實匯率則把相對價格作為名義匯率的權重，考慮了物價的相對變化。對公式(7.6)取對數後微分，可得到：

$$\Delta q = \Delta s + \Delta p^* - \Delta p \tag{7.7}$$

式中的各小寫字母分別表示相應變量的對數。如果購買力平價成立，則 $Q=1$；反之，如果 $Q \neq 1$，則購買力平價不成立，國際競爭力發生變化。

(二) 經驗檢驗

購買力平價模型具有一系列的假設前提。人們對購買力平價在長期是否成立提出了多種檢驗方法，如名義匯率與真實匯率走勢的直接對比、名義匯率的迴歸分析以及真實匯率的時間序列分析等。

1. 直接比較法

直接比較法是將名義匯率與真實匯率的歷史數據做成圖形，來考察購買力平價是否成立。

2. 迴歸分析法

檢驗購買力平價的迴歸估計方程為：

$$\ln S_t = \alpha + \beta \ln P_t + \beta^* \ln P_t^* + u_t \tag{7.8}$$

$$\ln \Delta S_t = \beta \ln \Delta P_t + \beta^* \ln \Delta P_t^* + v_t \tag{7.9}$$

這兩個方程分別為絕對購買力平價與相對購買力平價的迴歸估計方程。式中，ln 表示自然對數，S_t 為名義匯率，P 為本國價格水平，P^* 為外國價格水平，Δ 為一階差分符號，u_t 和 v_t 為隨機誤差項，α 和 β 為係數。如果購買力平價成立，那麼，β 應等於1，β^* 應等於-1，α 應等於0。

3. 時間序列分析法

購買力平價的現代特徵是建立在理性預期基礎上的有效市場中的購買力平價。由於人們只能根據前一期的信息來預測未來的匯率走勢,故考察真實匯率的時間序列特徵可以檢驗有效市場情況下的購買力平價是否成立。

真實匯率的對數形式為:

$$q_t = s_t - p_t + p_t^* \tag{7.10}$$

式中,各小寫字母分別表示相應變量的自然對數。當購買力平價成立時,$s_t = p_t - p_t^*$。因此,根據 q_t 是否等於零,可以判斷購買力平價是否成立。

對有效市場中的購買力平價的檢驗可以使用一階自迴歸方程:

$$q_t = \alpha_0 + \alpha_1 q_{t-1} + u_t \tag{7.11}$$

式中,u_t 是白噪聲過程。如果購買力平價成立,那麼 q_t 應當是一個零平均穩態過程,這要求 $\alpha_0 = \alpha_1 = u_t = 0$。如果人們在檢驗中使用的是物價指數而不是價格水平,那麼 q_t 可以等於一個常數 α_0。

4. 檢驗結果

(1) 在短期內,高於或低於購買力平價的偏差經常發生。

(2) 從長期來看,沒有明顯的跡象表明購買力平價是成立的。它總是從某一極端的不均衡轉向另一極端的不均衡。

(3) 匯率的波動遠比價格的波動大。

第二節 擴展的購買力平價理論

在以上的購買力平價理論中,物價指數既包括了貿易商品,也包括了非貿易商品,而對大量的非貿易商品人們無法對其進行國際套利。因此,非貿易品與匯率沒有直接的聯繫,這會造成真實匯率與購買力平價出現系統性的偏差。我們首先給出巴拉薩—薩繆爾森命題 (The Balassa-Samuelson Thesis),然後考察將物品分為貿易品和非貿易品下擴展的購買力平價理論。

一、巴拉薩—薩繆爾森命題及其意義

假定:

① 均衡匯率取決於貿易品的相對價格,即 $S = P^T/P^{T*}$;

② 發達國家和發展中國家都生產貿易品和非貿易品,且生產和需求結構相同,或者說貿易品的權數相同;

③ 國內不存在勞動力自由流動的障礙,從而在一國國內各部門之間工資是均等化的,或者說一國國內勞動力都是同質的;

④ 在貿易品部門發達國家的勞動生產率高於發展中國家，在非貿易品部門兩類國家的勞動生產率相同；

⑤ 勞動是生產中的唯一投入，從而工資構成唯一成本。

根據假設⑤有：

$$P^T = W^T/X^T, \quad P^{T^*} = W^{T^*}/X^{T^*} \tag{7.12}$$

$$P^N = W^N/X^N, \quad P^{N^*} = W^{N^*}/X^{N^*} \tag{7.13}$$

式中：P、P^* 為發展中國家和發達國家的價格水平；

N、T 表示非貿易品和貿易品；

X 表示平均勞動生產率；

W 表示工資。

由上兩式可得：

$$\frac{P^{N^*}/P^{T^*}}{P^N/P^T} = \frac{(W^{N^*}/X^{N^*})/(W^{T^*}/X^{T^*})}{(W^N/X^N)/(W^T/X^T)} \tag{7.14}$$

根據假設③有：

$$W^T = W^N, \quad W^{T^*} = W^{N^*} \tag{7.15}$$

將公式(7.15)代入公式(7.14)得：

$$\frac{P^{N^*}/P^{T^*}}{P^N/P^T} = \frac{X^{T^*}/X^{N^*}}{X^T/X^N} \tag{7.16}$$

又根據假設④有：

$$Z^N = X^{N^*}, \quad X^{T^*} > X^T \tag{7.17}$$

將公式(7.17)代入公式(7.16)有：

$$\frac{P^{N^*}/P^{T^*}}{P^N/P^T} = \frac{X^{T^*}}{X^T} > 1 \tag{7.18}$$

即

$$P^{N^*}/P^{T^*} > P^N/P^T \tag{7.19}$$

公式(7.19)說明：發達國家非貿易品價格水平與貿易品價格水平之比要高於發展中國家非貿易品價格水平與貿易品價格水平之比。這樣，發達國家按一般價格水平計算得出的購買力平價包含了價格水平相對高的非貿易品價格，作為購買力平價基礎的物價水平也會高於實際決定匯率的物價水平。結果，發達國家按購買力平價計算得出的匯率也會低於長期均衡匯率。該結論的意義在於：

第一，真實匯率與購買力平價的系統偏差並不是由短期或隨機因素引起的。

第二，真實匯率不可能有趨向於購買力平價的長期趨勢。

第三，當今世界上流行的用名義匯率計算各國國內生產總值並進行比較的方法是有問題的，因為名義匯率並不能真實地反應貨幣的實際購買力。

二、擴展的購買力平價

為克服購買力平價理論中物價指數既包括了貿易品又包括了非貿易品的缺陷，擴展的購買力平價理論將物品首先分為貿易品和非貿易品兩類。貿易品指可以進行國際交換的物品，非貿易品是無法進行國際交換的物品。這裡的物品既包括有形產品，也包括無形產品。相對而言，無形產品具有生產時間和消費時間同一的特點，它們具有更大的非貿易品特徵。但是，二者並無截然界限，如旅遊也可成為貿易品。我們有：

$$P = \alpha P^T + (1-\alpha) P^N \tag{7.20}$$

$$P^* = \alpha P^{T*} + (1-\alpha) P^{N*} \tag{7.21}$$

式中：P 和 P^* 為兩國總物價水平；

P^T 和 P^{T*} 為兩國貿易品價格；

P^N 和 P^{N*} 為兩國非貿易品價格；

α 為貿易品權數。

假定兩國權數相同，由公式(7.20)和公式(7.21)有：

$$\frac{P}{P^*} = \frac{\alpha P^T + (1-\alpha) P^N}{\alpha P^{T*} + (1-\alpha) P^{N*}} \tag{7.22}$$

由於匯率由貿易品價格決定，有：

$$S = \frac{P^T}{P^{T*}} \tag{7.23}$$

將公式(7.22)代入公式(7.23)有：

$$\frac{P}{P^*} = S \cdot \frac{\alpha + (1-\alpha) P^N / P^T}{\alpha + (1-\alpha) P^{N*} / P^{T*}} \tag{7.24}$$

將上式變形為：

$$S = \frac{P}{P^*} \cdot \frac{\alpha + (1-\alpha) P^{N*} / P^{T*}}{\alpha + (1-\alpha) P^N / P^T} \tag{7.25}$$

這就是擴展的購買力平價理論。當 $\alpha = 1$ 時，全部物品都是貿易品，後一個乘數為 1，則 $S = P/P^*$。這就是 Cassel 的購買力平價定律。後一個乘數表示外貿依存度在匯率決定中的作用。顯然，α 越小，S 與 P/P^* 的差距越大。

三、經驗檢驗與闡釋

根據對戰後工業化國家的實證分析，購買力平價檢驗的結論可概括如下[1]：

第一，在短期內，高於或低於正常的購買力平價的偏差經常發生，其偏離程度之大是無法用收集數據方式的不同來解釋的。

第二，從長期來看，沒有明顯的跡象表明購買力平價成立。20 世紀 70 年代和 80 年

---

[1] 勞倫斯·S. 科普蘭. 匯率與國際金融 [M]. 唐迅, 等, 譯. 北京：中國金融出版社, 1992：73-78.

代真實匯率的長期波動最後朝相反的方向發展，即從長期高於購買力平價變為長期低於購買力平價。結果，購買力平價成立的時間太少了，且總是從某一極端的不均衡轉向同樣程度的另一極端的不均衡。

第三，匯率的劇烈波動遠比價格波動的幅度大，且更為頻繁。

問題在於：是什麼原因使得無論短期內還是從長期來看購買力平價理論的成立時間都是非常有限的呢？問題的關鍵只能是購買力平價理論本身。對該理論的批評分為兩類[1]：一類承認購買力平價理論的局限性。他們認為：①由一價定律推導出的購買力平價的假設前提在現實經濟中很難滿足。比如：各國對進出口的限制程度不同造成關稅不為零；國際貿易中較高的運輸成本使交易成本不為零；市場中的私有信息使得信息的流通是不完全的；等等。②決定匯率的不僅僅是物價水平，資本的流動對匯率可能產生更重要的影響。所以，由購買力得出的長期匯率關係是不精確的，但不可否認短期匯率趨向於購買力平價所決定的長期匯率趨勢。另一類意見不僅否認這種長期的趨勢，而且認為購買力平價理論本身就不能成立。他們認為：①物價與匯率的關係不是單向的而是雙向的。購買力平價僅考慮了物價對匯率的影響，而忽視了匯率變動可能影響物價水平。②巴拉薩—薩繆爾森命題揭示了當一國內部存在著非貿易品價格水平與貿易品價格水平之比時，發達國家與發展中國家的勞動生產率差異使得發達國家的內部價格比大於發展中國家的內部價格比，其結果使得真實匯率與購買力平價的系統偏差不是由短期或隨機因素引起的，真實匯率不可能趨向於購買力平價的長期趨勢。

第三節　利率平價理論

早在19世紀60年代戈申就對利率影響匯率的問題做了分析，但在當時，大多數外匯理論研究者只研究即期匯率。19世紀90年代，德國經濟學家沃爾塞·洛茨才首先研究利差與遠期匯率的關係。他認為，遠期馬克升水是因為德國國內利率低，且認為遠期匯率不是被一個利率而是幾個利率所決定。但直到1923年，凱恩斯在《貨幣改革論》中才初步建立起古典利率平價理論框架。繼凱恩斯之後，各國經濟學家都相繼對遠期外匯匯率做過研究，但都未提出較完整的理論。1937年，美國經濟學家保爾·艾因齊格在《遠期外匯理論》一書中才真正完成了古典利率平價理論體系，並為現代利率平價理論開闢了新的道路。20世紀60年代末到70年代，以歐洲美元市場為中心的國際貨幣市場的出現，使國際金融性質和規模都發生了重大變化，匯率的波動有了新特點。這一新形勢刺激了經濟學家對利率平價理論進行新的研究。

利率平價理論的實質是考察金融市場上的套利行為。一般將利率平價分為無抵補利

---

[1] 陳岱孫、厲以寧. 國際金融學說史 [M]. 北京：中國金融出版社，1991：180.

率平價(Uncovered Interest Rate Parity，UIP)和抵補利率平價(Covered Interest Rate Parity，CIP)兩大類。無抵補的利率平價研究的是預期的匯率是如何確定的，抵補的利率平價研究的則是遠期匯率是如何決定的。①

一、無抵補的利率平價理論

假定：

① 金融市場是有效率的；

② 不考慮套利中的交易成本，即交易成本為零；

③ 套利資金的供給彈性無窮大；

④ 不同國家的金融資產以及不同的金融資產可以完全替代。

那麼，在時間 t 時，單位本幣投資於國內金融資產的收益為：

$$R = 1 + r_t \tag{7.26}$$

給定在時間 t 時，匯率為 S_t(直接標價)，再根據假定④有，單位本幣在時間 t 時投資於外國金融資產的收益為：

$$R^* = \frac{1}{S_t}(1 + r_t^*) \tag{7.27}$$

式中：r_t、r_t^* 為本國與外國的利率(根據假定④)。

由於 R 與 R^* 是以不同的貨幣表示的收益，為方便時間 t 時投資者做決策(投資本國金融資產還是外國金融資產)，需將以外幣表示的 R^* 換算成 $t+1$ 時刻的本幣收益。假定 $t+1$ 時刻的投資者預期匯率為 S_{t+1}^e，根據公式(7.27)有：

$$R^* = \frac{S_{t+1}^e}{S_t}(1 + r_t^*) \tag{7.28}$$

根據假定①、假定②、假定③和一價定律，以本幣表示的 R 一定要等於以外幣表示的 R^*。如果不等，套利會促使兩者趨於一致。但問題在於：由第一節中的定義可知，套利是無風險的過程。而公式(7.28)中，由於存在著對 $t+1$ 時刻匯率的預期(S_{t+1}^e)，所以，套利就存在著風險，故需要做進一步的假定。

我們先將投資者分為三種人，即風險厭惡者、風險愛好者和風險中性者。風險厭惡者，就是需要獲得一定的風險報酬才願意持有風險資產的投資者。風險愛好者，則是願意為獲取承擔風險的權利而付出一定代價的投資者。風險中性者，則是願意在沒有風險收益的情況下承擔風險的投資者。

由於風險厭惡者與風險愛好者均與風險報酬有關，因此，假定所有的投資者都是風險中性者，那麼有：

$$R = R^* \tag{7.29}$$

---

① ALIBER R. The Interest Rate Parity Theorems: A Reint... tion [J]. Journal of Political Economy, 1973, 81 (6).

即：

$$1+r_t = \frac{S^e_{t+1}}{S_t}(1+r^*_t) \tag{7.30}$$

令

$$\frac{S^e_{t+1}}{S_t} = 1+\frac{S^e_{t+1}}{S_t}-1 = 1+\frac{S^e_{t+1}-S_t}{S_t} = 1+\Delta S^e_{t+1} \tag{7.31}$$

將公式(7.31)代入公式(7.30)有：

$$1+r_t = (1+\Delta S^e_{t+1})(1+r^*_t) = 1+r^*_t+\Delta S^e_{t+1}+r^*_t \cdot \Delta S^e_{t+1} \tag{7.32}$$

由於 $r^*_t \cdot \Delta S^e_{t+1}$ 是一個二階小量，可以忽略不計，於是有：

$$\Delta S^e_{t+1} = r_t - r^*_t \tag{7.33}$$

該式就是所謂無抵補利率平價定律。它可表述為：本國利率高於(低於)外國利率的差額等於本國貨幣的預期貶值(升值)幅度。

二、抵補的利率平價理論

在無抵補的利率平價理論中，所有投資者都是風險中性者的假定與現實不完全吻合。事實上，大部分的投資者都是風險厭惡者，且在效率發達的金融市場中都存在遠期或期貨外匯交易。所以，我們現在假定：所有的投資者都是風險厭惡者，他們在套利活動中都會通過套期保值的遠期(期貨)外匯交易來抵補即期匯率可能變動的風險。並且，分析中不考慮國際資本流動中的投機行為。進一步地，我們保留無抵補利率平價中的①~④的假定前提。

由於風險厭惡者在 $t+1$ 時刻可用遠期或期貨來鎖定價格 ΔS^e_{t+1}，令

$$\Delta S^e_{t+1} = F \tag{7.34}$$

那麼，有

$$1+r = \frac{F}{S}(1+r^*) \tag{7.35}$$

同樣做數學處理後可得

$$f = \frac{F-S}{S} = r-r^* \tag{7.36}$$

該式就是抵補的利率平價定律。它可表述為：本國利率高於(低於)外國利率的差額等於本國貨幣的遠期貼水(升水)。

為了進一步分析套利資本的流動與抵補利率平價的關係，人們提出了抵補利息差額的概念。令

$$CD = r-r^*-f \tag{7.37}$$

如果抵補利息差額 $CD=0$，則不存在任何抵補套利機會，這意味著抵補利率平價成立；如果 $CD>0$，則 $r-r^*-f>0$，資本就是從外國流入本國；如果 $CD<0$，則 $r-r^*-f<0$，資本就是從本國流出。這樣的分析可借助圖7-1直觀顯示。

在圖 7-1 中，f 表示升水幅度，$-f$ 表示貼水幅度，$(r-r^*)$ 表示本國高於外國的利差，$-(r-r^*)$ 表示外國高於本國的利差，45°線 CD 表示抵補利率平價。抵補利率平價線外的任一點都是非均衡點，它的存在都給套利者留下了套利的機會。從理論上講，套利資本的自由流動就能保證無拋補利率平價的成立。但小幅度偏離利率平價的現象對機敏的套利者而言，是否意味著有未被利用的套利機會呢？答案是否定的。最明顯的原因之一就是市場上是有交易成本的，不能滿足利率平價的交易成本為零的假定前提。

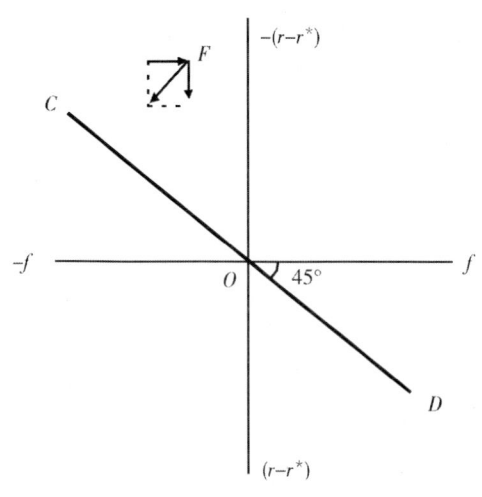

圖 7-1 抵補利率平價

正由於買賣外匯和國際上的每筆交易都有成本，所以就必定存在偏離利率平價的情況，其偏離的程度小於或等於這些交易成本。即

$$\left| (1+r) - (1+r^*) \frac{F}{S} \right| \leq C \tag{7.38}$$

三、現代利率平價理論的進一步發展

前面所分析的簡單的抵補利率平價理論存在著較嚴格的假設前提，諸如交易成本為零、套利資金的供給彈性無窮大、無投機者等。而這些假定與實際情況很難吻合，因而也就降低了該理論對現實的解釋力。現代利率平價理論的進一步研究正是通過放寬這些假設前提來克服簡單利率平價理論的某些局限性。

（一）套利資金供給有限條件下的利率平價

現假設投資者借入 X 單位的本幣進行抵補套利，投資者首先將本幣轉換成外幣，然後按外國利率 r^* 進行投資，同時還要通過遠期(期貨)交易將外幣收益轉換成固定的本幣收益。而將套利資金供給彈性納入分析時，人們借入本幣會改變本國利率。

為期一年的外幣投資收益通過抵補套利能夠折合的本幣收益為 R。

$$R = \frac{X}{S}(1+r^*)F \tag{7.39}$$

而借取一年的機會成本為 C。

$$C = X(1+r) \tag{7.40}$$

用本幣表示的抵補套利行為的利潤為 π。

$$\pi = R - C = X(1+r^*)\frac{F}{S} - X(1+r) \tag{7.41}$$

由於借取本幣資金改變本國利率，有

$$r = r(X) \quad \frac{\mathrm{d}r}{\mathrm{d}X} > 0 \tag{7.42}$$

在套利利潤最大時有

$$(1+r^*)\frac{F}{S} - \left[1 + r + X\frac{\mathrm{d}r}{\mathrm{d}X}\right] = 0 \tag{7.43}$$

本國套利資金供給彈性為 E_S：

$$E_S = \frac{\mathrm{d}X}{X} / \frac{\mathrm{d}r}{r} \tag{7.44}$$

將公式(7.44)代入公式(7.43)有

$$(1+r^*)\frac{F}{S} = 1 + r + \frac{r}{E_S} \tag{7.45}$$

由於 $\frac{F}{S} = 1+f$，所以

$$(1+r^*)(1+f) = 1 + r + \frac{r}{E_S} \tag{7.46}$$

做數學處理，並令 $r^* \cdot f = 0$，有

$$r - r^* = f - \frac{r}{E_S} \tag{7.47}$$

該式就是在考慮借入本幣進行抵補套利，而資金的供給彈性不是趨於無窮大時的抵補利率平價理論。當 $E_S \to \infty$ 時，$r/E_S \to 0$，這是假定套利資金供給彈性趨於無窮大時的抵補套利平價理論。E_S 越小，它對本國利率的影響就越大，遠期升(貼)水與利差的背離也就越大。同理可以證明借入外幣的抵補套利平價理論。

(二) 均衡遠期匯率的利率平價理論

前面的簡單利率平價理論存在一個假定前提，即不考慮投機者行為對遠期匯率和利率平價的影響，僅把市場看成是唯一的套利過程。然而，事實上外匯市場上不僅有套利者，更存在著投機者，投機活動使得遠期匯率偏離利率平價。現在放寬假定，分析具有投機者時的遠期匯率的決定。

1. 套利者行為

套利者的特徵是厭惡風險，因此他們在進行國際投資時總要進行掉期，且僅是出於套期保值的目的才參與遠期外匯交易。僅有套利者時，簡單利率平價成立，即

$$r - r^* = f \tag{7.48}$$

如果 $r - r^* - f > 0$，也即是 $r - r^* > f$，資本流入；反之，$r - r^* < f$，資本流出。我們可用圖7-2 來說明套利者對遠期外匯的供求關係。

橫軸表示遠期外匯的數量，Q 為套利者的買入量，$-Q$ 為其賣出量；縱軸表示匯率，S_0 為已知的即期匯率，F_0 為 $r - r^* = f$ 所決定的遠期匯率。圖形上的利差為：$r - r^* = \frac{F_0 - S_0}{S_0} = F_0 S_0 - 1$。

過 F_0 點向右下方傾斜的曲線 A 為套利者曲線。選 A 線上在 F_0 左上方的任一點 B，由於 B 點的遠期匯率為 F_1，其中 $\frac{F_1-S_0}{S_0}>\frac{F_0-S_0}{S_0}=r-r^*$，所以，資本將會流出，資本的流出形成對即期外匯的需求和遠期外匯的供給，供給量為 OC。同理，選 A 線上在 F_0 右下方的任一點 D，可以得到相反的結論，即 $\frac{F_2-S_0}{S_0}<\frac{F_0-S_0}{S_0}=r-r^*$，資本流入，形成即期外匯的供給和遠期外匯的需求，遠期外匯的需求為 OH。

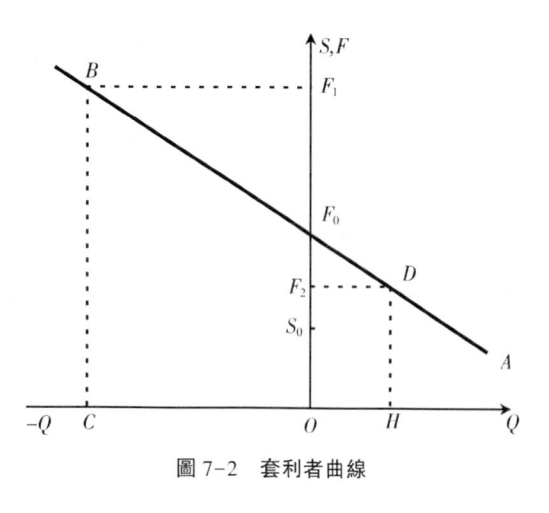

圖 7-2 套利者曲線

2. 投機者行為

一般而言，遠期外匯市場的順利運行離不開投機者。假定市場中無投機者，那麼當遠期匯率高於 F_0 時，市場上只有遠期外匯的供給者；當遠期匯率低於 F_0 時，市場上只有遠期外匯的需求者；當遠期外匯等於 F_0 時，套利者全部退出市場。

為分析的簡便，假定投機者僅通過遠期外匯交易進行投機，這種投機無須占用投機者的資金。投機者根據自己對遠期匯率的預期採取行動。如果遠期匯率恰好等於投機者預期的未來即期匯率 S^e，即

$$F=S^e \tag{7.49}$$

那麼，投機者不會參與遠期外匯交易，因為買進或賣出遠期外匯都無利可圖。但如果 $F<S^e$，那麼投機者將買入遠期外匯，如果預期是正確的，合同到期時市場即期匯率剛好等於 S^e，那麼可按等於 S^e 的匯率將外匯賣出，獲取投機利潤。當 $F>S^e$ 時，同理投機者獲取投機利潤。

圖 7-3 說明投機者對遠期外匯供求的關係。

在圖 7-3 中，Q 表示投機者賣出遠期外匯的數量，$-Q$ 則是其買入的數量。投機者的賣出意味著套利者的買入，反之則反是。曲線 S 為投機者曲線。S 過 F^* 點，F^*（遠期匯率）等於投機者預期的未來即期匯率 S^e。如果 $F^*=S^e$，則投機者不會入市。

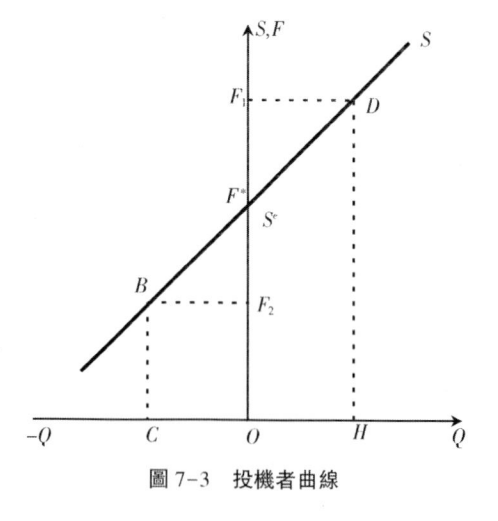

圖 7-3 投機者曲線

如果遠期匯率為 F_1，$F_1>S^e$，投機者會賣出遠期外匯，賣出量為 OH。如果遠期匯率為 F_2，由於 $F_2<S^e$，投機者買入遠期外匯，買入量為 OC。所以，S 線是一條向右上方傾斜的曲線。

3. 均衡遠期匯率

均衡的遠期匯率使得遠期外匯的供給等於需求，它是由套利者與投機者共同決定的。在外匯市場上還要考慮貿易者的行為，但由於貿易者與套利者具有同樣的特徵，都是風險厭惡者，從事遠期外匯交易的目的都是規避風險。所以，貿易者與套利者具有相似的曲線，都是過 F_0 且向右下方傾斜的曲線。為簡化起見，在這裡忽視了貿易者的存在，讀者不妨自行推導。

圖7-4是考慮了投機者的遠期均衡匯率的決定。F_e 即是遠期均衡匯率。在 F_e 下，套利者買入的遠期外匯數量恰好等於投機者賣出的遠期外匯數量。

如果市場遠期匯率高於 F_e，那麼投機者對遠期外匯的供給就將大於套利者的需求，迫使遠期匯率下降。同理，當 F_e 高於市場遠期匯率時，將推動遠期匯率上升。在圖7-4中，$F^*=S^e<F_0$，所以，均衡匯率 F_e 在這裡表現為向下偏離的符合抵補利率平價的遠期匯率 F_0。但是投機者也可能使 $F^*=S^e>F_0$，在那種情況下，均衡遠期匯率將表現為向上偏離 F_0。

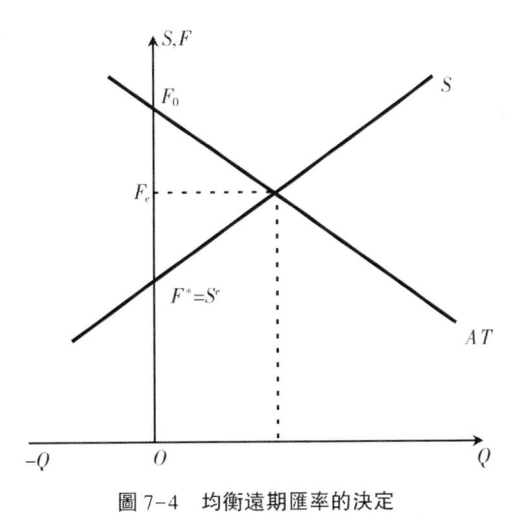

圖7-4 均衡遠期匯率的決定

四、經驗驗證與闡釋

人們利用中性帶分析和迴歸分析①來檢驗抵補的利率平價和無抵補的利率平價，結果表明：

第一，抵補利率平價存在15%的對中性帶之偏離。對此的解釋是：抵補套利僅能規避匯率風險，但還存在著其他風險。故在某些時候，人們未去利用中性帶以外有利可圖的機會。

第二，多數檢驗結果表明無抵補利率平價不能成立。對此的解釋是：人們只能掌握不完全的信息，並且投機者必然要求風險報酬。

事實上，利率平價理論具有明顯的局限性。①它的假定前提在現實中難以滿足。諸如市場並不是完全有效率的；任何資本的流動也不是沒有任何障礙的；並且，不同的金

---

① 何璋. 國際金融 [M]. 北京：中國金融出版社，1993：62.

融資產的流動性、風險大小和收益率均有明顯的不同，因而金融資產不可能是完全替代的；等等。②該理論僅強調了利差在遠期匯率決定中的作用，忽略了其他因素對遠期匯率的影響，因而具有一定程度的片面性。

第四節　貨幣、利率、匯率和價格

一、貨幣市場均衡

一國的貨幣供給都是由中央銀行控制的，而該控制過程較為複雜。在此，假定一國中央銀行在它所希望的水平上確定貨幣供給規模，即貨幣供給由一國央行外生地決定。真實貨幣需求由下式給出：

$$\frac{M^d}{p} = f(r, y) \tag{7.50}$$

式中：M^d 為名義貨幣需求；

　　　p 為價格水平；

　　　r 為利率；

　　　y 為國民收入。

該函數有下列關係：

$$\partial(\frac{M^d}{p})/\partial r < 0 \tag{7.51}$$

$$\partial(\frac{M^d}{p})/\partial y > 0 \tag{7.52}$$

即真實貨幣需求隨利率上升而下降，隨收入增加而提高；反之亦然。貨幣市場的均衡條件為：

$$M^s = M^d = M \tag{7.53}$$

$$\frac{M^d}{p} = f(r, y) \tag{7.54}$$

即

$$\frac{M}{p} = f(r, y) \tag{7.55}$$

假定價格水平 p 和國民收入 y 不變，則平均利率為真實貨幣總需求與真實貨幣總供給相等時的利率。如圖 7-5 所示。

圖 7-5 貨幣市場均衡

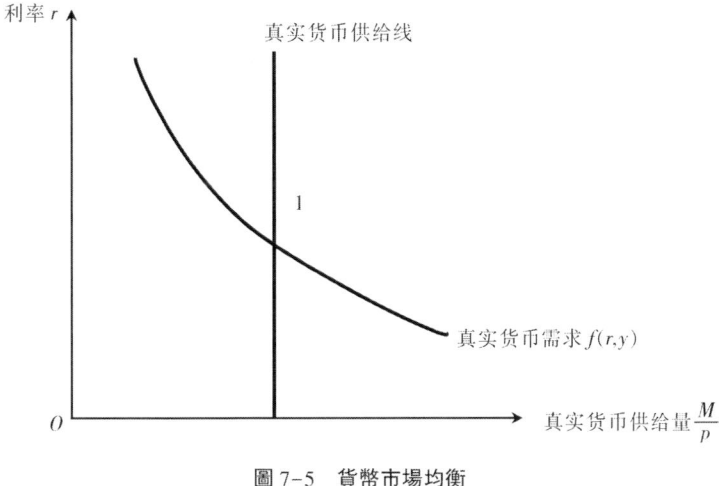

(一) 貨幣供給與利率

假定 p、y 均不變，貨幣供給 M 的變化對利率的影響如圖 7-6 所示，即：當價格水平和收入一定時，真實貨幣供給的增加使利率下降；反之則反是。

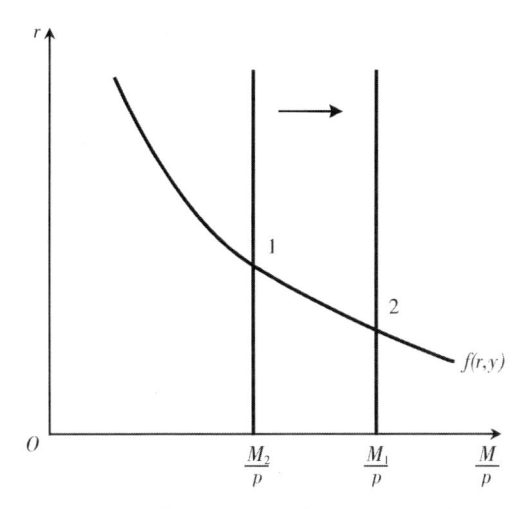

圖 7-6 貨幣供給 M 的變化對利率的影響

(二) 收入與利率

假定 M、p 不變，收入的變化對利率的影響如圖 7-7 所示，即：當貨幣供給和物價水平不變時，收入的增加會使利率上升；反之則反是。

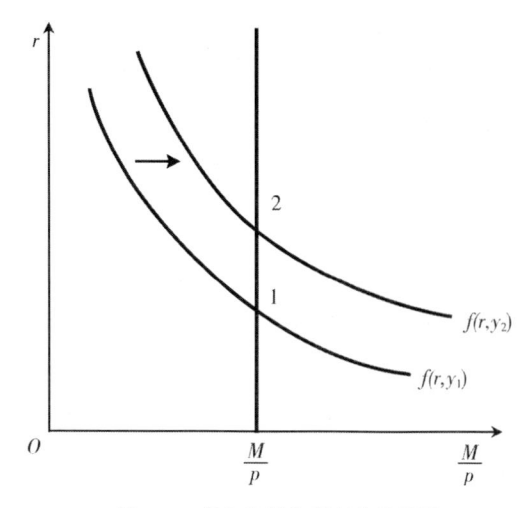

圖 7-7　收入的變化對利率的影響

二、貨幣、利率與匯率

外匯市場的短期均衡由無抵補利率平價給出。於是，短期內貨幣市場與外匯市場的均衡有

$$M/p = f(r, y)$$

和

$$\Delta S^e = \frac{S^e}{S} - 1 = r - r^* \tag{7.56}$$

即

$$r = \frac{S^e}{S} + r^* - 1 \tag{7.57}$$

兩個市場的均衡由圖 7-8 給出：

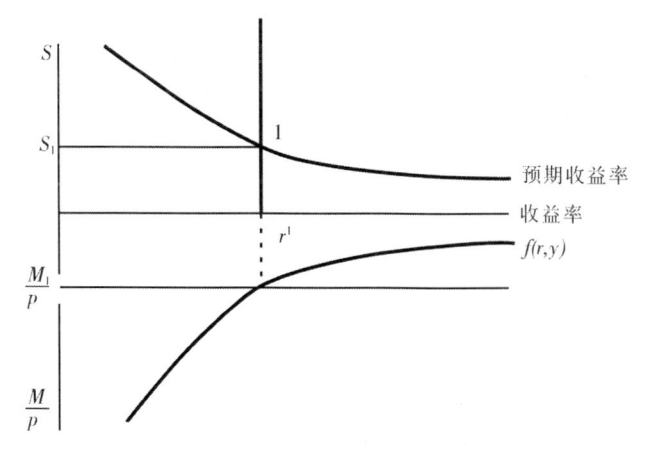

圖 7-8　短期內貨幣市場與外匯市場均衡

三、國際費雪效應

在長期內,假定本國與外國預期通貨膨脹率為 π^e 與 π^{*e}。那麼,市場預期增值率就等於通貨膨脹率之差,即

$$\frac{S^e - S}{S} = \pi^e - \pi^{*e}$$

如果無拋補利率市價成立,則

$$r - r^* = \pi^e - \pi^{*e} \tag{7.58}$$

通貨膨脹率與利率之間這種長期相等就稱為國際費雪效應。根據該效應,如果本國的年通脹率從5%永久地升至10%,那麼本國利率最終也會緊跟通脹率,從原來的水平上升5個百分點。國際費雪效應可以解釋貨幣分析法得出的表面上近似矛盾的結論,即:當一國貨幣利率相對於外國貨幣提高時,在外匯市場上該貨幣將會貶值。在短期內價格粘性假設下,如果一國貨幣供給下降,價格水平無法立即下降以對貨幣供給減少做出反應,要保持貨幣市場均衡,利率必然上升,而利率上升是與較低的通脹率預期和長期貨幣升值相聯繫的,故貨幣立即升值。但在長期內價格彈性假設下,利率上升是與更高的通貨膨脹預期和未來貨幣貶值相聯繫的,其結果是貨幣立即貶值。

復習思考題

1. 一價定律成立的前提條件是什麼?
2. 簡述套利與投機的區別。
3. 絕對購買力平價中,哪些是內生變量?哪些是外生變量?為什麼?
4. 無抵補利率平價與抵補利率平價有什麼區別?
5. 利率平價成立的前提條件是什麼?
6. 無抵補的利率平價與抵補的利率平價的假設前提有什麼差異?
7. 在開放經濟條件下,一國利率高於另一國利率就一定存在資本流動嗎?
8. 什麼是國際費雪效應?
9. 為什麼高利率國的貨幣會預期貶值或貼水?
10. 一國貨幣供給的變化是如何影響該國匯率變化的?

參考文獻

[1] 保羅・克魯格曼,等. 國際經濟學 [M]. 北京:中國人民大學出版社,1998.
[2] 勞倫斯・S. 科普蘭. 匯率與國際金融 [M]. 唐迅,等,譯. 北京:中國金融出版社,1992.
[3] 何璋. 國際金融 [M]. 北京:中國金融出版社,1997.
[4] 陳雨露. 國際金融 [M]. 北京:中國人民大學出版社,2000.

第八章　匯率決定理論

　　現在國內外的學術文獻中冠以匯率決定理論的有購買力平價理論、利率平價理論、匯率決定的貨幣學說、匯率決定的資產組合平衡學說等。購買力平價理論和利率平價理論已在第七章中作了介紹。因此，本章主要介紹後面兩個學說。但在介紹它們之前，我們要先介紹馬克思的匯率學說。其理由是：歷來國內的教科書和學術文獻都沒有研究或沒有仔細研究馬克思的匯率理論，因而在讀者心目中匯率理論都是由西方其他經濟學家創建的，而馬克思留給後人的似乎只有勞動價值論。為了改變這種狀況，我們在該書初版時就專門闢了一節講「馬克思對匯率的分析」。為了更完整地理解馬克思的匯率理論，在這次的修訂中我們把這節的標題改為「馬克思的匯率理論」。

第一節　馬克思的匯率理論

　　馬克思的匯率理論是在典型金本位制時代產生的，而以後的匯率理論或者是在畸形金本位制下產生的，或者是在信用貨幣制度下產生的。因此，從匯率理論的連續性來看，我們有必要研究馬克思的匯率理論。

一、匯率的政治經濟學分析

　　馬克思強調，匯率是一種更複雜的經濟關係。馬克思在《經濟學手稿》中說：「金銀本身不是貨幣。自然界並不出產貨幣，正如自然界並不出產匯率或銀行家一樣。」[1] 在金屬貨幣出現之後，社會關係、個人與個人之間的關係表現為一種金屬，一種礦石，一種處在人之外的、本身可以在自然界中找到的純物體。而在世界市場上，雖然每個民族都有自己的私人利益，而且同一民族的輸出者和輸入者之間的利益是互相對立的，「可是在匯率中，民族商業卻獲得了存在的假象」[2]。同時，通過匯率、行情表及商業經營者間的通信聯繫，每個人都可以知道其他人的一切活動情況，並且力求使自己的活動與之相適應。

　　馬克思認為，匯率所表現的是「生產的國際關係」。馬克思在《經濟學手稿》「導言」中的「政治經濟學的方法」一節擬訂了這樣一個提綱：「生產的國際關係。國際分

---

[1] 馬克思，恩格斯. 馬克思恩格斯全集：第46卷（上）[M]. 北京：人民出版社，1979：190.
[2] 馬克思，恩格斯. 馬克思恩格斯全集：第46卷（上）[M]. 北京：人民出版社，1979：106.

工。國際交換。輸出和輸入。匯率。」① 馬克思的提綱表明了「生產的國際關係」的具體內容。在這個關係中，國際分工引起國際交換，而國際交換首先表現為商品的輸出與輸入。在黃金是貨幣制度的基礎又可以自由輸出入的情況下，商品輸出入的淨差額引起貴金屬的國際流動，繼而影響匯率的變動。因而也可以說，只要我們的活動離開一國國內，適合於國際交換、世界市場的各種經濟關係就發生了。而匯率是生產的國際關係的一個十分重要的內容。對一個國家有利的匯率必定對其他國家不利。在當時，匯率的變動不單影響一國的進出口，而且更重要的是引起貴金屬的國際運動。在貨幣制度的基礎是貴金屬的情況下，貴金屬的流進或流出甚至可能導致危機。馬克思說：「金屬的流出，在大多數情況下總是對外貿易狀況變化的象徵，而這種變化又是情況再次接近危機的預兆。」②

二、關於匯率的決定

1816年世界上第一個資本主義國家，也是當時世界上最強大的國家——英國頒布了鑄幣條例，實行金本位制。隨後一些國家紛紛仿效英國也實行金本位制 。這時的金本位制是典型的金本位制，即金幣本位制。馬克思的匯率理論就是在這一國際貨幣制度的背景下產生的。

馬克思根據勞動價值論，按照價值形態發展的幾個階段，得出了貨幣天然是黃金的結論。而這時流通領域中的紙幣也可以代替金屬貨幣執行貨幣的職能。但馬克思認為，紙幣只是黃金的價值符號或代表。馬克思還認為，金幣的流通一越出國界就要脫掉民族的服裝，還原為金條或金塊。由於貴金屬(黃金)是當時整個貨幣制度的基礎，也由於黃金本身具有價值，因而貴金屬的國際流動所決定的匯率就是兩國金幣所包含的價值之比——含金量之比。馬克思也談到兩國貨幣之間的平價問題。他說，由於各國貨幣的種類不同，因此，在考察匯率時平價是有意義的。但馬克思所說的平價是兩種貴金屬貨幣——金幣和銀幣的比價。因此，各國貨幣種類的不同指的是一國實行金本位制，而另一國實行銀本位制。馬克思認為，這兩種貴金屬的價值發生相對的變動就會影響到這兩種貨幣的平價的變動。這就是說，在實行金本位和銀本位的兩國，即使兩國貨幣的貴金屬含量不變，金和銀的價值發生相對的變動也會影響匯率。例如，銀對金的價值下跌會引起銀本位國家的貨幣相對於金本位國家的貨幣的匯率下跌。這時，以金作為本位的貨幣便可兌換到比過去更多的以銀作為本位的貨幣；反之則反是。1850年英國的出口雖有增加，但由於銀的價值的提高，實行金本位制的英國的貨幣(英鎊)的匯率卻下跌了。如果把馬克思的兩國貨幣種類不同的觀點加以擴展，那麼，我們也可以說，只要實行金本位制或實行銀本位制的兩國的金屬貨幣的貴金屬含量發生變化，即兩國貨幣的價值發生

---

① 馬克思，恩格斯. 馬克思恩格斯全集：第46卷(上) [M]. 北京：人民出版社，1979：46.
② 馬克思. 資本論：第3卷 [M]. 北京：人民出版社，1975：645.

變化，那麼兩國貨幣的平價也會發生變化。

　　恩格斯在編輯馬克思的《資本論》第3卷時談到了匯率在黃金輸送點內波動的問題。他舉例說，如果英國對德國的支付多於德國對英國的支付，那麼，以英鎊表示的馬克的價格就會在倫敦上漲；反之，以馬克表示的英鎊的價格就會在柏林下跌。如果英國多於德國的支付不能由德國對英國的超額購買來恢復平衡，那麼，以英鎊表示的馬克的價格必然上漲到這樣一點，那時英國不是開出馬克匯票來支付，而是輸出金屬（金幣或金塊）來支付更為合算。這就是說，如果匯率的波動幅度超過了黃金輸出點，那麼，有支付義務的國家（英國）就寧願輸出黃金而不願購買外匯（馬克匯票）對外支付。因此，恩格斯說：「匯兌率是貨幣金屬的國際運動的晴雨計。」① 因為，隨著匯率的不斷變化，金銀會不斷地在不同國家的流通領域之間往返運動。

三、影響匯率的因素分析

　　在《經濟學手稿》和《資本論》中，馬克思也分析了影響匯率變動的因素。歸納起來，馬克思有以下幾種觀點：

　　1. 商品輸出入的淨差額

　　這一點我們已在前面關於匯率在黃金輸送點內的波動裡做了說明。但在這裡我們還要指出的是，馬克思在談到影響匯率波動的因素時所強調的是「一時的支付差額」，而不管造成這種差額的原因是什麼——純粹的商業原因，還是國外投資，還是國家支出（如戰時的支出），等等，只要這些活動會引起對外的現金支付。這也就是說，引起匯率變化的是一個國家一時的用現金支付的國際收支差額，是必須立即清償的各種到期支付的差額。反過來說，凡不引起現金支付的商品交易和對外投資，不會引起匯率的變動。值得注意的是，馬克思認為，一時的支付差額和對外貿易差額是不一樣的。他說：「支付差額和貿易差額的區別在於：支付差額是一個必須在一定時間內結清的貿易差額。」②對這一區別我們往往沒有太注意。我們常常說貿易逆差或貿易順差對匯率的影響，而不問這個差額是不是需要立即結清。按照馬克思的觀點，準確地說，只有到期應支付的，即引起現金流動的貿易差額才會對匯率產生影響。

　　2. 無形貿易對匯率的影響

　　馬克思認為，一個國家的國際支付差額不能只由它的國際貿易差額決定。因為，國際貿易差額（有形貿易）可以被無形貿易差額所抵消。馬克思舉例說，1855年英國對印度的貿易逆差為225萬英鎊。但同年東印度公司在倫敦的費用（構成英國的非貿易收入）和支付的英國股東的股息（構成英國的國外投資收益）為325萬英鎊。兩者相抵後英國還有100萬英鎊的盈餘。所以，英國雖有貿易逆差，但非貿易收入彌補了貿易逆差。因此，英鎊不但沒有貶值，反而升值。從這裡也可以看出，馬克思強調了需要立即支付的貿易

---

① 馬克思. 資本論：第3卷 [M]. 北京：人民出版社，197 ，650.
② 馬克思. 資本論：第3卷 [M]. 北京：人民出版社，197 ，586.

差額對匯率的影響，也強調了整個經常項目差額對匯率的影響。

3. 資本的輸出

如果資本以實物形式輸出，那麼，它只增大資本輸入國對資本輸出國的商品的需求。這種資本輸出不會影響國內貨幣市場，從而也就不會影響匯率。但如果資本以貴金屬形式輸出，則會通過對貨幣市場的影響，進而影響匯率。這是因為，既然貴金屬是貨幣制度的基礎，那麼，貨幣的發行就必然受貴金屬儲備量的約束。很顯然，本國貴金屬的輸出就會減少國內貨幣市場上本國貨幣的供給，繼而影響本幣對外幣比價的變化，即本幣升值。這是一方面。另一方面，如果貴金屬大規模地、長時間地輸出，也會引起本幣匯率的升值。這是因為，面對貴金屬大規模地、長時間地輸出，貴金屬輸出國的中央銀行會採取提高利率的保護性措施。利率的提高引起外國資本內流，外匯供給隨之增大，外匯匯率下跌。與此同時，貴金屬輸入國由於貨幣供給增加，對進口商品的消費能力也增加。如果出現進口大於出口的局面，則貴金屬輸入國的貿易逆差也會使該國貨幣的匯率下跌。

4. 利率與匯率的相互影響

馬克思說：「利息率會影響匯兌率，匯兌率也會影響利息率。」[1] 對此，恩格斯加了一段非常確切的說明：「影響匯兌率的是利息率，特別是與互相的匯兌率有關的那兩個國家之間的現行利息率的比例。」[2] 這就是說，影響匯率的是與匯率有關國家的利率的比例的變化。在典型金本位制度下，利率影響匯率的機制是：一國對外匯的需求大於其供給，本幣貶值，貴金屬流出，貴金屬流出規模過大、時間過長，中央銀行提高利率，本國利率相對於外國利率的比例上升，外國資本流入，本國的貴金屬流出減少，本幣匯率上升。但是，影響匯率和利率的因素很多，並且各不相同，因此，兩者也可能出現不一致的變動：「匯兌率變動時，利息率可以不變，利息率變動時，匯兌率也可以不變。」[3] 例如，中央銀行可以採取拋外匯購本幣的辦法使匯率變動，但使貨幣市場的利率不發生變動。另一種情況是，利率的國際差異並不是影響國際資本轉移的決定性因素，因此，只要利率的變動不引起國際資本流動，就不會引起匯率的變動。

5. 名義匯率與真實匯率

馬克思認為，一國貨幣(不管是金屬貨幣還是紙幣都一樣)相對於外國貨幣貶值，這只是純粹名義上的變化。這時貶值所引起的只是兩種貨幣相互交換比例的變化。這時的貨幣只是想像的貨幣、觀念的貨幣，因此，我們可以忘掉它們所包含的金屬含量。只有當貨幣的實際價值降到名義價值以下引起匯率的變化，才是真實的貶值。值得注意的是，馬克思所講的貨幣貶值包括了當時流通的金屬貨幣和紙幣。當時流通的金屬貨幣是鑄幣。鑄幣是貨幣執行流通手段職能時出現的。人們將一定重量的貴金屬(例如1盎司黃

---

[1] 馬克思. 資本論：第3卷 [M]. 北京：人民出版社，1975：657.
[2] 馬克思. 資本論：第3卷 [M]. 北京：人民出版社，1975：661.
[3] 馬克思. 資本論：第3卷 [M]. 北京：人民出版社，1975：657.

金)分為若幹等份，然後將一定重量的貴金屬任意取個名稱，就成為流通中的鑄幣。因此，貴金屬貨幣的貶值就表現為單位貨幣的含金量減少(包括官方降低金幣的含金量和鑄幣在流通中的磨損)。當然，貴金屬貨幣的貶值也可表現為貨幣的供給超過需求；但這種情況在當時不太可能發生。因為，在發生這種情況時，鑄幣可以退出流通領域還原為金條或金塊。而紙幣是否貶值不在於它在法律上能否同貴金屬兌換(如果兩者實際上平行運動，互相交換，就是紙幣的兌現)，而在於它能否兌換到和以前同樣重量的黃金——如果它在實踐中不再能兌換到從前那樣多的貴金屬，它就貶值了，也在於它同它所代表的貴金屬是否繼續處於同等的地位。如果對貴金屬產生了特別的需求，例如要輸出貴金屬，那麼，這時貴金屬相對於紙幣就擁有了特權，紙幣就會貶值。更重要的是，紙幣是否貶值在於它的實際價值與名義價值是否相等。如果紙幣的發行量超過它所代表的金屬貨幣量，它的實際價值就會低於它的名義價值，它就貶值了。紙幣的貶值與金幣的貶值還有一點不同的是，貶值的金幣可以退出流通領域，而貶值的紙幣則不行。

第二節　匯率決定的貨幣學說

20世紀70年代，隨著世界進入浮動匯率制時代，出現了匯率決定的貨幣主義研究方法。在1976年同一期的《斯堪的納維亞經濟學月刊》上，J. A. Frenkel發表了《匯率的貨幣研究方法：理論與實踐》，M. Mussa發表了《有管理的浮動匯率制下的匯率、國際收支和貨幣與財政政策》，開始有了匯率決定的貨幣研究方法。

匯率的貨幣學說有三種形式：浮動價格的匯率的貨幣研究方法(Flexible-Price Monetary Approach to the Exchange Rate，FLMA)；粘性價格的匯率的貨幣研究方法(Sticky-Price Monetary Approach to the Exchange Rate，SPMA)和貨幣替代學說(Currency Substitution)。儘管它們的研究方法不同，但它們有共同之處，即均研究貨幣需求、貨幣供給和預期在匯率決定中的作用。因此，人們把它們統稱為匯率的貨幣學說。

一、匯率的浮動價格貨幣模型

1971年8月布雷頓森林體系崩潰，隨之全球經濟環境發生了巨大的變化。在這以後的一段時間裡，全球變得更加混亂和不確定。在20世紀70年代，抗通脹也成為核心政策，而20世紀80年代的特徵是匯率和利率的劇烈波動和不匹配。在1973年，主要工業化國家開始轉向浮動匯率制。由此，在凱恩斯框架下發展而來的Mundell-Fleming模型不能充分解釋在20世紀70年代通脹環境下的匯率波動。這一理論上的真空由隨後發展起來的匯率的貨幣或資產市場模型所彌補。

1. 浮動價格的匯率的貨幣研究方法

這一模型假定，商品價格、利率和名義匯率會不斷地進行調整，以出清商品市場、

货币市场和外汇市场。它还假定，在国内外，货币条件是稳定的（隐含在任何时候货币数量理论成立），这也指货币需求函数是稳定的和任何时候购买力平价关系成立。上述这些关系可由下列方程表示，其中所有变量（除利率外）以自然对数形式表示：

$$p = m^s - m^d \tag{8.1}$$

$$p^* = m^{s^*} - m^{d^*} \tag{8.2}$$

$$m^d = \alpha y - \beta i \tag{8.3}$$

$$m^{d^*} = \alpha y^* - \beta i^* \tag{8.4}$$

$$p = s + p^* \tag{8.5}$$

这里：P 表示价格水平；

m 表示货币供给；

y 表示真实收入；

i 表示名义利率；

s 表示汇率（直接标价法）；

上标 d、s 和 $*$ 分别表示需求、供给和外国变量。

上式（8.1）和（8.2）表示，如果国内和国外货币条件是稳定的，那么价格水平能及时调整以使货币需求等于货币供给。这一方程也意指给定真实的货币需求，价格水平和变化比例由名义货币供给决定，这就是货币数量理论。

式（8.3）和（8.4）表示，在每一个国家里，对名义货币余额的需求是真实收入和名义利率的稳定函数，其参数 α 和 β 分别测度收入弹性和利率半弹性（semi）。

式（8.5）是购买力平价条件，它表示汇率调整以弥补两国通胀差。

组合式（8.1）~（8.4）和国内外货币当局能外生决定货币供给（即 $m^s = m^d$ 和 $m^{s^*} = m^{d^*}$），可得到

$$p - p^* = (m - m^*) - \alpha(y - y^*) + \beta(i - i^*) \tag{8.6}$$

这一方程表示，给定国内外真实的货币需求，当国内货币供给高于（低于）外国货币供给时，国内价格水平会高于（低于）外国价格水平。

把式（8.5）代入到式（8.6），我们可得到汇率决定的浮动价格货币模型：

$$s = (m - m^*) - \alpha(y - y^*) + \beta(i - i^*) \tag{8.7}$$

式（8.6）和式（8.7）告诉我们，汇率是两个国家货币的相对价格，它是由两国的相对货币供给 $(m - m^*)$、相对收入 $(y - y^*)$ 和相对利率差 $(i - i^*)$ 决定的。

式（8.6）和式（8.7）还告诉我们如下情况：

（1）货币供给。当其他条件不变时，本国货币供给量上升，会导致本国价格上升。由购买力平价条件可知，本国货币会对外贬值。

（2）利率。当其他条件不变时，本币利率上升，本国实际货币需求会下降，本国价格会上升。由购买力平价条件可知，本国货币会对外贬值。

（3）收入水平。当其他条件不变时，本国收入或产出上升，本国的价格水平会下

降，從而本國的貨幣對外升值。

2. 理論預期的貨幣模型

預期在貨幣模型中對匯率起到特殊的作用。由於對國內和國外貨幣需求（與其他資產需求類似）取決於預期收益率，所以匯率的當前價值必然包含市場參與者關注未來事件的預期。如果外匯市場是有效的，市場參與者能夠充分利用預期影響匯率變動的、當前路徑的所有可得到的公開信息。因此，當前匯率必然充分反應市場參與者持有的有關貨幣增長率的預期。在貨幣主義理性預期的教條下，預期通脹率不是對過去通脹率的反應，而是對未來貨幣供給增長率的理性預測。因而如 Bilson（1978）的觀點，貨幣擴張很可能由於形成對未來貨幣增長預期而導致進一步貶值。從而，我們獲得下列的關係：

$$\Delta p^e = \Delta m^e \tag{8.8}$$

$$\Delta p^{*e} = \Delta m^{*e} \tag{8.9}$$

$$\Delta m^e = \Delta m^e (\Delta m, I) \tag{8.10}$$

$$\Delta m^{*e} = \Delta m^{*e} (\Delta m^*, I^*) \tag{8.11}$$

式（8.8）和（8.9）代表貨幣主義基於對未來貨幣增長率信條而形成的通脹預期假設。在理性預期下，式（8.8）和（8.9）意指理性經濟代理人對經濟結構和通脹理論（貨幣數量理論）有充分的認識，以至於他們能夠預測未來的貨幣增長率和通脹率。式（8.10）和（8.11）解釋了貨幣增長預測是如何形成的。在理性預期下，經濟代理人在運用所得到的信息（I）預測未來貨幣增長方面形成了合理的預期。他們也會根據新的可得到的信息來修正他們的預計。

通過費雪平價和真實利率平價（即名義利率等於真實利率加上預期通脹率），決定匯率的預期通脹所起的作用加入到了匯率方程。進而，通過不可抵補的利率平價（Uncovered Interest Parity），預期的作用也可加入到貨幣模型，這裡預期匯率變化與利率差相等。因此，我們有下列方程：

$$i = r^e + \Delta p^e \tag{8.12}$$

$$i^* = r^{*e} + \Delta p^{*e} \tag{8.13}$$

$$i - i^* = \Delta p^e - \Delta p^{*e} \tag{8.14}$$

$$\Delta s^e = i - i^* \tag{8.15}$$

將式（8.15）代入（8.7），我們得到另一種形式的貨幣模型：

$$s = (m - m^*) - \alpha(y - y^*) + \beta(\Delta s^e) \tag{8.16}$$

假設任何時候的購買力平價都成立，即預期的匯率變化等於預期的通脹率之差。將式（8.14）代入式（8.15），得到事前的購買力平價公式：

$$\Delta s^e = \Delta p^e - \Delta p^{*e} \tag{8.17}$$

更進一步講，由於價格由貨幣供給相對貨幣需求決定，因此相對通脹預期由預期貨幣增長率之差來決定。因此有：

$$\Delta s^e = i - i^* = \Delta p^e - \Delta p^{*e} = \Delta m^e - \Delta m^{*e} \tag{8.18}$$

如果把 $(\Delta P^e - \Delta P^{*e})$ 或 $(\Delta m^e - \Delta m^{*e})$ 代入式 (8.7)，浮動價格貨幣模型可簡化為

$$s = (m - m^*) - \alpha(y - y^*) + \beta(\Delta p^e - \Delta p^{*e}) \tag{8.19}$$

$$s = (m - m^*) - \alpha(y - y^*) + \beta(\Delta m^e - \Delta m^{*e}) \tag{8.20}$$

式 (8.19) 和 (8.20) 表示，利率差反應了預期通脹率之差，進而反應了預期貨幣增長率之差。一個國家面臨高的利率緣於它有高通脹預期。因此，按照式 (8.19) 和 (8.20)，高通脹率預期或高貨幣增長率預期會導致國內貨幣貶值。

在可抵補利率平價 (CIP) 條件下，我們能夠推導 Bilson (1978) 的匯率決定方程。CIP 條件為：

$$f = i - i^* \tag{8.21}$$

這裡，f 表示遠期偏差。把式 (8.21) 代入式 (8.7) 中，我們得到：

$$s = (m - m^*) - \alpha(y - y^*) + \beta f \tag{8.22}$$

式 (8.22) 告訴我們，一種貨幣以遠期升水 ($f > 0$) 出售，可預知這種貨幣會升值。運用恒等式 $\Delta s^e \equiv E_t(\Delta s_{t+1}) = E_t(s_{t+1}) - s_t$，$E$ 是預期算子，式 (8.16) 可寫成

$$s_t = (1+\beta)^{-1}(m - m^*) - \alpha(1+\beta)^{-1}(y - y^*) + \beta(1+\beta)^{-1}E_t(s_{t+1}) \tag{8.23}$$

繼續前推式 (8.23)，理性預期解可寫成：

$$s_t = \frac{1}{1+\beta}\sum_{i=0}^{\infty}\left(\frac{\beta}{1+\beta}\right)^i E[(m - m^*)_{t+i} - \beta(y - y^*)_{t+i} \mid \Omega_t] \tag{8.24}$$

這裡，t 和 t+i 分別表示當前和未來的基礎變量。式 (8.24) 表示理性預期下的浮動價格貨幣模型。

二、粘性價格的匯率的貨幣研究方法

自從浮動匯率出現以後，匯率比先前大多數分析與預期的情況更加波動。特別是，觀察到的大的匯率波動與前述浮動價格貨幣模型支持者運用基礎宏觀經濟變量所預計的匯率波動不一致。Dornbusch (1976) 發展了一個超調的匯率模型 (Overshooting Model of Exchange Rates)，這一模型也稱為粘性價格的匯率的貨幣研究方法。事實上，超調模型是浮動價格貨幣模型和 Mundell-Fleming 模型兩者的擴展。

在超調模型中，針對貨幣擴張的調整過程用於識別已觀察到的貨幣供給所建議的匯率運動有以下兩個重要特徵：

(1) 貨幣的擴張導致初期利率下降和真實收入的增加，在短期內，會使貨幣貶值超過它的長期值。

(2) 在隨後的調整過程中，價格開始下降，直到與貨幣供給擴張相匹配 (在長期內)，這時真實貨幣餘額和利率保持不變，國內貨幣貶值的比例與貨幣供給增加比例相匹配

確切的動態調整過程取決於價格相對於預期的調整速度。

多恩布什的匯率超調模型運用的前提條件有：完全的資本流動、理性的匯率預期、

穩定的貨幣條件、貨幣市場迅速調整以及商品市場緩慢調整。這一模型假定，小的國家或開放經濟無法決定利率，而只有接受利率。假定資本的流動確保預期淨收益相同，這樣國內利率減去預期匯率貶值等於世界利率。更進一步地，模型假定，在商品市場上，進口的世界價格給定。模型還假定，國內商品是進口商品的不完全替代品，因此，對國內商品的總需求決定它的絕對價格和相對價格。

更確切地講，多恩布什模型由以下三個方程組成：
(1) 利率的調整與預期匯率變化相等；
(2) 貨幣市場均衡條件；
(3) 商品市場均衡條件。

(一) 預期國內和外國資產的淨收益相等

如果資本完全流動，國內貨幣和外國貨幣標價的金融資產完全替代，這樣它們的溢價將補償預期匯率的變化。這種關係可由不可抵補的利率平價條件表述：

$$\Delta s^e = i - i^* \tag{8.25}$$

式 (8.25) 顯示，如果預期國內貨幣貶值，那麼國內利率將大於外國利率，其程度與貶值率相等。然而，這裡面臨的一個問題是，式 (8.25) 中預期匯率 (Δs^e) 是怎樣決定的？為了回答這個問題，讓我們考慮預期的形成機制，預期匯率貶值率與長期匯率 ($\bar{s}$) 和當前匯率 (s) 之間成一定的比率，但最終會收斂於長期匯率。其機制為：

$$\Delta s^e = \theta(\bar{s} - s) \tag{8.26}$$

這裡，θ 是當前匯率向長期值的調整係數，由相對價格決定。θ 是在長期匯率與當前匯率之間存在偏差情況下市場對國內貨幣過度升值或貶值預期的靈敏度。對於一個給定的過度升值，θ 值越大，說明預期匯率上升得越快。如果商品價格連續調整以滿足貨幣供給變化，其調整係數無窮大 ($\theta = \infty$)。由於在短時期內，商品價格具有粘性，匯率並不能針對相對價格迅速調整，這時，θ 是有限的 ($\theta > 0$)。這就是多恩布什模型的基本特徵。為了解釋這一基本特徵，把式 (8.25) 代入式 (8.26)，求解 s，得到：

$$s = \bar{s} - \frac{1}{\theta}(i - i^*) \tag{8.27}$$

式 (8.27) 意指，給定長期匯率 ($\bar{s}$)，當前匯率與利差之間存在負的相關關係。這一分析面臨這樣一個問題：國內利率是如何決定的。在多恩布什模型中，利率差（而不是匯率）提供了在貨幣市場的直接均衡機制。因此，有必要決定相對貨幣市場均衡條件，以及合理解釋為什麼在短時期裡匯率會超調，而長期匯率價值由相對價格決定。注意，在原來的多恩布什模型裡，僅討論一國的金融和商品市場均衡，這裡討論的是兩個國家。這一模型描述了面對經濟中的衝擊，貨幣和商品市場如何調整從而導致超調現象。

(二) 貨幣市場

利率差是由國內和外國貨幣市場上的均衡條件決定的。對真實貨幣餘額的需求取決

於利率和真實收入，並在均衡條件等於貨幣供給。相對貨幣市場可從式（8.28）~（8.31）中推導出：

$$\left(\frac{M}{P}\right)^d = Y^\alpha e^{-\beta i} \tag{8.28}$$

$$\left(\frac{M^*}{P^*}\right)^d = Y^{*\alpha} e^{-\beta i^*} \tag{8.29}$$

$$\left(\frac{M}{P}\right)^s = \frac{M}{P} \tag{8.30}$$

$$\left(\frac{M^*}{P^*}\right)^s = \frac{M^*}{P^*} \tag{8.31}$$

然後，表述為下列對數形式的結果：

$$(m - m^*) - (p - p^*) = \alpha(y - y^*) - \beta(i - i^*) \tag{8.32}$$

式（8.33）可看成在短時期內價格不會作出及時調整下利率差之決定。出於這樣一個目的，把式（8.32）重新改寫成利率差的如下形式：

$$i - i^* = -\frac{1}{\beta}[(m - m^*) - \alpha(y - y^*) - (p - p^*)] \tag{8.33}$$

把式（8.33）代入式（8.27）我們得到：

$$s = \bar{s} + \frac{1}{\theta\beta}[(m - m^*) - \alpha(y - y^*) - (p - p^*)] \tag{8.34}$$

如果在長期內購買力平價成立，當前匯率往往收斂於長期均衡相對價格（$\bar{p} - \bar{p}^*$）；如果在國內和國外貨幣數量理論成立，（$\bar{p} - \bar{p}^*$）會收斂於相對貨幣供給和相對真實收入（齊次性質）。因而

$$\bar{s} = (\bar{p} - \bar{p}^*) \tag{8.35}$$

$$\bar{p} - \bar{p}^* = (m - m^*) - \alpha(y - y^*) \tag{8.36}$$

把式（8.34）和式（8.35）代入式（8.36），我們得到：

$$s = (m - m^*) - \alpha(y - y^*) - \frac{1}{\beta\theta}[(m - m^*) - \alpha(y - y^*) - (p - p^*)] \tag{8.37}$$

或

$$s = (\bar{p} - \bar{p}^*) - \frac{1}{\beta\theta}[(p - p^*) - (\bar{p} - \bar{p}^*)] \tag{8.38}$$

這裡，$\bar{p} - \bar{p}^* = (m - m^*) - \alpha(y - y^*)$。

式（8.37）顯示，在給定收入水平條件下，貨幣供給的變化通過兩個渠道影響匯率：

（1）均衡匯率（$\bar{s}$）成比例增加；

（2）由短時期價格剛性帶來的流動性效應。

說明：通過第二種效應，相對價格增加導致國內利率相對外國利率下降，而通過國

內貨幣溢價來保持利率平價條件成立。價格隨著時間調整，流動性效應將消除，在長期，匯率和相對價格之間呈比例關係。

(三) 商品市場

為了完善這一模型，有必要識別價格調整機制。在短期內，國內貨幣貶值導致國內商品相對價格下降，引起需求增加。國內利率下降也會導致對國內商品的花費增加，從而需求增加。因此，對國內商品的需求取決於相對價格（真實匯率，$s-p+p^*$）、國內利率和真實收入。從而對國內和外國產出的需求函數有如下形式：

$$\ln D = u_1 + \delta_1(s - p + p^*) + \gamma_1 y - \sigma_1 i \tag{8.39}$$

$$\ln D^* = u_2 + \delta_2(s - p + p^*) + \gamma_2 y^* - \sigma_2 i^* \tag{8.40}$$

這裡，$D(D^*)$ 表示對國內（國外）的產出需求，$\delta_1(\delta_2)$ 表示對國內（國外）商品需求的價格彈性，$\gamma_1(\gamma_2)$ 表示國內（國外）商品的收入彈性，$\sigma_1(\sigma_2)$ 表示對國內（國外）商品需求的利率彈性，$u_1(u_2)$ 為漂移參數。組合式 (8.39) 和 (8.40)，並假定給定相對產出水平，我們得到：

$$\begin{aligned}\dot{p} - \dot{p}^* &= \pi \ln\left[\frac{D/D^*}{Y/Y^*}\right] \\ &= \pi[u + \delta(s - p + p^*) + (\gamma - 1)(y - y^*) - \sigma(i - i^*)]\end{aligned} \tag{8.41}$$

這裡，$\mu = \mu_1 - \mu_2$，$\delta = \delta_1 - \delta_2$，$\gamma = \gamma_1 - \gamma_2$，$\sigma = \sigma_1 - \sigma_2$。

式 (8.41) 表示，對國內外產出的相對需求決定相對價格，相對價格增加率與相對超額需求成比例。由於存在完全資本流動，所以 $i = i^*$，$\dot{P} - \dot{P}^* = 0$，式 (8.41) 可簡化為：

$$\bar{s} = (\bar{p} - \bar{p}^*) + \frac{1}{\delta}[\sigma i^* + (1 - \gamma)(y - y^*) - u] \tag{8.42}$$

這裡意指長期匯率取決於貨幣變量（長期相對價格），還取決於真實變量。

式 (8.41) 這一價格調整方程能運用式 (8.42) 進行簡化，事實上利率差等於預期貶值率，即 $i - i^* = \theta(\bar{s} - s)$。得到：

$$\begin{aligned}\dot{p} - \dot{p}^* &= -\pi\left(\frac{\delta + \sigma\theta}{\theta\beta + \delta}\right)[(p - p^*) - (\bar{p} - \bar{p}^*)] \\ &= v[(\bar{p} - \bar{p}^*) - (p - p^*)]\end{aligned} \tag{8.43}$$

或

$$\dot{p} - \dot{p}^* = v[\bar{s} - s] \tag{8.44}$$

這裡

$$v \equiv \pi\left(\frac{\delta + \sigma\theta}{\theta\beta + \delta}\right) \tag{8.45}$$

如式 (8.44) 所示，v 是測定當前匯率收斂於它的長期均衡值的速率。如果粘性價格模型成立，匯率預期變化必然也收斂於它的相對價格變化。從式 (8.44) 還可知，收斂率是預期係數 θ 的函數。從式 (8.26) 中的預期形成過程可以正確預計匯率的實際路

線，條件 $\theta = v$ 必須滿足。預期系數 θ 必然具有完全前瞻性，這意味著以 θ 表示的 v 的解如下：

$$\theta(\beta, \delta, \sigma, \pi) = \frac{\pi(\sigma/\beta + \delta)}{2} + \left[\frac{\pi^2(\sigma/\beta + \delta)^2}{4} + \frac{\pi\delta}{\beta}\right]^{1/2} \tag{8.46}$$

有關解，可參閱 Dornbusch（1976）的文章。

式（8.46）還表示，預期系數 θ 是經濟結構參數的函數，即是貨幣需求半利率彈性 β、資本流動利率彈性 σ、貿易流動的真實匯率彈性 δ 和通貨膨脹率 π 的函數。

要正確預計匯率，市場參與者就需要正確預計國內外經濟中的結構參數。這一模型的基本假定是國內外結構參數是相同的。

三、貨幣替代

1977 年 G. Calvo 和 C. A. Rodriguez 發表了《貨幣替代和合理預期下的匯率決定模型》一文，第一次提出了貨幣替代與匯率的關係的觀點。1981 年 L. Girton and D. Roper 發表了《貨幣替代的理論與意義》的文章，再次對貨幣替代進行了研究。但我們也注意到，在一些匯率經濟學文獻中，貨幣替代並沒有列入匯率理論中。

1. 貨幣替代的含義

上面介紹的 FLMA 和 SPMA 都假定一國居民只持有本幣，不持有外幣，即國內外的貨幣替代彈性為零。但這是不現實的。事實上，在當前多種國際貨幣並存的情況下，在貨幣有硬貨幣和軟貨幣之分的情況下，在浮動匯率制時代匯率風險增大的情況下，人們不可能只持有本幣而不持有外幣。因此，所謂貨幣替代就是本國居民用外幣替代本幣，從而持有一種以上貨幣的行為。

2. 貨幣替代與匯率的關係

對貨幣替代與匯率的關係研究，有兩種思路：一種是從貨幣需求的角度進行，一種是從貨幣供給的角度進行。

（1）從貨幣需求的角度

在存在貨幣替代的情況下，一國居民不僅有對本國貨幣的需求，也有對外國貨幣的需求。這樣，在研究匯率的變化時就應該研究對本外幣需求的相對變化。而人們之所以進行本外幣的替代，是為了從貨幣的資產組合中取得最大的效益。因此，從貨幣需求的角度研究貨幣替代實際上就是研究本外幣收益率之間的差異，以及本外幣收益率與非貨幣資產收益率之間的差異。但要注意的是，貨幣的收益率不是名義收益率，而是真實收益率，即名義收益率與通貨膨脹率之差。很顯然，如果外幣的真實收益率大於本幣的真實收益率，人們就會將本幣換為外幣，從而本幣匯率貶值。本外幣間的真實收益率的差距越大，本外幣間的替代系數就越大，本幣的貶值也就越大。

（2）從貨幣供給的角度

如果人們對本幣貶值的預期來自於對國內貨幣供給增加的預期，則人們就會減少持

有本幣的比例，增大持有外幣的比例。這樣，貨幣替代增大了本幣匯率的波動。

如果一國的中央銀行試圖通過貨幣目標區來控制通貨膨脹，這種努力也會因貨幣替代的存在而失敗。這是因為，由於貨幣替代的存在，對本幣的需求處於不穩定之中。這裡既有對本幣和本幣面值的金融資產的需求的波動，也有替代貨幣(外來貨幣)高估或低估帶來的需求的波動。這就給中央銀行提出了對外匯市場干預的任務。中央銀行要麼對本幣匯率進行干預，要麼對外匯市場上本幣供給量進行干預。如果中央銀行選擇後者，中央銀行就又面臨著是進行中性干預還是非中性干預的選擇。如果中央銀行選擇的是非中性干預，就只能增大貨幣供給量。但如果對貨幣供給量的增大控制不好，就可能出現實際的貨幣供給量大大超過中央銀行貨幣供給目標。這樣，中央銀行或者放棄貨幣目標區，或者實行更富彈性的貨幣目標區。

3. 麥金農假說（McKinnon Hypothesis）

由於存在貨幣替代，一個國家的通貨膨脹率就不能只用本國的貨幣供給的變化率來衡量。以美國為例。1978年美國的貨幣供給量增加了8.2%，但1979—1980年美國的通貨膨脹率卻平均上升了13%。而從世界範圍來看，兩者基本適應：世界貨幣供給量在1977年和1978年分別增加了10.27%和10.98%，1979年和1980年世界通貨膨脹率分別增加了11.1%和13.5%。於是，貨幣主義者提出了「世界」貨幣供給與「世界」通貨膨脹率進行比較的觀點。

1977年和1978年世界貨幣供給增加的原因是：1977—1978年在美元貶值預期的心理狀態下，外匯市場參與者紛紛調整自己的貨幣結構，將美元換為歐洲國家貨幣。聯邦德國和瑞士的貨幣當局為了使這種貨幣替代不在外匯市場上反應出來，對外匯市場進行了賣出本幣收購美元的干預。但由於它們所購進的是美元面值的有價證券，因此，美國的貨幣供給量並未受到影響。但從世界範圍來看，貨幣替代使西德馬克和瑞士法郎的投放增加，因而世界貨幣供給增加。如果聯邦德國和瑞士的中央銀行買入的美元以存款形式存入美國中央銀行，則美國的基礎貨幣反而會減少。

麥金農根據1977—1978年的事例提出了貨幣替代與通貨膨脹關係的麥金農假說。他認為：第一，在世界物價穩定的情況下，在貨幣需求的衝擊發生前，每個國家就應該決定與物價穩定相適應的貨幣供給增長的路線。第二，在貨幣替代使匯率發生變化時，各國應該合作，採取對稱的非中性干預的政策（Symmetric Unsterilized Intervention）。這就是說，在瑞士法郎對美元升值時，瑞士中央銀行應該用瑞士法郎購買美元，並將買入的美元存入美國中央銀行。這樣，瑞士的基礎貨幣增加，美國的基礎貨幣減少。假定兩國的貨幣乘數和貨幣流通速度相同，那麼，這種干預既不會使世界貨幣供給增加，也不會使通貨膨脹率受到影響。

第三節 匯率決定的資產組合平衡研究方法

1977 年 W. H. Branson 發表了《匯率決定中的資產市場與相對價格》一文，把資產組合理論引入到對匯率的研究之中，創立了匯率決定的資產組合平衡研究方法(Portfolio Balance Approach to the Determination of the Exchange Rate, PBA)。

一、假設

(1) 本國是個小國，因此，外國的經濟變量被看成是外生的、不變的。

(2) 本國居民不僅擁有貨幣資產(本國貨幣)，也擁有國內外的非貨幣資產——國內外債券。

(3) 國內外資產不完全替代，因而非抵補的利率平價不成立。這是 PBA 與 FLMA 和 SPMA 的一個重要區別。國內外資產之所以不能完全替代，是因為它們所包含的風險(稅收風險、匯率風險、政策風險、破產風險等)不同，它們的流動性也不同。這樣，風險厭惡者才會在風險與收益之間權衡作出不同的資產組合。

(4) 由於資產風險的存在，預期的匯率變化要考慮風險溢價(Risk Premium)，即 $\Delta S^e = (i - i^*) - \lambda$。$\lambda$ 即為風險溢價。如果 $\lambda < 0$，外國資產的收益($i^* + \Delta S^e$)大於國內的資產收益(i)，表明外國資產的風險大於國內資產。

(5) 在短期內，PPP 不成立。

二、推導

1. 本國居民的金融財富

PBA 認為，本國私人部門的金融財富(W)由三個部分——本國貨幣(M)、本國發行的債券(B)和外國發行的外幣面值的外國債券(B^*)。則

$$W = M + B + SB^* \tag{8.47}$$

而

$$M = m(i, i^* + \Delta S^e)W \qquad m(i) < 0, \ m(i^* + \Delta S^e) < 0 \tag{8.48}$$

$$B = b(i, i^* + \Delta S^e)W \qquad b(i) > 0, \ b(i^* + \Delta S^e) < 0 \tag{8.49}$$

$$SB^* = b^*(i, i^* + \Delta S^e)W \qquad b^*(i) < 0, \ b^*(i^* + \Delta S^e) > 0 \tag{8.50}$$

式中，i 和 i^* 分別表示國內和國外債券的收益率。兩者的變化必定引起對國內外債券需求的變化，即：國內債券收益率上升，對國內債券的需求增加；國外債券收益率上升，對國內債券的需求減少。S 是以本幣表示的外幣的價格(名義匯率)。

以上三種資產涉及三個市場——國內貨幣市場、國內債券市場和國外債券市場。按

照瓦爾拉斯定律(Warlas' Law)，三個市場中只要有兩個均衡，第三個也就均衡了。

在上述四個方程中，M、B、i 是本國貨幣當局給定的，i^* 對一個小國來說也是給定的。因此，現在要研究的是本國居民是如何持有國外債券(B^*)的。

2. 關於 B^*

按照 PBA 的觀點，小國居民累積國外資產的唯一途徑是經常項目盈餘。這是 PBA 與 FLMA 和 SPMA 的一個重要區別。

我們知道，經常項目(CA)是由三個部分——貨物與服務、收入和經常轉移構成的。而 PBA 注重的是貿易收支和債券利息。因此，在外國物價一定時：

$$CA = T(\frac{S}{P}) + i^* B^* \tag{8.51}$$

很明顯，如果外匯匯率(S)上升，或本國物價水平(P)下降，貿易收支(T)得以改善。$i^* B^*$ 為外國債券的利息收入。準確地說，$i^* B^*$ 應表示為 $(i^* + \Delta S^e) SB^*$。

如果我們簡單地把外國資產的累積看成資本項目的增加額(ΔKA)。按照國際收支平衡表的原理，經常項目與資本項目的淨差額為零，則：

$$\Delta KA = CA = T(\frac{S}{P}) + (i^* + \Delta S^e) SB^* \tag{8.52}$$

由此可見，經常項目盈餘使本國居民持有的國外資產(B^*)增加。

3. 匯率的變化

現在讓我們來看看 PBA 關於中央銀行的貨幣政策對匯率的影響的觀點。

假定中央銀行用本國貨幣購買國內債券，國內居民因此而持有超額的貨幣量，從而也就產生對本國債券(B)的超額需求。國內債券的價格因而上升，但收益率(i)卻下降。由於國內外債券是不能完全替代的，國內債券的收益率(i)下降引起國內居民對有價證券重新組合，即從對國內債券(B)的超額需求轉而對外國債券(B^*)的超額需求。在貨幣替代存在的情況下，為購買外國債券，國內居民就要將本幣兌換為外幣，從而使外幣匯率(S)升值，本幣匯率貶值。這是中央銀行公開市場操作帶來的衝擊的必然結果。在這個衝擊時期(Impact Period)也出現匯率的過分波動現象(Overshoot)。但這個過分波動與 Dornbusch 所說的不同，而是指匯率的變化大於貨幣供給的變化。這是因為，如果國內居民對本國貨幣需求的利率彈性小於對外國債券需求的利率彈性，則對外國債券需求的變化率就會大於貨幣存量的變化率。在匯率與國外債券存在一一對應關係的情況下，這就意味著匯率的變化大於貨幣供給的變化。

在短期內，本幣匯率的這種(超過貨幣供給的)過分波動(過分貶值)將隨著經常項目盈餘的增加(即外國資產累積的增加)而發生逆轉。這時國內居民為了平衡他們的資產組合，進入了短期調整時期 (Short-Term Adjustment Period)，力圖出售他們的國外資產。本國貨幣開始升值。經常項目為零是長期穩定均衡的必要條件。本幣的升值和由本國貨

幣供給增加帶來的物價上漲使本國貿易品的國際競爭力下降，貿易收支惡化，出現赤字。但要使經常項目餘額為零，即 $T(\frac{S}{P}) = i^* B^*$，本幣匯率還要進一步上升，直至達到新的長期均衡匯率水平。

三、風險溢價

風險溢價是 PBA 與 FLMA 和 SPMA 的又一重要區別。

我們在前面談到，由於各國發行的債券面臨著不同的風險，因而是不完全替代的。所以，風險厭惡者就要對所持有的國內外債券進行風險—收益的比較，以確定一個適當的比例，使風險最小收益最大。

以匯率風險為例。匯率風險的存在使非抵補的利率平價即 $\Delta S^e = i - i^*$ 不成立，因而，對未來匯率的預期就應包含風險溢價(λ)：

$$i - i^* = \Delta S^e + \lambda \tag{8.53}$$

在 PBA 看來，風險溢價是國內外債券相對供給的函數，即：

$$\lambda_t = \frac{1}{\beta} \frac{B_t}{B_t^* S_t} \tag{8.54}$$

(8.54)式表明，國內債券的供給相對於國外債券供給增加，就應對願意持有這些債券的人增加一個風險溢價。

將(8.54)式代入(8.53)式，得：

$$\frac{B_t}{B_t^* S_t} = \beta(i_t - i_t^* - \Delta S_{t+k}^e) \tag{8.55}$$

式中，ΔS_{t+k}^e 為預期的 $t+k$ 時期的匯率變化率。

(8.55)式表明，投資者在確定國內外債券的比例時，要考慮風險溢價這一因素。將(8.55)式的左邊用對數表示，則

$$b_t - b_t^* - s_t = \beta(i_t - i_t^* - \Delta S_{t+k}^e) \tag{8.56}$$

這樣，加進風險溢價因素後

$$S_t = \beta_0(m - m^*)_t + \beta_1(y - y^*)_t + \beta_2(\Delta P^e - \Delta P^{e*})_{t+k} + \beta_3(i - i^*)_t + \beta_4(b - b^*)_t \tag{8.57}$$

四、結論

PBA 擴大了匯率的貨幣研究方法的範圍，即：從單純的貨幣資產擴大到了債券資產；把國際收支中的經常項目和資本項目結合在匯率決定的討論中。

復習思考題

1. 如何全面理解馬克思的匯率理論?
2. 彈性價格的匯率的貨幣研究方法與粘性價格的匯率研究方法有何不同?
3. 怎樣理解 Dornbusch 的「overshooting」?
4. 貨幣替代是如何發生的?
5. PBA 的理論與 FLMA、SPMA 有何區別?

參考文獻

[1] 馬克思. 資本論：第3卷 [M]. 北京：人民出版社, 1975.

[2] 馬克思, 恩格斯. 馬克思恩格斯全集：第46卷 [M]. 北京：人民出版社, 1979.

[3] CLARK E. International Finance [M]. 2nd ed. London：Thomson, 2002.

[4] COPELAND L S. Exchange Rates and International Finance [M]. Boston：Addison-Wesley Publishing Company, 1989.

[5] DORNBUSCH R. Expectations and Exchange Rate Dynamics [J]. Journal of Political Economy, 1976, 84 (6).

[6] HALLWOOD C P, MACDONALD R. International Money and Finance [M]. 3rd ed. Hoboken：Blackwell, 2000.

[7] SARNO L, TAYLOR M P. The Economics of Exchange Rates [J]. The Economic Journal, 2004, 114 (499).

[8] MOOSA I A, BHATTI R H. The theory and Empirics of Exchange Rates [M]. Singapore：World Scientific Publishing Ltd., 2009.

第九章 匯率、國際收支和國內經濟

自從國際收支成為一個相對獨立的因素之後，國際收支均衡問題就成為各國政策制定者和經濟學家關注的問題。這就出現了國際收支理論。然而，我們通過對各種國際收支理論的考察，認為所謂國際收支理論實際上是匯率與國際收支、國內經濟的關係的理論。但由於大家已經習慣了國際收支理論的提法，因此本章在不少地方仍沿用國際收支理論這一術語。

本章分為兩節：第一節是 20 世紀 50 年代以前的國際收支理論，第二節是 20 世紀 60 年代以後的國際收支理論。

第一節 20 世紀 50 年代以前的國際收支理論

20 世紀 50 年代以前的國際收支理論包括價格—現金自動調節理論、彈性分析方法和吸收分析方法。

一、價格—現金自動調節理論

15 世紀居於主導地位的重商主義者提出了「貿易差額論」。他們認為，貴金屬是財富的唯一形態；外貿順差是財富的源泉。為了保護外貿順差，他們極力主張實行貿易保護政策。18 世紀中期，大衛·休謨(David Hume，1711—1776)開始了國際收支的研究。1752 年他發表了《論貿易平衡》一書，提出了「價格—現金流動機制」(price-specie-flow mechanism)，或「休謨機制」。

休謨所處的時代是金本位時代。當時每一個國家的貨幣供給都由黃金和能與黃金兌換的紙幣構成。因此，一個國家如果出現國際收支赤字就會引起黃金外流，從而國內貨幣供給減少，國內商品價格下降，進而出口成本下降，出口增加，國際收支由赤字變為盈餘，黃金內流。國際收支順差國則經歷一個相反的過程。這時幣值的穩定和黃金的自由輸出入使得匯率穩定。休謨根據這一事實得出這樣的結論：在金本位制下，一國的國際收支失衡可以通過黃金的既有輸出入和價格的自動漲跌恢復平衡。因此，各國政府無須過多地對國際收支和匯率進行干預。由此可見，休謨機制的前提條件是貿易的自由化和黃金在國家間的自由流動。正是在這種條件下，進出口的變化才表現為黃金的流出入和貨幣供給量的增減。

从理論基礎上說，休謨機制的理論基礎是貨幣數量論(Quantity Theory of Money)。貨幣數量論的基本公式是：

$$MV = PQ \tag{9.1}$$

式中：M 代表一個國家的貨幣供給量；

V 代表貨幣流通速度；

P 代表一般價格指數；

Q 代表實物商品數量。

古典經濟學認為，V 取決於經濟和金融體制的結構。只要社會經濟不出現大的變革，V 就是一個常數。由於工資、利率和價格具有完全的流動性，因此，除了暫時干擾外，社會經濟會自動回到沒有通貨膨脹的充分就業水平。也就是說，Q 是充分就業時的產量水平，在短時期內是相對穩定的。這樣，M 的變化只會導致 P 同方向、同比例的變化。

1929—1933 年的經濟大危機帶來了金本位制的危機，同時也否定了資本主義能夠通過自動調節達到充分就業均衡的理論。其時，金本位制的危機和貿易保護主義的抬頭，使自動調節的理論前提已不復存在；資本流動的空前重要性使主要針對貿易項目的自動調節理論顯得片面。在這種背景下，凱恩斯提出了「收入決定論」，認為小於充分就業的均衡是資本主義的常態，收入與就業對經濟的發展具有決定性的影響。這就是所謂「凱恩斯革命」。凱恩斯革命的成功改變了一代經濟學家的思維方式。一些經濟學家運用凱恩斯觀點對古典經濟學家的自動調節理論進行改造，賦予它新的內容，這就是「價格—利率調節機制」。他們認為，貨幣供給的變化會直接影響到利率水平，間接影響到收入和價格水平。例如，貨幣供給量的減少將導致利率的上升，從而減少投資、收入和需求。需求下降造成存貨的額外增加，進一步引起價格和工資的下降。而利率的提高會吸引短期資本即黃金的流入，黃金的流入又會導致另一輪相反的變化過程。

勞埃德·梅資勒(Lloyd Metzler)在《國際貿易論》中運用凱恩斯的收入決定論改造了「現金—價格流動機制」。他假定，甲國增加來自乙國的商品進口，甲國會產生貿易逆差。逆差主要通過黃金的輸出或通過短期資本的轉移來彌補。乙國出口的增加會帶動出口工業收入的增加。根據對外貿易乘數理論，出口收入的增加可以帶動出口工業就業的擴大，從而刺激國內需求，進而帶動全國就業和收入的增加。同時，由於產業規模的擴大，乙國將增加來自甲國的進口，這樣便可以在一定程度上抵補甲國的貿易逆差。從這裡我們可以看到：第一，梅資勒觀點的前提條件是甲、乙兩國都處於充分就業狀況。因為，只有在充分就業條件下，一切可供利用的資源都被利用，價格和匯率的變化所能改變的也只是國內貨物(非貿易品)與出口貨物(貿易品)的比例關係，進而才能改變貿易收支。第二，貿易收支的調節過程在極大程度上是靠價格變動的途徑來實現的。在充分就業條件下，價格的變動將使國內生產結構朝著有利於出口的方向變化，從而出口收入隨之增加。第三，短期資本的轉移是國際收支平衡的一個重要條件。而資本轉移，特別是短期資本轉移的前提是利率的變化，因為資本總是從低利率國家流向高利率國家。可

見,梅資勒的「價格—利率調節機制」是自動調節論的一種表現,只不過這一理論引進了國民收入和對外貿易乘數的作用。而且,這裡的自動調節並不是一個完全自發的過程,這裡有經濟政策的作用,即一國如果以對內均衡為主要目的,就會限制自動恢復均衡作用;而如果該國重視對外均衡的實現,則會採取措施促進均衡的自動恢復。

二、國際收支的彈性分析方法

(一) 彈性分析方法

國際收支的彈性分析方法(Elasticity Approach to the Balance of Payments)是 John Robinson 在 1937 年發表的《外匯》一文中提出的。彈性分析方法討論的是浮動匯率條件下匯率變動(貶值)對進出口的影響途徑、程度和機制。

從原理上說,一國貨幣對外貶值具有促進出口、抑制進口的作用,而升值則具有刺激進口、遏制出口的作用。但在現實生活中,在匯率發生作用的同時有許多經濟和非經濟的因素也在發揮作用,它們可能同匯率調整的初衷一致,也可能不一致。這就提出了一個問題:貨幣貶值究竟在多大程度上影響商品的供求和進出口?排除非經濟因素,貶值影響進出口變化的程度取決於進出口商品的供給和需求的價格彈性。這就是彈性分析方法的基本出發點。因此,彈性分析方法實際上是國際收支調節的「價格效應」。

Robinson 在《外匯》一文中分析了四種彈性:①外國對本國出口的商品的需求價格彈性 D_X; ②本國出口商品的供給價格彈性 S_X; ③外國為本國進口提供的商品的供給價格彈性 S_M; ④本國對進口商品的需求價格彈性 D_M。前兩個彈性是出口商品的彈性,後兩個彈性是進口商品的彈性。下面我們分別對這四個彈性進行考察。

如果不考慮國際資本運動,國際收支可以看成一定時期的外貿收支。外貿收支餘額可寫為:

$$B = S - D = X - M = P_X Q_X - P_M Q_M \tag{9.2}$$

式中:B 為不考慮資本流動時的國際收支,即貿易收支;

S 為本國可供出口的商品數量,即 X;

D 為本國對外國商品的需求數量,即 M;

P_X 和 Q_X 分別為出口商品的價格和數量;

P_M 和 Q_M 分別為進口商品的價格和數量。

假設經濟處於充分就業,且不考慮收入的變化,那麼,S(或 X)和 D(或 M)則是它們的價格和它們的替代品的價格的函數。

但是,我們知道,國際貿易和國內貿易的一個重要區別是,進口支出和出口收入都與外匯匯率有關。如果以 R 代表外匯匯率(間接標價法),則(9.2)式變為:

$$B = RP_x^d Q_x - P_m^f Q_m \tag{9.3}$$

(9.3)式與(9.2)式的區別在於:(9.2)式沒有標明進出口商品的價格以哪種貨幣表示;而在(9.3)式中,P_x^d 是以本國貨幣表示的出口商品的價格,P_m^f 是以外國貨幣表示的

進口商品的價格。在這裡，P_x^d 與 P_m^f 的關係是：$RP_x^d = P_m^f$，或 $P_x^d = \dfrac{P_m^f}{R}$，則 RP_x^d 就成了以外國貨幣表示的出口商品的價格。

然而，對一個國家來說，不僅要知道在一定匯率水平下支出和收入了多少外匯，更重要的是要知道外匯匯率的變動對進出口變動的影響，進而對貿易差額變動的影響。這就要引入彈性的概念。

(1) 外國對本國出口商品的需求價格彈性

$$D_x = \dfrac{dQ_x^f}{Q_x^f} \Big/ \dfrac{dRP_x^d}{RP_x^d} \tag{9.4}$$

也就是說，其他國家對本國出口商品的需求價格彈性 D_x 是其他國家的需求量的變化率 $\dfrac{dQ_x^f}{Q_x^f}$ 與本國出口商品的以外國貨幣表示的價格變化率 $\dfrac{dP_x^f}{P_x^f}$（$= \dfrac{dRP_x^d}{RP_x^d}$）之比。

(2) 本國出口商品的供給價格彈性

$$S_x = \dfrac{dQ_x^d}{Q_x^d} \Big/ \dfrac{dP_x^d}{P_x^d} \tag{9.5}$$

也就是說，本國出口商品的供給價格彈性 S_x 是本國出口量變化率 $\dfrac{dQ_x^d}{Q_x^d}$ 與以本國貨幣表示的出口價格變化率 $\dfrac{dP_x^d}{P_x^d}$ 之比。

以上兩個彈性是從本國出口來說的。下面兩個彈性則是從本國進口來說的。

(3) 其他國家(出口國)能為本國進口提供的商品的供給價格彈性（進口供給彈性）

$$S_m = \dfrac{dQ_m^f}{Q_m^f} \Big/ \dfrac{dP_m^f}{P_m^f} \tag{7.6}$$

也就是說，其他國家能為本國進口提供的商品的供給價格彈性 S_m 是其他國家的供給量的變化率 $\dfrac{dQ_m^f}{Q_m^f}$ 與以外國貨幣表示的價格變化率 $\dfrac{dP_m^f}{P_m^f}$ 之比。

(4) 本國對進口商品的需求價格彈性(進口需求彈性)

$$D_m = \dfrac{dQ_m^d}{Q_m^d} \Big/ \dfrac{d\left(\dfrac{1}{R} \cdot P_m^f\right)}{\dfrac{1}{R} \cdot P_m^f} \tag{9.7}$$

也就是說，本國對進口商品的需求價格彈性 D_m 是本國對進口商品的需求量的變化率 $\dfrac{dQ_m^d}{Q_m^d}$ 與以本國貨幣表示的進口商品的價格變化率 $\dfrac{dP_m^d}{P_m^d}$（$= \dfrac{d\left(\dfrac{1}{R} \cdot P_m^f\right)}{\dfrac{1}{R} \cdot P_m^f}$）之比。

根據 $B=X-M$，再經過一系列數學公式的推演①我們可以得出匯率變化率對對外貿易額的影響公式：

$$dB = X \cdot \frac{dR}{R} \cdot \frac{D_x D_m (S_m + S_x + 1) - S_x S_m (D_m + D_x + 1)}{(S_x - D_x)(S_m - D_m)} \tag{9.8}$$

現在，我們根據(9.8)式來研究本幣貶值(外幣升值)對本國商品進出口(貿易收支)的影響。

第一，本幣貶值對出口的影響。

一般來說，本幣貶值會使本國出口商品以外幣表示的價格下跌，有利於出口的擴大。但對擴大的影響程度要具體分析：

(1) 假定 S_x 不變，這時出口收入增加的程度就要取決於 D_x 的大小。①如果 D_x 很大，那麼出口收入會以比出口商品價格下跌的幅度更大的比例增加。②如果 D_x 很小，即外國需求增加的比例小於出口商品價格下降的比例，這時出口量雖然增加了，但出口收入卻相對減少。③如果 $D_x=0$，即外國並不因出口商品的價格下跌而增加需求量，那麼，出口數量不會增加，出口收入反而按貶值率同比例減少。

(2) 假定 D_x 不變，出口收入增加的程度就取決於 S_x 的增加程度。①如果 $S_x=0$，即本國出口商品的供給並不隨貶值而增加(貶值並不刺激出口的增加)，那麼國外的需求增加，就會把出口商品的價格提高到貶值前的水平，這樣，貶值使以本幣表示的出口收入增加。②如果 $S_x=\infty$，貶值後出口量的增加會使以外幣表示的出口收入按貶值率下降。

(3) 如果 S_x 和 D_x 都在貶值後發生變動，則出口收入變化程度就取決於 S_x 與 D_x 的不同組合。①當 $D_x=1$ 時，無論 S_x 如何變化，貶值都會使以本幣表示的出口收入上升。②當 $D_x<1$ 時，若 S_x 小，出口收入增加的幅度大；若 S_x 大，則出口收入增加更大。

第二，本幣貶值對進口的影響。

一般說來，本幣貶值使進口商品以本幣表示的價格上升，不利於進口。但因 D_m 不同，以本幣表示的進口支出會有不同的情況。

(1) 若 $S_m=\infty$，國外商品價格不變，那麼，在本幣貶值後其進口商品價格就會隨貶值率而上升，不利於進口。

(2) 若 $S_m<\infty$，那麼，本幣貶值後用本幣表示的進口商品價格按低於貶值率的比例上升。

(二) 馬歇爾—勒納條件

在怎樣的情況下才能使貶值成功地調節國際收支呢？也就是說，彈性值在什麼水平上貶值政策才能收到應有的效果呢？馬歇爾—勒納條件回答了這一問題。

馬歇爾—勒納條件指出：為了使貶值有助於減少國際收支赤字，(9.8)式中分子的第二項(D_m+D_x+1)應小於 0，或者說，一國出口的需求價格彈性(D_x)和本國進口需求的

---

① 參見：厲以寧、秦宛順．現代西方經濟學概論 [M]．北京：北京大學出版社，1983：538-543．

價格彈性(D_m)絕對值之和應該大於 1。即：

$$|D_m| + |D_x| > 1 \tag{9.9}$$

這個不等式就叫馬歇爾—勒納條件(Marshall-Lerner Condition)。

從馬歇爾—勒納條件我們可以引申出兩點結論：

第一，某國貨幣匯率下跌時，若 $|D_m| + |D_x| = 1$，則該國的國際收支不受影響。

第二，某國貨幣匯率下跌時，若 $|D_m| + |D_x| < 1$，則該國的國際收支反而更加惡化。

在 1990 年，Jaime Marguez 發表了一篇研究貿易需求彈性的文章。[1] 該研究文章運用大量國家從 1973 年第一季度到 1985 年第二季度的資料，估計了雙邊貿易彈性，然後加權，得到了表 9-1 中多邊價格彈性的數據。從表 9-1 中可知，除英國外，所有其他國家或地區的進口和出口需求彈性絕對值之和都大於 1，說明馬歇爾—勒納條件成立，其外匯市場是穩定的。進一步講，短期估計呈穩定性，長期會更穩定，因長期彈性高於短期彈性。

表 9-1　　　　進出口需求價格彈性估計（1973—1985 第二季度）

國家或地區	進口價格彈性	出口價格彈性	進口與出口價格彈性之和
加拿大	-1.02	-0.83	-1.85
西德	-0.60	-0.66	-1.26
日本	-0.93	-0.93	-1.86
英國	-0.47	-0.44	-0.91
美國	-0.92	-0.99	-1.91
其他發達國家	-0.49	-0.83	-1.32
欠發達國家	-0.81	-0.63	-1.44
石油輸出國組織	-1.14	-0.57	-1.71

（三）J 曲線效應

從長期來講，儘管在一般情況下馬歇爾—勒納條件是成立的，但在短時期來看其條件也許不能得到滿足，可能會出現 J 曲線效應 (J-Curve Effect)，如圖 9-1 所示。

---

[1] JAIME MARGUEZ. Bilateral Trade Elasticities [J]. Review of Economics and Statistics, 1990, 72 (1)：75-76.

図 9-1 J 曲線效益

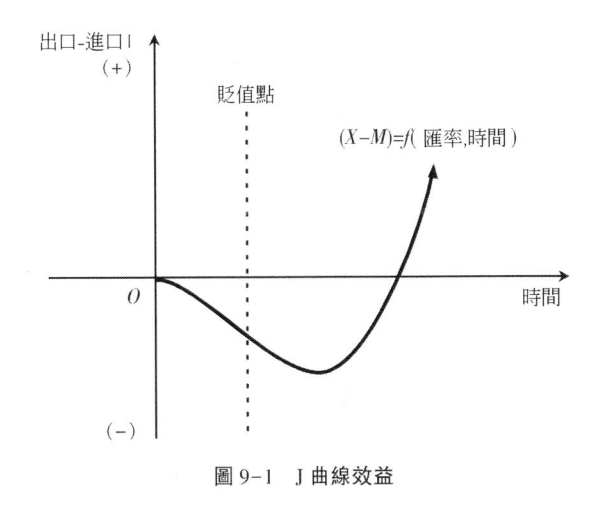

J 曲線效應揭示在匯率貶值後的短時期內，由於出口和進口數量不會發生大的變化，以致貶值國得到較少的出口收益和支付較大的進口費用，使得經常項目進一步惡化。但是，在經過一段時期以後，出口量開始增加，而進口量開始減少，經常項目赤字逐漸減少，最終會出現盈餘。

對此，經濟學家們提出了許多理由來解釋為什麼相對於匯率貶值在較短時期內進出口數量變化較小而長時期內變化較大，其中的三個主要理由是：

(1) 消費者反應的時間滯後

對消費者來講，相對匯率的變化需要花費時間來調整自己的消費行為。比如，當匯率貶值後，國內消費者除了考慮貶值因素外，還會把變得較貴的外國商品與變得較便宜的國內同種商品在質量可靠性和信譽等方面進行比較，之後才會逐步轉向購買國內商品。

(2) 生產者反應的時間滯後

雖然貶值改善了國內出口商品的競爭地位，但國內生產廠商仍需要時間來調整以達到擴大出口商品生產的目的。此外，在正常情況下，進口商品的合同在貶值前就已經簽訂，不可能在短時間內取消。廠商也不願意隨意取消對主要生產的投入和原材料的訂單。例如，從簽訂購買國外大型客機的合同到交付使用往往需要數年時間，在此期間，中國民航不可能因為人民幣對外貶值而取消訂單。

(3) 不完全競爭

在外國市場上獲得一席之地需要耗費時間和成本。在這種情況下，外國出口商不會輕易放棄它在貶值國裡已經佔有的市場份額，他們也許會通過降低出口商品的價格來對其可能喪失的競爭力作出反應。與此類似，外國進口競爭行業也會對貶值國可能增加的對其出口形成的威脅作出反應，降低他們在國內市場上出售商品的價格。從某種程度上講，這些努力取決於不完全競爭狀態，即外國廠商是否存在超正常利潤可以削減以促使

它能降低自己商品的價格。如果廠商處在高度競爭狀態和僅能獲得正常利潤,那麽,他就無力降低自己商品的價格。

三、國際收支的吸收分析法

國際收支的吸收分析法(Absorption Approach to the Balance of Payments)或收入—吸收分析法是亞歷山大(S. S. Alexander)於1952年提出來的。這一分析法的基礎是凱恩斯主義的宏觀經濟分析法。這一分析法把一國對外貿易與國民經濟各經濟變量(總量)聯繫起來,認爲一國的產量、收入和支出都對國際收支的調節有著不可忽視的影響。然而,我們從下面的敘述可以看到,吸收分析法仍然是研究貶值效應的。

吸收分析法定義一國國民收入爲 Y,國内支出爲 E,貿易差額爲 B。

亞歷山大把 E(支出)稱作吸收,用 A 代替 E,並給出下列表達式:

$$B = Y - A \qquad (9.10)$$

這就是國際收支的吸收分析法的表現形式。亞歷山大說:「人們一般承認,一國外貿淨差額等於該國生產的商品、勞務總額之差。爲了簡單起見,這裡把從市場上取走的商品、勞務稱爲吸收。因此,吸收等於通常所定義的消費與投資(投資包括庫存的變動)之和。」[①] 也如亞歷山大論文的題目《貶值對貿易差額的影響》所顯示的,吸收分析法主要是考察貶值效果的。

如果以 y 表示商品、勞務總生產淨額(即國民收入)的變化,b 表示外貿差額的變化,a 表示吸收的變化,則:

$$b = y - a \qquad (9.11)$$

(9.11)式表示外貿差額的變化等於生產的產量的變化與吸收的商品、勞務的變化之差。這裡只考察實物數量,而不涉及它們的貨幣價值。

商品、勞務的吸收部分取決於實際收入,也取決於物價水平,因此

$$a = cy - d \qquad (9.12)$$

式中:c 爲吸收傾向(c=消費傾向+投資傾向);

d 爲貶值對吸收的直接影響。

(9.12)式表明,以實物表示的由貶值引起的商品、勞務的吸收的變化由兩部分構成:一部分是 cy,即實物消費和實物投資的變化,這兩者的變化是由貶值引起的收入變化的結果;另一部分是 d,即不是由收入效應引起的吸收的變化,而是貶值對吸收的直接影響。

把(9.12)式代入(9.11)式,則

$$b = (1-c)y + d \qquad (9.13)$$

(9.13)式解決了三個基本問題:貶值怎樣影響收入;收入水平的變化怎樣影響吸收

[①] ALEXANDER S S. Effects of a Devaluation on a Trade Balance [J]. IMF Staff Papers, 1952, 2: 264.

(即 c 的大小);在一定收入水平下,貶值怎樣直接影響吸收(即 d 的大小)。

亞歷山大對上述三個問題從兩個方面做了研究:

第一,貶值對收入的影響。

這種影響表現為兩個方面:

(1) 閒置資源效應。在存在著未被利用的資源的情況下,貶值對收入的影響主要表現為貶值國的出口增加,從而通過對外貿易乘數引起國內需求的擴大。但這裡有兩個前提條件:①貶值國的物價不上漲;②其他國家能夠吸收這一增加的出口。在(9.13)式中,如果 $c \geq 1$,那麼,產量的增加並不能改善對外貿易的差額。只有 $c<1$,貶值才能既對收入也對國際收支產生有利的影響。

(2) 貿易條件效應。貶值產生的結果是:以外幣表示的出口品價格的下降幅度大於以外幣表示的進口商品價格的下降幅度。因為,出口商品往往是專業性比較強的商品,它受貶值的影響就比進口商品大。這樣,貿易條件將惡化,從而引起國際收支惡化。只有 $c>1$,貿易條件才會有利於貿易差額的改善。

由此可見,吸收的變化對貿易差額的影響,即 $(1-c)y$ 是一正一負的。

第二,貶值對吸收的直接影響。

在充分就業條件下,或者如果 c 接近於 1 或大於 1,則貶值對貿易差額的影響是通過對吸收的直接影響表現出來的。這一直接影響同妨礙消費和投資的高物價水平或正在上升的物價水平有關。

為了考察在 d 後面的各種影響因素,亞歷山大把直接的吸收效益分為四種:

(1) 現金餘額效應。這是直接吸收效應中最重要的一種。假定貨幣供給不變,貨幣持有者總想將自己實際資產的一部分以貨幣形式持有,這樣,隨著物價的上升,他們將持有更多的現金。這樣做的結果是:①減少他們的實際支出;②人們可以通過出售他們的其他資產的方法持有更多的現金,從而使其他資產價格下跌。其他資產價格的下跌,意味著利率的上漲,又會反過來影響人們的消費和投資。這樣,現金餘額效應或者直接影響收入—支出,或者通過利率間接影響收入—支出。

(2) 收入再分配效應。這一效應表現為:①物價上漲先於工資的提高,從而使物價上漲轉變為企業家的利潤;②物價上漲使收入從固定貨幣收入集團轉移到社會的其他集團手中;③物價上漲使實際收入的一個更大部分轉變為政府的稅收;④在收入從高邊際吸收傾向向低邊際吸收傾向移動的情況下,貿易差額將得到改善。但也要看到,第一個轉變並不會減少吸收,因為利潤的增加使吸收中的投資增加。政府總希望邊際吸收低,因此,稅收的增加可以極大地影響吸收與收入的關係,從而影響對外貿易的差額。

(3) 貨幣錯覺。在貨幣貶值的情況下,人們總是更多地注意物價而不是注意貨幣收入。儘管人們的貨幣收入按比例上升,但在物價上漲的情況下,人們總是減少購買和消費。這顯然有利於對外貿易差額的改善。

(4) 其他各種直接吸收效應。它們中有的對改善貿易差額有利,有的不利。例如,

物價上升的預期導致吸收的增加，但至少在短期內不利於貿易差額的改善。如果投資品大量來自於國外，那麼，本國貨幣貶值後會比貶值前減少進口，其他進口品也是如此。

第二節　20世紀60年代以後的國際收支理論

20世紀60年代以後的國際收支理論包括國際收支的貨幣分析法、資產市場分析法和跨時均衡模型。

一、國際收支的貨幣分析法

20世紀60年代末到70年代，由蒙代爾（Mundell）和約翰遜（Johnson）發展了一種新的學說——國際收支的貨幣分析法（Monetary Approach to the Balance of Payments）。20世紀30年代以來，彈性分析法、外貿乘數說、吸收分析法都在不同的時期支配了西方國際收支理論。但到60年代中後期，西方世界發生了兩大變化：一是從這一時期開始，各主要西方國家的經濟不同程度地陷入「滯脹」的境地，國際收支出現巨額逆差；二是戰後在西方經濟學界勢力最大的凱恩斯主義的正統地位發生動搖，而以芝加哥學派為中心的貨幣主義乘機崛起。這樣，此前的國際收支種種分析法因其同經濟現實的隔膜和理論基石的動搖而陷入困境。相反，貨幣主義關於國際收支的分析更加引人注目。因此，可以說國際收支的貨幣分析方法是貨幣主義理論在國際經濟領域的展開。正如約翰遜自己所說，這一分析「最初是從貨幣理論導出的，而不是從國際收支理論導出的」。

（一）國際收支貨幣分析法的假設條件及出發點

1. 貨幣分析法的假設條件

貨幣分析法的假定前提是：從長期看，一國處於充分就業均衡狀態；貨幣需求是收入、價格與利率等幾個變量的穩定函數，$M^d = f(y, p, r)$；存在一個高效率的世界商品和資本市場；購買力平價在長期內成立，以及在長期內一國價格水平與世界市場的水平平行。這些假設的目的在於，排除其他因素的影響而能做到更為直接地從國內外貨幣供求關係變化的高度來分析國際收支差額這一「純貨幣現象」。

2. 貨幣分析法的出發點

與吸收分析法從實物經濟考察國際收支和彈性分析法從局部均衡（貿易項目）考察國際收支不同，貨幣分析法立足於一般均衡分析的方法，將國際收支視為與國內外貨幣供求相關的一種貨幣現象，而不是一個實物現象；國際收支的不均衡由貨幣總供求引起，同時又直接影響國內總供求。因此，第一，它強調國際收支問題「在貨幣世界經濟體系中」是貨幣問題，它所用以進行分析的模式是關於貨幣行為及貨幣行為與實物經濟的關係的模式，而不是集中注意力於實物關係；它不把貨幣行為視為實物行為的剩餘。第二，它強調貨幣關係是一個存量，而不是一個流量。貨幣供求是否均衡要從對存量的均

衡條件和存量調節過程進行分析。第三，它強調在固定匯率制度下，國際收支的分析必須考察貨幣來源的渠道。它認為，貨幣不外乎來自兩個渠道：一是國內信貸的擴張，二是國內的貨物或資產與國際貨幣的交換，以及通過國內的貨幣機構將國際貨幣與國內貨幣相交換。它認為，只有第二個渠道才會影響國際收支。因此，貨幣分析法並不試圖研究國際收支的某個具體項目，不直接研究貿易與勞務的流量或長短期資本流動的局部均衡，而是研究整個國際收支，或者說研究國際收支的全部餘額。這裡所說的整個國際收支或全部餘額就是指官方結算項目。因為這一項目綜合反應了經常項目和資本項目的總和。

(二) 國際收支失衡及其調節

1. 貨幣的供給與需求

按照前面提到的國際收支貨幣分析法的觀點，一國的貨幣存量(M)由國內信貸(D)和國際貨幣(即國際儲備 R)兩部分組成，即：

$$M = D + R \tag{9.14}$$

對上式進行微分，並加以變形得：

$$\Delta R = \Delta M - \Delta D \tag{9.15}$$

而 $\Delta R = \Delta B + \Delta K$ (9.16)

式中：ΔM 為貨幣存量的增量；

ΔD 為國內信貸的增量，或國內信貸的擴張量；

ΔR 為國際儲備的增量；

ΔB 為貿易淨差額增量；

ΔK 為資本淨差額增量。

重要的是要理解這些資產(國內資產和國際儲備)與貨幣供給之間的關係。一方面，假設中央銀行在公開市場上購買政府債券，即增加國內資產。這一結果將增加商業銀行儲備，導致新的貸款，最終以貨幣乘數形式增加貨幣供給。另一方面，假設中央銀行從出口商那裡購買外匯，這一國際儲備增加的行為，也會由於出口商把中央銀行開出的支票存入商業銀行而以乘數形式增加其貨幣供給。因此，增加中央銀行儲備會引起貨幣供給以乘數擴張。與此類似，減少這些儲備會導致貨幣供給以乘數減少。

而貨幣的需求函數為：

$$M^d = f[y, p, i, w, E(\dot{P})] \tag{9.17}$$

這裡：y 為真實的國民經濟收入水平；

p 為價格水平；

i 為利率；

w 為真實財富水平；

$E(\dot{P})$ 為預期價格水平變化的百分比。

現在我們要知道的是 y、p、i、w 和 $E(\dot{P})$ 與 M^d 之間的關係。①y 與 M^d 之間呈正相關關係，這是因為收入增加將會提高人們購買商品和勞務的能力。②高的價格水平導致購買一定數量的商品和勞務時比以前支付更多的貨幣，因此，p 和 M^d 也呈正相關關係。③當利率上升時，人們為了獲得像債券這樣的有較高利息收入的資產自然會減少他們的貨幣需求。因此，i 與 M^d 之間呈負相關關係。④財富水平與貨幣需求之間呈正相關關係，這是因為個人財富增加，個人就會持有更多的各類資產，其中也包括貨幣。⑤$E(\dot{P})$ 與 M^d 呈負相關關係。如果人們預期未來價格水平會上升，那麼，未來的通貨膨脹將會減少一定名義貨幣餘額的真實價值。因此，持有這種現金餘額可能會帶來負收益，從而使人們轉向持有其他非貨幣資產。

在有些時候，人們常使用下列簡單的貨幣需求公式：

$$M^d = KPY \tag{9.18}$$

這裡的 P 和 Y 的定義如上，K 是一個常數項，包含了除 P 和 Y 以外的其他變量。人們假定這些其他變量在決定貨幣需求的短期行為時，並不像 P 和 Y 那樣重要。

2. 國際收支失衡的基本原因

在均衡狀態下，$M^s = M^d$。現在我們可以根據國際收支的貨幣分析法，運用貨幣需求與供給之間的關係來解釋國際收支上的赤字與盈餘。假設在固定匯率制下，最初貨幣需求與供給處於均衡。出於某種政策動機，貨幣當局在公開市場上購買國庫券以增加貨幣供給。由於最初貨幣市場處於均衡狀態，現在貨幣當局採取擴張性貨幣政策導致超額貨幣供給的出現。當 $M^s > M^d$ 時，人們在手中和在銀行帳戶上的現金餘額超過了他們願意持有的現金餘額。這一行為對國際收支會產生以下幾個重要影響：

首先，超額的現金餘額的存在，意味著人們將會在商品和勞務的購買上花費更多的錢。如果此時經濟社會處於充分就業狀態，這一行為會促使商品和勞務的價格上升。如果經濟社會並未處於充分就業狀態，但貨幣工資呈剛性，那麼真實收入水平就會上升。此外，只要增加的真實收入的一部分被人們用於儲蓄，經濟社會的真實財富水平就會增加。那麼，p、y 和 w 的變化會對國際收支中的經常項目產生什麼樣的影響呢？國內商品相對國外商品的價格上升會導致進口增加，價格上升也會使出口更加困難。而收入的增加會產生更多的花費，其中一部分花費根據邊際進口傾向會用於進口商品和勞務上。最後，財富的增加使人們能購買更多的商品，其中一些是進口商品和一些可能原先準備出口的商品。因此，超額的貨幣供給產生的壓力會導致經常項目赤字。

其次，超額現金餘額的存在，也會對國際收支中的私人資本項目產生影響。這些超額現金餘額的一部分可用來購買金融資產，對金融資產的購買會抬高金融資產的價格和降低其利率。而對金融資產的購買還包括對一些外國金融資產的獲取。這些行為會使短期資本流向其他國家，其最終結果會使私人資本項目出現赤字。

通過上面對經常項目和私人資本項目的影響的分析，可以看出，出現超額貨幣供給

的國家，往往會出現國際收支赤字。

到目前為止，在針對超額貨幣供給而進行的調整過程的討論中，我們還未考慮預期通貨膨脹率這一複雜因素。如果由於貨幣當局實行擴張的貨幣政策，人們預期價格會上升，從而可能會減少對貨幣的需求。貨幣需求的減少又會加劇超額的貨幣供給。因此，通貨膨脹預期會加重國際收支赤字。

3. 國際收支失衡的調節

（1）國際收支的自動調節機制。從上述討論中可以看到，解決國際收支赤字的政策是：通過停止貨幣擴張來消除超額的貨幣供給。但是，根據國際收支的貨幣分析法，消除超額的貨幣供給並不一定要依靠政策。我們可以很清楚地看到，由於超額貨幣供給的存在，y 在上升，p 在上升，i 在下降，w 在上升。所有這一切的變化，都會引起貨幣需求的增加。由此可見，超額的貨幣供給可以通過貨幣需求的增加來消除。再者，貨幣供給自身也會減少。這是因為，在固定匯率制下對外匯的超額需求所引起的國際收支赤字將會減少這個國家的國際儲備，而儲備減少又會引起貨幣供給減少。

因此，國際收支的貨幣分析法實際上包含了貨幣出現不均衡時的自動調節機制。如果這一機制能不受干擾地進行下去，從長期來講，貨幣市場的不均衡以及國際收支赤字或盈餘會最終消失。

（2）在持續的經濟增長條件下，貨幣需求超過國內貨幣供給的結果是國際儲備的流入。如果一個國家持久性的國際收支不平衡來自持續的經濟增長，而貨幣需求的持續增加不能通過相應的、持續的基礎貨幣的國內擴張得到滿足，這個國家就會通過國際儲備的流入來滿足擴大的貨幣需求。在 20 世紀 60 年代和 70 年代，聯邦德國就面臨這樣一種情況。當時聯邦德國國民生產總值的增加和對貨幣的需求超過了貨幣供給的國內部分。值得注意的是，按照凱恩斯的收入乘數學說，一個國家國民生產總值的增加會導致進口上升，從而引起貿易收支和國際收支惡化。而按照貨幣分析法，一個國家國民生產總值的增加會導致國際儲備的增加，從而改善這個國家的國際收支狀況。

（3）儲備貨幣國和非儲備貨幣國的不對稱性。根據貨幣分析法，從長期來看，在固定匯率制下，一個國家不能控制它的總的貨幣供給。當面臨一個不變的貨幣需求時，貨幣當局任何增加貨幣供給的企圖，只會導致超額貨幣供給的流出和國際儲備的減少。因為增加貨幣供給只會改變國家基礎貨幣的比例（也就是增加國內儲備，同時減少等量的國際儲備），而不會改變國家總的基礎貨幣。但在這裡我們要區分儲備貨幣國和非儲備貨幣國。對一個像美國那樣其美元充當國際儲備的國家來說，如果美元從美國流向非國際儲備貨幣的其他國家，而其他國家又把增加的美元作為國際儲備存入美國，美國的貨幣供應量不會發生變化。而其他國家持有的美元餘額增加則表示國際儲備增加和它們的基礎貨幣的增加。因此，國際儲備貨幣的流動，對國際儲備貨幣國家和非國際儲備貨幣國家非對稱的影響。

由於以上原因，國際儲備貨幣國家能在較大程度上控制它的貨幣供給，能夠使它的

貨幣政策產生效力，其貨幣政策具有獨立性。而對於一些開放的非儲備貨幣的國家，從長期來看，由於國際儲備佔有較大比例，它們無力控制和改變它們的貨幣供給量，因此它們的貨幣政策是無法獨立的。

（4）在浮動匯率制下，國際收支的不平衡可直接由匯率自動的改變而得到糾正，不需要國家間貨幣或國際儲備的流動。因此，在浮動匯率制下，一個國家能控制自己的貨幣供給量和支配它自己的貨幣政策。例如，有國際收支赤字的國家可使自己的貨幣自動貶值，而這一貶值會引起國際價格上升和對貨幣需求的增加，從而吸收其超額的貨幣供給，並自動地消除其國際收支赤字。

二、國際收支的資產市場分析法

國際收支的資產市場分析法（Asset Market Approach to the Balance of Payments），有時也叫資產平衡學說（Portfolio Balance Approach），它是貨幣分析法的延伸，即包括對貨幣在內的所有金融資產的分析。這一學說自 20 世紀 70 年代中期出現以來，就存在眾多的說法和解釋模型。不過這些說法和模型都具有以下三個共同特徵：

（1）各國金融市場間存在一體化的趨勢。因此，在個人持有的各種金融資產中，既有國內的也有國外的。

（2）資產持有者的目標是使作為一個整體的組合資產的利潤達到最大化，即一旦各類資產的預期收益率發生變化，投資者就會根據組合資產利潤最大化原則來重新安排各類資產在組合資產中的比例關係。這種比例關係的調整在固定匯率制下會對國際收支產生影響，在浮動匯率制下會對匯率產生影響。

（3）各種說法和模型都認識到投資者對未來資產價格預期的重要性。

（一）資產需求

與貨幣分析法相似，資產分析法也研究影響貨幣需求的因素，不過它的研究還包括影響其他金融資產的因素。這一學說的一般分析結構是假定只有兩個國家（東道國和外國）、兩種貨幣（國內貨幣和外國貨幣）、兩種非貨幣資產（通常假定為債券，即國內債券與國外債券）。國內債券利息率為 i_d，而國外債券利息率為 i_f。我們假定 M^d 表示對東道國貨幣的需求，B_d 表示對東道國債券的需求，B_f 表示對國外債券的需求。國內居民可以持有這三種資產中的任何一種。

在討論資產需求方程之前，要首先明確兩國利率之間的關係。由於模型假定兩國之間資本可以完全自由地流動，因此，兩國利率間的關係為：

$$i_d = i_f + E(\dot{e}) \tag{9.19}$$

這裡，$E(\dot{e})$ 表示預期匯率的百分比變動。正的 $E(\dot{e})$ 代表預期東道國貨幣貶值，而負的 $E(\dot{e})$ 代表預期東道國貨幣升值。(9.19)式表明，由於兩國間資本完全自由地流動，當資產市場處於均衡時，國內利率應等於外國利率加上預期匯率的變化率。在有風險的利率平價條件下，這種邏輯關係是顯而易見的。例如，國內利率為8%，而國外利率為

6%，為什麼有些投資者願意投資利率為6%的外國債券而不願投資利率為8%的國內債券呢？答案是：如果預期在未來相當一段時間內，國內貨幣貶值率高於2%，那麼購買外國債券的投資者在未來將獲得6%的利率收益，再加上把外國貨幣轉換成國內貨幣時高於2%的額外收益。因此，如果$i_d < i_f + E(\dot{e})$，投資者將出售國內債券以購買外國債券。由於債券價格與利率之間的反向變動關係，這一行為將壓低國內債券價格和抬高國內債券的收益。相反，外國債券的價格將上升，外國債券收益將下降。

以上假定兩種債券有同樣的風險。然而，如果投資者擔心外國政府可能對匯率實行控制，或對國內居民利率支付提出歧視性條件，那麼，持有外國債券的風險就大於持有國內債券的風險。在這種情況下，兩國利率之間的關係變為：

$$i_d = i_f + E(\dot{e}) + r_p \tag{9.20}$$

這裡，r_p表示風險溢價(Risk Premium)。如果r_p為正，在均衡狀態下，$i_d > i_f + E(\dot{e})$。但是，在我們以下的討論中對風險溢價將不予考慮。

現在我們討論國內居民對國內貨幣、國內債券、外國債券這三種資產的典型需求方程。首先討論國內居民對國內貨幣的需求，其一般表達式①如下：

$$M^d = f[\underset{(-)}{i_d}, \underset{(-)}{i_f + E(\dot{e})}, \underset{(+)}{Y_d}, \underset{(+)}{P_d}, \underset{(+)}{W_d}] \tag{9.21}$$

這裡，除了上面已經定義了的i_d、i_f和$E(\dot{e})$外，Y_d表示國內真實收入，P_d表示國內價格水平，W_d表示國內真實財富。

(9.21)式中，每一個獨立變量下面的正號或負號，表示每個獨立變量與國內貨幣需求之間的關係。i_d下面的負號表明居民對本國貨幣的需求與利率呈反向變化關係。而i_f的上升會使東道國居民停止持有更多的國內貨幣，轉向持有更多的外國債券。但外國利率是用$i_f + E(\dot{e})$來表達的。如前面所說，只有當$i_d < i_f + E(\dot{e})$時本國居民才會持有更多的外國債券。真實收入、國內價格水平和國內真實財富下的正號表明它們與對國內貨幣需求呈正相關關係。

下面我們來考慮國內居民對國內債券的需求，其方程式如下：

$$B_d = h[\underset{(+)}{i_d}, \underset{(-)}{i_f + E(\dot{e})}, \underset{(-)}{Y_d}, \underset{(-)}{P_d}, \underset{(+)}{W_d}] \tag{9.22}$$

這裡的符號與上面討論的投資者的動機是一致的。i_d的上升意指國內債券由於有較高的收益而更加具有吸引力。i_f的上升會引起投資者願意持有現在有較高收益的外國債券而不是國內債券。$E(\dot{e})$的上升與i_f類似。財富變量的行為在先前討論東道國貨幣需求時已經談到，但Y_d和P_d在這裡為負，為什麼？這裡就要提到貨幣的交易需求。在假定其他變量不發生變化的情況下，收入的上升會引起對貨幣交易需求的上升。如果總財富不發生變化，則投資者必然放棄持有的一些國內債券以便獲得一些貨幣。國內價格水平的負號與Y_d的理由相同。

---

① W BRANSON, D W HENDESON. The Specification and Influence of Asset Markets [M] //RONALD W JONES, PETER B KENEN. Handbook of International Economics: Chapter 15. Amsterdam: North-Holland, 1985.

對外國債券的需求方程(B_f)是：

$$B_f = j[\underset{(-)}{i_d}, \underset{(+)}{i_f + E(\dot{e})}, \underset{(-)}{Y_d}, \underset{(-)}{P_d}, \underset{(+)}{W_d}] \tag{9.23}$$

在對外國債券的需求方程裡，對 Y_d、P_d 和 W_d 的符號的解釋與對國內債券需求的解釋類似，利率符號卻呈反向變化，即 i_d 的上升，會引起投資者把投資從外國債券轉向國內債券；i_f 或 $E(\dot{e})$ 的上升，會使債券持有者更偏愛外國債券而不是國內債券。

從上面對各種資產的需求方程我們能夠看到這一模型的關鍵所在：三種資產均可相互替代，因此，任何一個變量的變化都會引起投資者對這三種資產的需求進行總的調整。當然，在這裡我們僅僅討論了國內居民的三種需求，而沒有討論外國居民的需求。

(二) 資產平衡

要探討資產平衡，在討論了資產需求後，資產模型還需要討論各種資產的供給方程。我們假設每一個國家貨幣供給都處在該國貨幣當局的控制之下，這意味著貨幣供給是外生變量，即它們是由外部因素所決定的。兩種債券供給通常也被視為外生變量。因為如果債券是國債，很顯然財政政策會影響這種債券的存量。如果是私人債券，也是由模型以外的其他因素決定其發行量。

當同時考慮各種資產的需求與供給時，最終會導致兩國每種債券均衡價格和均衡利率的決定。金融資產的均衡表明，投資者願意持有的每一種資產數量等於其實際持有量。

(三) 資產調整

在給定上述資產處於均衡狀態條件下，現在我們來考察一些經濟行為如何導致各種金融資產的調整。這些調整實際上是這些行為變化引起投資者重新安排他們的資產組合，即原有的均衡資產組合已被打破，投資者買賣各種資產以達到他們期望的新的資產組合，即新的均衡。

(1) 首先考慮東道國貨幣當局在公開市場上出售國債的行為。這一行為的直接影響是增加東道國債券的供給，同時減少國內貨幣供給，因而使國內利率 i_d 上升。資產持有者對此會如何作出反應呢？一個反應是 i_d 的上升將引起國內居民減少他們的貨幣需求。此外，由於 i_d 與 B_f 之間呈負相關關係，因此對外國債券的需求也將會下降。更進一步講，由於國內債券現在有較高的收益，對國內債券的需求會上升。這種需求的增加發生在國內與國外資產持有者之中，從而導致外國投資者也將減少他們持有的貨幣併購買更多的東道國債券。這種調整在東道國貨幣和外國貨幣，以及東道國債券與外國債券之間進行。這種調整將持續到新的資產均衡產生。

東道國利率上升會對外國利率產生何種影響呢？很清楚，i_f 也將上升。這是因為減少對外國債券的需求將導致外國債券價格下降，因而利率會上升。外國貨幣當局會由於資產外流而感到不安，對東道國的行為採取相應的對策。因此，在這種情況下，外國貨幣當局就不會存在貨幣政策的獨立性。外國貨幣當局會由於東道國的行為而採取緊縮的貨幣政策。這樣，即使它們面臨高的失業率，也不得不保持緊縮的貨幣政策。

從方程(9.19)中也可以看到利率之間的這種關係：$i_d = i_f + E(\dot{e})$。當 i_d 上升時，如果 $E(\dot{e})$ 不變，i_f 必然上升。另一方面，資本流入東道國，很可能致使東道國貨幣升值，即 $E(\dot{e})$ 為負號。

（2）考慮東道國真實收入增加的影響。從方程(9.21)、方程 (9.22)和方程(9.23)中，可知變量 Y_d 的符號。當東道國收入增加時，由於對貨幣交易需求增加，投資者將持有更多的國內貨幣。在這一點上與貨幣分析法類似。但是，資產平衡學說使我們看到更為複雜的情況，即當收入增加時，個人通過出售國內債券和外國債券來增加他們的貨幣持有量。在固定匯率制下出售外國債券會改善其國際收支，在浮動匯率制下會導致國內貨幣升值。這一結果與貨幣分析法相一致。不過，在資產調整模型中，這一現象更為明顯。

但是，應注意的是國際收支盈餘或東道國貨幣升值的現象僅僅是暫時的。一旦新的均衡達到，國際收支的赤字或盈餘(貶值或升值)將不再存在。因而，國際收支上持續的不平衡或匯率的持續變化意味著資產組合上的不平衡。持續的不平衡可能由緩慢的調整所致，也可能由持續的外生變量變化所致。

對資產平衡學說的實證研究難於對貨幣分析法的研究，其重要原因是缺少資產構成的資料。Jeffrey Frankel(1984)使用各種假定對1973—1979年作了實證研究。他實證方程的因變量(Dependent Variable)是東道國貨幣/美元的匯率(在他的分析中，東道國包括五個發達國家——加拿大、法國、聯邦德國、日本和英國，外國指的是美國)；自變量(Independent Variable)是東道國的財富 W_h、外國的財富 W_{us}、在世界市場上以東道國貨幣標價的資產供給 B_h、在世界市場上以外幣標價的資產供給 B_{us}。

根據資產平衡學說，由於東道國(比如聯邦德國)的財富增加將引起世界市場上對以西德馬克標價的資產需求高於對以美元標價的資產的需求，預期 W_h 將有負號，因此西德馬克對美元的匯率將下降。同樣，美國真實財富的增加將引起西德馬克對美元匯率上升，對 W_{us} 將產生正的符號。增加以西德馬克標價的債券 B_h 的供給(比如通過聯邦德國政府預算赤字的方式)，將提高西德馬克對美元的匯率，從而產生正的符號。同樣，增加外國(美國)資產的供給將對 B_{us} 產生一個負的符號。表9-2就是Frankel對1973—1979年六國資產餘額實證分析的結果。很顯然，從標準的資產平衡學說來看，結果並不是非常滿意的。對聯邦德國和英國來講，W_h 和 B_h 出現了「錯誤」的符號。對法國、聯邦德國和英國而言，B_{us} 出現了「錯誤」的符號，僅僅加拿大對 W_{us} 有正確的符號。這些不吻合的結果到底是由於資料問題、運用的實證方法問題，還是由於貨幣理論的失敗或者由於外匯市場的干涉，至今都還是一個未知數。

表 9-2　　　　Frankel 對資產餘額模型實證分析得到的迴歸系數符號

(因變量：東道國貨幣與美元的匯率)

東道國	W_h （國內財富）	W_us （外國財富）	B_h （國內資產）	B_us （外國資產）
加拿大	−	+	+	−
法國	−	−	+	+
聯邦德國	+	−	−	+
日本	−	−	+	−
英國	+	−	−	+

資料來源：FRANKEL J A. Tests of Monetary and Portfolio Balance Models of Exchange Rate Determination [M] // JOHN F BILSON, RICHARD C MARSTON. Exchange Rate Theory and Practice. Chicago：The University of Chicago Press, 1984：250.

三、跨時均衡模型

我們在這裡根據 Peter Isard(1985) 的 *Exchange Rate Economics* 介紹跨時均衡模型。

(一) 跨時均衡模型的基本觀點

跨時均衡模型(Intertemporary Equilibrium Models)是在 20 世紀 80 年代初流行起來的關於實物匯率(Real Exchange Rates)[①]與經常項目、資本流動的關係的理論。

跨時均衡模型的基本觀點是：①從微觀經濟基礎來說，經常項目是微觀經濟對儲蓄和投資所作的合理的遠期決策的結果。②從宏觀經濟角度看，經常項目是一個國家為對付各種類型的衝擊(Shocks)，並根據生產情況改變吸收的時間路線(Time Path)的一個渠道。③在短時期內，經常項目餘額並不一定是一個最有利的結果，而在長期所累積的經常項目餘額要受跨時預算約束的限制。

(二) 簡單跨時均衡模型的數學推導

跨時均衡模型有三種類型：最簡單的模型是假定所有國家只生產相同的複合貿易品(Same Composite Tradable Goods)；第二種模型至少包含兩種貿易品；第三種模型包括貿易品和非貿易品。下面主要介紹簡單模型。

最簡單的跨時均衡模型是 Krugman 和 Baldwin 於 1987 年提出的。這一模型有以下假定：

兩個國家，各國生產一種商品，每種商品都以生產國貨幣標價；

令 Q 是相對價格，或實物匯率，即購買 1 單位外國商品(F)的國內商品數量(H)；

[①] 我們之所以把 Real Exchange Rates 翻譯為「實物匯率」，是基於這樣的考慮：從下面我們可以看見，Krugman 等的 Real Exchange Rates(Q)指的是單位外國商品的本國商品數量的價格。因此，它與我們平常把 Real Exchange Rates 翻譯為「真實匯率」不同。真實匯率是相對於名義匯率的一個概念，即 $Q = S \cdot \dfrac{P^*}{P}$。

C_H、C_F 分別表示一國消費的每種商品的實際數量;

Y 是本國商品(H)的實際產出;

B 是本國的淨資本流入量,因而也是本國的以國內商品衡量的貿易餘額;

$A=Y+B$ 為國內的吸收數量。

外國的相對應的變量分別用 C_H^*、C_F^*、Y^*、$B^*=-B/Q$、$A^*=Y^*+B^*$ 表示;Y^*、B^*、A^* 都用外國商品衡量。

通常假定效用函數為 Cobb-Douglas 表達式:

$$U=(C_H)^{1-m}(C_F)^m, \quad U^*=(C_H^*)^{m^*}(C_F^*)^{1-m^*} \tag{9.24}$$

式中,m 和 m^* 分別為本國和外國的貿易和產出的比例。

消費的最大效用為:

$$C_H=(1-m)(Y+B), \quad C_F=m(Y+B)/Q \tag{9.25}$$

$$C_H^*=Qm^*(Y^*-B/Q), \quad C_F^*=(1-m^*)(Y^*-B/Q) \tag{9.26}$$

市場出清的條件為:

$$C_H+C_H^*=Y, \quad C_F+C_F^*=Y^* \tag{9.27}$$

從(9.25)式到(9.27)式可以得出市場出清的實物匯率為:

$$Q=\frac{mY-(1-m-m^*)B}{m^* Y^*} \tag{9.28}$$

(三) 關於 Q 的變化

1. 實物匯率的變化與資本流動的關係

由(9.28)式可以看出,實物匯率的變化與資本流動有關:在其他條件不變時,流入本國的淨資本增加引起國內商品的相對價格上漲,實物匯率下降,即以本國商品數量表示的外國單位商品的價格下降。

$$\frac{\partial Q}{\partial B}=-\frac{(1-m-m^*)}{m^* Y^*}<0 \tag{9.29}$$

2. 實物匯率對各種衝擊(θ)的反應

$$\frac{dQ}{d\theta}=\frac{m}{m^* Y^*}\frac{dY}{d\theta}-\frac{Q}{Y^*}\frac{dY^*}{d\theta}-\frac{(1-m-m^*)}{m^* Y^*}\frac{dB}{d\theta} \tag{9.30}$$

由(9.30)式可以看出,實物匯率對各種衝擊的反應取決於本國和外國的產出水平(Y 和 Y^*),取決於淨資本流動對衝擊的反應程度($\frac{dB}{d\theta}$),取決於本國和外國的貿易與產出的比例(m 和 m^*)。很明顯,第一,如果沒有資本流動,衝擊發生前貿易餘額為零,衝擊只減少本國的產出水平,那麼,本國產出的減少與本國商品的相對價格的上升的比例相同。第二,在資本流動不大的情況下,在其他條件不變時,貿易—產出比例(m)相對小的國家,其實物匯率將有一個相對大的變化。第三,如果國際借款較為容易,且本國力圖防止現時吸收減少而導致產出下降,那麼,本國商品相對價格的上升會大於 $\frac{(1-m^*)}{m}$。

現在我們把衝擊分為供給衝擊和需求衝擊；而供給衝擊又分為暫時的衝擊和持久的衝擊。

（1）所謂供給衝擊（Supply Shocks）即 Y 的變化。在資本流動為零時，供給衝擊對實物匯率的影響與資本流動無關，也與衝擊的持續出現無關，即實物匯率不受持久的供給衝擊（Permanent Supply Shocks）的影響。在資本高度流動時，如果產出的下降是暫時的，那麼，可以通過國際借款對付產出的暫時減少。這時，暫時的供給衝擊（Transitory Supply Shocks）——產出的暫時下降會使本國商品的相對價格上升，即實物匯率下降。與持久的供給衝擊比較，暫時的供給衝擊使實物匯率的波動幅度加大，因為，這時實物匯率的波動既要反應淨資本流動的程度，又要反應貿易—產出比。

（2）需求衝擊（Demand Shocks）。在資本不流動而國內外產出不變時，如果國內名義需求的增加超過國內產出，就會引起國內價格上升。這時要保持實物匯率不變，名義匯率就要發生變化。然而，如果國內需求的暫時增加可以由淨資本流入加以彌補，則國內的實際吸收可能超過國內的產出，那麼實物匯率也將發生變化。實物匯率的運動與淨資本流入呈正比例關係，而與貿易—產出比呈反比例關係。

（四）對跨時均衡模型的評價

從上面的分析我們可以看出，跨時均衡模型提供了一個新的匯率動態的研究方法，即暫時的供給衝擊和需求衝擊都會引起實物匯率的動態反應，也就是實物匯率的運動與淨資本的運動和貿易—產出比的變化有關。

然而，我們也可以看出，跨時均衡模型也有不足之處，其表現在：①按照跨時均衡模型的觀點，實物匯率的運動與實物商品價格對各種衝擊具有完全的彈性密切相關，即衝擊發生—商品價格變化—實物匯率變化。但是我們都知道，面對各種衝擊，與金融商品價格的變化相比，實物商品價格的變化是極為緩慢的。②跨時均衡模型以資本的完全流動為前提，也就是在跨時預算約束條件下，在世界利率一定時，各國都可以無限地進行借貸。很顯然，在當今世界上完全的資本流動的假設是很難成立的。

復習思考題

1. 什麼是休謨機制？
2. 國際收支的彈性分析方法的主要觀點是什麼？
3. 何謂馬歇爾—勒納條件？
4. 為什麼會出現「J曲線效應」？
5. 比較國際收支的吸收分析法與彈性分析法。
6. 國際收支的貨幣分析法的主要觀點是什麼？
7. 國際收支的資產市場分析法的主要觀點是什麼？
8. 跨時均衡模型的基本觀點是什麼？

參考文獻

［1］保羅·克魯格曼、等. 國際經濟學［M］. 北京：中國人民大學出版社，1998.

［2］姜波克. 國際金融學［M］. 北京：高等教育出版社，2000.

［3］MARGUEZ J. Bilateral Trade Elasticities［J］. Review of Economics and Statistics，1990，72（1）.

［4］ALEXANDER S S. Effect of a Devaluation on a Trade Balance［J］. IMF Staff Papers，1952，2.

［5］BRANSON W，HENDESON D W. The Specification and Influence of Asset Markets［M］//RONALD W JONES，PETER B KENEN. Handbook of International Economics. Amsterdam：North-Holland，1985.

第三編　開放宏觀經濟政策

第十章 開放宏觀經濟下的經濟政策（上）
——IS—LM—BP 模型

開放經濟是一種不同於封閉經濟的經濟形態。在開放經濟條件下，國與國之間的經濟關係在一國的宏觀經濟運行中佔有重要地位；各國宏觀經濟變量存在著內在的相互依賴的關係；宏觀經濟總量的均衡條件也發生了明顯的變化。正因為如此，開放經濟條件下的經濟政策被賦予了許多新的內容，這就是 IS—LM—BP 模型的由來。

第一節 經濟目標與經濟政策關係的理論

一、經濟目標和經濟政策

綜合來講，在開放的市場經濟體制下，一國所追求的經濟目標主要有四個：①內部平衡（Internal Balance）；②外部平衡（External Balance）；③經濟增長；④公平的收入分配。本章所要重點探討的是實現內部平衡和外部平衡這兩個目標。

所謂內部平衡是指一國實現了充分就業並且保持物價穩定；所謂外部平衡是指國際收支平衡。從各國的經濟實踐來看，通常各國總是優先考慮內部平衡。但是當一國面臨著巨大而持久的國際收支失衡時，它也會被迫把外部平衡放在優先考慮的地位。

為了實現內部平衡和外部平衡這兩個目標，一國可以選擇的政策工具包括：①支出調整政策（Expenditure-Adjustment Policies），又稱為支出變動政策（Expenditure-Changing Policies），即通常所說的需求管理政策；②支出轉移政策（Expenditure-Switching Policies）；③直接管制。

支出調整政策包括財政政策和貨幣政策。財政政策主要指改變政府支出及稅收的政策。如果政府開支增加，或者減少稅收，則該國實行的就是擴張性財政政策。它會通過乘數效應促使國內產出和收入增長，並導致進口增加。相反，如果政府開支減少，或者增加稅收，則稱為緊縮性財政政策。這一政策會導致國內產出和收入水平下降，並導致進口下降。而貨幣政策主要通過改變一國的貨幣供給並影響利率來發揮作用。如果貨幣供給增加，利率下降，那麼貨幣政策就是擴張性的，就會導致投資水平和收入水平提高，並使進口增加；同時，利率降低會導致國際短期資本外流或流入減少。相反，緊縮性的貨幣政策是指一國貨幣供給減少及利率上升。它會降低投資、收入和進口水平，同

時導致國際短期資本流入量增加或流出減少。

支出轉移政策主要是指匯率政策，即通過改變匯率，使支出由本國商品轉移到外國商品，或由外國商品轉移到本國商品，以維持或達到國際收支均衡。例如，提高匯率，即本幣貶值，會使對國外商品的開支轉移到本國商品上，從而可以減少一國的貿易赤字，改善國際收支，但它也會導致國內產出增加，而這又會引起進口上升，進口上升會抵消部分匯率上升的效果。而降低匯率，即本幣升值，會使對本國商品的開支轉移到外國商品上，從而會減少一國際收支盈餘，但同時它也會減少國內產出，進而導致進口下降，這又會部分抵消匯率下降的效果。

直接管制包括關稅、配額以及其他限制國際貿易和國際資本流動的措施。這些措施其實也可稱為支出轉移政策，所不同的是它們是針對特定的國際收支項目的，而上述改變匯率的政策則是一種同時作用於所有項目的普遍性政策。由於各國通常是以維護自由貿易和資本流動為宗旨的，所以除非迫不得已，一般都不會輕易採取直接管制政策。因此，支出調整政策和支出轉移政策是實現經濟內外部平衡的常用手段。

二、丁伯根法則

由於一國常常面臨多個經濟目標，而這些經濟目標本身並不內在一致，同時由於存在多種政策工具可供選擇使用，而各種政策工具實施的效果可能差別很大，因此，該國必須進行選擇以決定採用何種政策工具來達到它預期的目標。

在研究經濟目標與經濟政策工具之間的關係的理論中，一個非常著名的理論就是「丁伯根法則」（Tinbergen's Rule），它是由首屆諾貝爾經濟學獎獲得者簡·丁伯根（J. Tinbergen）提出的，也稱為「經濟政策理論」。「丁伯根法則」的基本含義是：一國所需的有效政策工具數目至少要和想要達到的獨立的經濟目標數目一樣多。也就是說要達到一個經濟目標，至少需要一種有效的政策工具。由此類推，要達到幾個獨立的經濟目標，就至少需要使用幾種獨立的有效政策工具。如果一國的經濟目標是兩個，即實現內部平衡與外部平衡，那麼，它就需要有兩個政策工具來達到這兩個目標。相反，只用一個獨立的政策工具試圖實現內外的同時均衡是不可能的。這是因為，有時，一個政策工具可以直接針對一個特定的目標，同時也有助於朝另一個目標逼近，但更多的時候可能是遠離另一個目標。例如，擴張的財政政策雖然可以消除國內失業，同時又使國際收支盈餘減少，實現了內外均衡，但更多的情況下，是增加國際收支赤字，造成國際收支失衡。

三、斯旺模型

澳大利亞經濟學家斯旺（T. W. Swan）在《較長時期的國際收支問題》一文中提出了內外同時平衡的實現條件的模型，人們稱之為斯旺模型（Swan Diagram）（圖 10-1）。在這裡，我們假定不存在國際資本流動，因此國際收支平衡等同於貿易收支平衡，同時還假

設價格水平保持不變。

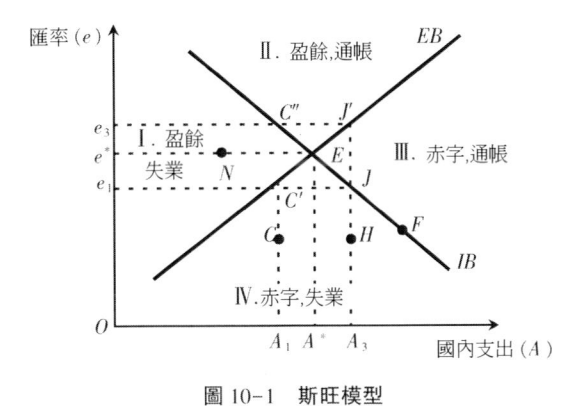

圖 10-1 斯旺模型

在圖 10-1 中，縱軸代表匯率(e)，e 上升即外匯匯率上升，本幣貶值；反之則外匯匯率下降，本幣升值。橫軸代表國內實際支出或需求(A)，它包括國內消費和投資以及政府支出。EB 線是外部平衡線，它表示的是對應於外部平衡時匯率與國內真實支出的各種組合。EB 線向上傾斜是因為國內支出(A)增加，將帶來進口增加，這時只有外匯匯率升高，才能減少進口，增加出口，維持外部平衡。例如，從 EB 線上的點 E 出發，當 A 由 A^* 上升到 A_3 時，匯率(e)就必須由 e^* 上升到 e_3，才能維持外部平衡，這時位於 EB 線上點 J'。IB 線是內部平衡線，表示對應於內部平衡時匯率(e)與國內支出(A)的各種組合。IB 線的斜率為負，因為如果匯率下降，出口就會減少，因此一國國內支出(A)必須增加，才能維持內部平衡。例如，從 IB 線上點 E 開始，e 從 e^* 下降到 e_1 時，為了維持內部平衡，A 就必須從 A^* 增加到 A_3，從而達到 IB 線上的點 J。EB 線和 IB 線的交點 E 是均衡點，e^* 和 A^* 分別為均衡匯率和均衡支出。

我們可以看到，在圖 10-1 中，只有 EB 線與 IB 線的交點 E，同時達到了內外部平衡，實現了兩個政策目標，在其他的任何一點都只實現了一個政策目標。在 EB 線上方的任何一點都表示存在國際收支盈餘，即外部盈餘，而在 EB 線下方的任何一點都表示外部赤字。在 IB 線上方的任何一點都表示存在通貨膨脹，而下方的任何一點則表示存在失業。這樣就可以把 EB 線和 IB 線組成的平面圖劃分出如下四個區域：

Ⅰ. 外部盈餘，內部失業；
Ⅱ. 外部盈餘，內部通貨膨脹；
Ⅲ. 外部赤字，內部通貨膨脹；
Ⅳ. 外部赤字，內部失業。

當經濟處於內外失衡的狀態時，可以搭配使用支出調整政策和支出轉移政策，使經濟移動到 E 點。如圖 10-1 所示，經濟處於赤字與失業並存的 C 點時，為了達到 E 點，外匯匯率(e)和國內支出(A)都必須上升。這時可以使用支出轉移政策將匯率提高到 e^*，

同時使用支出調整政策使國內支出增加到 A^*。如果只有 e 上升，當達到 EB 線上點 C' 時，該國可以獲得外部平衡；而如果 e 上升很快達到了 IB 線上的點 C'' 時，該國可以獲得內部平衡。但僅僅依靠匯率調整不能同時取得內外部平衡。類似地，如果只增加國內支出(A)，達到 IB 線上的點 F 時，該國可以實現內部平衡，但同時會導致更大的外部赤字。此外，點 C 和點 H 都在第Ⅳ區域內，為了達到 E 點，點 C 需要增加國內支出，而點 H 則需要減少國內支出。即使一國位於 IB 線上，比如說點 J，已經實現了內部平衡，但如果要達到外部平衡，也不能僅僅依靠支出轉移政策。這是因為單純的外匯匯率上升會推動該國經濟移動到 EB 線上的 J'，出現通貨膨脹。

因此，通過上面的分析我們知道，要同時實現內外部平衡這兩個目標，通常需要同時使用支出調整和支出轉移這兩種政策。只有當一國經濟恰好處於點 E 的水平或者垂直線上時，只用一種政策工具就能達到 E 點，實現內外部平衡。例如，如果要從點 N 移動到點 E，該國只需要增加國內支出。

四、米德衝突

從第二次世界大戰後到1971年的相當長一段時間裡，世界上大多數國家實行的是固定匯率制度。在固定匯率制下，各國難以使用支出轉移政策，即將匯率政策作為政策工具。而且在實踐中，各國即使出現了根本性的國際收支失衡，也不願意使本幣升值或貶值。盈餘國傾向於累積國際儲備，同時擔心本幣升值會影響出口；而赤字國則認為本幣貶值是經濟衰弱的表現，害怕產生國際資本外逃的後果。其結果使得各國最後只剩下支出調整政策可以使用。

在這一點上，英國經濟學家米德在1951年出版的《國際經濟政策理論》第一卷《國際收支》中提出了「米德衝突」(Meade's Conflict)的理論。他指出，在固定匯率情況下，單獨使用支出調整政策追求內外部同時平衡，有可能造成一國內部平衡與外部平衡的衝突，這就是所謂「米德衝突」。表 10-1 是米德對內部平衡與外部平衡的可能情況的分析。事實上，「米德衝突」是「丁伯根法則」的另一種表述形式。如果把財政政策和貨幣政策看做是一種政策工具，即支出調整政策，根據「丁伯根法則」，就無法同時滿足兩個目標。

表 10-1　　　　　　　固定匯率制下的內部平衡與外部平衡組合

	內部狀況	外部狀況
1	經濟衰退/失業增加	國際收支逆差
2	經濟衰退/失業增加	國際收支順差
3	通貨膨脹	國際收支逆差
4	通貨膨脹	國際收支順差

米德認為，在固定匯率制下，由於匯率制度不變，因此匯率政策無效，政府只能主要運用影響社會總需求的政策來調節內外平衡。這樣，單一的支出調整政策就不能同時實現內外部平衡，或者說可能導致內外部平衡的衝突。我們以表 10-1 中的第 1 種和第 4 種情況加以說明。在第 1 種情況下，如果採取擴張性的支出政策，那麼，國內經濟好轉，就業增加，實現了內部平衡。但擴張性的支出政策引起進口增加，在出口不變的情況下國際收支逆差會更加惡化，外部平衡無法達到。在第 4 種情況下，如果採取擴張性的支出政策，雖然使進口增加，國際收支順差減少，實現了外部平衡，但內部的通貨膨脹加劇，內部平衡沒有達到。

五、蒙代爾搭配法則

「米德衝突」是 20 世紀 50 年代被廣泛認可的理論。但是，到了 60 年代，蒙代爾（Mundell）打破了這一觀點。他指出，在固定匯率制度下，財政政策和貨幣政策是兩種獨立的政策工具，只要適當地搭配使用，就可以同時實現內外部平衡。例如，用財政政策取得內部平衡，用貨幣政策取得外部平衡。因此，儘管在固定匯率制度下不能使用支出轉移政策，但各國在理論上還是可以同時達到內外部平衡的。蒙代爾還進一步指出，很多時候，針對某個特定目標的某項政策可能會對實現另一個目標有幫助，而有些時候則可能阻礙另一個目標的實現，因而不同政策實施的效果往往會有衝突。因此，蒙代爾認為，應該將每一種政策實施在它最具有影響力的目標上，這就是著名的「蒙代爾搭配法則」（Mundell's Assignment Rule），或者稱為「有效市場分類原則」。

下面我們對如何搭配使用財政政策與貨幣政策實現內外部平衡作一般性的論述，以介紹「蒙代爾搭配法則」（圖 10-2）。

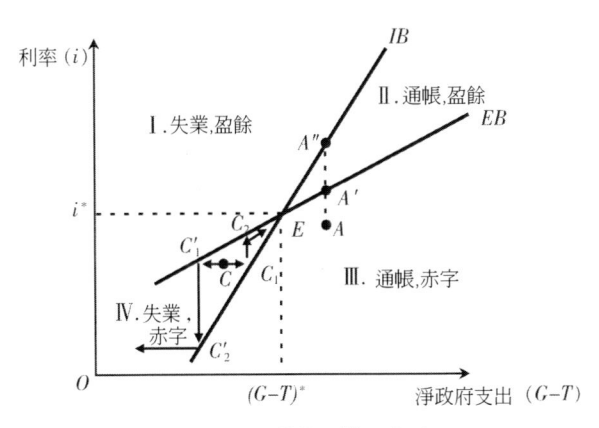

圖 10-2　蒙代爾搭配法則

如圖 10-2 所示，橫軸 $(G-T)$ 表示淨政府支出水平，代表財政政策，離原點越遠，表明政府支出水平越高，財政政策越趨於擴張。縱軸表示利率，代表貨幣政策，離原點越遠，

表明利率水平越高，這時貨幣政策趨向緊縮。IB 線和 EB 線的交點 E 表示內外同時均衡點。這時的均衡利率為 i^*，均衡政府淨支出為 $(G-T)^*$。IB 線是內部平衡線，表示一國內部平衡時財政政策與貨幣政策的各種組合。IB 線向上傾斜，這是因為如果利率提高，緊縮國內經濟，會導致總需求不足，失業增加，為維持內部平衡，政府支出必須同時擴大，增加總需求。IB 線左邊的任何一點都意味著存在失業，右邊的任何一點都意味著存在通貨膨脹。EB 線是外部平衡線，表示一國外部平衡時財政政策與貨幣政策的各種組合。EB 線也是向上傾斜的，這是因為如果利率水平提高，一方面會刺激國際資本流入淨額增加，另一方面通過緊縮國內經濟會使進口減少，從而產生國際收支盈餘。為了保持國際收支平衡，政府支出必須同時擴大，增加進口。EB 線下方任何一點都代表存在外部赤字，上方任何一點都代表存在外部盈餘。圖中的 IB 線和 EB 線都是向右上方傾斜的曲線，但 EB 線比 IB 線更平坦。這是因為貨幣供給的變化從而利率的變化對外部平衡的影響大於對內部平衡的影響。例如，如果實行緊縮的貨幣政策，貨幣供給減少，從而利率上升。而利率上升不僅引起短期資本流入，也使國內投資減少，從而收入減少，再進而引起進口減少。這樣利率變化既直接影響國際收支，也間接影響國際收支。顯然，利率的變化對外部平衡的影響大於對內部平衡的影響。

很明顯，只有在 IB 線和 EB 線的交點 E 點，一國才能同時實現內外部平衡。IB 線和 EB 線相交，這樣就可以把 IB 線和 EB 線組成的平面圖劃分出如下四個區域：

Ⅰ．失業，國際收支盈餘；
Ⅱ．通貨膨脹，國際收支盈餘；
Ⅲ．通貨膨脹，國際收支赤字；
Ⅳ．失業，國際收支赤字。

可以看到，EB 線比 IB 線平坦，這是因為存在利率差異引起的國際資本流動，同時也說明了貨幣政策對外部平衡更具有影響力。比如圖上點 A，要達到外部平衡線 EB 上的點 A'，利率只需要提高少許。而要達到內部平衡線上的點 A"，則要提高很多。因而，根據「蒙代爾搭配法則」，貨幣政策應用於外部平衡，而財政政策應用於內部平衡。如果不這樣使用就會使一國離內外部均衡的 E 點越來越遠。比如，從失業和國際收支赤字並存的區域Ⅳ的點 C 出發，一國使用緊縮性財政政策消除外部赤字，將 C 點移到 EB 線上的點 C_1'，然後再使用擴張性的貨幣政策消除失業，則經濟將會移動到 IB 線上的 C_2'，可以看到這樣一來該國就會離 E 點越來越遠。反之，如果該國運用擴張性的財政政策處理失業，將達到 IB 線上的 C_1 點，然後使用緊縮性的貨幣政策處理外部赤字，就會移動到 EB 線上的 C_2 點，這樣該國經濟就離 E 點越來越近了。事實上，該國可以搭配使用擴張性的財政政策和緊縮性的貨幣政策，從而一步達到 E 點，實現內外部的均衡。

由此可得，一國可以在任何的內外部失衡點通過使用合理搭配的財政政策和貨幣政策達到內外部平衡點 E。在這些分析中，國際資本的流動是非常重要的一點。國際短期資本對利率差異的反應越敏感，EB 線相對於 IB 線就越平坦；相反，如果短期資本流動

對利率差異沒有反應，EB 線將會和 IB 線斜率相等，這時無論怎樣搭配使用財政政策和貨幣政策都沒有作用，只有改變匯率，一國才能夠實現內外部的平衡。

第二節　IS—LM—BP 模型

在介紹了開放經濟下的經濟目標和經濟政策關係的理論之後，現在我們再來介紹一個更為一般的均衡模型，這個模型把貨幣市場和實際經濟部門結合在一起。同時，這個模型還結合了國際貿易和國際資本流動對開放經濟模型均衡的作用。我們所說的這個模型就是 IS—LM—BP 模型。我們將運用它來詳細論述在固定匯率制度下如何使用財政政策和貨幣政策來實現內外平衡。在這裡我們假設存在國際資本流動，但是價格水平保持不變。

一、貨幣市場的一般均衡：LM 曲線

當貨幣供給等於貨幣需求的時候，貨幣市場就實現了均衡。我們知道名義貨幣供給量由實際貨幣供給和價格水平決定，而貨幣需求則是由貨幣的交易性需求和投機性需求構成。由此，我們用(8.1)式來表示貨幣市場的均衡：

$$M_S = L \tag{8.1}$$

或者是

$$m(DR+IR) = m(BR+C) = f[\overset{+}{Y}, \overset{-}{i}, \overset{+}{P}, \overset{+}{W}, \overset{-}{E(p)}, \overset{?}{O}] \tag{8.1a}$$

其中：M_S——貨幣供給；

　　　L——貨幣需求；

　　　m——貨幣乘數；

　　　DR——中央銀行持有的國內儲備；

　　　IR——中央銀行持有的國際儲備；

　　　BR——商業銀行和其他存款機構的儲備；

　　　C——非銀行的公眾持有的貨幣；

　　　Y——經濟中的真實收入水平；

　　　i——國內利息率；

　　　P——價格水平；

　　　W——真實財富水平；

　　　$E(p)$——價格水平預期變動的百分數；

　　　O——其他所有影響一國居民願意持有貨幣餘額的變量(比如，外國利息率、預期的匯率變動、持有外國資產的風險溢價等)。

(8.1a)式中 Y、i、P、W、$E(p)$ 和 O 上面的+、-號表示這些變量與貨幣需求之間的

相關關係。因為收入水平和利息率被認為是兩個最主要的影響貨幣需求的因素，所以我們將集中討論這兩個變量對貨幣市場均衡的影響，其他變量則假設保持不變。進一步說，對於任意給定的收入水平，貨幣需求的圖形可以用一條向右下方傾斜的 L 曲線表示，如圖 10-3 所示。這個圖形可以幫助我們在其他條件不變的情況下集中研究利息率和貨幣需求的反向變動關係。我們能夠提出許多對這種反向變動關係的解釋，比如利息率的上升意味著持有不產生利息收入的貨幣資產的機會成本增加，因此人們願意持有的貨幣數量減少。而當除利息率以外的其他因素變動時，L 曲線就會產生漂移，比如收入增加，L 曲線就會向右漂移，因為在每一個利率水平產生了更大的貨幣交易需求。

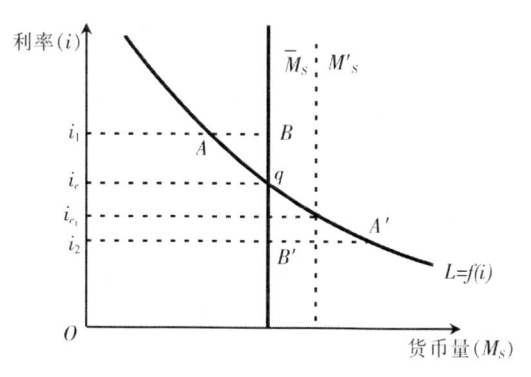

圖 10-3　貨幣市場的均衡

討論了貨幣需求，我們再簡單地談談貨幣供給。我們暫時假設在任意給定的時間點，貨幣供給是固定不變的。貨幣供給由貨幣當局控制。我們把這個固定的貨幣供給（稱它為 $\overline{M}_S$）用一條垂直直線表示在圖 10-3 中。增加（或者減少）貨幣供給會使這條直線向右（或者向左）漂移。貨幣需求和貨幣供給的交點決定了均衡利息率，即 i_e。在這一點上 $M_S = L$。相反，在均衡利息率之外的任何其他利率水平，都會存在超額的貨幣供給或者貨幣需求。例如，在利率 i_1 處，貨幣需求的數量（用水平距離 i_1A 表示）少於貨幣供給（用距離 i_1B 表示）。AB 則成為貨幣的超額供給，它表示人們以貨幣形式持有的財富（距離 i_1B）超過了他們所希望持有的數量（距離 i_1A）。於是，貨幣的持有者就會以這部分多出來的現金購買其他資產，比如債券。而這種購買其他資產的行為就會使債券的價格上升，使利息率下降。這種情況會一直繼續下去，直到利率回到均衡水平（i_e），這時現存的貨幣供給數量等於人們願意持有的數量。相反地，在 i_2 這個低的利率水平存在著 $B'A'$ 的超額貨幣需求。這時，人們會賣出債券或其他資產來換取貨幣。這種活動會使債券和其他資產的價格下降，同時使利息率上升直到回到均衡利率水平（i_e）為止。

現在我們來根據圖 10-3 考慮貨幣需求和貨幣供給改變的情況。如果貨幣當局增加了貨幣供給，那麼 $\overline{M}_S$ 線就會向右移動。在貨幣需求曲線不變的情況下，新的貨幣供給曲線與 L 曲線的交點形成低於原均衡利率（i_e）的新均衡利率（i_{e_1}）；相反，貨幣供給的減

少使 $\overline{M}_S$ 線向左移動。在 L 曲線不變時，新的均衡利率會高於原均衡利率(i_e)。如果考慮需求曲線的移動，貨幣需求的增加(或者減少)會使 L 曲線向右(或向左)移動，從而產生超額的貨幣需求，在給定的貨幣供給條件下，就會使利率上升(或者下降)。

以上，我們只討論了貨幣需求和貨幣供給之間的利率和均衡問題，而這只是一個片面的分析，因為我們忽略了經濟體的收入水平這個決定貨幣需求的重要因素。下面我們將進一步討論收入在貨幣市場均衡中的作用。

我們在圖 10-3 得到的均衡利率僅僅是由貨幣需求和貨幣供給直接決定的，現在假設情況並非如此，經濟體的收入水平 Y 上升了，我們在前面講過收入水平和貨幣需求是同方向變化的。參考圖 10-4(a)，圖中的 L 曲線是我們前面提到過的貨幣需求曲線，但是這裡它與收入水平 Y_0 相聯繫。如果收入上升到 Y_1，這時就產生了一條在收入水平 Y_1 下的新的 L 曲線即 $L'(Y_1)$。在這個升高的收入水平下就需要更多的貨幣，這使得均衡利率從 i_0 上升到 i_1。與這相同，如果收入從 Y_0 下降到 Y_2，貨幣需求曲線就移動到 $L''(Y_2)$，下降的收入水平使均衡利率下降到 i_2。

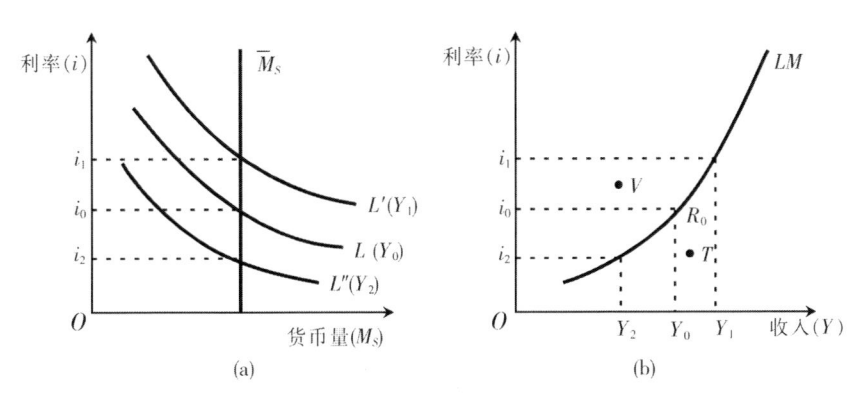

圖 10-4　收入與利率的組合：LM 曲線

通過討論收入水平、利息率和貨幣市場均衡的關係，我們得到了 LM 曲線。LM 曲線表示的是實現貨幣市場均衡條件下的各種收入和利率的組合，如圖 10-4(b)所示。在這條曲線上的每一點，對應著橫軸上的某一收入水平和縱軸上的利息率。這樣一來，在點 R_0，當貨幣供給為 $\overline{M}_S$ 時，收入水平 Y_0 和利息率 i_0 共同使貨幣市場達到均衡。

從圖 10-4(b)我們知道 LM 曲線是向上傾斜的，原因何在呢？假設收入水平從 Y_0 上升到 Y_1，增加的收入將產生增加的貨幣需求，使圖 10-4(a)中的 L 曲線移動到 $L'(Y_1)$，利率就從 i_0 上升到 i_1。一旦利率上升到 i_1，就會消除超額的貨幣需求，使貨幣市場恢復均衡。類似地，如果收入從 Y_0 下降到 Y_2，貨幣需求會下降到 $L''(Y_2)$，均衡利率為 i_2。由此可知，LM 曲線右邊的任意一點，如 T 點，都存在超額貨幣需求。在 T 點對於收入水平來說利率太低，貨幣市場的均衡需要更高的利息率。類似地，在 LM 曲線左邊的任意一點，如 V 點，都存在超額貨幣供給。對於 V 點的收入水平來說，要保持貨幣市場的

均衡需要更低的利息率。

最後要補充的一點是，除收入以外的其他因素引起的貨幣需求的增加或者貨幣供給的減少會使 LM 曲線向左移動。在這兩種情況下，對於任意給定的收入水平，利息率上升；或者說為了保持相同的利息率，收入水平必須下降。這樣，每一個利息率都對應著比貨幣需求增加或者貨幣供給減少前更低的收入水平。反之，除收入以外的其他因素引起的貨幣需求的減少或者貨幣供給的增加都會使 LM 曲線向右移動。

二、商品市場的一般均衡：IS 曲線

在這裡我們討論商品和服務市場，或者說經濟體的實際部門。我們知道在收入均衡中，「漏出」(包括儲蓄 S、進口 M 和稅收 T)應該等於「注入」(包括投資 I、出口 X 和政府的商品與服務支出 G)。現在我們假設利率水平不是固定不變的，在圖 10-5(a) 中，i_0 是指在我們討論 $I(i_0)+X+G$ 線時，利率水平被固定在 i_0。在這個利率水平下，均衡的收入水平是 Y_0。如果我們把利率從 i_0 降到 i_1，由於借入成本的下降，投資者會願意將更多的錢用於投資，而一些以前因為收益率低於借入成本而不能進行下去的投資項目也會因此而變得有利可圖。由於投資對利率變化的這種反應，與較低利率水平 i_1 對應的投資曲線就會升高。投資曲線由 $I(i_0)+X+G$ 向上移動到 $I'(i_1)+X+G$，移動後與 $S+M+T$ 線相交於更高的均衡收入水平 Y_1。相反，如果利率從 i_0 上升到 i_2 就會引起 $I(i_0)+X+G$ 線向下移動到 $I''(i_2)+X+G$，這時與 i_2 對應的是更低的收入水平 Y_2。

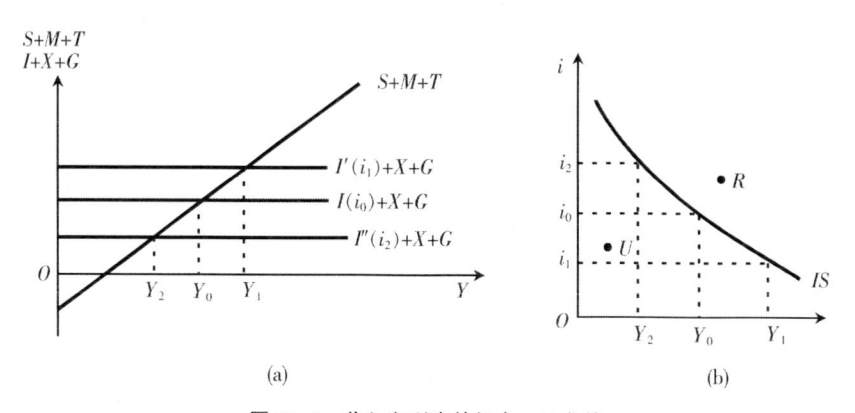

圖 10-5　收入與利率的組合：IS 曲線

通過分析利率(反應貨幣變量的重要性)、投資與均衡收入水平之間的關係，我們可以得到 IS 曲線。IS 曲線是顯示實現經濟體的實際部門均衡的各種收入和利率的組合。在這個模型中，也可以說 IS 曲線是顯示使投資加出口加政府支出等於儲蓄加進口加稅收的各種收入和利率的組合。因此，在圖 10-5(b) 中，利率 i_0 與收入水平 Y_0 相對應，因為這是實現 $(S+M+T)=(I+X+G)$ 的一個利率與收入的組合。較低的利率 i_1 與較高的收入水平 Y_1 相對應；而在相反方向，較高的利率 i_2 則與較低的收入水平 Y_2 相對應。

如果經濟體處於 IS 曲線的右方，比如在圖 10-5(b) 的 R 點，這時因為 $S+M+T>I+X+G$，存在著不均衡。相對於利率，收入水平顯得「太高」，而高的收入水平造成了「過多」的儲蓄、稅收和進口(或者也可以說，在 R 點的收入水平，利率顯得「太高」，從而抑制了投資)。這時收入就會下降，其原因是高收入水平時的非意願存貨的累積帶來了生產的減少。在 IS 曲線的左邊例如在 U 點，$I+X+G>S+M+T$，因而存在非意願存貨的匱乏帶來的擴張性壓力。對於給定利率的 U 點，收入太低不能產生充足的儲蓄、稅收和進口來與投資、出口和政府支出相匹配。或者說，對於一個給定的收入水平，「過低」的利率使 $(I+X+G)>(S+M+T)$。

很明顯，任何自主性投資、出口、政府支出、儲蓄、稅收或者進口的變動都會引起 IS 曲線的移動。自主性投資(利率下降以外的因素引起)、自主性出口和政府支出的增加，或者是儲蓄、稅收和進口的自主性減少，都會使 IS 曲線向右移動。而相反地，I、X 或 G 的自主性減少，或者 S、M 和 T 的自主性增加，都會使 IS 曲線向左移動。

三、貨幣市場和商品市場的同步均衡：IS—LM 模型

要研究經濟體的貨幣市場和商品市場如何同時決定收入和利率水平就需要將 IS 曲線和 LM 曲線放入同一個坐標圖中加以考察，如圖 10-6 所示。當這兩條曲線相交於 q 點時就實現了兩個市場的同時均衡，這時的收入水平為 Y_e，利率為 i_e。q 點僅是使經濟體的兩個市場同時實現均衡的收入和利率的組合。

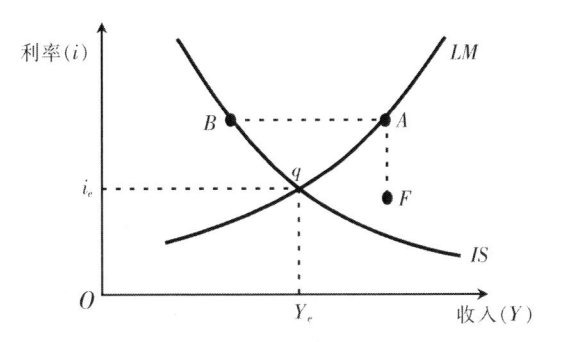

圖 10-6 貨幣市場和商品市場的同步均衡

如果這個經濟體並沒有處於 Y_e 和 i_e，市場力量就會促使它們向均衡位置移動。例如，假設經濟體處於點 F 的位置，這時是在 IS 曲線的右邊，$(S+M+T)>(I+X+G)$，因而收入水平存在收縮的壓力。但是，因為這時我們也處於 LM 曲線的右邊，貨幣需求大於貨幣供給，因此會迫使利率上升。於是這些市場力量將最終使經濟體移動到 q 點的均衡位置。然而，由於每個市場的調整速度不同，在實際中將產生各種不同的調整路徑。例如，從 F 點出發，該經濟體可以先垂直移動到 LM 曲線上的某個位置，例如 A 點，這時貨幣市場處於均衡狀態，而商品市場處於非均衡狀態。接著我們可以水平移動到 IS 曲線

上的 B 點從而取得商品市場的均衡，但是這時經濟體處於 LM 曲線的左邊，存在超額貨幣供給。這將使利率水平下降並使我們再次垂直移動到 LM 曲線，然而這時我們又處於 IS 曲線的下方。這樣的調整過程將一直進行下去直到達到 q 點為止，這時貨幣市場和商品市場都實現了均衡。

四、國際收支均衡：BP 曲線

下面我們將介紹開放經濟中的國際收支，而 BP 曲線顯示的就是使國際收支均衡的各種收入和利率的組合。在這裡我們所講的國際收支包括國際收支分類中的分類 I（經常項目）、分類 II（長期資本流動）和分類 III（短期私人資本流動），而不考慮分類 IV（官方儲備短期資本流動）。也就是說，在這裡我們關注的是除政府官方儲備資產和債務變動以外的所有國際收支項目。在這個意義上的國際收支均衡就是指官方儲備交易餘額為零。

現在我們討論收入水平和利息率如何影響一國的國際收支，以獲得 BP 曲線。應該說明的是，一條給定的 BP 曲線是在匯率固定，而且外國利率、外國價格水平、預期的匯率和外國財富等其他變量維持不變的假設條件下得到的。在分析中，我們假設收入主要是通過對進口的影響而對經常項目起作用的。其他條件不變時，收入上升就會引起更多的進口。一方面，當出口不受收入影響時，進口的增加就意味著經常項目趨於惡化，可能出現赤字。這種變化將會反過來使收入下降。另一方面，我們假設利率主要影響資本項目，特別是分類 III（短期私人資本流動）。如果利率上升，具有流動性的短期金融資本就會從國外流入本國來賺取更高的利息，同時一些本國短期資本也會留在本國。外國短期資本的流入和本國資本的流出減少會推動資本項目向盈餘方向發展。而如果利率下降，情況就會反方向變化。

通過以上的分析，現在我們來考察圖 10-7 中的 BP 曲線。因為這條曲線顯示的就是使國際收支（BOP）實現均衡的各種收入和利率的組合，因此點 Q_0 就是一個滿足這樣條件的點，與這一點對應的收入水平是 Y_0，利率是 i_0。BP 曲線是向上傾斜的一條曲線，現在我們分析其原因。如果從 Q_0 點出發，收入上升，而利率不變，我們就會水平移動到 Q_0 的右邊，即 N 點。因為較高的收入水平會產生更多的進口，國際收支將出現赤字。而如果此時利率也從 i_0 上升到 i_1，就會削減國際收支赤字，這是因為利率的上升會產生短期資本的淨流入，因而對國際收支產生正的影響，當達到 Q_1 時，這種影響就完全抵消了經常項目的赤字，此時國際收支餘額為零。因此在 Q_1 點，收入水平 Y_1 和利率 i_1 的組合也能實現國際收支均衡。

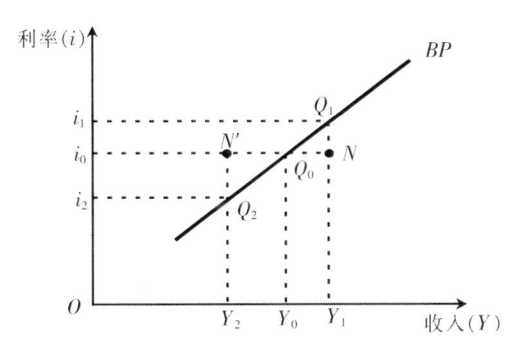

圖 10-7　收入與利率的組合：BP 曲線

很明顯，在 Q_2 點的收入水平 Y_2 低於 Y_0，利率 i_2 也低於 i_0，它們是另外一組使國際收支實現均衡的 Y、i 組合。如果收入從 Y_0 下降到 Y_2，意味著進口減少，將會移動到點 N'，經常項目將會得到改善，實現國際收支盈餘。然而，如果利率由 i_0 下降到 i_2，短期資本就會從本國流出以尋求更高的利息率，這樣就會引起短期私人資本帳戶的惡化從而抵消經常項目的改善。隨著利率的下降，我們就會從 N' 點移動到 Q_2 點，這是在 BP 曲線上的另一個均衡點。

如果經濟體處於 BP 曲線的右邊，就會出現國際收支赤字，這時對於任意給定的利率，收入水平都會產生過多的進口，而利率卻顯得太低，無法吸引充足的資本流入來與經常項目赤字相匹配。其結果就是作為整體的國際收支（官方儲備交易餘額）處於赤字狀態。相反地，如果經濟體處於 BP 曲線的左邊，就會出現國際收支盈餘。

需要說明的一點是，BP 曲線向上傾斜的準確斜率主要取決於短期私人資本帳戶對利率變化的敏感程度。下面我們對這一點進行說明。假設在圖 10-7 中由 Q_0 點移動到 N 點，這將產生經常項目赤字，為了恢復國際收支均衡就需要利率上升。在其他條件不變的情況下，如果短期資本流動對利率變化非常敏感，那麼僅需要利率從 i_0 到 i_1 的小幅上升就能夠獲得需要的資本流入。然而，如果資本流動對利率變化不大敏感，那麼就需要利率從 i_0 向上大幅提高才能恢復國際收支均衡。因此，我們得到的結論是：短期資本流動對利率越敏感，BP 曲線越平坦；而短期資本流動對利率越不敏感，BP 曲線越陡峭。

到現在為止，我們都假設國際收支均衡由一條向上傾斜的 BP 曲線表示，其實情況並非總是如此。開放經濟中，Y 與 i 的關係呈正相關是由於短期資本在各國之間流動存在障礙（或者說，該國是金融上的「大國」，能夠影響利率的國際水平，而不是對利率作出反應的價格接受者）。因此，向上傾斜的 BP 曲線是在不完全的資本流動條件下產生的，即假設國家間對利率變化作出反應的短期資本流動沒有受到完全的限制，但同時這種短期資本流動又不是充分的，不足以完全消除國內利率和國際利率的差異，如圖 10-8(a) 所示。我們知道，外國和本國資產之間的不完全替代性是指投資者持有本國以外的資產存在風險溢價。因此，在這種條件下，國內利率將高於外國利率，這是因為淨資

本流入意味著由於這時外國投資者持有較多的本國資產，因而他們的風險溢價增加了。

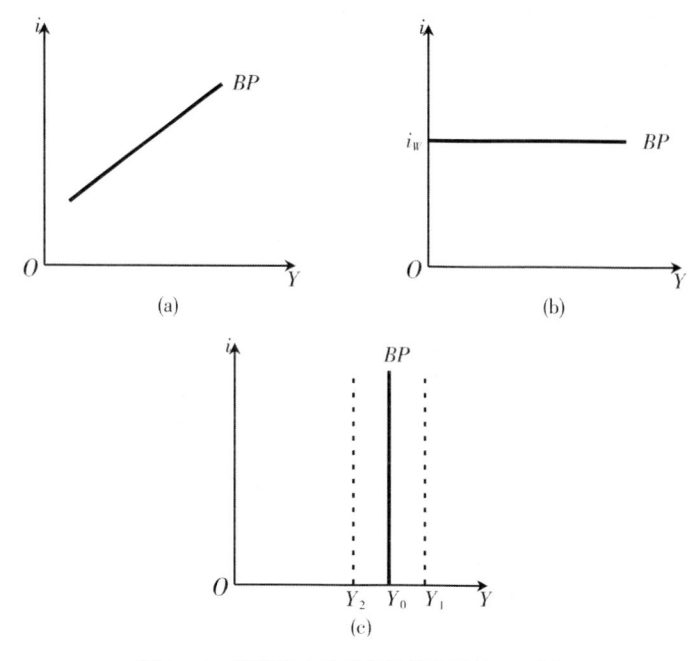

圖 10-8　不同資本流動假設條件下的 BP 曲線

　　而在完全的資本流動條件下，BP 曲線就變成了一條固定於國際利率水平 i_w 的水平直線，如圖 10-8(b) 中所示。在這種條件下，本國利率對國際利率的任何輕微的偏離都會引起短期資本的充分流動，使國內利率恢復到國際利率水平。例如，假設國內貨幣供給增加導致國內利率下降，這會立即引起金融投資者將短期資本移出本國，通過調整他們的資產組合來持有更多的外國資產。而這種資本外流和隨之產生的國際收支赤字將會減少國際儲備的持有(減少的儲備被用於購買本國貨幣以維持固定匯率)，從而貨幣供給也會減少，這一連串反應將會持續到國內利率再次達到國際利率水平為止。國內利率高於國際利率水平就會增加短期資本的流入，國際收支出現盈餘，從而導致該國國際儲備和貨幣供給的增加，這種活動也會一直進行到國內利率再次回到國際利率水平為止。因此，在這種條件下，外國和本國的金融資產之間存在著完全替代的關係，任何利率差異都會立即被國際資本的流動消除。

　　目前在世界上實行釘住匯率，嚴格控制商品市場和資本市場對外聯繫的國家已經不多見了。維持嚴格外匯控制的國家往往會出現匯率的高估。在這種條件下，BP 曲線的特點就是資本的完全不流動，如圖 10-8(c) 所示。當短期資本流動受到嚴格限制、不允許對利率變化作出反應時，BP 曲線就是垂直於收入水平上的一條直線，而政府對使用外匯的控制使得收入水平保持不變。在資本帳戶的控制上只有收入水平和進口對給定的匯率保持一致。例如，假設收入從 Y_0 上升到 Y_1，就會引起過多的進口，產生國際收支

赤字，從而對外匯匯率產生上升的壓力（即產生本國貨幣的貶值壓力）。為了維持本國貨幣的價值，政府必須用外匯儲備在外匯市場上買入本國貨幣。這樣一來，本國貨幣的供給就會減少，於是本國利率上升，國內投資和收入減少，直到本國經濟再次回到 Y_0 水平上的 BP 曲線上，恢復均衡為止。相似地，如果收入從 Y_0 下降到 Y_2，就會對外匯匯率產生向下的壓力，從而擴大貨幣的供給，直到經濟體再次恢復 Y_0 水平上的 BP 曲線上的均衡為止。因此，貨幣供給的變化會自動使經濟體保持在 BP 曲線上。

綜上所述，BP 曲線的斜率反應了一國資本流動的特性。資本流動越受到控制，短期資本的運動越不允許對國內利率變化作出反應，BP 曲線就越陡峭。反之，對資本流動的限制越少，所討論的國家越符合金融小國的要求，BP 曲線就越平坦。

最後要強調的一點是，BP 曲線是在某一特定匯率條件下得到的。例如，假設本國是美國，如果美元和其他貨幣之間的匯率發生變化，就會出現不同的 BP 曲線。一般來說，本國貨幣對外國貨幣貶值，會使 BP 曲線向右移動；而本國貨幣對外國貨幣升值，則會使 BP 曲線向左移動。我們可以假設存在一條類似圖 10-7 中的 BP 曲線。如果本國貨幣貶值，假設馬歇爾—勒納條件成立，就會改善本國的經常項目。對於原來 BP 曲線上的任意給定的利率，現在都存在國際收支盈餘。因此，對每一個 i 就需要更高水平的 Y 與之對應，來保持國際收支平衡，這是因為較大的 Y 會產生更多的進口，削減國際收支盈餘。這樣就會產生一條新的 BP 曲線，它位於原來 BP 曲線的右邊。

此外，其他變量的數量改變也會使 BP 曲線移動。這是因為這些因素的改變會影響開放經濟的均衡。例如，出口的自主性增加會引起 BP 曲線向右或向下移動，這是因為在經常項目改善的條件下，較低的利率就足以維持國際收支均衡。本國進口的自主性減少也會產生同樣的結果。其他貨幣變量的變化，例如外國利率的下跌也會引起 BP 曲線向下移動。此外，預期的變化也會影響開放經濟的均衡和 BP 曲線。

五、開放經濟的均衡：IS—LM—BP 模型

如圖 10-9 所示，我們把 IS、LM、BP 曲線放在一起進行討論，為下一步分析開放經濟的經濟政策作準備。在三條曲線相交的 E 點，貨幣市場、商品市場和國際收支同時實現了均衡。與這個均衡點相對應的收入水平是 Y_E，利率是 i_E。然而，對一國的經濟目標來說，這個均衡點可能並不是最佳選擇。在這種情況下，宏觀經濟政策就必須發揮作用來實現這些經濟目標。

在建立了一般均衡的 IS—LM—BP 模型框架之後，我們來討論這種均衡的特徵以及移動到均衡點的調整過程。我們先來看國際收支在固定匯率制下的自動調節機制。在圖 10-10 中，我們從經濟體處於均衡點 $E(Y^*, i^*)$ 出發，考察系統受到衝擊時將發生什麼樣的情況。例如，假設外國收入上升了，這將增加本國經濟體的出口水平，這一出口的外生變化將使 BP 曲線向下移動到 BP′，因為這時任意給定的利率水平都與更高的收入水平相對應，以保持國際收支的均衡。如果本國經濟依然停留在原來的均衡點 E，那

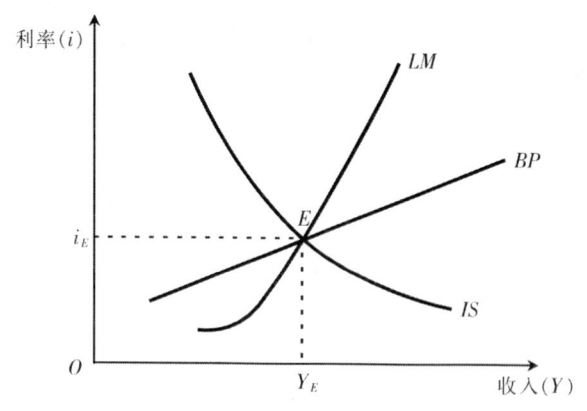

圖 10-9　商品市場、貨幣市場和國際收支的同步均衡

麼國際收支就會出現盈餘。然而，國內均衡也不能夠長久地停留在 Y^* 和 i^*，這是因為出口的擴張也會引起 IS 曲線向右移動到 IS'，從而使收入和利率保持在點 $E'(Y', i')$。而在點 E'，國際收支會產生盈餘，因此該經濟體也不可能在這一點停留。我們的假設國家採取的是固定匯率制度，因此它就必須保持本國的貨幣價值不變。在這樣的體系下，中央銀行就必須在外匯市場上購買多出的外匯，來避免本國貨幣的升值。由於中央銀行是使用本國貨幣購買外匯，因此本國的貨幣供給就會增加。在我們的 IS—LM—BP 模型分析中，這種作用將使 LM 曲線向右移動。這種自動的貨幣調節會一直進行到不再存在國際收支盈餘為止，其結果會使 IS、LM 和 BP 曲線再次相交於點 $E''(Y'', i'')$，這與現在升高的出口水平保持一致。

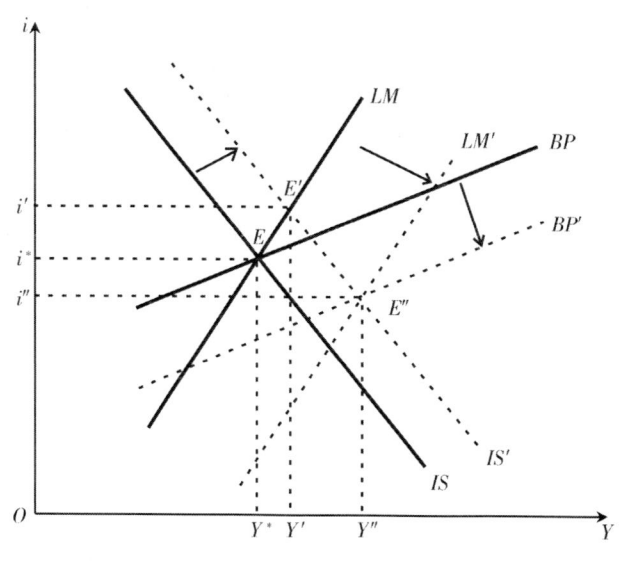

圖 10-10　固定匯率下的自動調節

在固定匯率制度下，自動調節機制就是指在釘住的匯率下由潛在的國際收支盈餘或者赤字所引起的國內貨幣供給的變動。如果經濟體受到的衝擊使國際收支產生赤字，就會造成本國經濟在調整到新均衡的過程中貨幣供給減少。因為在釘住匯率的體系下，匯率不能夠變動，因此，IS、LM 曲線相交的 Y 和 i 的均衡組合就必須在 BP 曲線上。只要匯率保持固定，國內的政策制定者就必須在實現目標利率(例如，達到一定的增長目標)還是實現目標收入水平(以及就業)中進行選擇。然而，需要強調的一點是，只要中央銀行不干涉調整的過程，也不抵消在外匯市場上維持貨幣固定價值所帶來的影響，經濟體就能夠自動調節到新的均衡水平。如圖 10-10 中，如果中央銀行在公開市場上賣出政府債券，購入外匯，相對改變了它的資產組合結構，就會對自動調節造成影響，使 LM′ 又移回到原來 LM 的位置，這種影響會使國際收支不均衡長期存在。

IS—LM—BP 模型和均衡點 E 是一個很好的研究出發點，它便於我們考察在固定匯率制下如何適當地搭配財政政策和貨幣政策以達到充分就業的收入水平即內部平衡，同時實現外部平衡。我們知道，擴張性的財政政策會使 IS 曲線向右移動，而緊縮性的財政政策則會使 IS 曲線向左移動。另一方面，擴張性的貨幣政策會使 LM 曲線向右移動，而緊縮性的貨幣政策則會使 LM 曲線向左移動。貨幣政策和財政政策並不直接影響 BP 曲線，由於假定匯率是固定的，在其他影響國際收支的外生變量不變的情況下，BP 曲線保持不變。由此，在一經濟體偏離均衡位置的時候，我們可以通過適當地搭配運用財政政策和貨幣政策，推動 IS 曲線和 LM 曲線向均衡位置移動，直到再次達到新的均衡點，同時實現內部平衡和外部平衡。

復習思考題

1. 開放的市場經濟體制下，一國的經濟目標和經濟政策是什麼？
2. 簡述「丁伯根法則」的主要內容。
3. 試述斯旺模型及其意義。
4. 簡述「米德衝突」的主要內容。
5. IS、LM、BP 曲線的推導過程及其意義是什麼？試述 IS—LM—BP 模型的意義和作用。
6. 簡述「蒙代爾搭配法則」的內容及其意義。

參考文獻

[1] 吳隨啓，蘇英姿，姚志勇. 國際金融教程 [M]. 北京：北京大學出版社，1999.

[2] 易綱，張磊. 國際金融 [M]. 上海：上海人民出版社，1999.

[3] DENNIS R APPLEYARD, ALFRED J FIELD. International Economics [M]. Beijing: China Machine Press, McGraw-Hill Education, 2002.

[4] JOSEPH P DANIEL, DAVID VAN HOOSE. International Monetary & Financial Economics [M]. Cincinnati: South-Western Publishing, 2002.

[5] DOMINICK SALVATORE. International Economics [M]. Upper Saddle River, N. J.：Prentice Hall, 1998.

[6] SWAN T W. Longer-Run Problem of the Balance of Payments [M] //ARNDT H W, GORDEN W M. The Australian Economy: A Volume of Readings. Melbourne: F. W. Cheshire Press, 1963: 384-395.

第十一章　開放宏觀經濟下的經濟政策（下）

在上一章裡，我們建立了開放經濟條件下的 IS—LM—BP 分析框架。在這一章裡，我們要運用這一框架來分析在一個小的開放經濟條件下的財政政策和貨幣政策的實際效力。

第一節　固定匯率制下的經濟政策

一、固定匯率制下的財政政策的效果

在不同資本流動程度的假設前提下，擴張的財政政策的影響分析如下：

（一）資本完全不流動下的財政政策

如圖 11-1 所示，最初的均衡點是 A，增大政府支出或減少稅收使得 IS 曲線向右漂移，交 LM 曲線於 B 點，國內收入和利率都相應地增大，同時當經濟開始擴張的時候，對進口和對外匯的需求增大。為了保持固定匯率不變，中央銀行就要賣出外匯，於是，貨幣供給量減少。這就使 LM 曲線不斷地向左漂移，而國內利率也漸漸提高，造成國內投資的減少。當減少的投資恰好抵消了政府支出增大的部分時，LM 曲線不再漂移。因此，在資本完全不流動的情況下，增大政府支出的影響就是僅僅擠出了等量的國內投資，而收入和就業仍保持在最初的水平。可見，在資本完全不流動的前提下，財政政策對刺激收入和就業是無效的。

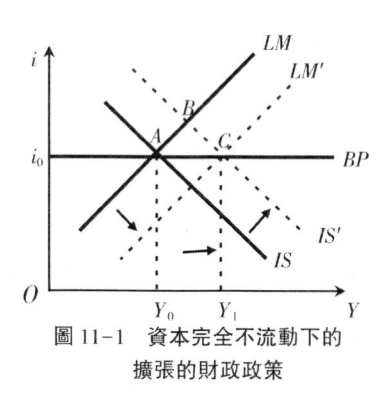

圖 11-1　資本完全不流動下的擴張的財政政策

（二）資本不完全流動下的財政政策

以下兩個圖中，圖 11-2 表示資本相對不流動的情況，就是指存在一定程度的資本流動，但在這種程度下的國際資本的流動對利率的變動沒多大的反應，所以圖中的 BP 曲線比 LM 曲線陡峭。而圖 11-3 表示資本相對流動的情況，即指存在一定程度的資本流動，同時因國際資本流動對利率變動的反應程度大於對國內貨幣市場變動的程度，所以 BP 曲線比 LM 曲線要平緩。

圖 11-2 資本相對不流動下的擴張的財政政策

圖 11-3 資本相對流動下的擴張的財政政策

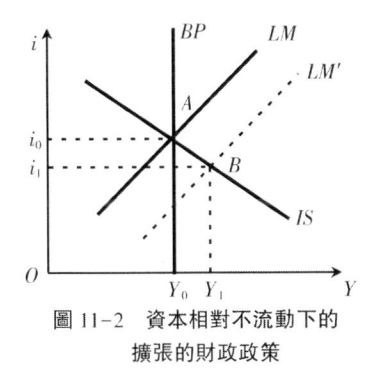

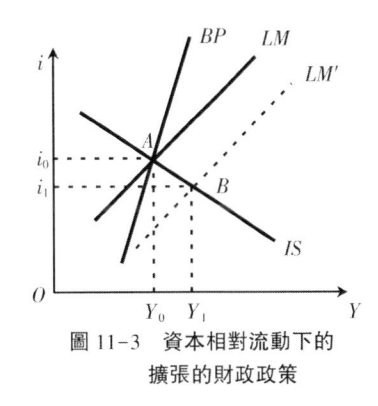

圖 11-2 中，最初的均衡狀態是點 $A(Y_0, i_0)$，增加政府支出或減少稅收使 IS 曲線向右漂移至 IS'，與 LM 曲線相交於 $B(Y_1, i_1)$ 點。而 B 點位於 BP 曲線的右下方，說明此時的國際收支是有赤字的。這是因為從 A 點漂移到 B 點，提高的利率減少了國內投資，同時在資本相對不流動的情況下，提高的利率卻不能引起充分的資本流入，而且提高的收入又刺激了進口支出，導致國際收支赤字的產生。國際收支赤字的產生增加了國內對國外貨幣及資產的需求，使本國貨幣有貶值傾向。為了維持固定的匯率，在 B 點中央銀行就必須堅持賣出外匯。

中央銀行在賣出外匯的同時，或者同時買入等值的國內金融資產，如政府債券等，但這只是相對改變了它的資產組合結構，而沒有改變本國的貨幣供給量；或者沒有同時買入國內金融資產，那麼中央銀行的行為就使得國內的貨幣供給量減少而影響了 LM 曲線的移動。事實上，沒有任何一個政府有足夠的外匯儲備能通過賣出外匯的方式來長久地維持固定匯率，消除增加的收入所帶來的影響，並且忍受國際收支處於赤字狀態之中。所以最後政府還是通過緊縮貨幣供給或貨幣貶值來減少收入，使經濟達到平衡。可見，在固定匯率的條件下，只有選擇減少貨幣供給的方式使國內流通貨幣量逐漸減少，於是 LM 曲線逐漸左移，收入和利率水平不斷調節其組合，直至達到與國際收支均衡的 BP 曲線相交為止，即達到新的平衡點 $C(Y_2, i_2)$。

圖 11-3 中，最初的均衡狀態是點 $A(Y_0, i_0)$，增加政府支出或減少稅收使 IS 曲線向右漂移，與 LM 曲線相交於 $B(Y_1, i_1)$ 點。B 點位於 BP 曲線的左上方，說明此時的國際收支是有盈餘的。這是因為提高的利率減少了投資，在資本相對流動的條件下，引起大量短期資本流入，資本的流入大於由於收入提高所產生的增加的進口的支出，導致國際收支盈餘。國際收支盈餘的產生，增大了對本國貨幣和資產的需求，使本國貨幣有升值的傾向。為了保持固定的匯率不變，在 B 點中央銀行必須不斷地購買外匯。在中央銀行購買外匯的同時，或者賣出本國金融資產，但這也只是相對改變了它的資產組合結構，而沒有改變本國的貨幣供給量，這種做法不會使 LM 曲線變動；或者不賣出本國金融資產，這實質上是增大了國內的貨幣供給量。與在資本相對不流動情況下的情形相

似，政府不可能無限制地賣出本國金融資產，最後政府還是只能通過增大貨幣供給或貨幣升值來穩定經濟。在固定匯率的條件下，只有選擇增大貨幣供給這一種方式。國內貨幣供給量的逐漸增加，使 LM 曲線逐漸右移，與 IS' 曲線相交，直至交點落在 BP 曲線上為止，即達到新的平衡點 $C(Y_2, i_2)$。

由上所述，我們看到，在資本不完全流動的兩種情況下，擴張的財政政策使利率的提高擠出國內投資的作用被削弱。可以很明確地說，在改變收入方面，資本流動程度越大，財政政策的作用效果越大。

(三) 資本完全流動下的財政政策

這種情況與上述情形相似，只是因為利率與國際利率保持完全相同的狀態，所以不存在國內投資被擠出的情形。由於國內或國外的金融資產可以完全替代，所以利率的微小變動就會引起短期資本的大規模流動——或從國內流向國外，或由國外流入國內。政府支出的增加會立即提高國內利率，刺激短期資本的迅速流入，產生國際收支盈餘。為了保持匯率固定不變，中央銀行應該拋出本幣買進多餘的外匯，這就擴大了貨幣供給。這種擴大會一直持續下去，直到這種利率效應恰好被資本的流入及隨之而來的貨幣供給增大帶來的影響抵消為止。

圖 11-4 所表示的是資本完全流動下的情形：BP 曲線是水平的，最初的均衡狀態是點 $A(Y_0, i_0)$。擴張的財政政策使 IS 曲線右移至 IS'，交 LM 曲線於 B 點，利率的提高導致資本的大規模流入，使國際收支盈餘，本國貨幣有升值的壓力。為了維持固定的匯率，中央銀行購買外匯，使國內貨幣供給增加，LM 曲線逐漸右移，直到與 IS' 曲線和 BP 曲線相交於 C (Y_1, i_0) 點，即達到新的平衡點。

圖 11-4　資本完全流動下的擴張的財政政策

在完全資本流動的固定匯率下，因為不存在任何因利率提高而產生的投資擠出效應，財政政策對收入的作用是完全有效的。在資本完全流動的假設前提下，收入隨著短期資本的流入被充分地提高了。

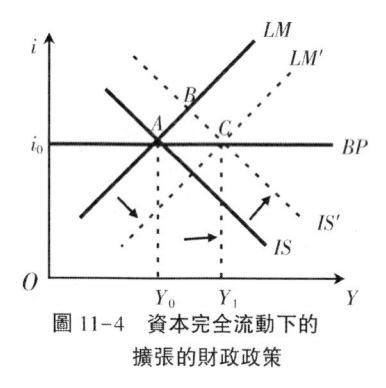

通過上述對在固定匯率下的財政政策效果的分析，可以得到結論：除了資本完全不流動的情形以外，財政政策對收入的影響程度取決於資本流動的程度，資本流動的程度越大，財政政策的作用越有效。

上述分析是從擴張的財政政策角度進行的。如果政府採取緊縮的財政政策，即政府減少支出和增大稅收會使 IS 曲線向左漂移，最終產生與擴張的財政政策相反的效果。

二、固定匯率制下的貨幣政策的效果

在各種資本流動程度的假設前提下，擴張的貨幣政策的影響分析如下：

(一) 資本完全不流動下的貨幣政策

如圖 11-5 所示,最初的均衡狀態是點 $A(Y_0, i_0)$。擴張的貨幣政策使 LM 曲線向右漂移至 LM',與 IS 曲線相交於 $B(Y_1, i_1)$ 點。在 B 點,國內收入增大,利率降低。收入的增加增大了對進口的支出,增大了對外匯或外國資本的需求。雖然利率降低了,但是在資本完全不流動的情況下,並沒有引起多大的資本變動。B 點位於 BP 曲線右下方,說明國際收支出現赤字,本國貨幣有貶值的傾向。為了保持固定的匯率,中央銀行需要賣出外匯,這就使國內的貨幣供給減少。貨幣供給的減少使 LM' 曲線向左漂移,以逐漸減小收入效應來改善國際收支逆差狀況。LM' 曲線向左漂移至原 LM 曲線的位置,此時收入恰好恢復到原來的狀態。新的 LM 曲線與 IS 曲線及 BP 曲線再次相交於原來的均衡點 $A(Y_0, i_0)$。

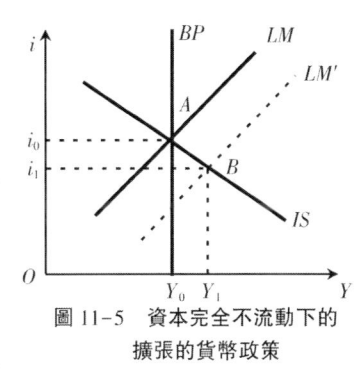

圖 11-5 資本完全不流動下的擴張的貨幣政策

因此,在資本完全不流動的固定匯率條件下,貨幣政策對收入是完全沒有影響的。

(二) 資本不完全流動下的貨幣政策

以下兩個圖中,圖 11-6 表示的是資本相對不流動的情況,BP 曲線比 LM 曲線更陡峭,說明在固定匯率下擴張的貨幣政策是如何影響利率 i 和收入 Y 的。而圖 11-7 則表示的是資本相對流動的情況,BP 曲線比 LM 曲線更平緩些,解釋了在資本流動相對自由的情形下貨幣政策對收入和利率的影響效果。

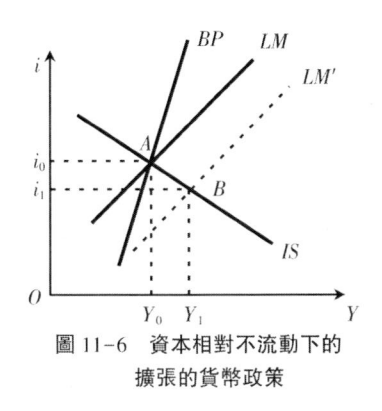

圖 11-6 資本相對不流動下的擴張的貨幣政策

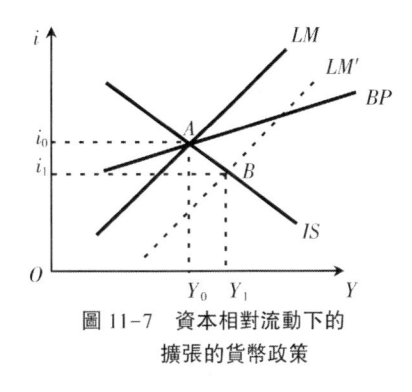

圖 11-7 資本相對流動下的擴張的貨幣政策

圖 11-6 中,最初的均衡點是 $A(Y_0, i_0)$ 點。如果中央銀行增加貨幣供給量,會促使 LM 曲線向右漂移至 LM',與 IS 曲線相交於 $B(Y_1, i_1)$ 點。B 點位於 BP 曲線的右下方,表示擴張的貨幣政策導致國際收支赤字。在資本相對不流動的狀況下,對圖 11-6 中的國際收支赤字的解釋為:LM 曲線向右漂移使收入增加,從而刺激了進口的增加,同時利率的降低導致很小部分資本流出,兩者合在一起導致了國際收支的惡化。

與圖 11-6 所表示的相似,圖 11-7 有同樣的曲線移動過程。因為資本是相對流動

的,所以 LM 曲線的向右漂移使利率降低,而引起國內資本大量流出,同時增加的收入也刺激了進口的增加,導致國際收支赤字的產生。國際收支赤字的產生使本國貨幣有貶值的傾向,增加了國內對國外貨幣及資產的需求。為了保持匯率不變,在 B 點中央銀行必須不停地賣出外匯來緩解赤字帶來的貶值壓力。如果中央銀行在 B 點賣出外匯,同時買入等值的國內金融資產,如政府債券等,這只是相對改變了它的資產組合結構,而沒有改變本國的貨幣供給量。中央銀行的這一行為對 LM 曲線是沒有影響的。如果中央銀行在 B 點只賣出外匯,而不買入國內金融資產,就相當於減少了國內貨幣供給量。但是事實上沒有任何一個政府有足夠的外匯儲備,能夠通過賣出外匯的方式來長久地維持固定匯率、消除收入增加帶來的影響並且忍受國際收支處於赤字狀態之中。

所以,在固定匯率條件下,政府只能通過降低貨幣供給量來減少收入,使 LM 曲線沿原路返回。隨著 LM 曲線的返回,利率和收入變化帶來的影響不斷減少,這樣,國際收支不斷好轉,最終 LM 曲線與 IS 曲線和 BP 曲線重新相交於原來的 $A(Y_0, i_0)$ 點,經濟又恢復均衡狀態。這就是說,如果中央銀行不賣出外匯儲備,在其他因素不變的情況下,中央銀行可以通過流通中的國內貨幣數量的減少最終促使 LM 曲線再逐漸移回到 A 點。

(三) 資本完全流動下的貨幣政策

在資本完全流動的情況下,不抵補的利率平價條件成立,所以國內利率與國外利率相等。如圖 11-8 所示,BP 曲線平行於橫軸。擴張的貨幣政策使得 LM 曲線向右移至 LM′,交 IS 曲線於 B 點。收入的增加,增大了對進口的支出,同時降低利率促使資本大規模流出,導致國際收支赤字。國際收支赤字使得本國貨幣產生貶值的傾向。為了維持匯率,中央銀行被迫賣出外匯,使國內的貨幣供給量逐漸減少到最初狀態,逐步消除利率和收入帶來的影響,國際收支狀況也逐

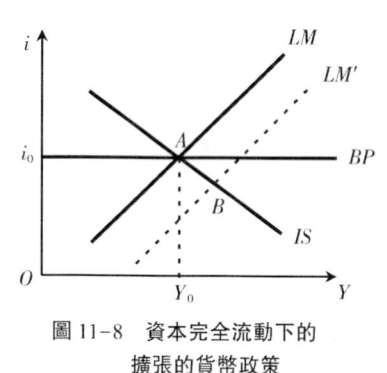

圖 11-8 資本完全流動下的擴張的貨幣政策

漸好轉,LM′曲線逐漸移回至原來的位置與 IS 曲線和 BP 曲線相交於均衡點 $A(Y_0, i_0)$。

如果在 B 點中央銀行不僅賣出外匯儲備,而且同時在公開市場業務中購買本國的證券資產,那麼,LM 曲線的移回是可以推遲的,但是這種延遲是不可能無限制的,因為本國的外匯儲備會很快低於目標水平,而本國也失去了利用審慎的貨幣政策工具來對經濟進行調節的可能。

如果中央銀行採取不作為的態度,最終還是會因為流通中的貨幣量的減少,在固定匯率的自動調節作用下,LM′曲線左移至原來的均衡點。

因此,我們可以得到結論:在資本完全流動的條件下,為了維持固定的匯率,貨幣政策對於收入的作用是完全無效的。

在這一節中我們解釋了在固定匯率下宏觀經濟政策效果的問題。當價格和匯率固定

時，很明顯，內部平衡目標和外部平衡目標的同時滿足並不能得到保證。一般的均衡模型涉及貨幣層面、實業層面和國際收支三個方面。在不同的資本流動程度的假設前提下，匯率保持不變，財政政策的作用效果是隨資本流動程度的增大而明顯增強，只有在資本完全不流動的情況下，財政政策對刺激產出和就業才無效；而一般來說，貨幣政策對收入的影響是無效的。

第二節　浮動匯率制下的經濟政策

假定一個小型開放經濟體的經濟變量的變化不會影響世界經濟。現在我們來考察在浮動匯率條件下，小型開放經濟體的財政政策和貨幣政策是如何發生影響作用的。

一、浮動匯率制下的財政政策的效果

我們首先分析在資本流動程度不同的假設下擴張的財政政策的影響。

（一）資本完全不流動下的財政政策

如圖 11-9 所示，最初的均衡點是 $A(Y_0, i_0)$，增大政府支出或者減少稅收使得 IS 曲線向右漂移至 IS'，與 LM 曲線相交於點 $B(Y_1, i_1)$，國內收入和利率都相應地增大。但由於資本完全不流動，因此，利率的上升不能吸引國際資本流入，而收入的增加卻使進口增加，經常項目出現赤字。在這裡，經常項目赤字也就是國際收支赤字。國際收支赤字使本國貨幣貶值。隨著本幣的貶值，BP_0 曲線逐漸向右漂移到 BP_1。同時本幣的貶值使出口增加，進口減少，這就使得 IS' 曲線向右漂移至 IS"，直到與 LM 曲線和 BP_1 曲線相交於同一點為止，即相交於新的均衡點 $C(Y_2, i_2)$。

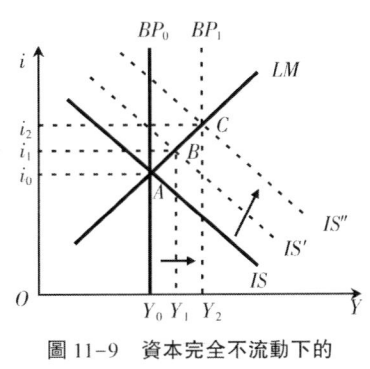

圖 11-9　資本完全不流動下的擴張的財政政策

（二）資本不完全流動下的財政政策

以下兩個圖，解釋了在價格 P 不變的情況下，增大的政府淨支出 G 是如何影響利率 i 和收入 Y 的。圖 11-10 表示的是資本相對不流動的情形，BP 曲線比 LM 曲線更為陡峭。而圖 11-11 表示的是資本相對流動的情形，短期的國際資本流動有比較充分的自由，BP 曲線比 LM 曲線更為平緩。

圖 11-10　資本相對不流動下的擴張的財政政策

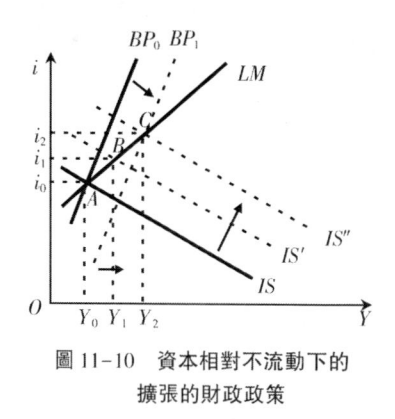

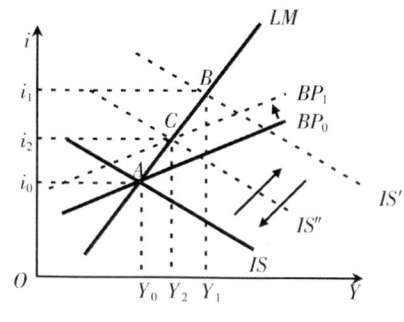

圖 11-11　資本相對流動下的擴張的財政政策

在圖 11-10 中，最初的均衡點是 $A(Y_0, i_0)$。當匯率為 e_1 時，增大政府支出或降低稅收使經濟產生擴張效果，國際收支開始承受赤字的壓力。但是這種壓力要小於在資本完全不流動條件下的程度，因為存在著某種程度上的短期資本的流入。如圖所示，IS 曲線向右漂移到 IS'，交 LM 於 $B(Y_1, i_1)$ 點，提高了利率和收入水平。利率的提高有利於吸引國際資本流入，而收入的增加會導致進口增大。如果資本的流入小於進口的增加，那麼，就會出現國際收支赤字。在圖中，B 點位於 BP 曲線的右下方，表示國際收支處於赤字狀態，因為較大的進口支出抵消了較小的資本流入。國際收支赤字導致本國貨幣貶值。匯率從 e_1 增加到 e_2，即本幣貶值，使 BP 曲線向右漂移到 BP_1。而同時由於本幣的貶值使出口增加，進口減少，所以 IS' 曲線向右漂移至 IS''，逐漸與 LM 和 BP_1 相交於新的均衡點 $C(Y_2, i_2)$。在資本相對不流動的假設下，財政政策對增大國民收入還是有效的，只是作用程度小於在資本完全不流動條件下的情形。

在圖 11-11 中，最初的均衡點為 $A(Y_0, i_0)$。增加政府支出或減少稅收，使得 IS 曲線向右漂移至 IS'，交 LM 曲線於 $B(Y_1, i_1)$ 點，在 B 點利率上升到 i_1，而收入增加到 Y_1。B 點位於 BP 曲線的左上方，表示國際收支處於盈餘狀態。利率提高引起資本內流，收入的增加導致經常項目赤字。資本流入抵消了經常項目的赤字，也導致本國貨幣升值。伴隨本幣的升值，匯率從 e_1 下降到 e_2，即本幣升值使 BP 曲線向左漂移到 BP_1；而經常項目的惡化影響了總需求，所以 IS' 曲線向左漂移最終到 IS'' 位置與 LM 曲線和 BP_1 曲線相交，即達到新的均衡點 $C(Y_2, i_2)$。這時收入則從 Y_1 減少到 Y_2，這是因為貨幣升值導致的經常項目的惡化抵消了政府支出的增加或稅收減少的正效果。

因此，在資本不完全流動且浮動匯率制下，擴張的財政政策對收入的效果主要取決於資本流動的程度。

(三) 資本完全流動下的財政政策

在圖 11-12 中，在資本完全流動下，BP 曲線平行於橫軸，i_0 為世界名義利率，為外生變量。$A(Y_0, i_0)$ 點為最初的均衡點，匯率為 e_1。擴張的財政政策使 IS 曲線右移至 IS'，與 LM 曲線相交於 $B(Y_1, i_1)$ 點。這時利率上升到 i_1，收入上升到 Y_1。Y_1 的增加使

進口增加，但 i_1 的上升使外國短期資本流入。如果利率上引起的短期資本流入遠大於因收入增加而增大的進口，則國際收支出現盈餘。國際收支的盈餘使本國貨幣升值，即匯率從 e_1 下降到 e_2。因為本幣升值導致出口的減少，於是 IS' 曲線逐漸左移，最後回到最初的均衡點 $A(Y_0, i_0)$。於是增大的政府支出 G 的作用就是導致進口的增加、出口的降低，就是說出口被「擠出」，進口被「擠入」，即引起了在 GDP 及國際收支表中的數據的相對變化。但是值得注意的是，因為利率保持在與世界相同的水平上，所以並沒有發生真正的投資擠出效應。

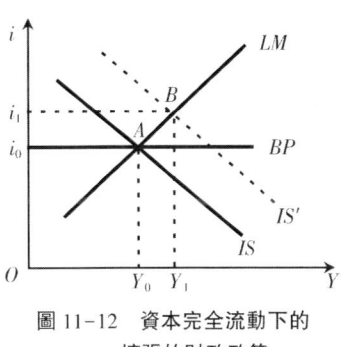

圖 11-12　資本完全流動下的擴張的財政政策

綜上所述，在浮動匯率制下財政政策的效果很大程度上依賴於資本的國際流動程度。在資本相對不流動或完全不流動的情況下，財政政策能有效地達成收入和擴大就業的目標，而且作用效果好於在固定匯率制下的情況。在這兩種情況下，都有一個本幣貶值的問題。本幣貶值刺激了出口的增加，增加了出口帶來的收入。但是，我們可以看到，當資本流動程度越來越大時，財政政策的作用效果變得越來越小。在資本完全流動的情況下，財政政策對收入和就業最終完全沒有效果。在一個資本完全流動的世界裡，在浮動匯率制度下，財政政策的作用極大地縮小，同時從下面的分析中可以看到貨幣政策的作用得到加強。

二、浮動匯率制下的貨幣政策的效果

在這裡，我們研究不同資本流動程度下貨幣政策的效果。

（一）資本完全不流動下的貨幣政策

如圖 11-13 所示，最初的均衡點為 $A(Y_0, i_0)$，貨幣供給的增大使 LM 曲線向右漂移至 LM'，與 IS 曲線交於 $B(Y_1, i_1)$ 點。B 點表明貨幣供給的增加，增大了國內收入，降低了國內利率水平。增大的收入刺激了進口的支出，導致國際收支產生赤字。在資本完全不流動的情況下，國際資本對利率的變動沒有反應。為了糾正由進口增加引起的國際收支赤字，唯一的辦法就是本幣貶值。本幣貶值使出口增加、進口減少，所以 IS 曲線

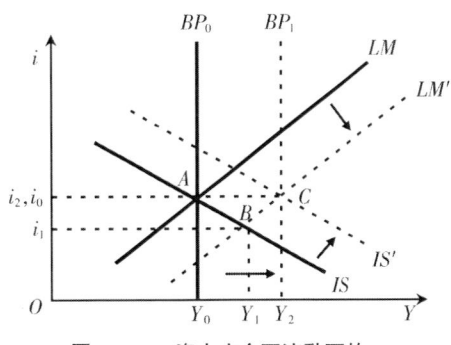

圖 11-13　資本完全不流動下的擴張的貨幣政策

向右漂移，BP_0 曲線向右漂移，直至最終三條曲線在新的均衡點 $C(Y_2, i_2)$ 相交，並保持在這個新的均衡點。由此可見，在浮動匯率制和資本完全不流動的情況下，擴張的貨

幣政策導致本幣貶值。

(二) 資本不完全流動下的貨幣政策

以下兩個圖中，圖 11-14 表示的是資本相對不流動的情況，BP 曲線比 LM 曲線更陡峭。而圖 11-15 則表示的是資本相對流動的情況，BP 曲線比 LM 曲線要更平緩些。

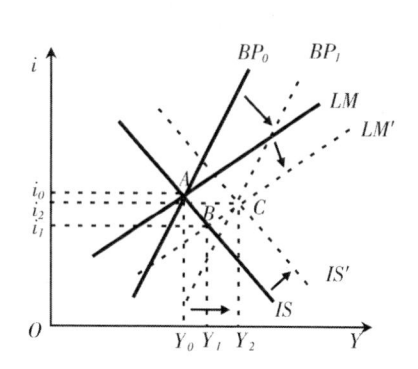

圖 11-14　資本相對不流動下的貨幣政策 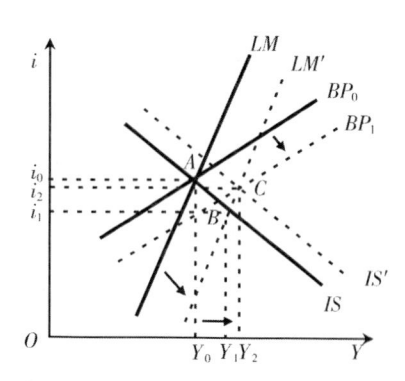　　圖 11-15　資本相對流動下的貨幣政策

這兩個圖解釋了在價格 P 不變的情況下擴張的貨幣政策是如何影響利率 i 和收入 Y 的。兩圖的曲線移動過程很相似：在浮動匯率的條件下，最初的均衡點是 $A(Y_0, i_0)$ 點，匯率水平為 e_1。擴張的貨幣政策使得 LM 曲線向右漂移至 LM'，交 IS 曲線於 $B(Y_1, i_1)$ 點。在 B 點收入增加，利率下降。收入增加擴大進口，使經常項目惡化；利率下降使資本流出，資本項目出現逆差，兩者的結合使國際收支惡化。因此 B 點位於 BP_0 曲線的右下方，表示此時國際收支處於赤字狀態。國際收支赤字使本國貨幣貶值，匯率從 e_1 改變為 e_2，BP_0 曲線向右漂移至 BP_1。本幣的貶值使出口增大而進口降低，IS 曲線因此向右漂移至 IS' 位置，逐漸與 LM' 曲線和 BP_1 曲線相交於 $C(Y_2, i_2)$ 點，國際收支再次得到平衡。

在這兩種情況下，擴張的貨幣供給導致了國內利率的下降，刺激了短期資本不同程度地流出，惡化了短期的資本項目。因此，短期資本流動和增大的收入兩者都對本國貨幣的價值產生壓力。而資本流動對國內利率變動的反應越大，產生的這種壓力越大，本幣貶值的程度越大(以保持國際收支的均衡狀態)（例如在資本相對流動情況下，如圖 11-15 所示）。而貨幣貶值的程度越大，隨之產生的淨出口越大。所以國際資本流動的程度越大，擴張的貨幣政策的總效果也越大。

這樣，在浮動匯率制下，擴張的貨幣政策會對本國的短期收入產生較明顯的影響。

(三) 資本完全流動下的貨幣政策

如圖 11-16 所示，在資本完全流動的條件下，BP 曲線平行於橫軸，利率 i_0 是世界名義利率，為外生變量，國內利率的微小變動都會引起國際資本的大規模流動。最初的均衡點是 $A(Y_0, i_0)$，價格 P 保持不變。擴張的貨幣政策使得 LM 曲線向右漂移至 LM'，交 IS 曲線於 $B(Y_1, i_1)$ 點，名義利率降至 i_1，導致大量的資本流出。資本項目的惡化，

加上增大的收入的效應，使國際收支產生赤字，本國貨幣貶值。匯率從 e_1 增大到 e_2，本幣的貶值又使出口增加，進口支出減少，所以 IS 曲線右移至 IS'。IS' 曲線逐漸與 LM' 曲線交於 BP 曲線上的新的均衡點 $C(Y_2, i_0)$ 點。

國際資本流動程度越大，貨幣政策的作用越大。但是，國際資本的流動程度越高，貨幣政策對外貿行業的依賴程度越大。如果利率最初沒有變動或變動不大，那麼投資就不會有很大的變化，收入的增加只能通過出口和進口的變化來實現。在資本流動程度不同的條件下，外貿行業的調節作用又使貨幣供給的最初效果得到加強。所以，總體來看，在浮動匯率下的貨幣政策比在固定匯率下的貨幣政策更有效。

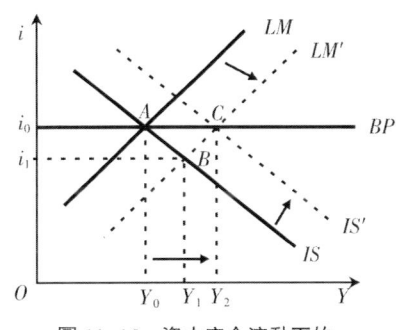

圖 11-16　資本完全流動下的擴張的貨幣政策

復習思考題

1. 解釋在固定匯率制下緊縮的財政政策對收入的影響效果。
2. 解釋在浮動匯率制下緊縮的貨幣政策對收入的影響效果。
3. 為什麼在固定匯率制下財政政策能夠奏效而貨幣政策效果欠佳？為什麼在浮動匯率制下情況恰好相反？
4. 在固定匯率或浮動匯率下，當 LM 曲線或 IS 曲線移動後，與 IS 曲線或 LM 曲線相交點於 BP 曲線的下方時，試解釋如何達到商品市場、貨幣市場和國際收支三者的均衡。

參考文獻

[1] DOMINICK SALVATORE. 國際經濟學 [M]. 5 版. 朱寶憲，吳洪，等，譯. 北京：清華大學出版社，1998.
[2] 王中華，萬建偉. 國際金融 [M]. 北京：首都經濟貿易大學出版社，2000.
[3] DENNIS R APPLEYARD, ALFRED J FIELD. International Economics [M]. Beijing: China Machine Press, McGraw-Hill Education, 2002.
[4] JOSEPH P DANIEL, DAVID VAN HOOSE. International Monetary & Financial Economics [M]. Cincinnati: South-Western Publishing, 2002.

第十二章 開放宏觀經濟下的價格水平、真實產量和經濟政策

到此為止，我們已經介紹了開放的宏觀經濟結構以及在此框架中的經濟政策。但是，就深刻理解影響實際經濟變量的各種因素而言，我們仍沒有建立起一個完整的理論框架。本章的目的就在於建立起這一理論框架，包括開放經濟中價格水平的決定、價格水平的變動對貨幣政策和財政政策傳遞的影響、政策制定者自身的行為通過怎樣的方式影響價格水平及其變動率（通貨膨脹率）。最後，我們將進一步探討價格水平與真實產量、通脹率與失業率的關係。

第一節 總需求

對一國生產的所有產品和提供的服務的總需求理論的研究，是任何價格決定理論的基礎。因此，本節將對總需求曲線進行推導，並討論影響總需求曲線的各種因素。

一、IS—LM 模型與總需求曲線

在第十章中，我們假定價格水平是既定不變的，描述商品市場達到均衡狀態的 IS 曲線與描述貨幣市場達到均衡狀態的 LM 曲線的交點 E，是唯一能使商品市場與貨幣市場同時達到均衡的真實收入與名義利率的組合。現在我們進一步考察價格變動對 IS—LM 模型的影響，並由此推導出兩個市場同時達到均衡狀態時價格水平與真實收入之間函數關係的總需求曲線 AD。

我們用圖 12-1 來分析價格變動對 IS—LM 曲線的影響。圖 12-1(a) 為貨幣供應的名義量(M)為給定時的 IS—LM 圖形。先看價格水平為 P_1 時的情況。在這一價格水平下，LM 曲線為 $LM(M/P_1)$，它與 IS 曲線交於點 A，此點上真實收入為 Y_1。價格水平為 P_1 時的均衡收入水平 Y_1，這一對數值在圖 12-1(b) 中以點 A 標出。如果價格水平上升至 P_2，則真實貨幣餘額從 M/P_1 下降到 M/P_2，對 LM 曲線的影響如同價格水平固定時名義貨幣供應量減少的影響：LM 曲線左移至 $LM(M/P_2)$，這時利率上升至 i_2。由於利率上升會抑制投資，新的均衡收入水平降至 Y_2。圖 12-1(b) 中的點 B 繪出了與價格水平 P_2 對應的收入水平。如果價格水平繼續升至 P_3，則真實貨幣餘額進一步減少，導致利率進一步上升，投資進一步下降，收入降至 Y_3。在圖 12-1(b) 中的點 C 是與價格水平 P_3 對應的收

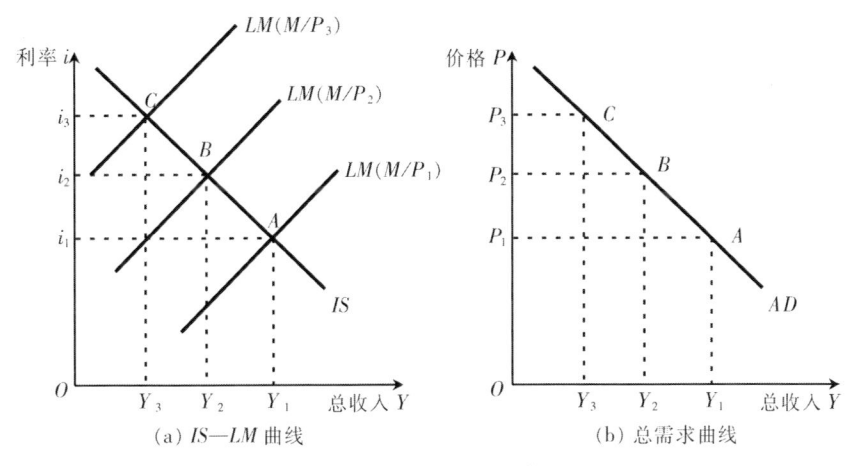

圖 12-1　總需求曲線的導出

入水平。連接圖 12-1(b) 中 A、B、C 三點的線就是總需求曲線 AD。因此，總需求曲線 AD 是由一系列與 IS—LM 均衡相一致的名義利率和真實收入的組合點所連成的，它表示在任何給定價格水平上，貨幣市場和商品市場都處於均衡狀態下的總收入水平。總需求曲線通常向下傾斜，因為價格水平的上升會減少真實貨幣餘額，提高利率，降低總收入的均衡水平。

二、開放經濟中決定總需求曲線的因素

在圖 12-1 對總需求曲線的推導時，我們的一個假設是除了價格以外的其他因素都是不變的，那麼這就意味著價格水平以外的、造成 IS 或 LM 曲線位置改變的因素，也將改變總需求曲線的位置。比如，自發性支出的改變、貨幣供應量的變化以及通過這些渠道發揮作用的財政政策和貨幣政策的變化，都將引起總需求曲線的移動。

在第十一章中我們發現，一個開放經濟中的貨幣政策和財政政策對均衡真實收入的影響，在很大程度上取決於該開放經濟體的資本流動性和所採取的匯率制度。因此，在分析開放經濟中貨幣政策和財政政策對總需求的影響時，我們必須考慮匯率制度和資本流動這兩個因素。

（一）貨幣政策與總需求

在討論開放經濟中貨幣政策對總需求的影響之前，我們先拋開匯率制度和資本流動這兩個因素來分析貨幣政策與總需求具有怎樣的基本經濟關係，即分析封閉經濟 (Closed Economy) 中貨幣政策與總需求的關係。

在一個封閉經濟中，如果中央銀行將貨幣供應量由 M_1 增加到 M_2（給定價格水平為 P_1），如圖 12-2(a) 所示，LM 曲線將從 $LM(M_1/P_1)$ 向右下方移至 $LM(M_2/P_1)$，IS—LM 曲線的均衡點也將由點 A 移至點 B，可見貨幣供應量的增加將使名義利率由 i_1 下降到 i_2，

同時真實收入由 Y_1 增加到 Y_2。

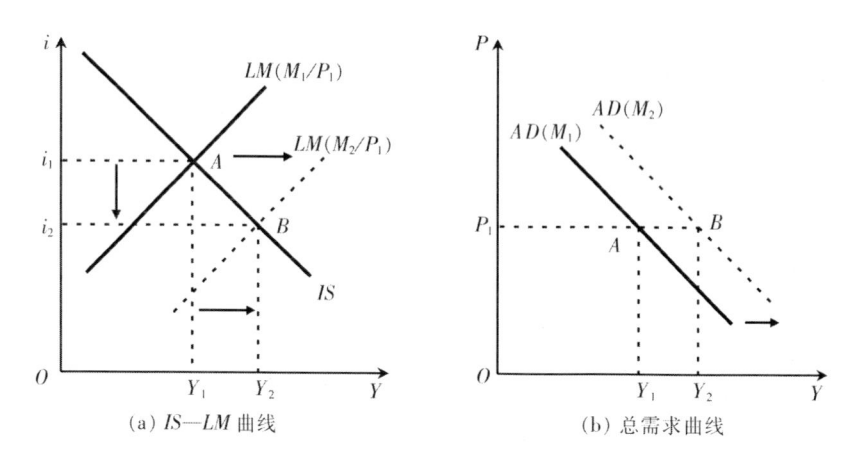

在圖12-2(b)中，新的真實收入與價格水平的組合點 B 位於原來的總需求曲線 $AD(M_1)$ 的右邊，(b)圖中的點 B 與(a)圖中 IS—LM 曲線決定的均衡點 B 是一致的，根據總需求曲線的定義可知，點 B 應該處於另一條總需求曲線上，新的總需求曲線我們用 $AD(M_2)$ 來表示。可見，增加貨幣供應量將使總需求曲線向右移動。

(a) IS—LM 曲線　　(b) 总需求曲线

圖12-2　封閉經濟中增加貨幣供應量對總需求曲線的影響

在分析了封閉經濟中貨幣政策對總需求的影響之後，下面我們將注意力轉向開放經濟中貨幣政策對總需求的影響。

1. 採取固定匯率制的開放經濟中的貨幣政策與總需求

在前面的章節中我們已經介紹了開放經濟中的資本流動以及匯率制度在很大程度上影響著貨幣政策對均衡真實收入的作用。其實，這些影響貨幣政策對真實收入效果的因素也同樣影響著貨幣政策對總需求的作用。

圖12-3描述了在固定匯率制下貨幣政策是怎樣影響總需求曲線的。圖12-3分為兩兩對應的三組圖表，分別為(a)、(b)和(c)，每組圖表左邊部分是 IS—LM—BP 曲線，右邊是與之對應的總需求曲線。組圖(a)是資本流動性較低的情況，對應於較為陡峭的 BP 曲線；組圖(b)是資本流動性較高的情況，對應於較為平緩的 BP 曲線；組圖(c)是資本完全流動的情況，對應於水平的 BP 曲線。

在組圖(a)中，貨幣供應量從 M_1 增加到 M_2 將導致 LM 曲線向右下方移動，從而使均衡點 A 點移動到 B 點，均衡的名義利率由 i_1 下降到 i_2，均衡的真實收入由 Y_1 增加到 Y_2。因此，在其他因素不變的情況下，在一個給定價格水平 P_1 下總需求曲線將從 $AD(M_1)$ 向右移動至 $AD(M_2)$。

增加的真實收入將刺激進口的增加，同時儘管資本流動性較低，名義利率的下降也將導致少量的資本外流，因此，在 B 點對應著國際收支赤字，而該國的貨幣也面臨貶值的壓力。此時，如果中央銀行採取非衝銷(nonsterilize)干預方式維持固定匯率，那麼，

(a) 低资本流动性

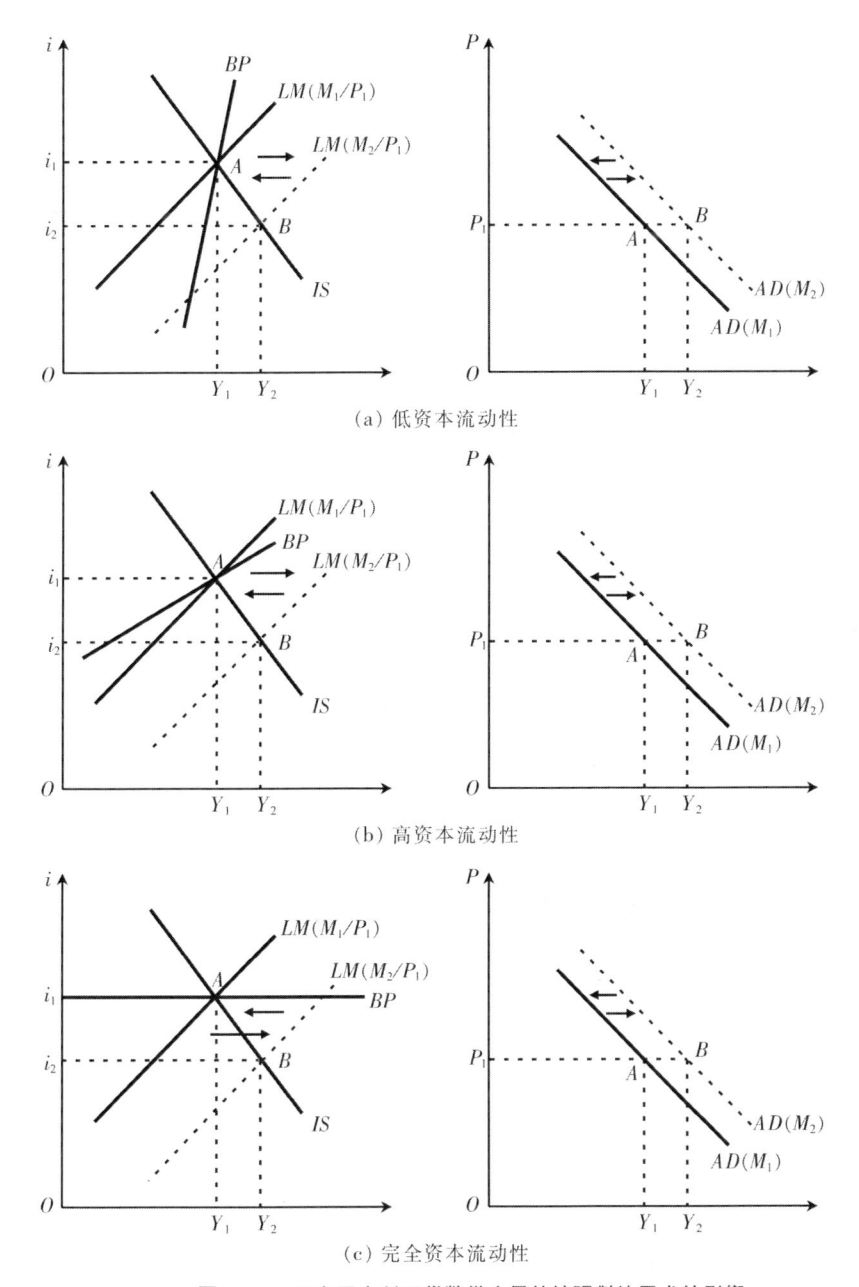

(b) 高资本流动性

(c) 完全资本流动性

圖 12-3　固定匯率制下貨幣供應量的擴張對總需求的影響

它用外匯儲備買入本幣的行為將最終使貨幣存量減少到原有的水平(M_1)，LM 曲線也由 $LM(M_2/P_1)$ 向左上方移回至 $LM(M_1/P_1)$，相應地總需求曲線也移回至 $AD(M_1)$。相反，如果中央銀行採取的是衝銷(sterilize)的干預方式，貨幣存量將保持在 M_2 的較高水平，總需求曲線也完全移動到 $AD(M_2)$ 的位置。當然，採取非衝銷的干預方式將使該經濟體

面臨持續的外匯儲備下降和國際收支赤字,因此該政策通常只適用於短期。

上面的分析方法也適用於較高的資本流動性和完全的資本流動性的情況。在組圖(b)中,由於資本具有較高的流動性,因此貨幣供應量的擴張導致了較多的資本外流,從而出現較多的國際收支赤字,而在組圖(c)中由於完全的資本流動,故將對應更多的國際收支赤字。同樣,只有當貨幣當局採取衝銷的干預方式時,總需求曲線才向右移動;相反,若採取非衝銷的干預方式,貨幣供應量的擴張將不會對總需求曲線產生任何影響。

通過上面的分析可以得出這樣的結論:對於一個採取固定匯率制的開放經濟而言,在任何的資本流動性情況下,改變貨幣供應量的貨幣政策對總需求的影響都取決於貨幣當局對外匯市場採取的干預方式。在非衝銷的干預方式下,貨幣供應量的改變最終對總需求沒有任何影響。

2. 採取浮動匯率制的開放經濟中的貨幣政策與總需求

在浮動匯率制下,國際收支的赤字或盈餘將直接導致市場匯率的調整而非貨幣當局對外匯市場的干預。圖12-4 的三個組圖(a)、(b)和(c)分別描述了採用浮動匯率制在三種不同的資本流動性情況下貨幣政策對總需求的影響。同樣,每組圖表左邊部分是 IS—LM—BP 曲線,右邊是與之對應的總需求曲線。

在組圖(a)中,陡峭的 BP 曲線反應了較低的資本流動性。貨幣供應量由 M_1 增加到 M_2 將導致 LM 曲線向右下方移動,從而使均衡點由點 A 移動至點 B,對應著較低的名義利率 i' 和較高的真實收入 Y'_1。

儘管組圖(a)對應較低的資本流動性,均衡利率的降低引發較少的資本外流,但是加上真實收入增加引起的進口支出的增加,最終仍然導致在 B 點出現國際收支赤字。在浮動匯率制下,國際收支赤字的直接後果是該國貨幣由 e_1 貶值到 e_2。

貨幣的貶值將通過降低該經濟體出口商品的有效價格和提高進口商品的有效價格,使得淨出口額擴大,從而使總的自發性支出增加同時促使 IS 曲線由 $IS(e_1)$ 向右上方移至 $IS(e_2)$。同時,本幣的貶值將導致 BP 曲線由 $BP(e_1)$ 右移至 $BP(e_2)$。最終的均衡點為 C 點,此時國際收支達到平衡,均衡利率為 i_2,均衡的真實收入為 Y_2。

因此,在給定的價格水平 P_1,將會對應著由 IS—LM—BP 模型決定的較高的真實收入 Y_2,這意味著總需求曲線將由 $AD(M_1)$ 向右移至 $AD(M_2)$。可見,在浮動匯率制下貨幣供應量的改變將導致總需求曲線的移動,這一結論與前面分析的固定匯率制的情況是不同的。

圖 12-4 中的組圖(b)和組圖(c)也遵循相同的分析方法並可得到類似的結論。其中的差異在於,組圖(b)對應較高的資本流動性,因此貨幣供應量的增加導致較多的資本外流,從而本幣更大幅度地貶值。較大幅度的貶值對應的是更多的淨出口額,從而促使 IS 曲線向右上方移動更大的幅度,並最終導致真實收入的大幅增加和總需求曲線向右移動更大的幅度。相同的推理可以得出,資本完全流動的組圖(c)中的總需求曲線向右移

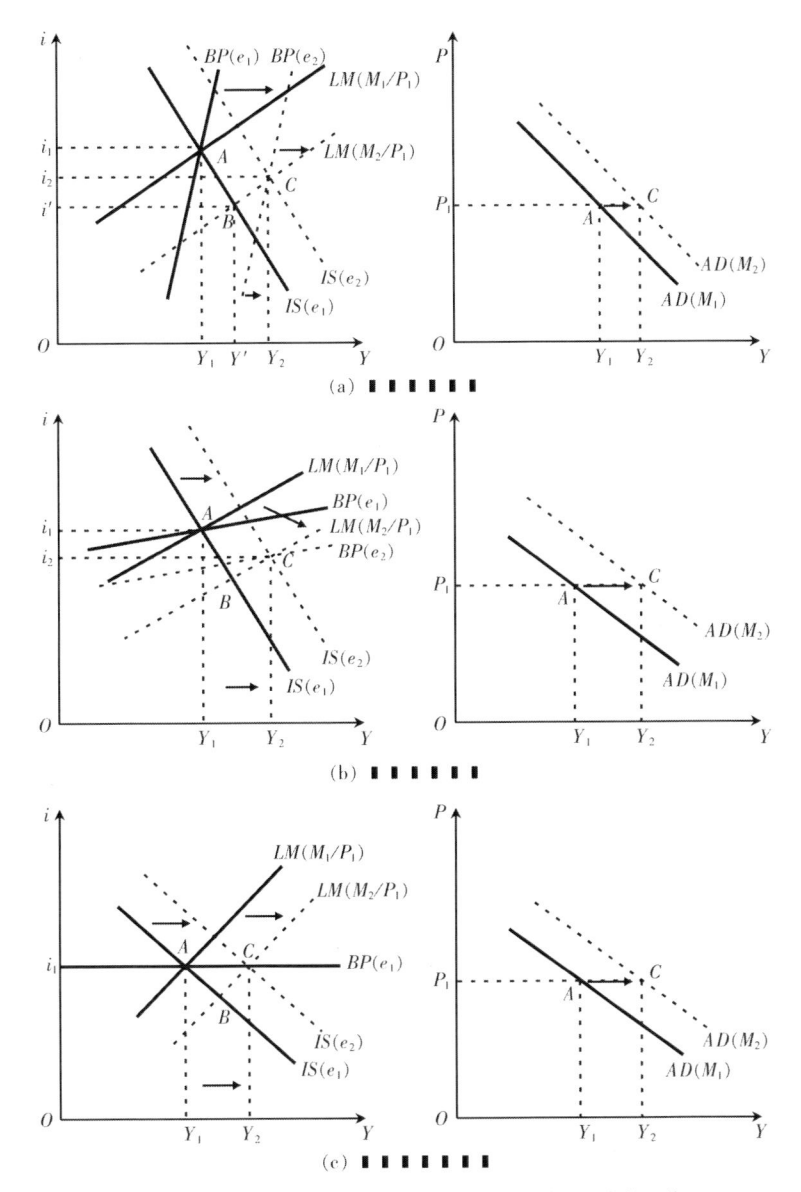

圖 12-4　浮動匯率制下貨幣供應量的擴張對總需求的影響

動的幅度大於前兩種情況。

通過分析我們可以得出這樣的結論：在浮動匯率制下，擴張性的貨幣政策無疑會增加總需求，而且隨著資本流動性的增強，貨幣政策對總需求的影響也隨之增強。

（二）財政政策與總需求

為了理解財政政策與總需求的基本經濟關係，我們同樣先從封閉經濟開始分析。圖 12-5(a)描述了在給定價格水平 P_1 的情況下政府支出由 G_1 增加到 G_2 對 IS—LM 曲線的

影響。通過前面章節的分析我們知道，政府支出的增加將直接導致 IS 曲線由 $IS(G_1)$ 向右上方移動至 $IS(G_2)$，均衡點由 A 點移至 B 點，對應較高的均衡利率 i_2 和較高的真實收入 Y_2。

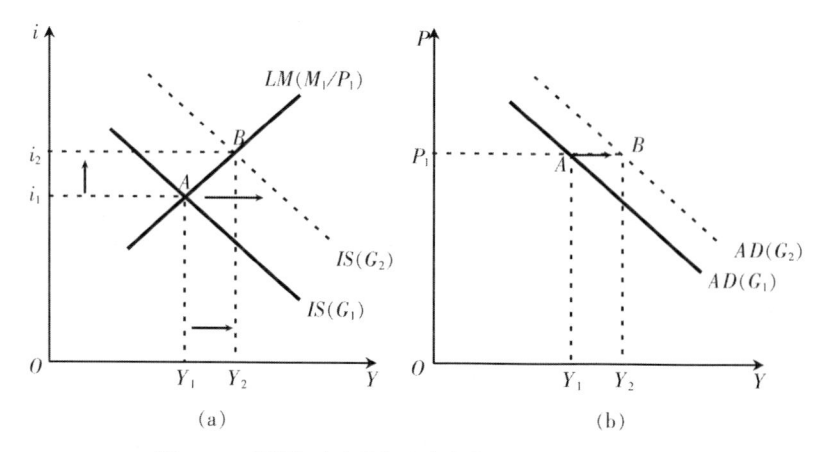

圖 12-5　封閉經濟中增加政府支出對總需求曲線的影響

在圖 12-5(b) 中，新的真實收入與價格水平的組合點 B 位於原來的總需求曲線 $AD(G_1)$ 的右邊，(b) 圖中的點 B 與 (a) 圖中 IS—LM 曲線決定的均衡點 B 是一致的，根據總需求曲線的定義可知，點 B 應該處於另一條總需求曲線上，新的總需求曲線我們用 $AD(G_2)$ 來表示。可見，政府支出的增加將使總需求曲線向右移動。

在分析了封閉經濟中財政政策對總需求的影響之後，下面我們接著分析在開放經濟中財政政策對總需求的影響。

1. 採取固定匯率制的開放經濟中的財政政策與總需求

現在我們開始分析採取固定匯率制的開放經濟中擴張性的財政政策對總需求的影響。圖 12-6 中的組圖 (a)、(b) 和 (c) 分別描述了在較低的、較高的以及完全的資本流動情況下，增加政府支出對總需求的影響。

政府支出的增加首先將無一例外地使每一組圖的 IS 曲線由 $IS(G_1)$ 向右上方移動至 $IS(G_2)$，使均衡點由最初的點 A 移至點 B，均衡利率由 i_1 增加至 i'，真實收入由 Y_1 增加到 Y'。在組圖 (a) 中，由於資本流動性較低，利率的上升導致的資本流入量難以抵補真實收入增加引致的進口額的增加，因此點 B 面臨國際收支赤字，從而使本幣遭遇貶值的壓力。為了維持固定匯率，若政府採取非衝銷的干預方式，將導致名義貨幣存量由 M_1 下降到一個較低的水平 M_2，從而使 LM 曲線由 $LM(M_1/P_1)$ 向左移至 $LM(M_2/P_1)$，最終 IS—LM—BP 在點 C 達到均衡，對應於較高的利率水平 i_2 和淨的真實收入增長，真實收入水平為 Y_2。

由於在給定的價格水平 P_1 下，真實收入由 Y_1 增加到 Y_2，這一新的真實收入和價格水平的組合點 C 處於新的總需求曲線上，因此，政府支出的增加將使總需求曲線由 AD

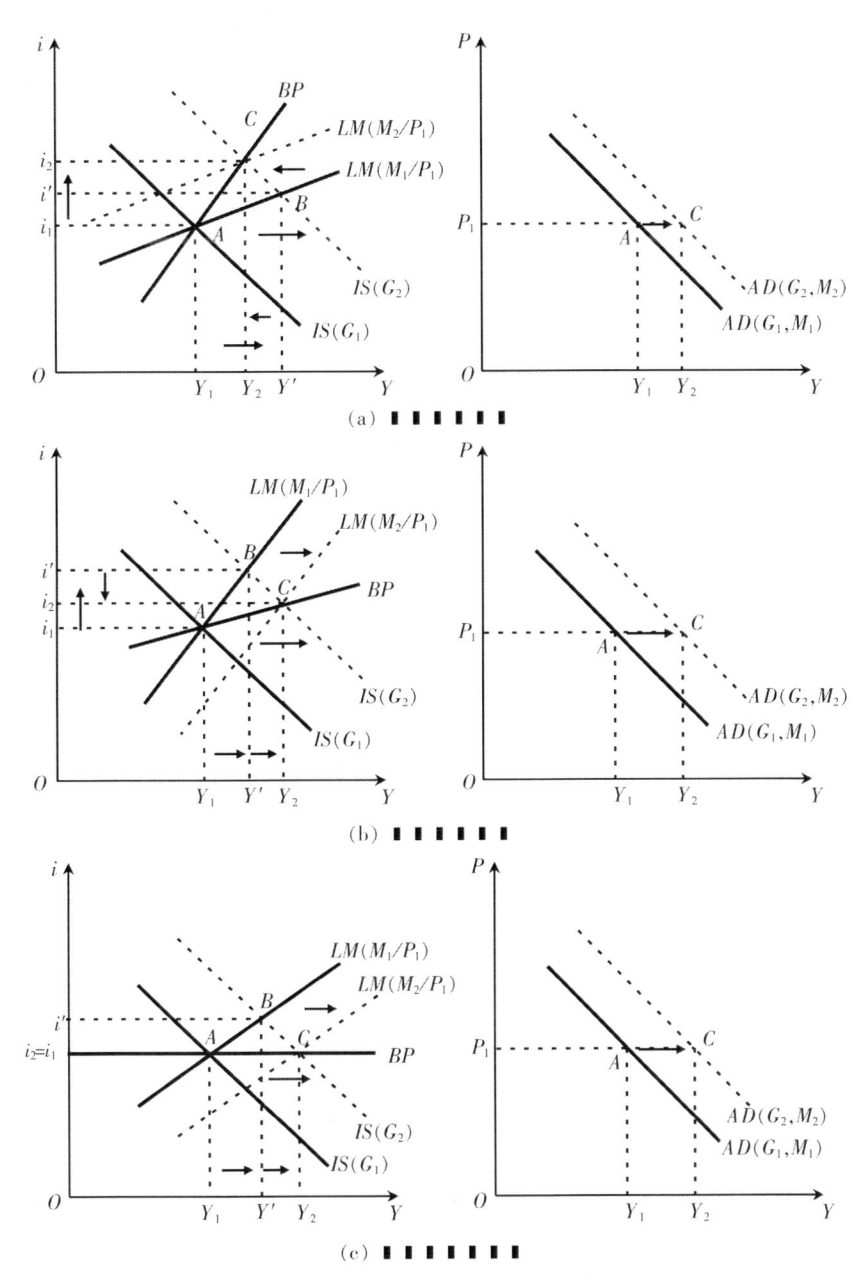

图 12-6　固定汇率制下政府支出增加对总需求的影响

(G_1, M_1) 右移至 $AD(G_2, M_2)$。

组图(b)和组图(c)由相同的分析方法也可得出，政府支出的增加将促使总需求曲线向右移动，但具体的情况又有所不同。由於资本具有较高或完全的流动性，最初均衡利率的上升将导致足够的资本流入以抵补真实收入增长引致的进口增加，因此在组图(b)

和組圖(c)中的點 B 都對應著國際收支盈餘。為了維持固定匯率，如果貨幣當局採取非衝銷的干預方式，國內的貨幣存量將由 M_1 增加到 M_2，從而 LM 曲線向右下方移動，最終在 C 點達到平衡。在組圖(b)和組圖(c)的情況下，由於貨幣當局通過對外匯市場的干預增加了國內的貨幣存量，在客觀上加強了財政政策的擴張性效果，使總需求曲線向右移動的幅度進一步增大。

通過分析我們可以得出這樣的結論：在固定匯率制下，擴張性的財政政策無疑會增加總需求，而且隨著資本流動性的增強，財政政策對總需求的影響也隨之增強。

2. 採取浮動匯率制的開放經濟中的財政政策與總需求

如果一國的中央銀行允許匯率浮動，財政政策就不會改變該國的貨幣存量，但卻會改變該國貨幣的均衡價值。

圖 12-7 描述了在浮動匯率制中不同資本流動性的情況下財政政策與總需求的關係。組圖(a)對應了資本流動性較低的情況，且當前的市場匯率為 e_1。如果政府支出由 G_1 增加到 G_2，將使 IS 曲線由 $IS(G_1, e_1)$ 向右上方移至 $IS(G_2, e_1)$，並產生較高的均衡利率 i'。但是在較低的資本流動性情況下，均衡利率的上升導致的資本流入量並不足以抵補真實收入引致的進口的增加，因此在 B 點存在國際收支赤字，其後果是本幣由 e_1 貶值到 e_2。本幣的貶值反過來又刺激了出口的增加，並促使 IS 曲線進一步向右上方移至 $IS(G_2, e_2)$。同時，本幣的貶值也使得 BP 曲線向右移動至 $BP(e_2)$。最終在 C 點形成新的均衡，此時國際收支達到均衡，匯率為 e_2，且存在較高的名義利率 i_2 和較高的真實收入 Y_2。由 IS—LM—BP 模型產生的新的均衡將對應著一個新的真實收入和價格水平的組合點 $C(Y_2, P_1)$，這意味著政府支出的增加使得總需求曲線由 $AD(G_1)$ 向右移動至 $AD(G_2)$。

然而，在資本流動性較強的情況下，政府支出對總需求影響的效果將被弱化。組圖(b)中政府支出的增加在一開始也使均衡點由 A 點移至 B 點，對應於較高的利率水平 i'，利率水平的上升導致的資本流入量足以抵消真實收入引致的進口增加，因此在 B 點存在國際收支盈餘，並導致本幣由 e_1 升值到 e_2。本幣的升值將使淨出口減少，IS 曲線也隨之向左移動至 $IS(G_2, e_2)$。同時本幣的升值也使 BP 曲線向左上方移動至 $BP(e_2)$，並最終在 C 點達到均衡。儘管最終真實收入為 Y_2，較最初的 Y_1 有所增加，但與資本流動性較低的情況相比其真實收入淨增長幅度較低，總需求曲線向右移動的幅度也較小。

組圖(c)對應的是資本完全流動的情況。在這種情況下 B 點由於利率的上升引致了大量的資本流入，因而存在較大規模的國際收支盈餘，其結果是本幣的大幅度升值並導致 IS 曲線向左移回到最初的位置。其最終的均衡點 C 與最初的均衡點 A 重合，真實收入停留在原有的水平 Y_1，這也意味著總需求曲線並沒有受到政府支出增加的任何影響。

通過分析我們可以得出結論：在浮動匯率制下，隨著資本流動性的增加，財政政策對總需求的影響效果隨之減弱。在資本具有完全流動性的情況下，財政政策無法改變總需求曲線的位置。

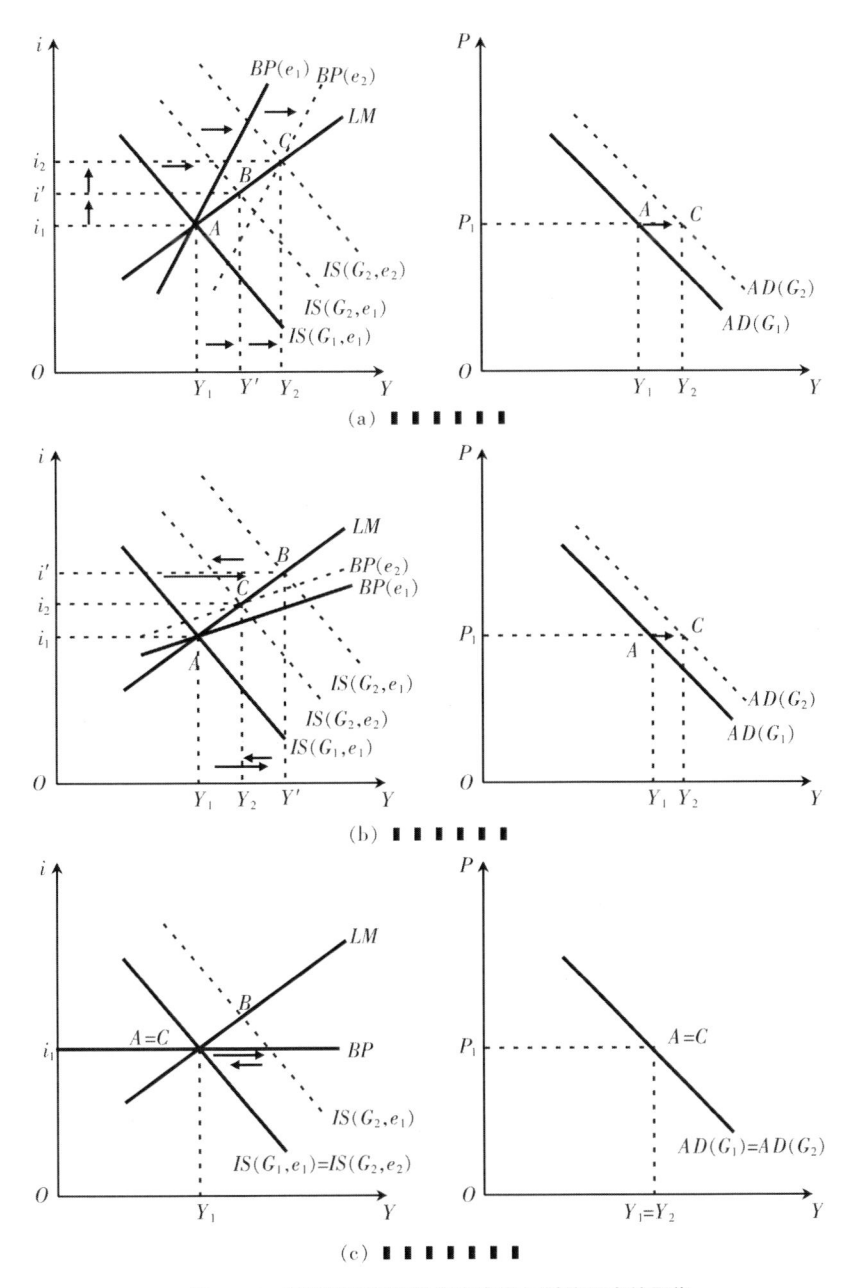

圖 12-7　浮動匯率制下政府支出增加對總需求的影響

第二節　總供給

均衡的價格水平是由廠商及生產者願意並且能夠生產的商品和提供的服務的總供給以及對這些商品、服務的總需求共同決定的。前一節已經對總需求曲線和在開放經濟中影響總需求曲線的因素進行了分析，在這一節我們將注意力轉向總供給，研究在開放經濟中國內價格水平與國內真實產出之間具有怎樣的關係。

一、產量和就業量的決定

儘管個別商品和服務價格的變動會使某些廠商改變諸如勞動等要素的投入，進而改變他們生產和提供給市場的商品和服務的數量。然而就長期而言，影響就業量和產量的因素不是個別商品和服務的價格而是總的價格水平。對這一問題的正確認識將有助於理解在開放經濟中貨幣政策、財政政策對總的就業量和產量的影響。

（一）生產函數

總供給就是總產量，分析總供給就是分析生產問題，因此總供給分析的出發點是總生產函數。總生產函數反應了在一定技術水平下總產量與生產這些產量的生產要素之間的函數關係。在進行短期分析時，可以假定技術狀態與資本等因素是既定的外生變量，真實總產量 Y 僅僅取決於勞動量 N，這樣就可以把總生產函數表達為：

$$Y = F(N) \tag{12.1}$$

這個等式意味著總的真實產出是廠商雇用勞動量的函數。

圖 12-8(a) 是總生產函數曲線。沿著這一函數的任一點，真實產量將與給定的就業量相對應。例如，如果廠商在 A 點雇用了 N_1 數量的勞動量，則將對應 Y_1 的真實產量；若將雇用的勞動量增加至 N_2，在 B 點也將對應較高的真實產量 Y_2。

（二）勞動的邊際產品

隨著就業量的變化，生產函數的斜率也將發生變化。根據定義，生產函數的斜率為 $\Delta Y/\Delta N$，即每增加一單位勞動所增加的產量或稱勞動的邊際產品 MPL。因此可得出：$MPL \equiv \Delta Y/\Delta N$，或者勞動的邊際產品 MPL 反應了給定就業量對應的生產函數的斜率。

由於圖 12-8(a) 中總生產函數曲線為凹的，因此隨著就業量的增加其斜率是遞減的。例如，生產函數上 A 點的斜率為 $\Delta Y_1/\Delta N$，而對應於較高就業量的 B 點，相同的就業量變化 ΔN 將導致較少的、數量為 ΔY_2 真實產量的增加。可見，生產函數上 B 點的斜率 $\Delta Y_2/\Delta N$ 小於 A 點的斜率 $\Delta Y_1/\Delta N$。因此，隨著就業量的增加，勞動的邊際產品是遞減的，這也印證了邊際收益遞減規律。

圖 12-8(b) 為勞動的邊際產品 MPL 曲線。MPL 曲線描述了與任何給定的就業量相對應的生產函數的斜率，即勞動的邊際產量。向下傾斜的 MPL 曲線反應了邊際收益遞減

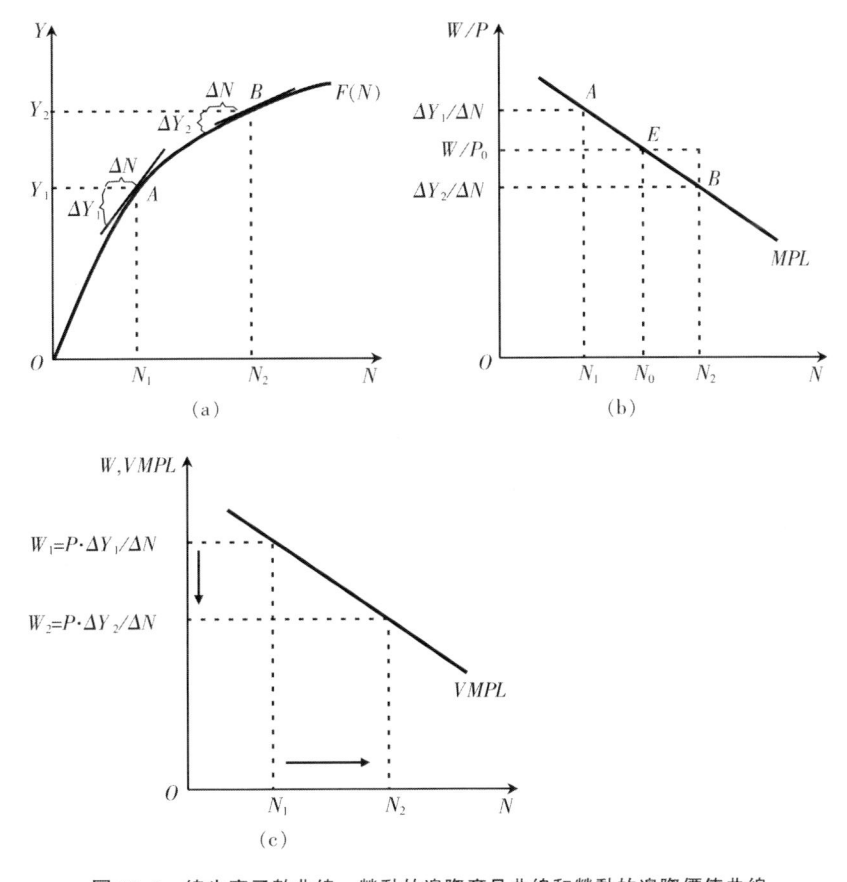

图 12-8　总生产函数曲线、劳动的边际产品曲线和劳动的边际价值曲线

规律。当就业量为 N_1 时，劳动的边际产品为 $\Delta Y_1/\Delta N$，对应於生产函数 A 点的斜率；如果就业量增加到 N_2，劳动的边际产品下降至 $\Delta Y_2/\Delta N$，对应於生产函数 B 点的斜率。

(三) 劳动的需求

厂商使用劳动的目的是实现利润最大化。利润最大化的原则是边际收益(MR)等於边际成本(MC)。劳动的边际收益就是每增加一单位劳动所增加的产量，或称劳动的边际产品 MPL。劳动的边际成本就是每增加一单位劳动所增加的成本，即实际工资。要使所使用的劳动能实现利润最大化就要使劳动的边际产品等於真实工资，即：

$$MPL = W/P \tag{12.2}$$

可以用图 12-8(b) 来说明这一点。在图 12-8(b) 中，横轴 N 代表劳动量（就业量）；纵轴 W/P 代表真实工资水平；MPL 为劳动的边际产品曲线，即劳动边际生产力曲线。从 W/P_0 出发的平行线代表不变的真实工资水平。从图上看，当厂商雇用的劳动量为 N_1 时，$MPL > W/P_0$，这时厂商能获得正的净利润，因此厂商将增雇劳动力扩张生产。当厂商雇用的劳动量为 N_2 时，$MPL < W/P_0$，这时厂商面临亏损，会减少劳动量。只有当厂商雇用的劳动量为 N_0 时，$MPL = W/P_0$，这时才实现了利润最大化。

如果我們用另外一種方式來表達廠商的利潤最大化條件，為：

$W = P \times \text{MPL}$ (12.3)

這一公式告訴我們，在完全競爭市場中，追求利潤最大化的廠商雇用的勞動量水平恰好是使名義工資等於產品的價格乘以勞動的邊際產品。我們將產品價格與勞動的邊際產品的乘積定義為勞動的邊際價值（VMPL），即：

$\text{VMPL} = P \times \text{MPL}$ (12.4)

圖12-8(c)為勞動的邊際價值曲線，即 VMPL 曲線，該曲線由圖12-8(b)中的 MPL 曲線乘上產品的價格得到。當名義工資 W 等於勞動的邊際價值 VMPL 時，廠商將實現利潤最大化。如果名義工資下降，廠商將增加雇員擴張生產；反之則削減雇員減少生產。因此，我們可以再次將廠商利潤最大化的條件表述為：

$W = \text{VMPL} = P \times \text{MPL}$ (12.5)

可見，廠商將沿著 VMPL 曲線決定其最佳的雇用勞動量。因此，完全競爭廠商的 VMPL 曲線就是該廠商的勞動需求曲線，它描述了在給定名義工資 W 時廠商的雇用勞動量水平 N。這意味著被廠商雇用的勞動量取決於三個因素———產品的價格、勞動的生產率以及名義工資，最後這個因素是我們接下來將要分析的問題。

二、工資彈性、總供給和價格水平

在一個國家的不同行業和不同廠商間，名義工資的決定過程可能有相當大的差別。由於名義工資制定的差異，各國的就業總量和總產出水平的決定模式也將有所區別。下面我們將針對不同類型的名義工資分別分析與其對應的就業量和總供給。

（一）固定名義工資下的就業量和總供給

由於長期勞資合約以及最低工資法等原因，名義工資在短期內可能呈現粘性。在圖12-9(a_1)中，如果工資是固定的，價格從 P_1 上升到 P_2 所導致的 VMPL 增加並不能改變名義工資水平 W^f。勞動的邊際價值上升，將促使廠商雇用更多的勞動力以擴張其產量，因此就業量將由 A 點的 N_1 增加到 B 點對應的 N_2。在圖12-9(a_2)中，就業量的增加使得 A 點沿著生產函數曲線上移至 B 點，從而總的真實產量從 Y_1 增加到 Y_2。對應於圖12-9(a_3)，最初的真實產量與價格水平的組合點 Y_1 與 P_1（A 點）將移動至新的組合點 Y_2 與 P_2（B 點）。點 A 與點 B 所在的向上傾斜的曲線即為總供給曲線，它描述了在一個經濟體中所有廠商和生產者願意並且能夠生產的真實產量是如何隨著價格水平的變化而變動的。圖12-9(a_3)中的總供給曲線包含了在給定固定名義工資水平 W^f 下所有的真實產出與價格水平的組合點。因此，如果名義工資水平是固定的，一國的總供給曲線是向上傾斜的：價格水平的上升會導致真實產量的增加。

（二）彈性名義工資下的就業量和總供給

相反地，組圖12-9(b)描述了名義工資對價格變動進行完全調整的情況。在圖12-9(b_1)中，我們假設最初的名義工資為 W^b，價格水平為 P_1 時，勞動的邊際價值為

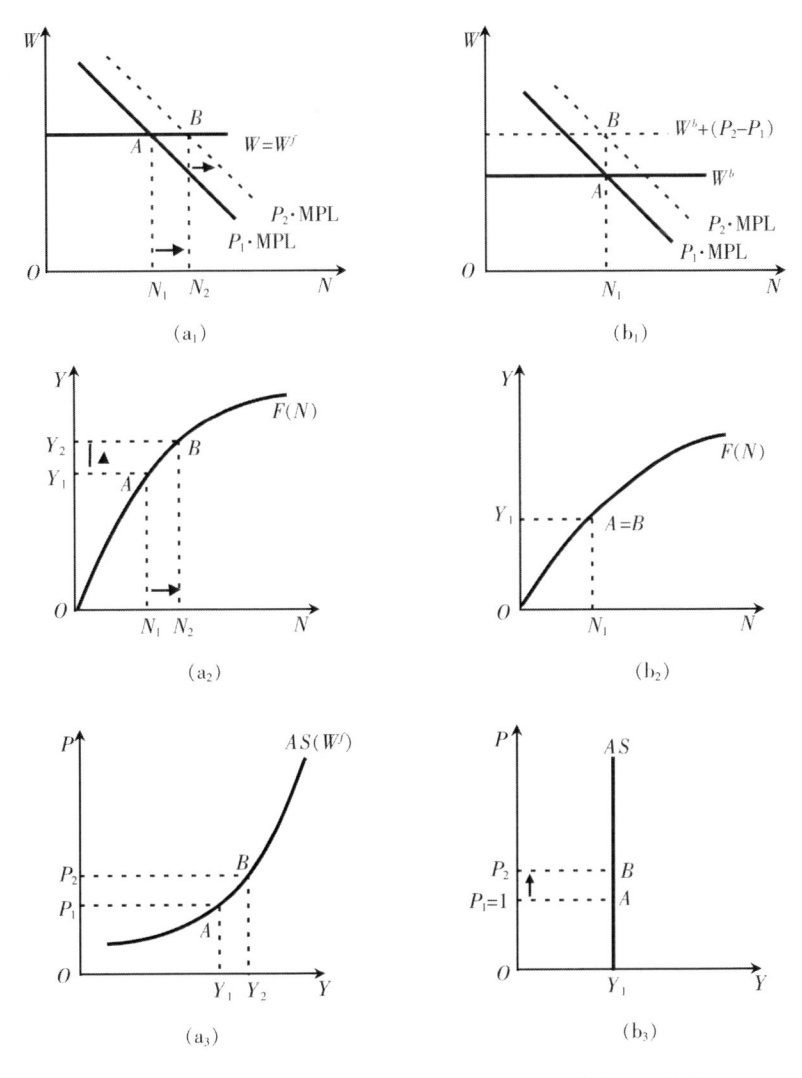

图 12-9　固定名义工资和弹性名义工资下的就业量和总供给

$\text{VMPL}_1 = P_1 \times \text{MPL}$，名义工资为 W^b 时的就业量为 N_1，对应于图 12-9(b_1) 中的 A 点。在图 12-9(b_2) 中相应就业量生产的真实产量为 Y_1，因此真实产量和价格水平的组合点最后反应在图 12-9(b_3) 中的 A 点，即实际产量为 Y_1，价格水平为 P_1。

如果价格由 P_1 上升至 P_2，劳动的边际价值则增加到 $\text{VMPL}_2 = P_2 \times \text{MPL}$。由于我们假定名义工资将对价格变动作出完全的调整以保持不变的真实工资，因此名义工资将提高到 $W^b + \Delta P$（$\Delta P = P_2 - P_1$），这里的 ΔP 表示名义工资对价格上涨进行的完全调整。在图 12-9(b_1) 中将形成新的均衡点 B 点，在这个新的均衡点名义工资与价格的上涨同比例地增加。其结果是，厂商将雇用和价格上涨前一样的劳动量，即在 B 点就业量仍然为 N_1，因而在图 12-9(b_2) 中对应的真实产量也没有发生改变，为 Y_1。最终在图 12-9(b_3)

中的實際產量與價格水平的組合點為點 B，真實產量為 Y_1，價格水平為 P_2。由於點 B 和點 A 位於同一條垂直線上，因此總供給曲線為一垂直線，即價格的上漲並不會導致一國真實產量的增加。那麼，名義工資對價格變動作出完全調整在什麼情況下才發生呢？許多經濟學家認為，在長期的均衡中名義工資的確會對價格的變動作出相同比例的調整，因此長期中的總供給曲線是垂直的。

（三）部分調整名義工資下的就業量和總供給

在大多數國家，面對價格水平的變動名義工資既不是絕對固定的，也不是完全具有彈性的。至少在短期內，一國的總體工資水平往往對價格的變動進行部分的調整。這意味著對於大部分國家，其短期的總供給曲線 AS 是向上傾斜的，如圖 12-10 所示。當然，部分調整名義工資下的總供給曲線 AS 與名義工資為固定情況下的總供給曲線 $AS(W^f)$ 相比，相同數量的真實產量的增加對應相對較大幅度價格水平的上漲。

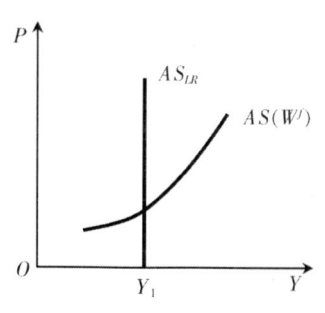

圖 12-10　短期和長期供給曲線

同時，由於一國中並非所有的工資都按照通脹率進行指數化調整，加之在短期中存在的制度性安排等因素，短期的總供給曲線不是垂直的，而是向上傾斜的。只有在長期中，工資的決定過程才包括了所有影響廠商和工人行為及其偏好的因素，此時價格的上漲不會對真實產量產生影響，總供給曲線是垂直的，對應於圖中的 AS_{LR}。

第三節　真實產量、價格水平和經濟政策

前兩節我們對開放經濟中的總需求和總供給進行了介紹，而總需求曲線和總供給曲線是理解一國價格水平和真實產量決定的基礎。在這一節裡我們將看到，總需求曲線和總供給曲線還提供了一個分析經濟政策是如何影響一國的真實產出和通貨膨脹率的基本框架。

一、均衡的價格水平和均衡的真實產量

均衡的價格水平是指在這一價格水平上，廠商和工人願意生產的產量水平能夠平衡真實收入和總的意願性支出，同時使貨幣市場達到均衡。因此，均衡的價格水平意味著追求利潤最大化的廠商在一定的工資成本下滿足於當前的真實產量，當前的真實收入沒有變動的趨勢，在當前的利率水平下貨幣市場達到均衡。

圖 12-11 描述了均衡價格的決定。總供給曲線和總需求曲線的交點 E 對應的價格 P_1 為均衡價格。由於 E 點位於總需求曲線上，因此根據總需求曲線的定義，均衡價格對應的均衡實際產量 Y_1 與 IS—LM 模型決定的真實收入是相等的。因此，真實收入等於總的

意願性支出，同時貨幣市場也達到均衡。與此同時，由於 E 點位於總供給曲線上，因此 Y_1 也是廠商面臨既定的技術條件和工資成本願意並且能夠提供的實際產量。這說明 Y_1 就是該國的均衡真實產量水平。

為了說明 P_1 和 Y_1 為均衡的價格和真實產量組合，我們假設真實的價格水平為 P_2。在這一價格水平上，中央銀行提供的貨幣餘額的真實價值上升，從而促使貨幣市場中均衡的名義利率下

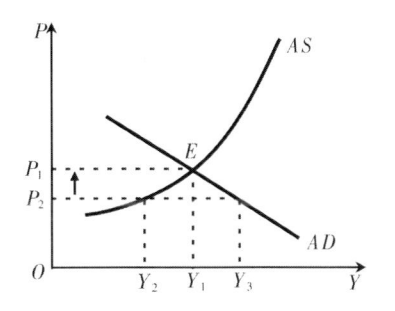

圖 12-11　均衡價格和均衡產量的決定

降。名義利率的下降將使總的意願性支出增加到 Y_3 的水平。同時，較低的價格水平 P_2 減少了勞動的邊際價值，因此面對任何給定的名義工資的廠商都會削減雇員並減產。所以，現實中的真實產量為 Y_2。而價格水平上升將使貨幣餘額的真實價值減少，均衡利率上升抑制投資性支出，從而減少總支出和對真實產量的需求。另外，價格的上漲將導致勞動的邊際價值提高，促使廠商增加雇員和擴大生產。因此，價格 P_2 將面臨上漲的壓力，當價格上漲至 P_1 時將重新達到均衡。

二、浮動/固定匯率制下經濟政策對真實產量及價格水平的影響

在第一節中，我們介紹了貨幣政策和財政政策會影響總需求曲線的位置。而總需求和總供給又共同決定了均衡的價格水平和均衡的真實產量，這就意味著貨幣政策和財政政策對開放經濟中的真實產出（GDP）水平及通貨膨脹率的高低有著重要影響。

（一）總需求、產量和通貨膨脹率

我們用圖 12-12 來分析貨幣政策或財政政策對真實產量和價格水平的短期影響。假設一國採取擴張性的貨幣政策，根據第一節的分析擴張性的貨幣政策將導致總需求曲線 AD_1 沿著短期總供給曲線 AS 向右上方移動至 AD_2。

在最初的均衡價格 P_1 上，總需求的增加將導致對真實產量需求的增加。為了提高現實中的真實產量，價格必須提高到一個新的均衡水平 P_2。價格的上漲會提高勞動的邊際價值，從而促使廠商更多地雇用工人以生產出更多的產品、提供更多的服務。自然地，真實產量也就由最初的 Y_1 增加到 Y_2。

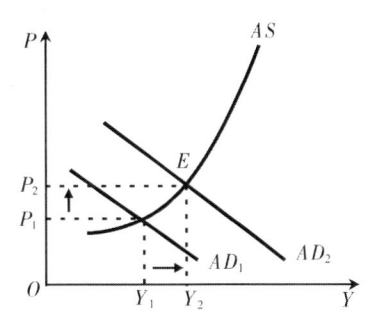

圖 12-12　政策行為導致的總需求增加對真實產量和價格水平的短期影響

所以，原則上使總需求增加的擴張性政策會產生以下幾個主要效應：第一，由於擴張性政策提升了價格水平，因此會產生通貨膨脹；第二，就短期而言，價格的上漲會引起真實產量的增加；第三，與真實產量增加相聯繫的是就業量的增加。

(二) 浮動/固定匯率制下的經濟政策、產量和通貨膨脹率

在前面的章節中我們指出，在分析開放經濟中貨幣政策和財政政策對總需求的影響時，必須考慮匯率制度和資本流動性這兩個因素。這也意味著這兩個因素將影響政策行為對真實產量和價格水平的作用。

1. 浮動匯率制下政策行為對實際產量和價格水平的影響

通過第一節的分析我們知道，浮動匯率制下的貨幣政策一定會影響總需求，而且隨著資本流動性的增強，貨幣政策對總需求的影響也隨之增強。相反，財政政策對總需求的影響是有限的，並且隨著資本流動性的增加，財政政策對總需求的影響效果隨之減弱。因此，採取浮動匯率制的國家更傾向於利用貨幣政策對短期的真實產量實施影響。當然，與擴張性的財政政策相比，擴張性的貨幣政策也傾向於帶來較高的通貨膨脹率。

2. 固定匯率制下政策行為對實際產量和價格水平的影響

對於一個採取固定匯率制的開放經濟而言，在任何的資本流動性情況下，改變貨幣供應量的貨幣政策對總需求的影響都取決於其貨幣當局對外匯市場採取的干預方式。在非衝銷的干預方式下，貨幣供應量的改變將最終對總需求沒有任何的影響，進而對真實產量和價格水平也沒有明顯影響。與之相對，固定匯率制下的財政政策對總需求的影響是顯著的，因此採取固定匯率制的國家更傾向於運用財政政策對總需求、真實產量和價格水平實施影響。

需要指出的是，政策制定者也可以通過貨幣貶值來達到擴張總需求、提高短期真實產量和價格水平的目的。其作用機制是：貨幣貶值通過促進出口來增加總需求。

復習思考題

1. 分析在固定匯率制下貨幣政策和財政政策分別對真實產出和價格水平的影響。
2. 分析在浮動匯率制下貨幣政策和財政政策分別對一國宏觀經濟的影響。
3. 分析衝銷干預和非衝銷干預下貨幣政策的效果。

參考文獻

[1] DENNIS R APPLEYARD, ALFRED J FIELD. International Economics [M]. Beijing: China Machine Press, McGraw-Hill Education, 2002.

[2] JOSEPH P DANIEL, DAVID VAN HOOSE. International Monetary & Financial Economics [M]. Cincinnati: South-Western Publishing, 2002.

第十三章　政策協調、貨幣聯盟和匯率目標區

第一節　國際政策協調

　　20世紀60年代末期，固定匯率制的布雷頓森林體系開始在調控方面表現得力不從心，許多經濟學家因此建議貨幣價值改由外匯市場自由決定。1973年年初，工業化國家紛紛採用浮動匯率制，但當時它們僅僅把這一步看做暫時性的應急手段，而非有意識地採納經濟學家們所提倡的永久性浮動匯率制。

　　在僵化的布雷頓森林體系下，常常出現國家內部平衡與外部平衡之間的矛盾。浮動匯率制的提倡者認為浮動匯率制是解決這一矛盾的好辦法。但是，自20世紀80年代中期以來，經濟學家和政策制定者卻越來越懷疑建立在浮動匯率制基礎之上的國際貨幣體系的好處。一些批評者認為，1973年後的國際貨幣體系缺乏制度約束，各國政府各自為政，完全處於無序狀態。在這種體制下，各國的宏觀經濟政策經常互相抵觸。

　　浮動匯率制表現得令人失望，在現行匯率制度下各國又該如何進行國際政策協調？我們將運用固定匯率制和浮動匯率制的模型來考察近年來浮動匯率制的表現，並比較政府實行這兩種不同的匯率制度時所產生的宏觀經濟政策效果，探討國際政策協調問題。

　　20世紀60年代末以來，國際貨幣危機爆發得越來越頻繁，發生的範圍也在不斷擴大。大多數經濟學家建議實行更有彈性的匯率制度。其中許多人認為：浮動匯率制不僅能自動地保證匯率的彈性，還能為世界經濟帶來許多其他好處。支持浮動匯率制的觀點主要有以下三條：

　　第一，貨幣政策自主性。如果各國中央銀行不再為固定匯率而被迫干預貨幣市場，各國政府就能夠運用貨幣政策來達到國家內部和外部的平衡，並且各國不會再因為本國外部的因素出現通貨膨脹或通貨緊縮。

　　第二，對稱性。在浮動匯率制下，布雷頓森林體系所固有的不對稱性消失了，美國不再能夠獨自決定世界貨幣狀況。同時，美國也有與其他國家一樣的機會來影響本國貨幣對外國貨幣的匯率。

　　第三，匯率具有自動穩定器功能。在世界總需求不斷變化的情況下，即使沒有一個有效的貨幣政策，由市場決定的匯率的迅速調整也能夠幫助各個國家保持內部和外部的平衡。

　　在第一次世界大戰結束到第二次世界大戰爆發之間的那段時期，國際上曾實行過浮

動匯率制。這段時期的實踐給人們留下了不少疑問：一旦放棄布雷頓森林體系，浮動匯率制會在實踐中發揮什麼樣的作用呢？一些經濟學家對浮動匯率制的支持者所提出的理由表示懷疑，並認為浮動匯率制會給實際經濟帶來不利影響。反對浮動匯率制的理由主要有以下五條：

第一，紀律性。各國中央銀行從固定匯率的責任中解脫出來後可能會傾向於實施通貨膨脹的政策。換言之，固定匯率制下要求各個國家服從的「紀律」不復存在了。

第二，導致不穩定的投機行為和貨幣市場的動盪比在固定匯率制下更具有破壞性。

第三，不利於國際貿易和國際投資。浮動匯率使國際相對價格變得更加無法預測，從而對國際貿易和國際投資產生不利影響。

第四，互不協調的經濟政策。如果布雷頓森林體系中關於匯率調整的規則被廢棄，就會為競爭性貨幣貶值的發生打開方便之門，而這種競爭性貨幣貶值會對世界經濟產生不利的影響。

第五，更大自主權的錯覺。浮動匯率並不能真正給各國帶來更大的政策自主權。匯率的不斷變化給宏觀經濟帶來了巨大影響，即使沒有固定匯率的正式承諾，各國中央銀行也不得不對國際外匯市場進行大量的干預。因此，浮動匯率將增加經濟中的不確定性，而沒有真正給予宏觀經濟更大的自由。

在討論20世紀80年代和90年代世界主要國家宏觀經濟的相互作用之前，我們先建立一個模型來分析在浮動匯率制下政策在各國間的相互作用。這個模型是用來分析短期情況的，因而產出價格可以假定不變。

假設世界上只有兩個國家——本國和外國。為了使這個模型能充分闡述各國宏觀經濟相互依存的現象，我們將它擴展到像美國這樣的大國上。

我們現在假設本國的經常項目由以下三個因素決定：真實匯率 EP^*/P，本國的可支配收入 $Y-T$，外國的可支配收入 Y^*-T^*。這裡 Y^* 表示外國的產出；T^* 表示外國的稅收；E 是用本國貨幣表示的外匯價格；EP^*/P 是真實匯率，即用本國產出表示的外國產出的價格。因此，本國的經常項目是：

$$CA = CA(EP^*/P,\ Y-T,\ Y^*-T^*) \tag{13.1}$$

本國貨幣的實際貶值（EP^*/P 上升）會引起經常項目收入的增加，而本國可支配收入的上升會引起經常項目收入的減少。在兩個國家經濟相互影響的模型中，我們必須考慮外國可支配收入（Y^*-T^*）的增加對 CA 的影響。因為外國可支配收入的增加會提高外國對本國產品的消費量，從而增加本國的出口。因此，外國可支配收入的增加導致本國經常項目收入的增加。

對本國產出的總需求總是等於本國總支出（$C+I+G$）和經常項目（CA）的和。因此，當

$$Y = C(Y-T) + I + G + CA(EP^*/P,\ Y-T,\ Y^*-T^*) \tag{13.2}$$

成立時，本國的總需求與總供給相等。外國的經常項目（CA^*）也取決於本國與該外國產

品的相對價格以及兩國的可支配收入。實際上，若世界上只有兩個國家，並且兩國的收入都用相同的單位度量，那麼本國經常項目的盈餘一定恰好等於外國經常項目的赤字。因為本國的出口等於外國的進口，本國的進口等於外國的出口，所以本國任何貿易順差都恰好對應著外國的貿易逆差。

很顯然，本國國民收入的增加會惡化本國的經常項目(CA)的收支平衡而改善外國的經常項目(CA^*)；同樣，外國國民收入的增加會惡化外國的經常項目而改善本國的經常項目。儘管 EP^*/P 的變化對 CA^* 的影響更加複雜，我們仍假定 EP^*/P 上升(即本國產出相對便宜)導致 CA^* 減少，並引起 CA 增加。在外國產出市場上，當外國產出 Y^* 等於全部外國支出($C^*+I^*+G^*$)減去以外國產出度量的本國經常項目餘額(P/EP^*)×CA，即

$$Y^* = C^*(Y^*-T^*) + I^* + G^* - (P/EP^*) \times CA(EP^*/P, Y-T, Y^*-T^*) \qquad (13.3)$$

時，需求等於供給，達到均衡。

本國或外國的財政政策變化時，會改變政府的購買(G 和 G^*)及淨稅收(T 和 T^*)，從而使本國和外國均衡產出水平發生變化；而且財政政策也能改變匯率，進而影響本國和外國的產出水平。貨幣政策也能通過影響匯率使本國和外國均衡產出水平發生變化。應該看到，貨幣政策和財政政策已經成為 1980 年以後影響匯率變動的核心因素。

很顯然，如果各國的宏觀經濟政策不協調，那麼，一國的經濟問題必然影響到其他國家。現在我們以亞洲金融危機為例來說明這一問題。1996 年日本的經濟增長開始回升，但由於受到不斷擴大的政府債務的困擾，日本政府提高了稅率。經濟增長在 1997 年放慢，日本金融機構存在的普遍而嚴重的問題愈發明顯，日元價值也在迅速下跌，從 1995 年的 80 日元/美元迅速跌至 1998 年夏天的 145 日元/美元。到了 1998 年日本經濟似乎開始「自由落體」了，國內生產總值減少，價格下降，失業率達到近 40 年來的最高水平。

日本經濟的問題對與其有大量貿易往來的東亞發展中國家有著嚴重的不利影響。在 1997 年以前，這些國家多數有很高的國內生產總值增長速度，其中許多國家保持了本幣對美元的固定匯率或者匯率在目標區內的浮動。因此，日本在 1997 年的衰退不僅直接打擊了這些東亞國家的經濟，而且由此產生的對匯率渠道的影響還進一步加強了。與美元掛鈎的東亞貨幣在日元對美元貶值時相對於日元升值。東亞國家在感覺到日本經濟增長放慢直接影響其進口需求的同時，發現本國的出口價格在國外市場也處於不利地位。最終的結果是對東亞貨幣一系列的災難性投機衝擊。從 1997 年夏天的泰國開始，然後轉移到馬來西亞、印度尼西亞和韓國，這些國家陷入了嚴重的衰退之中。它們受到日本的拖累，同時又把日本拖進了惡性循環。這一地區的其他國家包括新加坡和中國，在 1998 年都經歷了低增長。

上面講的是各國宏觀經濟政策不協調的例子。那麼，各國的宏觀經濟政策為什麼會不協調呢？我們認為有以下幾個原因：

（1）一國政府可能不願意看到單方面擴張或衝銷通貨緊縮的趨勢，因為引致的國際

收支逆差和對匯率貶值的壓力，可能是世界經濟中一個通貨緊縮的傾向。

（2）政府可能傾向於通過緊縮通貨和利用匯率的組合來對付通貨膨脹壓力，以及採用擴張性的政策來衝銷引致競爭力下降的產出後果，而在世界範圍內其後果可能是過高的實際利率和不適當的貨幣—財政政策搭配。

（3）政府可能會合理地處理由世界市場決定的商品價格，並忽略其擴張政策行為對商品價格產生的任何影響。但是，被創造的需求擴張可能因為商品貿易條件的惡化而導致通貨膨脹。

（4）政府可能在它們理想的經常項目狀況方面有不一致的目標，而力圖確保它們各自目標的不協調政策的動機可能對世界經濟產生破壞。

從上述論述中我們可以得出一個重要的結論，那就是：當各國都只顧本國利益而「獨自制定政策」時，任何匯率體系都無法良好地運轉。《關貿總協定》多輪迴合的談判，國際貨幣基金組織、世界銀行和世界貿易組織的建立及運轉都說明，各國間政策的協調是可能的。不過，近年來的情況表明，協調應成為各國直接追求的最終目標，而不是作為控制匯率規則的間接結果。因為匯率制度的反覆修改和違約行為的不斷出現，最終會使人們對它喪失信心。

第二節　貨幣聯盟的經濟學

1999年1月1日，歐盟（EU）的11個成員國開始採用一種共同貨幣——歐元。歐洲經濟貨幣聯盟（EMU）就在幾年前還被許多人視為幻想家的夢想，現在卻已經創造了一個擁有3億消費者——幾乎比美國的人口還多10%的貨幣區。

歐元的誕生使所有EMU成員國在共享單一貨幣的同時，喪失了更多的貨幣政策主權（與固定匯率制相比），而把貨幣政策的控制權交給了歐洲中央銀行體系。

布雷頓森林體系固定每一成員國的貨幣對美元的匯率，結果也就等於固定了每兩種非美元貨幣之間的匯率。以前的章節中介紹了布雷頓森林體系瓦解的原因和一些國家希望通過從固定匯率轉向浮動匯率來解放它們的貨幣政策。但是在允許其貨幣對美元浮動的同時，歐盟國家努力縮小了彼此間匯率波動的幅度。這些努力在1999年1月1日歐元誕生時達到頂峰。是什麼原因促使歐洲各國建立貨幣聯盟呢？

在浮動匯率制下，一方面，各國可以減少各種經濟波動帶來的不良影響，但另一方面，浮動匯率也有副作用，例如使相對價格難以預測或使政府控制通貨膨脹的能力降低。為了權衡一國加入相互固定匯率制集團後的得失，我們需要一個框架來系統地考慮它帶來的損失和收益。

現在我們將要說明一國加入固定匯率區後的得失，主要取決於該國經濟與區域內貿易夥伴的一體化程度。通過分析，我們可以得出以下結論：固定匯率最適用於通過國際

貿易和要素流動而實現緊密一體化的地區。這就是所謂最優貨幣區理論。

固定匯率制的主要優點在於簡化經濟結算，並且與浮動匯率相比，在進行國際貿易決策時提供一個更具有預測性的基礎。設想，如果美國 50 個州都各有自己的貨幣，並且都採用浮動匯率制，美國商界和顧客每天將浪費多少時間和資源！類似地，以挪威為例，如果允許挪威克朗對歐元自由浮動，挪威與歐元區成員國進行貿易時，也將面臨同樣的困難。加入固定匯率制的貨幣收益等於加入者所避免的匯率浮動帶來的不確定性、複雜性和結算與貿易成本等損失。

實際上，很難對挪威加入歐洲貨幣聯盟後的貨幣收益進行準確估計。但有一點可以肯定，如果挪威和歐元區成員國貿易量很大，這種收益會很高。例如，如果挪威與歐元區的貿易占其國民生產總值的 60%，而與美國的貿易只占 5%，在其他情況不變的條件下，固定挪威克朗與歐元的匯率比固定挪威克朗與美元的匯率所獲得的收益要高。

如果挪威和歐元區之間生產要素能自由流動，那麼固定挪威克朗與歐元的匯率所獲得的貨幣效率收益也將增高。挪威人對歐元區成員國進行投資時，如果投資回收可預測性增大，對挪威人將更加有利。同樣，在歐元區成員國內工作的挪威人，他們的工資如果相對於挪威的生活開支來說更加穩定，這也對他們有好處。由於從歐元區進口的商品占了挪威居民消費品的大部分，挪威克朗與歐元匯率的變化會很快地影響到挪威人的名義工資，減少其對人們就業的影響。例如，挪威克朗相對於歐元貶值後，如果挪威從歐元區的進口量相當大，就會使挪威人的生活水平迅速下降，居民會要求增加名義工資來維持原來的生活水平。在這種情況下，挪威從浮動匯率中能得到的宏觀經濟穩定性很小；相反，如果挪威加入歐元區則損失會很小。

一個國家將本幣釘住一個固定匯率區得失的理論，是 20 世紀 60 年代後才興起的關於匯率機制和貨幣一體化的理論。首先明確提出最優貨幣區理論的是羅伯特·蒙代爾。1961 年，他提出用生產要素的高度流動作為確定最優貨幣區的標準。他認為，一國國際收支失衡的主要原因是發生了需求轉移。假定有 A、B 兩個區域，原來對 B 產品的需求現在轉向對 A 產品的需求；若 A 正巧是 A 國，B 正巧是 B 國，則 B 國貨幣匯率的下降將有助於減輕 B 國的失業，A 國貨幣匯率的上升將有助於降低 A 國的通貨膨脹壓力；但若 A、B 是同一國家內的兩個區域，則匯率變動無助於解決 A 區域的通貨膨脹和 B 區域的失業，除非這兩個區域使用自己的區域貨幣。蒙代爾指出，浮動匯率只能解決兩個不同貨幣區之間的需求轉移，而不能解決同一貨幣區不同地區之間的需求轉移；同一貨幣區內不同地區之間的需求轉移只能通過生產要素的流動來解決。因此，他認為：若要在幾個國家之間保持固定匯率並維持物價穩定和充分就業，就必須有一個調節需求轉移和國際收支的機制，而這個機制只能是生產要素的高度流動。

但是，蒙代爾沒有區分資本流動和勞動力流動的重要性。比如，A 區域正巧是 A 國，B 區域正巧是 B 國，A 和 B 結成一個保持固定匯率的貨幣區時，B 國國際收支的惡化會造成 B 國經濟收縮，A 國國際收支盈餘則會造成 A 國物價上漲。於是，對投資的刺

激將在 B 國下降而在 A 國上升，資本反而可能從 B 國流向 A 國，從而更加惡化 B 國的失業和 A 國的通貨膨脹。至於勞動力流向，情況同資本流動不一樣。B 國發生國際收支逆差，要求勞動力從 B 國流動到 A 國，遷移到可能具有不同氣候、不同生活習慣、不同文化的遙遠地區。這種遷移即便發生，數量肯定也是不多的，遷移費用肯定是大的，調節效應肯定是很久以後才會發生的。勞動力遷移只能影響一國經濟的長期發展，而不能成為解決國際收支短期波動的一種機制。總之，當國際收支發生失衡時，資本高度流動很可能是非均衡性的。

進入 20 世紀 90 年代以後，最優貨幣區理論又有了新的發展。促進這一發展的動力來自於理論和實踐兩個方面：80 年代末到 90 年代歐洲貨幣一體化和歐元的最終出現。早期的最優貨幣區理論研究主要是試圖區分一國經濟的結構特性，並就這些特性給出某些標準，滿足這些標準使得組成貨幣聯盟成為必要。90 年代發展起來的研究是以早期理論為出發點的，它重點說明的是有關選擇單一貨幣的代價和收益的標準。它並不是對早期理論的否定，同早期理論一樣，新理論認為如果在要素流動、金融交易和商品貿易方面高度一體化，經濟高度開放的國家之間組成貨幣聯盟會更有效地解決內部平衡和外部平衡的矛盾，能夠帶來更多的收益。

最優貨幣區理論隨著宏觀經濟學理論在其他方面的發展而有所修正，這些修正集中在加入貨幣區的收益和成本的分析上。根據菲利普斯曲線得出的關於通貨膨脹與失業率之間的關係是相互替代的觀點，在 70 年代末 80 年代初逐漸為實踐所否定。當時，在許多國家中失業率和通貨膨脹率同時上升，表明通貨膨脹率的上升並不能導致失業率的降低。對於最優貨幣區理論而言，其意義在於：如果通貨膨脹率與失業率之間不存在長期的替代關係，那麼浮動匯率制和獨立貨幣政策的唯一收益就是它能選擇不同於其他國家的通貨膨脹率。因而，加入貨幣聯盟要付出的代價就不像原來那樣高昂了。從宏觀經濟決策的角度來看，要想保持長期相對較低的通貨膨脹率，就必須依靠政府採取令人信服的穩定的政策，尤其是貨幣政策。一國當局一旦有了實行通貨膨脹性貨幣政策的名聲，就會使人們形成通貨膨脹的預期，如不經過長期而代價高昂的通貨緊縮過程，當局是很難甩掉這一名聲的。為了取得可信度，貨幣當局必須執行一種時間上連貫的貨幣政策，使公眾相信它將追求低通貨膨脹目標。取得可信度的一種有效方式是通過與一個低通貨膨脹率的國家組成貨幣聯盟，放棄國家貨幣自主權。這樣做能使得高通脹國家獲得低通脹名聲的好處，而不造成產出和就業的損失。如果確實不存在菲利普斯曲線中那種長期的非此即彼的交替關係，那麼與低通脹國家組成聯盟後，高通脹國家不會損失多少東西，而從長期來看卻有較大的收益。當然，組成貨幣聯盟的國家之間必須具有相似的經濟結構特徵，這樣貨幣聯盟才是有價值的，並且能夠長期維持下去。隨著世界經濟一體化和國際化的推進，最優貨幣區理論還將得到進一步的發展。

第三節 匯率目標區

一、匯率目標區理論

第二次世界大戰後，特別是20世紀60年代，凱恩斯主義者在均衡匯率理論基礎上建立了目標匯率理論。他們指出，一國中央銀行為了配合宏觀經濟達到某項政策目標，如刺激經濟增長、增加就業、穩定物價或平衡國際收支等，往往運用匯率政策，選擇和確定一種目標匯率，並配合運用貨幣政策、財政政策和市場干預政策，來促使其政策目標的實現。這就是說，政府要運用政策，人為地干預和影響匯率的變動，使國家經濟按預定的方向發展。這樣，匯率決定的諸因素中又加上了政府干預的強大因素。這個理論從國內經濟狀況、貿易限制政策和國際收支變動等方面來考察匯率的合理性。它在匯率理論和匯率政策之間建立了直接的聯繫，這就為政府對匯率政策進行定性分析提供了工具。政府可以根據既定經濟結構下的國際收支變動情況，決定匯率是否合理、是否應該進行變動。

70年代實行浮動匯率制後，一些經濟學家把凱恩斯主義的宏觀分析和新古典學派的微觀分析結合起來，使目標匯率理論有了新的發展。他們認為，浮動匯率制可以使目標匯率理論擴大應用範圍。他們贊成維持浮動匯率制。他們指出，根據目標匯率理論可以實行浮動匯率政策，即根據市場波動情況及時調節匯率，以避免國際收支惡化而影響經濟的增長和穩定。他們根據80年代初期美國在遏制通貨膨脹、吸引外資流入和穩定美元匯率方面取得的成效，認為這是把浮動匯率作為財政政策和貨幣政策的一項綜合措施，是與高利率配合運用的結果，是目標匯率理論的具體應用。

二、歐洲貨幣體系的匯率目標區制度

由於歐洲貨幣體系是一種管理浮動匯率制，所以介紹匯率目標區理論在歐洲的實踐是特別合適的。歐洲貨幣體系是進行區域貨幣合作、避免匯率波動的不利影響的一個典範。鑒於布雷頓森林體系解體後匯率的劇烈波動以及全球性貨幣合作在短期內難以實現，區域性貨幣合作發展較快，其中尤以歐洲貨幣體系發展得最完善，影響也最大。

1975年3月，法國、聯邦德國、義大利、荷蘭、比利時和盧森堡六國在義大利首都羅馬簽訂了《羅馬條約》，決定成立歐洲經濟共同體。20世紀60年代末，建立了關稅同盟，實行了共同農業政策，並開始著手推動勞動力與資本流動的自由化。為了鞏固和推進經濟一體化，1969年，六國決定成立歐洲經濟貨幣聯盟，到1980年分三個階段實現下列目標：協調成員國的經濟與金融政策，縮小成員國貨幣匯率的波動幅度；建立共同儲備基金，支持成員國干預外匯市場，協助成員國解決國際收支困難；實現商品、勞動

力、資本的自由流動，實行固定匯率，發行統一貨幣，創建共同體的聯合中央銀行。從 1972 年初開始，共同體為推行經濟貨幣聯盟，採取了以下措施：①在共同體內部實行可調整的中心匯率制，各成員國貨幣間匯率的允許波動幅度為±1.125%。②建立歐洲貨幣合作基金。③建立歐洲記帳單位——一種由成員國貨幣組成的複合貨幣。由於受到接連不斷發生的貨幣危機和 1974 年爆發的戰後最嚴重的經濟危機的衝擊，1978 年 12 月共同體決定首先完成穩定成員國貨幣匯率的任務，建立歐洲貨幣體系，並於 1979 年 3 月 13 日正式生效。

歐洲貨幣體系的主要內容如下：取代歐洲記帳單位的歐洲貨幣單位(ECU)也是一種由成員國貨幣組成的複合貨幣，各國貨幣在 ECU 中所占權重按其在歐共體內部貿易中所占比重及其 GDP 在歐共體 GDP 總額中所占比重決定。到 1990 年，歐洲貨幣體系已經經歷了 4 個階段的建設，即：1979—1983 年為試驗和定向階段；1983—1987 年為聯合階段，並開始圍繞它制定共同經濟政策；1987—1990 年為重新定向階段；1990—1999 年為最後階段，在這一階段歐洲貨幣體系過渡到經濟貨幣同盟並使用統一貨幣——歐元。

由於歐洲貨幣體系是一種管理浮動匯率制，所以在分析歐洲貨幣聯盟形成過程時介紹一下匯率目標區是合適的。克魯格曼在 1988 年提出的模型表明，波動帶內的匯率波動將被擠向該波動帶的中心。如果這種觀點能夠成立，則該特點對於分析管理浮動匯率是很有用的。

在 1973 年布雷頓森林體系崩潰以後，一些國家多次試圖保衛固定的平價，結果使世界經濟變得很糟糕。這意味著在浮動匯率制下，真實匯率比在固定匯率制下的波動更大，即使中央銀行沒有提供一個單向的選擇，似乎也會發生對貨幣的投機性衝擊。假定「市場」相信貨幣當局願意保護目標區，就要求當局為保護目標區而調整貨幣政策。這意味著政策是完全可信的。為簡化起見，我們進一步假定只有當匯率達到目標區的上限或下限時，政府才會採取保護措施。

所謂匯率目標區是指一個可靠區域，例如寬度為 10 個百分點，而不是嚴格的固定匯率制。建立這種「目標區域」的目的是為固定匯率和浮動匯率之間設置一個舒服的「折中辦法」。威廉姆森(Williamson, 1983)提出的這種「目標區域」體制有許多優點，但如果我們認為目標區域制沒有固定匯率制的那些問題，那也是不現實的。事實上，目標匯率區體制的運行更像固定匯率，而不是浮動匯率。如果人們認為目標匯率區域非常可信，那它就非常接近於將匯率固定住，因為它會引起很強的迴歸預期。當匯率接近區域頂部的時候，市場將會認為匯率下跌的空間比上升的空間大，因此預期變化率是負的；當匯率接近區域底部的時候，市場將會認為匯率上升的空間比下跌的空間大，因此預期變化率是正的，結果就是將匯率穩定住。即使當「基本面」（貿易收支、價格水平等）暗示匯率應該來一次大規模的波動，政府將會採取行動的預期也會阻止匯率有很大的波動。相似地，如果人們喪失了對政府的信賴，就會很快推動匯率超過區域。換言之，目標區域制會有兩重特點：盡力維持錯誤的匯率企圖，以及不能維持的固定匯率目標的投機性

衝擊的風險。

　　支持匯率目標區理論的經濟學家根據對浮動匯率實際運行的觀察得出如下結論：迴歸到一種可以相機調整、多少比較固定的匯率體制，是一種選擇。我們應該避免這樣一種體制：一有風吹草動就進行大規模的匯率變動，以便當我們需要匯率變動的時候，它卻不能發揮作用。另外，金融市場也並不可靠。它們可以使匯率遠離合理的水平，並在這個過程中造成實際的傷害。這種觀點認為政府政策應該為匯率預期確立一個中心，並保衛這個中心，甚至不惜以貨幣政策的一定變化為代價。事實上，匯率目標區的理論認為匯率是一個極為重要的價格，不能完全將它交給外匯市場而任其自由浮動。

第四節　關於美元化問題的探討

一、關於美元化的概念

　　迄今關於美元化的界定並不清晰，有的將直接採用美元為法定貨幣、徹底的貨幣局制度安排、貨幣替代等統稱為美元化，有的則將美元劃分為事實上的、過程的和法定的三種。作為一種事實，它是指美元在世界各地已經扮演了重要的角色；作為一種過程，它是指美元在境外的貨幣金融活動中發揮著越來越重要的作用；作為一種政策，它是指一國或經濟體的政府讓美元逐步取代自己的貨幣並最終自動放棄貨幣或金融主權的行動。

　　如果要做最簡潔的概括，則美元化包括兩層含義：一是部分美元化，指在一國的貨幣金融活動中，私人部門放棄本幣而直接採用美元以完成美元的支付和貯藏職能；二是完全美元化，指一國政府通過法律明文規定美元具有無限法償能力，這包括採取貨幣局制度安排和完全放棄本幣發行兩種情況。部分美元化也稱為事實美元化，這是私人部門通過持有美元及其資產，實際上部分剝奪本國中央銀行鑄幣權的貨幣替代選擇；完全美元化也稱為政策美元化，這是指政府通過法律，以錨貨幣充當本幣的發行準備，或放棄本幣發行，直接採用美元作為法定貨幣。

　　美元化已經是一個廣泛的全球現象。如果我們把美元化理解為讓美元徹底取代本國貨幣，那麼到目前為止，世界上只有少數小國或經濟體實現了完全的美元化，其中包括巴拿馬、波多黎各和利比亞。如果把美元化理解為錨貨幣的貨幣局制度安排，根據國際貨幣基金組織的統計，則到1998年有10個經濟體實現了法定美元化。如果我們將美元化理解為部分美元化，則根據國際貨幣基金組織的一份研究報告，1998年外幣存款（主要是美元）佔貨幣供應量50%以上的國家有7個，佔30%~50%的有12個，佔15%~20%的國家就更多了；即使像英國、加拿大這樣的發達國家，美元化的水平也超過了15%。

二、美元化理論及美元化的利弊

美元化理論的興起和 20 世紀 90 年代之後非常流行的匯率制度選擇的「中間制度消失論」有關。該理論是由 Eichengreen Barry 等人提出來的，其基本內涵是：在全球化背景下日益增長的資本流動和「不可能的三難選擇的難題」的凸現，使得國際經濟學者傾向於認為，唯一可持久的匯率制度是自由浮動或具有非常可靠承諾機制的固定匯率制。在這兩種制度之間的中間制度都正在消失或應當消失。其邏輯是在國際資本自由流動條件下，一國貨幣當局不可能同時實現貨幣穩定和貨幣獨立，一國要麼選擇匯率穩定而放棄貨幣主權，要麼放棄匯率穩定而堅持貨幣獨立。這一理論對現在各國的匯率制度選擇是一個挑戰。

由於處在完全固定和自由浮動兩個極端之間的中間匯率制度是不可能或不可存續的，所以很自然地發展中國家就必須衡量採取何種匯率制度，結果民眾的自發選擇和政府的理性選擇都不約而同地走上了「美元化」這條道路。此外，美元化顯而易見的一些收益也吸引著一些發展中國家，這主要包括：①美元化意味著對抑制通貨膨脹的強有力的外部約束；②美元化意味著政府在匯率政策選擇上公信力的陡然增強；③美元化意味著政府財政赤字已完全不可能採取央行超量發鈔的貨幣化路徑來解決。因此，一部分發展中國家出於對政府無法在財政方面自律的恐懼和對美元化收益的憧憬，紛紛採用了美元化。例如阿根廷、薩爾瓦多、厄瓜多爾等拉美國家都表現出對美元化的興趣。2000 年年初，當厄瓜多爾政府宣布放棄本幣實行美元化時，該國爆發了大規模的群眾示威遊行，然而新政府卻堅持了美元化政策。在阿根廷，目前流通的本幣大約相當於 150 億美元（約占其 GDP 的 0.3%）。由於美元化，阿根廷政府將徹底喪失本幣發行、本幣需求增長和本幣存量利息這三項鑄幣稅收入，但估計阿根廷實行美元化之後，經濟增長率可能提高 2 個百分點，大大超過鑄幣稅損失。因此，儘管目前美元的強勢地位（或者說美元霸權）是一種歷史產物，但也有其歷史合理性，金融全球化的加速使得貨幣主權具有不局限於民族情感的重大意義。

無論是事實上的美元化還是法定的美元化，其成本都是高昂的。這體現在兩個方面：一是本國中央銀行發鈔權的全部或部分喪失，二是政府財政赤字的顯性化導致公信力崩潰。

以阿根廷為例，其美元化的實質是不完全的貨幣局制度。阿根廷中央銀行在一開始就沒有足夠的外匯儲備來支持它的基礎貨幣（M_0）。這個問題直到 1992 年才通過其對外貿易的順差得到解決。阿根廷在向貨幣局制度過渡之時，由於習慣性的貨幣貶值和通貨膨脹，比索貶值的幅度超過了實際貨幣增長率。這一現象導致了後來阿根廷的外匯儲備不僅大於基礎貨幣量（M_0），而且還超過了 M_1（基礎貨幣+短期存款）。到 1995 年，外匯儲備達到了廣義貨幣量 M_2（M_1+長期存款）的三分之二。對通貨膨脹的抑制是以美元化所要求的巨額美元囤積為代價的。

更為糟糕的是，如果政府治理效率沒有提高，財政支出約束仍然鬆弛，那麼雖然美元化阻止了央行直接彌補財政赤字的可能，但財政赤字將顯性化。再剛性的匯率制度安排也不能承受臃腫的政府和無度的赤字。「中間制度消失論」之所以興起，就在於美元化可以犧牲政府在匯率政策選擇上的「靈活性」來增加「公信力」。這時候存在兩種紀律——美元化的剛性安排使得通貨膨脹和貨幣貶值具有極強的紀律約束，同時美元化並不能釋放政府自身外債的累積和財政政策方面的紀律鬆弛問題。美元化並不能改變貨幣部門和財政部門的權力平衡。以阿根廷為例，貨幣局制度建立之後財政部門並不屈從於消極的財政平衡政策。據估計，如果阿根廷 GDP 增長率能維持在 3% 以上，則外債負債率就可以基本穩定；若 GDP 增長率維持在 4.5%，則其外債負債率就可逐漸降低。實施美元化之後，阿根廷經濟增長一度很出色，居於拉美國家之首，也是全球範圍內經濟高增長的國家之一，不過政府的財政支出膨脹得更快，前者掩蓋了後者。面對赤字，政府有兩種選擇：第一是不破壞貨幣局制度的安排，任憑國內利率急遽提高並引發嚴重的經濟蕭條；第二是強行破壞貨幣局制度，讓貨幣當局購買政府債券為其融資，從而改變基礎貨幣發行的規則。這兩種做法對經濟都將起到破壞性的作用。阿根廷以美元為錨貨幣的貨幣局制度隱含的昂貴條件就是財政部門必須屈從於貨幣部門的選擇，否則，貨幣局制度不僅不能嚴格執行宏觀經濟紀律，反而可能帶來更大的動盪。20 世紀 90 年代後期美元持續走高，比索價值嚴重高估，阿根廷出口乏力，外匯儲備日減。由於死守固定匯率，束縛了阿根廷政府的手腳，央行卻只能根據外匯儲備發行等量的貨幣，無法實行擴張性貨幣政策，經濟遲遲不能升溫。萬般無奈之下，阿根廷於 2002 年 2 月宣布放棄比索與美元的固定匯率，比索匯率自由浮動，從而陷入了災難性的金融危機。對於那些準備實行美元化的國家，阿根廷的教訓不啻為一帖很好的清醒劑。

由於法定美元化是一種特殊的貨幣制度，因此，實行美元化的國家一方面要與發行國保持一致的利率政策，利率的調整只能用來應付短期的國際收支赤字和資本外逃。另一方面，基礎貨幣的發行要嚴格與外匯儲備掛鈎，貨幣當局不能通過增發基礎貨幣來擴張國內的信貸。也就是說，法定美元化使一國完全喪失了利用貨幣政策來調控宏觀經濟的可能性，導致該國喪失相當的經濟自主性。美元化也不允許貨幣當局通過改變匯率的方式來抵抗外部的衝擊，這樣就迫使該國不得不從錨貨幣發行國「進口」貨幣政策。

從理論上講，如果美元化國家和錨貨幣發行國美國有著緊密的經濟聯繫，並且經濟週期保持一致，那麼美元化就可以維持下去。但是隨著經濟的發展和對外聯繫的加強，原本緊密的聯繫有可能被其他國家逐漸削弱，經濟週期也有可能出現不一致。此時，美元化雖然使得貨幣紀律很嚴格，卻不可避免地與經濟增長發生衝突。以阿根廷為例，其經濟週期後來與美國有相當大的差異：1998 年至今，阿根廷經濟持續陷入停滯和衰退，即使在美國「新經濟」的黃金時期，阿根廷經濟也是毫無起色的零增長。阿根廷經濟衰退過於嚴重，在 1999 年和 2000 年其 GDP 增長分別為-4.3% 和-0.3%，2001 年經濟衰退更為嚴重，「新經濟」時期的強勢和高利率的美元，以及隨後美元的疲軟和空前的連續

降息，怎麼也不會有利於阿根廷經濟的發展。因此，除非美元化國家的金融體系是封閉的，否則它必然會陷入穩健的貨幣紀律和追求經濟增長的宏觀經濟政策的尖銳衝突之中，而政府的偏好則往往是為維持政治利益和經濟增長而不惜在貨幣政策上鋌而走險。

三、美元化與美國的利益

如果在全球化背景下，美元化被作為一種理所當然的匯率制度加以選擇，那麼，美元化使美國在國際金融事務中享有持續的有利的主導地位。這種有利體現在兩個方面：一是美元化導致國際鑄幣稅為美國所獨享，二是貨幣主權向美國部分讓渡或直接讓渡。

所謂鑄幣稅，是指鑄幣成本與其在流通中的幣值之差，現通常指中央銀行通過發行貨幣而得到的收入。當不存在通貨膨脹時，鑄幣稅來自於隨經濟增長而來的對貨幣需求的增加。當存在通貨膨脹時，鑄幣稅又被稱為通貨膨脹稅。依據 Krugman 在 1998 年的研究，每年美國國內的鑄幣稅大約相當於其 GDP 的 0.2%。美元化導致了美元以及美元資產在美國本土之外的大量境外結存，這相當於美元及美元資產債權國直接向美國繳納國際鑄幣稅。根據國際貨幣基金組織 1999 年的研究，截至 1998 年，美國發行的所有美鈔（約 4,700 億美元）的 2/3 都是在境外流通的，其中大約有 3/4 新增發的美鈔被外國人所持有。到 1997 年境外美元資產結存高達 24 萬億。根據 Preeg 在 1999 年的估計，美國因美元化的興起，至少每年獲得了相當於其 GDP 的 1.5%～2%的收益。儘管如此，迄今為止美國對美元化的態度仍是袖手旁觀，並不準備和實施法定美元化的經濟體就鑄幣稅利益分享、美聯儲對法定美元化經濟體的貨幣義務等進行協商。根據 Bergsten 的研究，理論上，實施美元化的經濟體應該在鑄幣稅方面從美國獲得某種程度的補償，美聯儲似乎也應該考慮接納各美元化經濟體為其聯邦儲備系統的新成員，甚至還需要設計出某種形式的財政聯邦主義以補償美元化經濟體。但是美元化涉及的上述命題至今在實踐中尚未被提出來。

隨著全球化而來的經濟主權日益彈性化潮流，需要我們對貨幣主權有更現實的理解。美元化是否意味著貨幣主權的讓渡？一種意見是美元化就是單邊的貨幣主權的讓渡，美聯儲並不承擔任何義務向貨幣主權讓渡的國家付費。因為實行美元化的國家讓渡貨幣主權的目的是獲得美元化的收益。另一種看法是，美元化帶來的貨幣政策缺失與主權讓渡之間並不存在必然聯繫，只要國際條約的簽署或一國政府的選擇完全出於自願，國家主權範疇本身就不會將其解釋為主權的讓渡。我們傾向於將美元化看成主權讓渡，這不僅僅是因為美元化迄今是單邊的，並非法定美元化國家和美國就美元化存在什麼明示或隱含的國際條約，也因為美元化隱含著私人部門在經濟全球化的背景下，剝奪了本國央行的發鈔權而將其直接讓渡給美國。或者說，美元化具有在全球化背景下主權貨幣之間競爭的含義，一旦某經濟體的央行對貨幣的承諾被私人部門質疑，那麼，就會產生以美元為代表的「良幣」競爭性地直接取代本國央行發行的「劣幣」的美元化現象。如果承認全球化時代公民的意願才是主權的終極源泉，那麼，美元化的興起則至少在部分國

家,尤其是貨幣聯盟國家和發展中國家,人們已經以自己的選擇作出了不再把貨幣視為國家的象徵的決定。這對許多國家來說是棘手而難以解決的問題。

第五節 亞洲匯率制度選擇與單一貨幣

亞洲經濟一體化需要更加合作的匯率制度,亞洲實行單一貨幣政策是一個較好的選擇。但是,亞洲要實現單一貨幣政策,需要一定的經濟環境和發展過程。

最近十幾年亞洲經濟處於不斷整合之中,出現了東盟以及「東盟+3」等地區性組織。隨著亞洲國家之間貿易聯繫的不斷加深,跨國投資的逐漸增長以及金融合作的進一步加強,亞洲經濟整合得到了深化。研究表明,東盟國家之間的貿易量占這些國家GDP的比重接近於歐元區國家的比重。20世紀90年代中期,亞洲國家之間的直接投資以及資本流動都在逐年增加,這種趨勢在亞洲金融危機之後才有所減緩。對亞洲各國經濟週期的研究表明,亞洲國家之間存在共動現象。

隨著亞洲國家之間的相互聯繫更加密切,地區內部匯率波動的影響也逐漸凸顯出來。地區間匯率的變化會影響各個國家的出口競爭力,進而影響到亞洲國家經濟的其他方面。目前,由於各種原因,不同國家和地區採取了不同的匯率政策,有些國家採取自由浮動的匯率制度,中國和馬來西亞採取了嚴格的固定匯率制度,而中國香港地區採取了與美元掛鉤的聯繫匯率制度。這種多元化的匯率制度是匯率不穩定的潛在根源。因為採取不同的匯率制度後,世界上主要貨幣匯率的變化會影響亞洲國家或地區間的雙邊匯率,同時世界主要國家貨幣匯率的變化會影響採取釘住美元匯率制度的國家或地區的競爭力。

對於減小地區內部匯率的波動幅度,有以下三種方案可供選擇:一是採取自由浮動的匯率制度,同時採取穩定通貨的貨幣政策;二是採取各種形式的釘住匯率制度;三是採取單一貨幣制度。

第一種方案的貨幣政策使各國的通貨膨脹趨於穩定,從而弱化匯率波動的一個根源。但是,由於各國的開放程度不一致,受到的衝擊也會不一樣,各國的利率變化不一樣,這會影響亞洲國家貨幣的雙邊匯率,從而使其波動。

第二種方案採取釘住匯率制度也有三種形式:①釘住一籃子國家貨幣。非日本的亞洲國家貨幣允許圍繞釘住值波動5~15個百分點。這種形式雖然可以降低亞洲國家內部匯率的波動程度,但是有些波動還是無法避免的,而且有可能使日本和亞洲其他國家的經濟差距增大。②將一籃子亞洲國家的貨幣作為錨貨幣,就像歐洲國家最初把歐洲貨幣單位作為錨貨幣,歐洲各國貨幣圍繞歐洲貨幣單位只能波動2.25%。這裡把一籃子亞洲貨幣稱為亞元,是亞洲各國貨幣以經濟總量加權的平均意義上的貨幣。③釘住亞洲經濟實力最強國家的貨幣。但是,無論採取哪一種形式的釘住貨幣制度,都需要各個國家共

同遵守的游戲規則，而且互相監督會十分困難。

第三種方案是採取單一的地區貨幣制度。這種方案要優於各種形式的釘住匯率制度，避免了釘住匯率制度的一些內生性風險：①單一貨幣制度避免了匯率波動帶來的貿易與直接投資方面的障礙；②單一貨幣制度減少了投機性攻擊的損失程度；③由於單一貨幣減少了交易成本，會極大地促進亞洲經濟的整合；④單一貨幣有助於各國的產品價格更加透明，導致更加激烈的競爭，從而會促進各國的經濟增長；⑤單一貨幣有助於增加資本的流動性，從而有利於亞洲國家間的資源優化重組。

這裡存在一個根本性的問題：在通向單一貨幣的進程中，是採取歐洲式的道路還是另闢蹊徑？與歐元的形成過程一樣，需要一個過渡性的貨幣機制，即各國的貨幣採取某種釘住制的匯率制度安排。釘住匯率制度是一個成本很大的匯率制度，也就是說各個國家都有很大的風險，特別是對於資本帳戶開放並吸收大量短期投資的國家，其風險更大。這就需要有強有力的制度安排和相互協調的經濟政策來降低採取釘住匯率制度的風險。這些制度安排和協調的政策包括以下幾點：①各個國家應該對各國的匯率波動幅度有一個大家都認可的協議；②當某個國家受到貨幣攻擊，匯率達到釘住匯率的邊界值時，其他國家有義務給予支持和幫助；③當各國環境發生變化時，需要一個協調機構進行必要的調整。另一種道路就是首先採取自由浮動的匯率制度，在發展過程中縮小經濟主體之間的差距。雖然採取自由浮動的匯率制度也會引起亞洲國家間的匯率波動，但是這種波動並不一定會高於釘住匯率制，而且隨著經濟的收斂，採取自由浮動匯率制度的匯率波動幅度會逐漸減小，最終達到符合單一貨幣區的標準。

另外，從長遠來看，建立一個成功的貨幣區還需要一些經濟環境的改善：①減少貿易和投資壁壘，增加亞洲國家商業週期的相關性；②亞洲國家內部應該採取援助政策和從發達國家到發展中國家的再分配政策，縮小亞洲國家經濟水平的差距；③更富有流動性的亞洲勞動力市場有助於平衡各國受到的不同的衝擊；④亞洲金融體系的發展和整合能夠使各個國家的需求衝擊更加相關，也增加各個國家貨幣政策的相關程度；⑤貨幣整合，特別是單一貨幣，會對各國的財政政策有所限制。

綜上所述，形成單一貨幣區還有很長的路要走，也需要亞洲國家經濟發展逐漸收斂。自由貿易經濟中的一個風險是貨幣和貿易的高度不穩定，我們需要發展一種可以化解風險的體制，亞洲需要一種共同的貨幣，我們把這種貨幣稱為「亞元」。

復習思考題

1. 國際政策協調失敗的主要原因是什麼？
2. 結合本章的內容，對國際政策協調的前景及其解決途徑提出你的看法。
3. 貨幣合作、貨幣同盟、貨幣區的異同是什麼？產生的原因是什麼？
4. 試述最優貨幣區理論以及歐洲貨幣區歷史演變的必然性。

5. 什麼是匯率目標區？
6. 試述美元化的背景以及美元化的利弊。
7. 試述亞洲貨幣合作的前景以及可能的途徑。

參考文獻

[1] 保羅·克魯格曼，等. 國際經濟學 [M]. 北京：中國人民大學出版社，1998.

[2] IMF. 國際資本市場 [M]. 北京：中國金融出版社，1997.

[3] 里維里恩，等. 國際貨幣經濟學前沿問題 [M]. 北京：中國稅務出版社，2000.

[4] DOSBON WENDY, JACQUET PIERRE. Financial Services Liberalization in the WTO [M]. Washington DC: Institute for International Economics, 1998.

[5] RICHARD M LEVICH. International Financial Markets: Prices and Policies [M]. New York: The McGraw-Hill Company, 1998.

第十四章　國際金融危機

本章主要研究貨幣危機理論模型，以及 20 世紀 80 年代以來發生在世界上的主要金融危機。

第一節　貨幣危機理論模型

早期比較有影響的金融危機理論是由 Fisher(1933) 提出的債務——通貨緊縮理論。Fisher 認為，在經濟擴張過程中，投資的增加主要通過銀行信貸來實現。這會引起貨幣增加，從而物價上漲。而物價上漲又有利於債務人，因此信貸會進一步擴大，直到「過度負債」狀態，即流動資產不足以清償到期的債務，結果引起連鎖的債務——通貨緊縮過程，而這個過程往往以廣泛的破產而結束。在 Fisher 的理論基礎上，Minsky(1963) 提出「金融不穩定」理論，Tobin(1980) 提出「銀行體系關鍵」理論，Kindleberger(1978) 提出「過度交易」理論，M. H. Wolfson(1996) 提出「資產價格下降」理論，他們各自從不同方面發展了 Fisher 的債務——通貨緊縮理論。

20 世紀 70 年代以後的金融危機爆發得越來越頻繁，而且常常以獨立於實體經濟危機的形式出現。在此基礎上，金融危機理論也逐漸趨於成熟。從 20 世紀 70 年代到 90 年代大致可分為三個階段：第一階段的金融危機模型是由 P. 克魯格曼(1979) 提出的，並由 R. Flood 和 P. Garber 加以完善和發展，他們認為宏觀經濟政策和匯率制度之間的不協調是金融危機爆發的根源。第二階段的金融危機模型由 M. Obstfeld(1994，1996) 提出並發展，主要引入了預期因素，對政府與私人部門進行動態博弈分析，強調金融危機預期因素存在的自促成性質以及經濟基礎變量對發生金融危機的重要作用。1997 年亞洲金融危機以後，金融危機理論發展到第三階段。許多學者跳出貨幣政策、匯率體制、財政政策、公共政策等傳統的宏觀經濟分析範圍，開始從金融仲介、不對稱信息方面來分析金融危機。其中較有代表性的如克魯格曼(1998) 提出的道德風險模型，強調金融仲介的道德風險在導致過度風險投資，繼而形成資產泡沫化過程中所起的核心作用；J. Sachs (1998) 提出的流動性危機模型，側重於從金融體系自身的不穩定性來解釋金融危機形成的機理；Kaminsky 和 Reinhart (1998) 提出的「孿生危機」，則從實證方面研究銀行業危機與貨幣危機之間固有的聯繫。

一、第一代貨幣危機理論模型

第一代貨幣危機理論模型是由克魯格曼在1979年提出的。它所針對的是採用固定匯率制的小國。國內貨幣當局負有維持匯率的責任,因此模型的闡述將圍繞私人部門和政府部門在國內貨幣市場的行為展開。

國內貨幣市場的均衡用公式表示為:

$$m-p=-\alpha(i),\quad \alpha>0 \tag{14.1}$$

其中:m——國內貨幣供給量的對數;

　　　α——國內高能貨幣供給的對數;

　　　p——國內物價水平的對數;

　　　i——國內利率水平。

$m-p$ 是國內真實貨幣供給;$-\alpha(i)$ 表示貨幣需求,是利率的函數(假定國民收入 Y 一定),且與 i 呈負相關關係。國內的高能貨幣供給由中央銀行的兩種金融資產支持:國內信貸,其對數形式為 d;國際儲備,其對數形式為 r。根據會計恒等式,高能貨幣供給等於國內信貸和國際儲備之和。用公式表示為:

$$m=d+r \tag{14.2}$$

國內利率水平和價格水平受制於國際套利條件。

國內價格水平由購買力平價決定:

$$p=p^*+s \tag{14.3}$$

其中:p^*——外國物價水平的對數;

　　　s——匯率的對數,採用直接標價法。

國內利率水平由無抵補利率平價決定:

$$i=i^*+\dot{s} \tag{14.4}$$

其中:i^*——國外利率水平;

　　　$\dot{s}$——預期匯率變化。

上述等式主要是為了研究問題的方便,與實際情況有些出入。但其基本的思想同樣可以應用到更加複雜的模型中去。

由於採用的是固定匯率,假定固定的平價是 $\bar{s}$,即 $s=\bar{s}$,因此有 $\dot{s}=0$ 和 $i=i^*$。假定由於該國採用擴張的財政政策,迫使國內信貸以一個固定的速率 μ 擴大,同時 i^* 和 p^* 是固定的。把(14.2)式、(14.3)式、(14.4)式代入(14.1)式可得:

$$r+d-p^*-\bar{s}=-\alpha(i^*) \tag{14.5}$$

在匯率、外國物價和外國利率水平都固定的情況下,國內信貸 d 的規模以速率 μ 增長,為了保持國內貨幣市場的均衡,國際儲備就必須以同樣的速率下降,$\dot{r}=-\mu$($\dot{r}$為預期國際儲備變化)。很明顯,該國最終會耗盡其國際儲備,導致固定匯率制崩潰。為了更清楚地分析崩潰的過程,我們需要詳細描述當該國的國際儲備耗盡時政府當局的行

為。政府當局不同的行為會影響貨幣危機爆發的時間和規模。

在貨幣危機期間，大多數政府通常會有兩種選擇：一是採取浮動匯率制，如1994年的墨西哥；二是調整匯率平價，使本幣貶值，如1992—1993年的歐洲國家。現在假定在危機中投機者購買了政府用於捍衛固定匯率制的外匯儲備，政府最終會放棄干預，讓其貨幣的匯率自由浮動，固定匯率制崩潰。但何時崩潰呢？為了找出投機性攻擊的時間，我們引出了影子匯率的概念。所謂影子匯率，是指當投機者購買了政府的外匯儲備，政府不再干預外匯市場而任其匯率自由浮動時的浮動匯率。影子匯率對評估投機者的盈利是至關重要的，因為影子匯率是危機爆發後他們出售其購買的外匯儲備的價格。

我們用 $\tilde{s}$ 來表示影子匯率。當政府的外匯儲備耗盡之後，國內貨幣市場的均衡就通過影子匯率來實現。用公式表示為：

$$d - p^* - \tilde{s} = -\alpha(i^* + \dot{\tilde{s}}) \tag{14.6}$$

為了方便討論問題，假定 $p^*=0$，$i^*=0$，(14.6)式可簡化為：

$$d - \tilde{s} = -\alpha(\dot{\tilde{s}}) \tag{14.7}$$

$$\tilde{s} = \alpha(\mu) + d \tag{14.8}$$

我們用圖14-1來表示(14.8)式以及危機發生之前的固定匯率。

假定投機者在 $d<d^A$ 時對該國貨幣發動攻擊，那麼攻擊後影子匯率 $\tilde{s}$ 將小於固定匯率 s，這表明本幣將升值，此時投機者將面臨利潤損失。因此，在 $d<d^A$ 時是不會有投機性攻擊發生的。假設投機者等到 $d>d^A$ 時再發動攻擊，此時 $\tilde{s}>s$，意味著投機者將會以更高的價格出售他們以固定匯率 s 購買的外匯儲備，從中獲利。利潤的可見性使得投機者之間會相互競爭，每個投機者都希望能更早地對該國貨幣發動攻擊。這樣的競爭會一直持續下去，直到投機性攻擊的時間最終位於 $d=d^A$。換句話說，也就是可預見的投機性攻擊一定發生在 $\tilde{s}=s$ 時，這是由投機者之間的相互競爭決定的。

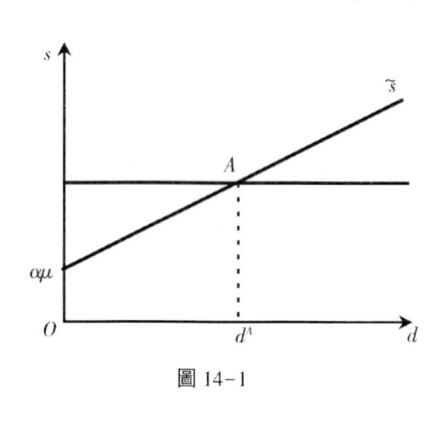

圖 14-1

假定投機性攻擊的規模為 Δr，從公式(14.8)可知，投機性攻擊發生後該國貨幣將以速率 μ 貶值，按照利率平價條件，國內的利率水平將以同樣的速率 μ 上升。這一點對第一代貨幣危機模型是很關鍵的，因為當攻擊發生時，可以預見的貨幣貶值必須通過國內利率水平的上升來加以反應。

在投機性攻擊發生時，國內的貨幣市場會發生兩個變化：①由於投機性攻擊 Δr，高能貨幣的供給會減少；②由於國內利率水平的上升，貨幣需求減少。為了達到貨幣市場的均衡，貨幣供給的減少應等於貨幣需求的減少，即 $\Delta r = -\alpha\mu$。由於國內信貸的增長滿

足 $d_t=d_0+\mu t$，所以，國際儲備的減少應滿足 $r_t=r_0-\mu t$。在 T 時刻貨幣危機發生時，國際儲備為 $r_T=r_0-\mu T$，這也就是投機性攻擊的規模 Δr，即 $-\Delta r=r_0-\mu T=\alpha\mu$。整理該式得：

$$T=\frac{r_0-\alpha\mu}{\mu} \tag{14.9}$$

（14.9）式表明，如果一國的國際儲備越充足，國內信貸擴張的速度越慢，貨幣危機爆發所需的時間就越長；反之亦然。

二、第二代貨幣危機理論模型

進入 20 世紀 90 年代，歐洲和拉丁美洲相繼爆發了兩次大規模的貨幣危機。這兩次貨幣危機和第一代貨幣危機模型所研究的貨幣危機相比存在著以下差別：第一，遭受投機性攻擊的國家的貨幣當局由於受到本國經濟週期、銀行部門狀況以及夥伴國家借款約束的限制，它們很難採取傳統的做法去捍衛本國貨幣的匯率，即在外匯市場上拋售外匯以購買本幣；第二，遭受投機性攻擊的國家，尤其是一些歐洲國家，其宏觀經濟基本面與投機性攻擊之間並不存在如第一代貨幣危機模型所闡述的聯繫。為了有效地解釋這一類型的貨幣危機，不少學者通過引入政府的非線性行為而建立起了第二代貨幣危機模型，即多維平衡點模型。這一代理論模型普遍認為：政府的政策並不是機械的和一成不變的，它會隨著私人部門行為的變化而做出相應的變化，或者在固定匯率政策和其他政策目標之間進行權衡。一些模型指出：即使在政府政策與固定匯率制相適應時，政府視還擊與否而進行的政策變化，也會使一國經濟遭受攻擊。而另一些模型指出：市場預期的變化會改變政府的政策目標權衡，從而導致「自我實現」的危機。更新的一些模型也承認：一國經濟處於無攻擊均衡的可能性是存在的，這時投機者即使預見到了獲利機會也未必會採取行動。在這種情況下，任何能夠協調投機者的預期和行為的因素都會使一國經濟在短時間內遭受攻擊。

第二代貨幣危機模型強調，正是政府行為的非線性性，使得一國的經濟可以在多點上達到均衡，也即一國的經濟可能會受到投機性攻擊，也可能不會，即使其內外經濟政策是協調的。理論界有不少文獻從不同的角度對政府行為的非線性性進行了闡述。下面我們將選取多維均衡模型加以討論，以此來闡述第二代理論模型。

1. 攻擊條件性政策變化（Attack-Conditional Policy Changes）

首先我們討論政府的經濟政策隨著私人行為的變化而改變的情況。該模型最早由 Steven Saalant（1984）提出，後經 Obstfeld（1988）進一步發展。這裡的經濟政策主要指貨幣政策，即國內信貸量。我們把政府的非線性行為引入標準的第一代危機模型。假設一國的固定匯率沒有受到投機性攻擊，則該國的國內信貸將以速率 μ_0 增長；而如果受到攻擊，則國內信貸會以更快的速率 μ_1 增長。為了討論的方便，我們假定 $\mu_0=0$，也就是說，如果不存在其他的干擾因素，該國的固定匯率將在一定信貸規模的基礎上持續存在下去。我們用圖 14-2 表示。

假設現在國內的信貸規模 d 位於 d^B 的左側。如果不存在投機性攻擊，影子匯率將位於直線 $\tilde{s}_{\mu_0}$ 上。如果存在攻擊，影子匯率將跳到直線 $\tilde{s}_{\mu_1}$ 上，當然仍低於固定匯率 $\bar{s}$。在這種情況下投機者顯然是不會發動攻擊的，因為這會給投機者造成資本損失。

現在我們假設國內信貸水平位於 d^B，這時直線 $\tilde{s}_\mu$ 與 $\bar{s}$ 相交於 B 點。在沒有投機性攻擊的情況下，$\mu = \mu_0$，影子匯率位於直線 $\tilde{s}_{\mu_0}$ 上的 C 點。如果投機者對固定匯率發動攻

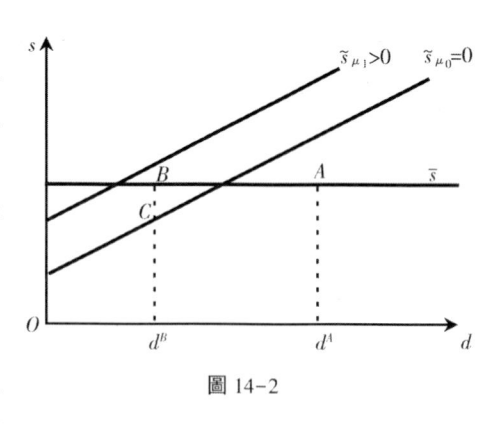

圖 14-2

擊，影子匯率從 C 點跳到 B 點。這時投機性攻擊將取得成功，但對於投機者來說，他們不會從中取得任何利潤。在這種情況下，該國的經濟有可能在 C 點達到均衡，固定匯率制得以維持；也有可能在存在投機性攻擊的情況下在 B 點達到均衡，固定匯率制最終將崩潰——該國經濟處於多維均衡點。但從投機者的角度來看，並不存在任何獲利機會使他們將該國經濟由 C 點推向 B 點。

如果國內信貸水平位於 d^B 與 d^A 之間，這時該國是否存在多維均衡點就要看投機者對經濟的影響力大小，以及他們的預期和行為是否協調一致了。如果投機者對市場的影響力很大，例如，George Soros 在 1992 年對英鎊發動攻擊的情況，就不存在多維均衡點了。該國的經濟將位於 $\tilde{s}_{\mu_1}$ 上，投機者均預期到固定匯率將崩潰，利益的驅使將使他們採取一致的行動對該國貨幣發動攻擊。但如果外匯市場上投機者的力量都比較弱小，彼此之間又缺乏一致的預期和行為，他們就沒有足夠的力量把該國經濟從非攻擊的均衡推向受攻擊的均衡。這時，多維均衡點是存在的，該國的固定匯率制將持續存在下去。

2. 政府的政策權衡（Government's Trade-offs）

接下來我們闡述政府非線性行為的第二種情況：投資者市場預期的改變會使得政府在其經濟決策中重新進行權衡，從而引發「自我實現」的危機。這一模型是第二代貨幣危機理論模型的主流，最早由 Obstfeld 在 1994 年提出。在解釋貨幣危機發生的機制時，該理論認為主要存在三個因素：第一，存在促使政府捍衛固定匯率的動機；第二，存在促使政府放棄固定匯率的動機；第三，市場的預期貶值最終導致政府放棄固定匯率。事實上，政府是否捍衛固定匯率取決於對上述前兩個因素衝突的權衡。但是，當市場預期匯率貶值時，捍衛固定匯率的成本將大大增加，最終促使政府放棄固定匯率制。

促使政府捍衛固定匯率的原因有：第一，本國曾有過惡性通貨膨脹的歷史，固定匯率制有利於增強政府降低通脹的可信性；第二，固定匯率有利於國際貿易與融資（減少了外國投資者的匯率風險）；第三，維持固定匯率有利於國家信譽與國際合作（如對歐洲貨幣體系的承諾）。

促使政府放棄固定匯率的可能因素有：第一，本國存在高失業率，為降低失業率政

府希望採取擴張的貨幣政策，而這在固定匯率制下是無法實現的（這正是 1992 年英國脫離歐洲貨幣體系的主要原因）；第二，政府負有以本幣計值的巨大外債，貨幣貶值可以減輕實際債務，但這在固定匯率制下做不到（如 1920 年法國法郎危機的主要原因是：投機者懷疑為減輕第一次世界大戰的債務負擔，法國政府可能會對法郎貶值，於是對法郎進行衝擊）。

市場預期匯率貶值之所以導致政府放棄固定匯率的原因在於：預期因素改變了原先的利弊平衡關係——政府是否捍衛（或放棄）固定匯率取決於捍衛（或放棄）的利弊平衡。在 Obstfeld 的理論模型中，引入了社會損失函數來作為政府選擇政策模式的標準。根據 Obstfeld 的分析，政府在制定政策時通常會採取兩種行為模式：①始終如一地採取固定匯率制；②相機抉擇（不定期調整匯率）。政府在制定匯率政策時會考慮到本國的經濟發展狀況以及公眾的預期。在這兩種行為模式下，預期的匯率貶值率是不同的，前者的值為 0，後者為一大於 0 的數值。由此可以計算出兩種模式下不同的社會損失函數。Obstfeld 通過對這兩個函數進行比較後認為：一國的經濟隨時都會受到許多不確定性因素的干擾。這些因素有大有小，有利有弊，用 μ 來表示，μ 的均值 $\bar{\mu}=0$，而方差為 σ^2。當 $\sigma^2=0$ 或較小時（即不確定性較小時），政府採取始終如一的固定匯率制會使社會損失最小，此時該國經濟處於不受投機性攻擊的均衡狀態；而當 σ^2 較大時（即不確定性增大時），政府為減少社會損失會採取相機抉擇的匯率政策，此時該國經濟處於受攻擊的狀態。從以上的分析可以看出，該理論是在考慮到私人部門預期的前提下對政府的最優行為進行研究的。正是政府行為的非線性性導致了多維均衡的產生。當干擾經濟的因素增多時，政府就會採取相機抉擇的行為方式，使本國的匯率政策隨著經濟狀況的變化而變化。此時的政府就會在捍衛固定匯率制和其他經濟目標間進行權衡。當市場參與者認為政府所採取的政策（如提高國內利率水平）在長期範圍內不利於本國經濟的發展，從而不可能在長期內維持固定匯率制時，投機者就會對該國貨幣進行攻擊，迫使政府最終放棄固定匯率制。這樣，貶值預期本身就是貨幣危機的直接原因，形成所謂危機自促成（Self-Fulfilling）。

Obstfeld 進一步認為，在通常情況下，一國政府會採取混合的政策行為模式，即：在大多數情況下採取始終如一的固定匯率制，而在干擾因素分佈極不規則時引入逃匿條款，採取相機抉擇的行為模式。當然，政府在求助於逃匿條款時會付出相應的成本。這些成本可以理解為政府的名譽或可信任程度的降低，更數據化一些可以理解為當該國貨幣貶值時貨幣當局所放棄（或投機者所獲得）的資本收益。

當政府採取始終如一的固定匯率制時必須滿足下列不等式：

$$L^R < L^D + C \tag{14.10}$$

其中：L^R——政府採取始終如一的固定匯率制時的社會損失；

L^D——政府採取相機抉擇的匯率制度時的社會損失；

C——實施逃匿條款時的成本。

在成本 C 一定的條件下，政策制定者所要面臨的問題是當經濟干擾因素為多大時實施逃匿條款，即確定一個 μ_e 值，使得

$$L^R(\mu_e) = L^D(\mu_e) + C \tag{14.11}$$

我們用圖 14-3 來表示公式 (14.11)。

在圖 14-3 中，曲線 $L^R - L^D$ 和直線 C_0 相交於 A、B 兩點，對應的 μ 值為 μ_L 和 μ_H。如果私人部門認為當 $\mu_e = \mu_H$ 時政府會實施逃匿條款，政府會發現採納這一值很好地解決了最優化行為的問題，因此這一點就成為逃匿條款的觸發點。以此類推，μ_L 也可能成為逃匿條款的觸發點。

對圖 14-3 的多維均衡所具有的政策含義，Flood 和 Marion 曾進行

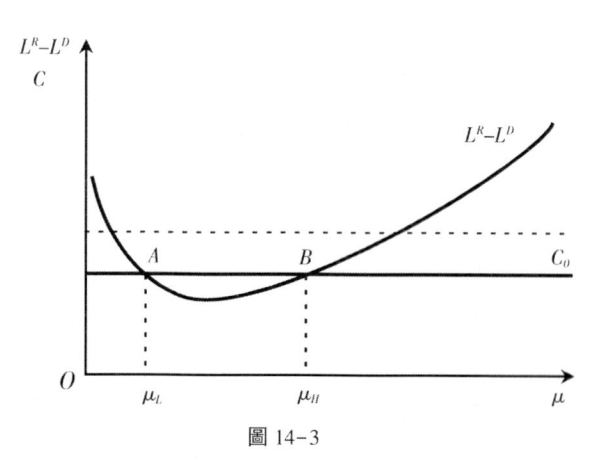

圖 14-3

過研究。他們發現當存在多維均衡時，增加放棄固定匯率制的成本會增加貨幣危機爆發的可能性。這一點可以從圖 14-3 清楚地看出：當一國經濟在 A 點處於均衡時，直線 C_0 向上移動將得到一個更大的 μ_e 值，以至於一個很小的干擾因素都很有可能引發貨幣危機。C 的大小和政府捍衛固定匯率的決心有關。例如，從歐洲貨幣體系過渡到歐洲貨幣聯盟，歐盟各國承擔了更多的維持固定匯率的責任，使得實施逃匿條款的成本 C 增加。因此，從某種意義上說，如果多維均衡在實證上是可能的，一國承擔過多的維持固定匯率的責任將是一種錯誤的政策安排。

以上我們通過闡述兩個具有代表性的模型解釋了多維均衡形成的過程。其實引起一國經濟處於多維均衡狀態的原因是多種多樣的，理論界也存在著各種各樣的解釋。如在最近的文獻中有人又提出了兩個頗具新意的模型：簡單的國際收支模型 (Balance-of-Payments Model) 和風險溢價模型 (Risk Premium Model)。多維均衡理論的提出，使第二代貨幣危機模型擺脫了單純依靠宏觀經濟基本面的限制，在考慮貨幣危機的成因時擴展了我們的思路；但這並不是說一國的經濟基本面在第二代模型中就不重要了，以 Obstfeld 為首的一些學者在模型中仍然十分注重一國的經濟基本面，在他們的理論論述中勾勒出了基本經濟變量的中間地帶。他們認為：在經濟未進入該地帶時，經濟基本面決定了危機爆發的可能性，此時危機完全不可能發生或必然發生；而當經濟處於這一中間地帶時，主導因素就變成投資者的主觀預期，危機是否爆發就不是經濟基本面的變化所能解釋的。例如，在攻擊條件性政策變化模型中，這一經濟中間地帶就是 d^B 與 d^A 之間的區域；在政府政策權衡模型中，多維均衡就存在於 μ_L 與 μ_H 之間的區域。在第二代貨幣危機模型中，內外均衡的矛盾仍然是主要問題，政府維持固定匯率制是有可能的，

但是成本可能會很高。政府的願望與公眾的預期偏離越大,維持固定匯率制的成本越高。因此,當公眾產生不利於政府的預期時,投機者的行為將導致公眾喪失信心從而使政府對固定匯率的捍衛失敗,危機將提前到來。因此,在第二代貨幣危機模型中,投機者的行為是不公正的,特別是對東道國的公眾來說,是不公正和不道德的。

三、第三代貨幣危機理論模型

兩代貨幣危機理論模型的建立,使國際投資者的注意力更多地集中到理論模型中所涉及的預警信號,如財政貨幣政策、GDP 的增長、失業率以及物價水平等。就連 IMF 等國際金融組織長期以來也以這些指標作為衡量一個國家經濟發展狀況好壞的標準。但是,當把注意力轉移到發生在東南亞國家的貨幣危機時,我們會發現一個奇怪的現象:發生危機的國家既沒有實行過分擴張的財政貨幣政策,也沒有出現基本的宏觀經濟指標惡化的現象。有關詳細數據如表 14-1 所示:

表 14-1

項目 國家 年份	政府公債 (占 GDP 的百分比)			通脹率			儲蓄率 (占 GDP 的百分比)			GDP 真實增長率		
	1994	1995	1996	1994	1995	1996	1994	1995	1996	1994	1995	1996
韓國	1.0	0.0	0.0	6.3	4.5	4.9	34.6	35.1	33.3	8.6	8.9	7.1
泰國	2.0	2.8	1.6	5.1	5.8	5.9	34.9	34.3	33.1	8.9	8.7	6.4
印度尼西亞	0.0	0.8	1.4	8.5	9.4	7.9	29.2	29.0	28.8	7.5	8.2	8.0
菲律賓	-1.6	-1.4	-0.4	9.0	8.1	8.4	19.4	17.8	19.7	4.4	4.8	5.7

資料來源:IMF. 世界經濟展望, 1997(12)

雖然,隨著真實匯率的上升,這些國家的出口增長減慢,但國際觀察家們所關心的其他指標都處於正常範圍。首先,政府並未出現預算赤字,通過外債進行融資的主要是私人公司和銀行;其次,和爆發貨幣危機的拉丁美洲國家相比,表中四國的通脹率用消費物價指數來衡量並不算高,相反,資產價格則明顯地表現出通脹的跡象;最後,雖然表中四國的出口增長緩慢,但它們的實際經濟變量仍處於良好狀態——GDP 的增長率和儲蓄率都相對較高,失業率也屬正常,沒有宏觀經濟基礎惡化的跡象。而在第二代貨幣危機模型中,宏觀經濟基礎的好壞會直接影響到政府匯率目標的可信度。因此,在分析這類貨幣危機時不能從傳統的思路出發。

對於危機原因的尋求,第一,不能從政府的宏觀經濟政策中去找,因為沒有跡象表明這些政策引起了宏觀經濟基礎的惡化。雖然採取固定匯率制會引起真實匯率的上升和出口競爭力的下降,其本身似乎就是一個錯誤的宏觀經濟政策,但從世界範圍來看,不少採取固定匯率制的國家都出現過真實匯率上升的現象,而它們並沒有因此放棄固定匯率制。第二,不能從外匯市場中尋找答案,因為在泰國的貨幣危機爆發以前,外匯市場並沒有顯示

出不穩定的跡象。

因此，理論界把注意力集中於東南亞國家的金融機構上。其中原因有四：第一，這些國家的銀行和金融機構在相當長的時間內都能夠利用外資進行融資，外國投資者似乎並沒有把任何重大的風險和他們的投資聯繫起來；第二，許多東南亞的金融仲介機構都認為，一旦它們的經營不善而使外國投資者利益受損時，本國政府和國際金融機構(如IMF)就會介入並給予援助；第三，東南亞國家普遍沒有嚴格的金融監管條例；第四，銀行貸款的急遽膨脹使得資產價格迅速攀升。此外，由於過度投資，一些行業已經出現生產能力過剩的現象。

一旦認識到這幾個事實，就不難從金融仲介機構的行為模式中找到一些東南亞國家貨幣危機發生的原因。克魯格曼(1998)指出這些金融機構的行為特徵就是「道德危機」(Moral Hazard)。他用一個極其簡單的例子來對這一論斷進行瞭解釋：假設一個金融機構面臨著兩種投資選擇——安全的投資，預期的投資回報率為7%；冒險的投資，預期投資回報率為10%。如表14-2所示：

表 14-2

預期投資回報	安全的投資	冒險的投資
經營良好時	107	120
經營不善時	107	80
平　均	107	100
要求的回報率	7	10

資料來源：克魯格曼. What Happened to Asia? [C]. Mimeo, 1998(1).

對於冒險的投資方案，該金融機構會在經營狀況良好時獲得20%的利潤，但也有可能在經營不善時遭受20%的損失。該機構估計兩種情況發生的概率均為50%，這意味著它的平均回報率為0，遠低於預期回報率10%。很顯然，它不會採取冒險的投資方案。

但是，當該機構認為政府或者其他組織在必要時會介入時，它就會對其預期進行調整：經營良好時的回報率為20%，而經營不善時的回報率為0。因此，「道德危機」意味著整個決策過程被扭曲了：該金融機構預測出在這種情況下它的平均回報率為10%，比它採取安全的投資方案能獲得更多的利潤。因此，冒險的投資方案就將安全的投資方案擠出了。此外，由於這些金融機構一般都受到政府很好的保護，所受到的金融監管較少，又能夠以世界市場的利率水平向國外舉債取得資金，所以一旦遇到投資回報率較高的項目，它們就會不顧風險地大規模投入。因此，從整個國民經濟的角度來看，其結果必然就是投資過度及其所帶來的投資收益率整體水平的下降。但是，如果投資者在計算其收益率時把資產價格的上漲考慮在內(例如房地產和股票價格會隨著信貸擴張而上漲)，這股投資熱潮就會持續相當長的時間。隨著風險性投資的增加，政府逐漸無力介入以支撐金融仲介機構的損失，也沒有能力使國外的銀行相信它們的貸款是安全的。作

為一種規律，投機者的貶值預期隨之而來，貨幣危機的爆發在所難免。關於這一點，克魯格曼(1998)已通過模型進行過詳細的闡述。

克魯格曼模型的特別之處在於：即使不存在宏觀經濟因素的失衡，貨幣危機也會發生。在一國銀行金融體系擁有高比例的國外資金來源，而這些資金又因為「道德危機」而被錯誤運用的條件下，發生貨幣危機的可能性就更大。因此，貨幣危機在某種程度上也可以看做系統金融危機的結果。

克魯格曼模型對東南亞國家貨幣危機的解釋，有助於我們更深入地理解貨幣危機是怎樣產生的——即使爆發危機的國家擁有較好的宏觀經濟因素。當然，第一代和第二代危機模型中所提及的引發危機的因素，在東南亞國家中也存在，不能忽略。貨幣危機和銀行危機幾乎是緊密相連的，要防範貨幣危機，必須保持銀行體系的穩定和宏觀經濟基礎變量的均衡合理。

第二節　發展中國家的債務危機

一、外債的定義

由國際貨幣基金組織、世界銀行、國際清算銀行和經濟合作與發展組織的專家組成的「外債統計國際工作小組」於1984年3月舉行會議，第一次討論了外債問題。這一小組發表的一項報告對外債的定義、統計和方法作了明確的規定。

該小組對外債下的核心定義是：「外債總額是一個國家一定時期居民對非居民的應還未還的契約負債總額，包括本金的償還(無論這一本金是否有利息)和利息的支付(無論這一利息是否和本金有關)。」

對上述定義，該工作小組做了進一步的說明：

(1) 債務總額是直接同債務償還有關的總額，這是計算其他總量指標如淨債務額的基礎；

(2) 契約負債是決定一筆負債是否是「債務」的標準，股份參與就不是債務的一部分；

(3) 本金和利息是指用現金(外國貨幣)或用商品償還的部分，包括無息貸款、有息的各種證券(工具)，但不包括諸如永久債券這樣的本金和利息的支付；

(4) 應還未還的債務的提法表明這一債務不包括不用償還的或其他臨時性的負債。

上述定義沒有提到「到期」問題，這表明這一定義包括長期債務和短期債務兩者。

簡言之，第一，外債是一個國家居民欠非居民的、必須用外國貨幣或商品償還的契約債務。外國的直接投資和公司股份都不包括在外債之中。第二，外債包括雙邊的或多邊的官方債務、官方擔保的債務和未擔保的私人債務。貸款者包括其他國家的政府、國

際機構、商品和勞務供應者(製造商、出口商等)、私人商業銀行和私人金融機構以及其他貸款者。

二、發展中國家債務問題的歷史回顧

從19世紀末到20世紀80年代，發展中國家的債務呈現出高—低—高—低的過程。1982年發生的國際債務危機，使許多國家的經濟經歷了長達10年乃至更長時間的衰退。

(1) 第一次世界大戰爆發以前，大量的資本從歐洲流向發展中國家和地區。這一時期資本流動主要採取貸款的形式。1870—1914年，英國向海外的平均投資額超過其國民生產總值的5%，另兩個主要的對外貸款國法國和德國為2%~3%。許多發展中國家還經常通過倫敦的金融經紀人和銀行辛迪加來發行債券以籌集資金，這一時期即使發生到期不能還款的事件，受影響的也只是債權人和債券持有者，並未發生世界性的債務危機。

(2) 第一次世界大戰後，倫敦喪失了其世界金融中心的地位，美國一躍成為對欠發達國家的主要貸款者。20世紀20年代，許多發展中國家在美國發行債券，越來越多的直接投資從美國流向了發展中國家。30年代發達國家的經濟大危機使發展中國家外匯收入來源受到極大影響，發展中國家的外國融資也幾乎完全枯竭。這段時期發展中國家不能按期還款成為普遍現象。直到第二次世界大戰爆發時，大部分發展中國家仍極難歸還國外貸款。

從1945年到20世紀70年代初，流向發展中國家的資本有下面三種形式：政府貸款、外國出口商提供的短期貿易信貸以及外國直接投資。當貸出國政府為與貿易有關的信貸作擔保，以之作為對本國出口的間接補貼時，許多發展中國家的貿易信貸便成為政府貸款。由於個別借款國在這段時期還債比較困難，有關國家政府和國際貸款機構於1956年成立了巴黎俱樂部，作為債權人調整債務償還期的基本機構。當債務償還需要延期的時候，就需要債務重組，即重新商定還債期限，但延期償還的債務要收取利息。

(3) 1973—1974年石油價格的急遽上升，使石油輸出國組織累積了大量的「石油美元」。這些石油美元又大部分流回到發達國家的金融市場，於是出現了私人商業銀行向發展中國家貸款的高潮。

油價上升的一個直接後果就是主要石油出口國 1973—1974年經常項目的盈餘增加了10倍。工業化國家整體上在第一次石油危機後出現了短期赤字，但它們不久後就消除了赤字。相反，非石油出口的發展中國家經常項目赤字在1974年急遽上升，到1978年還一直居高不下。

而其他發展中國家為了彌補石油價格上升所帶來的巨額赤字，大量舉借外債。由於發達國家銀行的利率極低，即使加上借款的風險升水，發展中國家外債的實際利率還是歷史上相對較低的，這便鼓勵了這些國家舉借外債。

1979年的第二次石油危機又給主要石油輸出國的經常項目帶來了新的盈餘，同時也使其他國家的赤字更加嚴重。石油生產國的收入又一次循環到發展中的借款國手中。但

是，1981年工業化國家整體的經常項目收支接近平衡，而非石油出口發展中國家在那一年借了700億美元來彌補整個經常項目的赤字。到1982年，石油輸出國自己也出現了赤字，因此不能再向仍有巨額赤字的其他發展中國家提供資金。結果，在1982年下半年的債務危機之前，欠發達債務國要從發達國家銀行獲得貸款就變得越來越困難了（表14-3）。

表14-3　1973—1994年主要石油出口國、其他發展中國家和工業化國家的經常項目餘額

單位：十億美元

年份	主要石油出口國	其他發展中國家	工業國	年份	主要石油出口國	其他發展中國家	工業國
1973	6.28	-3.46	14.09	1984	-5.23	-27.77	-56.61
1974	65.17	-21.77	-21.37	1985	-0.70	-25.21	-65.87
1975	34.13	-31.08	11.11	1986	-36.87	-10.09	-34.27
1976	31.15	-17.87	-8.57	1987	-10.51	5.78	-67.01
1977	20.74	-13.03	-12.86	1988	-29.10	4.21	-57.01
1978	-4.53	-21.20	20.33	1989	-10.71	-6.20	-84.13
1979	53.07	-32.12	-16.25	1990	1.13	-12.73	-110.10
1980	92.84	-53.21	-45.81	1991	-76.57	-11.38	-32.14
1981	32.15	-70.45	-2.34	1992	-46.92	-20.19	-43.21
1982	-17.86	-60.07	-26.72	1993	-48.46	-56.16	12.14
1983	-16.97	-41.24	-19.17	1994	-47.37	-58.84	7.79

資料來源：International Monetary Fund。由於誤差、遺漏及沒有包括一些國家（如蘇聯集團國家），全球經常項目收支之和不為零。

三、20世紀80年代的債務危機

（一）債務危機的情況

20世紀80年代拉美一些國家出現債務危機，其持續時間較長，負面影響較大。由於1973—1974年和1979—1980年兩次出現石油危機，一方面OPEC成員國獲得了巨額盈餘，另一方面非OPEC成員國卻出現了國際收支長期逆差，再加上發達國家的一般價格水平有一定幅度的上升，發達國家管理層不得不通過執行和實施限制性稅收政策、開支政策以及緊縮的貨幣政策來降低總需求，從而最終導致許多發展中國家，特別是拉美國家，出現嚴重的償債困難。這些拉美國家一方面不得不承擔借款成本和償債成本不斷升高的大量即將到期的國際債務，另一方面又遇到了前所未有的不斷惡化的貿易出口條件，從而不能按期如數償還國際債務。1982年8月墨西哥政府宣布無力償還外債，這標誌著20世紀80年代歷時多年的債務危機的開始。如表14-4所示。

表 14-4　　　　　　　　1986 年有關國家未償還債務一覽表　　　　　　單位：億美元

國家	墨西哥	巴西	阿根廷	菲律賓
對商業銀行的未償債總額	737	788	313	141

資料來源：國際清算銀行(BIS)有關年報. 麥克爾·布萊克維爾,西蒙·諾切拉. 將債權轉換成股權的影響［J］. 金融與發展，1988(6)：15-16.

80 年代債務危機期間，許多發展中國家都面臨著還本付息的困難。如繼墨西哥宣布其無力償還外債之後，1983 年 2 月巴西與債權銀行簽署了一項有關債務重新安排的一攬子融資協議，1985 年 5 月智利開始實施綜合性債務股權轉換計劃，1987 年 2 月巴西宣布延期支付商業銀行的利息。同時，在債務處理期間，發達國家的政府貸款和私人貸款也受到了不同程度的影響。如 1987 年 5 月花旗銀行宣布設立 30 億美元的貸款損失儲備，1987 年 6 月七國集團首腦建議最貧困國家的官方債務重新安排的到期時間延長至 20 年，1988 年玻利維亞按一定的折扣率購回了它在國際商業銀行的債務，墨西哥將 37 億美元的公共部門中期銀行債務轉換成 26 億美元的 20 年期的墨西哥債券。

在拉美國家債務危機期間，債務國與債權國、債權銀行和國際金融機構採取了一系列措施，在 1988 年年末到 1989 年年初，基本上遏制住了危機的進一步蔓延。但是，無論從理論上講還是從實踐上看，這場歷時 6 年的拉美債務危機都給國際金融市場活動和國際資本流動帶來了一定的負面影響，國際資本流動出現了緊縮現象，並帶有一定的不穩定性。

（二）債務危機的特點

1. 債務規模巨大

20 世紀 80 年代初爆發的債務危機，實際形成於 20 世紀 70 年代。自 1973 年以來，發展中國家的外債增長速度過快。根據 IMF 的統計，從 1973 年到 1982 年，非產油發展中國家的債務從 1,301 億美元增加到 6,124 億美元，負債率從 115.4％增加到 143.3％，償債率從 15.9％增加到 23.9％。並且，債務危機爆發以後，發展中國家的債務總額繼續增長，1988 年達到 9,932 億美元，1990 年超過了 13,000 億美元。尤其嚴重的是，自 1984 年以來，由於債務總額的累積和還本付息負擔的不斷加重，以及國際商業貸款資金的減少，國際借貸資本已形成了由發展中國家向發達國家的淨流出，1988 年發展中國家資金的淨流出額已超過了 500 億美元，可見債務負擔問題是相當嚴峻的。

2. 債務高度集中

就 20 世紀 80 年代國際債務的分配格局而言，債務負擔沉重的發展中國家的實際情況大不相同。自 1982 年以後，發展中國家外債的半數，是集中在以南美中等收入發展中國家為主的十幾個國家。它們的債務總額仍在增長，當年應償還的債務本金和利息占出口收入額的比重到 80 年代末仍在 40％以上，遠遠超過國際公認的 20％的警戒線，它們的債務總額占其國民生產總值的比重也仍然超過了 50％。而且，對這些重債國來說，其

債務的 70%以上是欠國際私人商業銀行的貸款，因而還本付息的負擔十分沉重。

3. 某些低收入債務國的處境十分艱難

在外債負擔最為沉重的國家當中，還有位於撒哈拉南部的非洲國家，這是世界上最貧窮的地區。這些國家的經濟基礎非常薄弱，國家的財力極為有限，基礎設施十分貧乏，出口產品主要是原材料和初級產品，需求缺乏彈性，在世界經濟不景氣時期遭受的打擊最為沉重。此外，這些國家的教育水平普遍低下，有的還有饑餓和營養不良的嚴重問題。它們的外債總額與南美主要債務國相比雖然不大，在 20 世紀 80 年代末仍不到 1,300 億美元，而且其中約 70%是官方貸款，條件比較優惠，但是它們的外債總額幾乎與其國民生產總值相等。

(三) 債務危機的性質

從 1982 年開始的債務危機震撼著世界，但這場危機的性質究竟是什麼，人們有著不同的看法。

危機發生後不久，當時的世界銀行行長 A. W. 克勞森於 1983 年 2 月作了一個題為《第三世界債務和全球的復甦》的報告。他認為，第三世界國家債務問題是借款國的「流動性問題」(Liquidity Problems)，即短期的用於償還的資金的週轉困難問題，而不是「償債能力問題」(Solvency Problems)，即較長時期的還債能力不足問題。他說：「所謂流動性問題是指短期債務償還能力問題。一個國家的主要出口品價格下跌，或主要進口品的價格上漲，都會引起按時償還債務的麻煩。到適當時候，這個國家或者擴大出口，或者削減進口，但這種調整都要花費一定的時間。即使是那些不存在償債能力的國家，流動性問題也可能發生。」他又說：「所謂償債能力問題是指一個較長時期內支持一定量債務的能力問題。一個國家償還債務的能力取決於國民收入的增長和長期的出口能力。因此，一個正在增長中的經濟能夠安全地支持日益增長的債務。」由於第三世界國家債務危機剛剛露頭，因此，克勞森認為：第一，國際借貸的膨脹是正常的、健康的和極其必要的。國際投資的擴大是全球經濟健康發展的一種正常狀況。第二，大多數發展中國家 20 世紀 70 年代對經濟建設的重點管理是極其成功的，因而它們(尤其是中等收入的發展中國家)不存在償債能力問題。只有極少數低收入國家才面臨著債務的較長時期歸還問題。然而，低收入的非洲國家的商業貸款債務只占全部發展中國家債務的 2%。第三，國際貸款體系(各商業銀行、中央銀行、國際貨幣基金組織、世界銀行等)是強有力的和富於彈性的。他繼續說，如果發展中國家的出口不能增長，第三世界國家債務問題就將繼續下去，並可能變得更加危險。後來的事實證明，由於發達國家的低速增長、貿易保護主義的盛行、發達國家對外經濟援助的削減、發展中國家貿易條件的惡化以及利率和匯率的上升，第三世界國家的債務問題更加惡化了，債務危機更加嚴重了。

根據經濟與合作發展組織和國際清算銀行 1993 年 12 月的統計，1983—1991 年全世界 150 多個發展中國家和地區的未償還外債總額如表 14-5 所示。

表 14-5　1983 年 12 月—1991 年 12 月 150 多個發展中國家和地區未償還外債總額

單位：百萬美元

年份	外國銀行債權 總額 ①	其中：經擔保的債權 ②	非銀行貸款 ③	總額 ④=①+③
1983	594,688	59,768	114,018	708,706
1984	595,486	62,491	112,623	708,109
1985	665,303	74,520	126,258	781,561
1986	708,061	87,159	136,255	844,316
1987	772,500	96,361	154,395	926,895
1988	769,331	80,403	139,727	909,058
1989	779,325	83,387	141,727	921,052
1990	818,674	94,111	155,915	974,589
1991	835,889	104,138	160,648	996,537

資料來源：根據 IMF International Financial Statistics 整理而成

從表 14-5 可以看出：第一，從 1983 年 12 月到 1991 年 12 月，這 150 多個國家和地區的未償還外債總額在不斷增長，即從 7,087 億美元增長到 9,965 億美元，9 年間增長了 2,878 億美元，增幅達 40.6%。第二，非銀行貸款（雙邊或多邊貸款）所佔比例只有 16% 左右。大多數國家的債務危機不能得到緩和，與這種貸款結構有關。

下面我們再看看 1992 年 12 月和 1993 年 12 月上述國家分地區的外債存量狀況。如表 14-6 所示：

表 14-6　　　　　　　按地區統計的外債存量　　　　　　單位：十億美元

地區 \ 外債類型 時間	外國銀行債權 總額 ①	其中：經擔保的債權總額 ②	非銀行貸款 ③	總額 （④=①+③）
北非和中東 1992/12	90.1	26.8	37.9	128.0
1993/12	87.8	26.3	35.9	123.7
撒哈拉以南非洲國家 1992/12	20.9	6.4	22.9	43.8
1993/12	19.1	6.5	21.7	40.8
拉丁美洲 1992/12	220.8	22.3	36.7	257.5
1993/12	225.6	26.7	33.6	259.2
亞洲 1992/12	214.9	18.2	30.1	245.0
1993/12	236.1	27.1	33.1	269.2
貝克國家 1992/12	236.1	27.1	50.6	286.7
1993/12	238.5	33.1	46.5	285.0

表14-6(續)

地區	外債類型 時間	外國銀行債權 總額 ①	其中：經擔保的債權總額 ②	非銀行貸款 ③	總額 (④=①+③)
東歐	1992/12	100.1	25.3	22.9	123.0
	1993/12	92.1	25.5	25.3	117.4

資料來源：根據 IMF International Financial Statistics 整理而成

說明：①貝克國家(Baker Countries)包括阿根廷、玻利維亞、巴西、智利、哥倫比亞、科特迪瓦、厄瓜多爾、墨西哥、摩洛哥、尼日利亞、秘魯、菲律賓、烏拉圭、委內瑞拉和前南斯拉夫；②東歐包括阿爾巴尼亞、保加利亞、前捷克斯洛伐克、匈牙利、波蘭、羅馬尼亞、蘇聯和前南斯拉夫

從表 14-6 可以看出，1992 年和 1993 年外債集中地區為「貝克國家」、亞洲國家和拉丁美洲國家。1992 年 12 月六個地區的外債存量總額為 10,840 億美元，而「貝克國家」占 26.4%，亞洲國家占 22.6%，拉丁美洲國家占 23.8%。1993 年 12 月這三個地區分別占當年外債存量總額（10,958 億美元）的 26.0%、24.6% 和 23.6%。所謂「貝克國家」乃是在美國財政部長 1985 年提出的解決發展中國家債務危機方案(「貝克計劃」)中的 15 個重債務國。從上述統計數字可以看出，「貝克國家」在兩年中仍然高居外債的榜首，它們的債務危機並未得到緩解。而這些重債國中的重債國，外債狀況仍然嚴峻。例如，1992 年 12 月巴西的外債存量就占了「貝克國家」外債存量的 1/4 以上。

當然，外債總額的大小並不是衡量是否形成債務危機的標準。然而，如果外債借入量大而使用策略又不當，就不會形成新的生產能力，就會使借用的外債成本增大，出現還本付息的困難，從而陷入債務泥潭而不能自拔。

（四）債務危機爆發的原因

20 世紀 80 年代國際債務危機的形成原因，應從債務國國內的政策失誤和世界經濟外部環境的衝擊兩方面加以分析。債務國國內經濟發展戰略的失誤和外債管理方針的不當，使外債規模的膨脹超過了國民經濟的承受能力，這是危機爆發的內因。而世界經濟的衰退、發達國家的貿易保護主義以及國際金融市場的動盪等，則是誘發債務危機的直接原因。

1. 債務危機爆發的內因

（1）盲目借取大量的外債，不切實際地追求高速經濟增長。20 世紀 70 年代的世界經濟衰退和石油價格上漲，使許多非產油發展中國家出現了嚴重的國際收支赤字。而此時歐洲美元市場已有了相當程度的發展，兩次石油大幅度提價後，石油輸出國手中累積了大量「石油美元」。這些石油美元投入歐洲美元市場，使國際商業銀行的貸款資金非常充裕，急於尋找貸放對象，因而國際金融市場的利率很低。於是許多國際收支發生赤字的發展中國家都轉向國際金融市場借入大量外債，急欲追求經濟增長，不斷擴大投資，使發展中國家的外債總額開始加速累積。另外，第二次石油大幅度提價以後，許多

海灣地區以外的產油國家看到油價暴漲，石油出口收入可觀，認為今後絕不會出現償債問題，便借取了大量的國際商業銀行貸款來推動國內的大型項目建設。例如1980—1982年，墨西哥政府曾制定了以石油工業為中心，全面促進工業化的三年經濟發展規劃，耗資達300億美元。這樣，當20世紀80年代初期世界經濟轉入嚴重衰退，石油價格大幅度下跌時，許多產油國如墨西哥、委內瑞拉、印度尼西亞和埃及等都被國際清算銀行列為重債國家。

（2）國內的經濟政策失誤。許多重債國自20世紀70年代以來一直採取擴張性的財政政策和貨幣政策，再加上不適當的匯率和外匯管制措施，造成了一系列的不良後果。差不多所有的拉美重債國家，如阿根廷、智利、墨西哥、委內瑞拉、玻利維亞和烏拉圭等，在債務危機爆發前的1979—1981年，其貨幣幣值都處於定值過高的狀態。不切實際的定值過高不僅嚴重削弱了本國出口商品的國際競爭能力，加重了國際收支的不平衡，而且還促使國內資金不斷地外逃，以躲避日後不可避免的貶值。

在1981年前後，國際金融市場的利率水平升到前所未有的高度，世界貿易處於停滯狀態。而面對如此嚴峻的外部經濟形勢，主要拉美重債國家不是審時度勢地緊縮和調整國內經濟，平衡國際收支，而是繼續其擴張性財政政策，維持高速經濟增長。於是，巨額的財政赤字只能由貨幣供應的超量增長來彌補。這一方面會促使國內資金加速外逃，國際儲備資金的枯竭，另一方面也會導致國內通貨膨脹率的迅速升高。在20世紀80年代的初期和中期，阿根廷、玻利維亞、巴西和秘魯等南美國家先後出現了三位數字的通貨膨脹，使外債問題更加嚴重。

（3）所借的外債沒有得到妥善的管理和高效利用。發展中國家應當盡力設法引進外資來推動國內建設，但是對外資又不能過分依賴。陷入債務危機的主要國家無不是在國際貿易和世界經濟形勢有利，國際金融市場蓬勃發展時，借入了超出自身償還能力的大量貸款，而且也未形成合理的債務結構。這些國家短期債務增加，商業銀行貸款的比重過大。而這類債務利息高，又往往以可變利率計息，受國際金融市場動盪的影響很大，從而加重了外債的負擔。同時，這些國家的外債統計和監測機構及其制度也不健全，效率低，在主要借款來源從優惠的官方貸款轉為私人商業銀行貸款，以及短期債務比重突然增高時，不能迅速形成反饋並影響國內的有關政策。

更重要的是，陷入嚴重債務危機的國家的外債資金利用效率都極低，未能把外債資金全部有效地用於生產性和創匯盈利性的項目，不能保證外債資金投資項目的收益率高於償債付息率。一些重債務國用外債支持的往往是規模龐大而又不切實際的長期建設項目，有的貸款項目根本沒有形成任何生產能力；還有的國家一些外債管理人員貪污腐化，將外債資金挪作不動產或外國證券投資。舉債的目的是實現高速的經濟增長，但是實際結果並非如此。外債沒有給國家整體帶來生產能力的快速增長，而是外債增長速度遠快於國民生產總值的增長速度。這樣在世界經濟形勢突變之時自然難以應付，無法如期償還債務。

2. 債務危機爆發的外因

（1）20世紀80年代初以發達國家為主導的世界經濟衰退。70年代的兩次石油大幅度漲價，已經使發展中國家特別是非產油發展中國家面臨嚴重的國際收支赤字。而且，1979年的石油價格上升還同時誘發了世界經濟衰退，對債務國形成了嚴重的衝擊。在世界經濟的衰退中，以美國為首的發達國家為了轉嫁危機，紛紛實行嚴格的貿易保護主義，利用關稅和非關稅貿易壁壘，減少從發展中國家的進口，使發展中國家出口產品價格，尤其是低收入國家主要出口的初級產品的價格，以及石油價格大幅度下跌，從而使發展中國家的出口收入突然下降。非產油發展中國家的出口收入增長率在1980年為23.8%，1981年為3.7%，1983年竟為-5.2%，即絕對數額下降，於是它們的償債能力自然要下降，債務危機也就在劫難逃了。

（2）國際金融市場上美元利率和匯率上浮。國際金融市場利率上升的作用非常關鍵，因為發展中國家的借款主要是由商業銀行提供的。1979年後，英美等主要發達國家紛紛實行了緊縮的貨幣政策以克服日益嚴重的通貨膨脹，致使國內金融市場利率提高。特別是1981年後，美國貨幣市場利率顯著提高，吸引了大量國際資金流向美國，還引起美元匯率的大幅度提高。其他主要西方國家為了避免國內資金的大量外流，也不得不相應提高其國內的貨幣市場利率水平，從而形成世界範圍的利率大幅度上升。發展中國家債務多數為浮動利率的債務，基準利率如LIBOR和美國優惠利率的上升，也會使商業貸款利率以同樣比率上升。同時，由於發展中國家債務主要是美元債務，高利率形成的美元匯率上浮也必然會大大加重債務國的償債負擔。

（3）國際商業銀行貸款政策的影響。在20世紀70年代初期，美國國內擴張性的貨幣政策和持續性的國際收支赤字，使大量的美元流向國外，促成了歐洲美元市場的發展，商業銀行手中的信貸資金充裕。實際上在1973年第一次石油大幅度提價以前，國際銀行的信貸已經開始膨脹。第一次石油危機以後，國際金融市場在回流石油美元的過程中，為發展中國家提供了大量的貸款。1979年第二次石油危機以後，世界經濟陷入衰退，主要發達國家國內抽緊銀根，提高利率，國內信貸資金需求萎縮，國際商業銀行累積的大量石油美元，不得不轉向國外尋求放款對象。而這一時期，拉美的巴西、墨西哥等國不顧世界經濟的衰退，仍然大力發展國內的長期大型建設項目，借入大量的外部資金。在這期間，拉美國家作為一個整體，它們的國際債務有3/4是官方借款，即中央政府、國家銀行機構的借款，或由官方機構擔保償還的借款。當時國際商業銀行普遍認為國家的信譽最高，官方借款或官方擔保的借款不會發生到期違約拖欠償還的現象。因而在整個70年代和80年代初期，國際商業銀行對發展中國家的貸款迅速增加，使得債務國的私人債務比重上升。但是在1982年以後，國際貸款的風險增大，商業銀行隨即大幅度減少對發展中國家的貸款，這又加劇了發展中國家的資金週轉困難，對國際債務危機的形成和發展起到了推波助瀾的作用。

四、解決第三世界國家債務危機方案的述評

第三世界國家債務危機的發生，引起了全世界各界人士的廣泛關注。於是，從對危機的性質、範圍和利益的不同考慮出發，提出了若幹解決這一危機的方案。其中主要有：美國財政部部長貝克在國際貨幣基金組織和世界銀行舉行的 1985 年 10 月的年會上提出的「貝克計劃」(Baker Plan)、繼貝克之後的美國又一任財政部部長布雷迪於 1989 年 3 月提出的「布雷迪計劃」(Brady Plan)、法國總統密特朗於 1988 年 6 月在加拿大多倫多的七國首腦會議和 9 月在聯合國大會上提出的「多倫多方案」、日本大藏大臣宮澤喜一於 1988 年夏季提出的「日本大藏省方案」、英國財政大臣梅杰在特立尼達的英聯邦會議上提出的「特立尼達條款」、七國集團首腦在 1991 年 7 月倫敦會議上提出的針對低收入發展中國家的「新特殊條款」，等等。以上這些計劃、方案、條款歸納起來包括下面三個主要內容：

1. 重新安排債務結構，調整債務性質

1982 年以來，國際上出現的對債務危機加以管理的各種再安排債務的方案主要是由國際商業銀行提出來的。一般來說，它們不願意減免債務，而只同意延長還本付息的時間，並要使債務的償還更易管理。因而它們主張：①將浮動利率債務轉換為固定利率的長期債券，從而使債務國能作出在未來償還債務的承諾。②實行債務轉換(Debt Swaps)，即將債務轉換為股本(Debt-Equity Swaps)。具體的操作方法是：商業銀行將自己的部分債權按其面值打一定折扣給願意用美元購買債務的第三方(一般是跨國公司)，第三方有權將這一債權向債務國當局轉換為債務國貨幣，然後，第三方將轉換得來的債務國貨幣作為股本向債務國企業投資從而成為這些企業的股東。③在商業銀行貸款給債務國企業的情況下，它們也可將這一債務轉換為負債企業的股份(Shares)。在這種情況下，債權銀行仍然擁有它們資產的票面價值，但只有在負債企業取得盈利時，它們才能得到紅利。④將債務轉換成擔保的債券。其方法是：債權銀行將債務國所欠債務的一部分轉換成有擔保的債券；擔保品為債務國的部分收入、外匯、出售國有資產的部分收入；債務餘額部分可以重新安排，並有五年的寬限期，在此期間，利息支付可以減免。

2. 債務國實行經濟改革

這是國際商業銀行和國際金融機構的主張。它們認為，只有債務國實行經濟體制的改革，調整經濟戰略和策略，才能從根本上提高債務國短期內的償債能力，並使其經濟在中長期內得以改善。它們的主張可以概括為「3D」，即：①貶值(Devaluation)。債務國貨幣應該對外貶值，從而提高商品在國際市場上的競爭能力。②通貨緊縮(Deflation)。實行緊的財政政策，以減少政府的支出；實行緊的貨幣政策，以穩定通貨，防止通貨膨脹。③自由化(Deregulation)。減少補貼，因為補貼破壞了生產資源的最優配置。

這些措施的實施面臨的一個主要問題是經濟調整的資金來源。有人主張調整資金由

國際商業銀行、國際金融機構來解決。例如,「貝克計劃」就提出:國際貨幣基金組織、世界銀行和其他地區性金融機構應提供更多的經濟結構調整貸款(1985年貝克提出在未來的三年內這些機構增撥90億美元貸款);國際商業銀行為支持債務國的經濟調整,也應增加貸款(1985年起的未來三年內增加200億美元貸款)。但由於國際商業銀行不但不增加新貸款,反而加速收回舊貸款,致使這一計劃未能實現。

這些措施所面臨的另一個問題是:在短期內,債務國的經濟狀況不可能得到改觀。這是因為,貶值的「J曲線效應」使它們在一定時期內國際收支不但不能改善,反而更加惡化;雙緊政策必然增加失業;自由化的措施又會使生活必需品的價格上漲,取消對外的一定程度的保護主義必然使本國經濟遭受外來經濟的巨大衝擊。這些都會帶來社會的不穩定。

3. 債務減免

債務減免(Debt Forgiveness)是談論得最多的一個話題。「布雷迪計劃」「密特朗方案」的主要支點就是債務減免。布雷迪在1989年3月提出:如果拉丁美洲債務國接受國際貨幣基金組織的嚴格的經濟調整計劃,即以市場為基礎調整其經濟,並實行穩定的宏觀經濟政策,那麼,美國銀行將在未來三年內減免它們的部分債務本息;各債權銀行通過協商放棄一定比例的舊貸款,用經世界銀行和國際貨幣基金組織擔保的債務替代。

對於債務減免的辦法,有不同的主張。有人主張採取下列方法豁免債務國所欠的本金:直接核銷本金,或由債務國按債務面值以一定折扣買回本金;有人主張以低於市場利率的辦法減少利息的償付;大多數人主張把上述兩種方法結合起來,例如,如果債務國的債務為1,000萬美元,償還期限為5年,浮動利率為13%,那麼,可以把它轉換為期限為20年的長期債券,這樣債務國的債務本金就只有800萬美元,固定利率為8%。

解決第三世界債務危機的上述三個方面都各有利弊,但更多的人主張把這三個方面結合起來。因為,債務危機涉及債權國政府、國際金融機構、國際商業銀行和債務國政府。雖然,各個債務國的債務問題因國內、外的不同環境而有所不同,但它們都牽涉以上各方面的利益。因此,債務危機就應由上述各方共同採取相應措施加以解決。然而實際上,在解決債務危機時,人們往往過多地考慮了債權國和債權銀行的要求,而不是更多地考慮債務國的需要,而且把解決這場危機的責任(尤其是經濟調整的任務)過多地放在了債務國身上。例如,一談到這一危機的解決方法,國際貨幣基金組織就只要求債務國調整經濟,而極少談到整個國際經濟、金融秩序的改革。

第三節　東南亞金融危機

20 世紀 90 年代發生了兩次重大的貨幣危機：一次是 1994—1995 年的墨西哥貨幣危機，一次是 1997 年的東南亞貨幣危機。這裡主要以 1997 年亞洲金融危機為例分析國際資本流動與貨幣危機的關係。

進入 20 世紀 80 年代後，以泰國、印度尼西亞、馬來西亞和菲律賓為代表的東南亞國家，意識到原有經濟體制中過多的控制和管理越來越有礙於資源配置效率的提高和經濟的高速增長，因此紛紛進行了以放鬆管制和提高效率為目的的金融自由化改革。改革的重點涉及放開利率、減少信貸控制、增進金融體系的競爭和提高效率以及促進金融市場的發育和深化。與此同時，四國放鬆了對國際資本流動的限制，增加了匯率安排的靈活性。80 年代初，印度尼西亞基本上取消了對資本流動的限制，馬來西亞也減少了對非本地籌資的國際資本流動的限制，基本上不控制資本流入。80 年代末，泰銖和馬來西亞林吉特釘住了一籃子貨幣，印度尼西亞和菲律賓則實行有管理的浮動匯率制。

各國資本帳戶的開放、國內穩健的宏觀經濟和市場化改革迎合了 80 年代末 90 年代初國際資本市場的發展變化。與此同時，發達國家週期性經濟蕭條與資本需求低迷造成利率下降，推動了大量私人資本流入新興市場。在拉動因素和推動因素的共同作用下，大量資本流入上述四國。如表 14-7 所示：

表 14-7　　　　　　　東盟四國私人資本淨流入占 GDP 的百分比　　　　　　　單位:%

時間 國別	1983—1988 平均	1989—1995 平均	1991	1992	1993	1994	1995	1996
泰國	3.1	10.2	10.7	8.7	8.4	8.6	12.7	9.3
印度尼西亞	1.5	4.2	4.6	2.5	3.1	3.9	6.2	6.3
馬來西亞	3.1	8.8	11.2	15.1	17.4	1.5	8.8	9.6
菲律賓	-2.0	2.7	1.6	2.0	2.6	2	4.6	9.8

資料來源：轉引自 IMF. World Economic Outlook, Dec. 1997

資本的大量流入首先推動了四國實際有效匯率指數的上升（如表 14-8 所示），嚴重損害了出口工業的競爭能力，使這些國家的經常項目出現持續擴大的逆差（如表 14-9 所示）。為了維持匯率的相對穩定，這些國家不得不繼續放開資本項目，試圖以資本項目的順差來沖抵，從而陷入了「經常項目逆差—資本流入—經常項目逆差擴大」這一惡性循環之中。其次，由於這些國家實體經濟規模有限，而政府對私人部門對外負債又有隱含的擔保，因此大量不能被實體經濟吸收的短期遊資被當地銀行引導進入風險較高的證券市場和房地產市場，持續上升的證券價格和房地產價格又進一步吸引新的遊資流入。最後，為了維護匯率穩定，中央銀行被迫吸納流入的外匯，使得相當部分的流入資本轉

化為外匯儲備，造成中央銀行控制貨幣總量的能力下降，貨幣政策失控。因此，高匯率、高短期外債、高經常項目赤字、高銀行資產風險、高地價、高股價的經濟風險因素開始累積。

表 14-8　　　　　東盟四國 1997 年實際有效匯率指數

（1992—1998 年的平均數=100）

時間 國別	1996/12	1997/6	1997/12
泰國	108	109	74
印度尼西亞	104	105	59
馬來西亞	109	113	82
菲律賓	114	118	85

資料來源：轉引自 World Bank. Global Development Finance，1998

表 14-9　　　東盟四國 1991—1996 年經常項目逆差占 GDP 的百分比

單位:%

時間 國別	1991	1992	1993	1994	1995	1996
泰國	-7	-5.7	-5.1	-5.7	-8.1	-7.9
印度尼西亞	-3.4	-2.2	-1.3	-1.6	-3.5	-3.4
馬來西亞	-8.8	-3.8	-4.5	-5.9	-8.5	-5.2
菲律賓	-1.9	-1.6	-5.5	-4.6	-2.7	-4.3

資料來源：轉引自 World Bank. Global Development Finance，1998

　　進入 1996 年之後，部分敏感的投機資本（主要是宏觀對沖基金）意識到了這些國家巨大的經濟風險，開始在遠期和即期市場上對泰銖進行試探性攻擊。同時，部分流入的外國資本也意識到了泰國經濟的不可持續性，開始撤出泰國，造成泰國的地價和股價暴跌，進而損害了持有這些高風險資產的商業銀行、金融機構的資產負債狀況。1997 年 7 月，外部投機資本對泰銖發動了集中的攻擊，並且取得了市場的認同，迅速耗盡了中央銀行的外匯儲備，泰銖被迫貶值，持有大量對外負債（外匯計價）的商業銀行等金融機構的財務狀況迅速惡化，貨幣危機演化為金融危機，基礎經濟也受到嚴重破壞，並且迅速傳染給亞洲的其他新興市場國家。

　　現在我們可以沿著資本流動主線對發展中國家金融危機的發生機制作出簡單的描繪：

　　　　市場化改革提供良好的經濟前景和投資前景，資本項目自由化提供資本流
　　入的可能—國際資本大量流入—經濟過熱（高匯率、高短期外債、高經常項目
　　逆差、高銀行資產風險、高地價、高股價）—逐步轉入衰退—資本大量流出東
　　道國，同時國際投機資本實施貨幣攻擊—緊縮財政以獲取國際組織的經濟援

助，緊縮貨幣以維護本幣匯率穩定—經濟進一步衰退—外匯儲備耗盡，本幣貶值—商業銀行等金融機構財務狀況惡化，金融危機爆發

如果我們將危機的起點「市場化改革提供良好的經濟前景和投資前景，資本項目自由化提供資本流入的可能」換成「經濟進入擴張週期」，上述機制也可能成為發達國家金融危機爆發的路徑。那麼，為什麼發展中國家爆發金融危機的可能性更大呢？作者認為，至少以下幾個因素決定了大規模國際資本流動導致發展中國家爆發金融危機的概率遠遠大於發達國家：

（1）發達國家實體經濟規模巨大，而且其經濟金融體系的彈性很大，這決定了同樣規模的資本流動可能造成發展中國家經濟過熱，但卻可以被發達國家的實體經濟所吸收從而形成現實生產力，不會造成發達國家經濟過熱。

（2）發達國家金融體系完善，宏觀金融調控能力、金融機構的管理能力、金融機構的風險控制能力和金融機構的資產負債狀況均遠遠優於發展中國家，過度的國際資本流動可能造成其國內資產價格的波動，但是難以對金融體系特別是銀行體系造成根本性傷害，爆發系統性金融危機的可能性很小。

（3）發達國家外匯儲備普遍充裕，而且由於政治、經濟的原因，發達國家相互間的經濟合作、協調較強，一旦有資本過度流動的情況出現，這些國家就聯手穩定市場或者聯手打擊投機者。這種合作力量遠遠超越了發展中國家間的合作或者南北合作的力量。

（4）從政治經濟學的角度來看，世界主要的金融資本，特別是國際投機熱錢絕大多數控制在發達國家的金融機構手中，它們一般不會對自己的國家（集團）實施衝擊。

因此，同樣的危機機制對發展中國家更具有破壞性，發展中國家必須採取適當的政策措施來保護自己免受資本自由流動的傷害。

第四節　美國次貸危機

美國次貸危機是 2007 年發生在世界最大經濟體的危機，因此，有許多方面不同於過去發生的經濟危機或金融危機。研究和總結美國次貸危機有著重要的理論意義和現實意義。

一、美國次貸危機簡述

1. 美國次級貸款演變為次貸危機

次級貸款（次貸）是美國為了解決不能滿足商業貸款條件的人（低信用，甚至無信用的人）的住房需要而發放的貸款。正因為這樣，美國的次級貸款在解決美國人的住房問題的同時，也潛伏著巨大的危機，即潛伏著些低信用或無信用的人，因為客觀或主觀原因而不能按時還本付息的危機。

而次級貸款的潛在風險演變為次貸危機則是在三股力量共同作用下發生的。這三股力量是：美國政府對次級貸款及其證券化的支持，次級貸款推出及證券化過程中金融機構的道德風險和美國中央銀行（美聯儲）為抑制通貨膨脹而提高利率的貨幣政策。也可以說，次貸危機的始作俑者是美國政府及其設立的次級貸款機構和次級貸款證券化機構；各種類型的金融機構和評級機構的道德風險使次級貸款中潛在風險演變為次貸危機；美國中央銀行加息的貨幣政策使次級貸款變為不良貸款、次級債券變為不良債券，最終導致次貸危機。

2. 美國次貸危機的發生、發展和高潮

（1）序幕（發生）。2007年3月，美國第二大次級貸款機構新世紀金融公司透露它所經營的次級貸款問題嚴重。4月2日，新世紀金融公司申請破產保護，從而揭開了美國次貸危機的序幕。

（2）發展。2007年6月到2008年9月，美國次貸危機進一步擴大。被譽為資本和商品市場「主力兵團」的美國第五大投資銀行貝爾斯登公司（建於1923年）於2008年3月17日宣告破產，並被摩根大通以極低的價格（每股2美元，總共2.7億美元）收購。2008年9月7日，為避免更大範圍金融危機的發生，美國政府接管了兩大住房抵押公司——房利美（Fannie Mae）和房地美（Freddie Mac）。

（3）高潮。2008年9月14日，美國第四大投資銀行雷曼兄弟控股公司（成立於1850年）根據美國破產法，向美國聯邦破產法庭遞交破產保護申請。9月15日，為了避免雷曼兄弟公司破產的影響，美國銀行與美國第三大投資銀行美林集團（1914年建立）達成協議，收購美林集團。這樣，美國五大投資銀行只剩下摩根士丹利和高盛集團。而這兩家投資銀行為了避免次貸危機的衝擊，不得不於9月22日向美聯儲提出了轉為商業銀行的申請。美聯儲同意了次貸危機中存活下來的最後兩家主要投資銀行成為金融控股公司的申請。

3. 美國次貸危機的深化

次貸危機的深化表現在三個方面：一是次貸危機已經演變為一場經濟危機；二是次貸危機引起全球性信貸緊縮；三是次貸危機導致市場信心危機。

（1）次貸危機演變為經濟危機

美國全國經濟研究局2008年12月1日發布的研究報告稱：美國經濟從2007年12月以來就陷入了衰退。不論是國民消費、就業市場、企業投資，還是產業及出口前景，都顯示美國經濟陷入衰退。

美國經濟的放緩波及歐洲、日本經濟，然後再使大多數新興市場經濟國家和發展中國家經濟發展也受到牽連，為此，全球經濟增長率從2007年的5.7%下降至2008年的3.1%，而2009年全球經濟增長為零增長。美國經濟也陷入衰退，從2007年的1.8%下降至2008年的-0.3%，2009年為-2.8%。時任IMF首席經濟學家的奧利維爾·布蘭查德說，金融危機尚未到底，其時只是危機的開始，金融危機正在演變成一場更廣泛的經

濟危機，預計危機還將持續一段時間，恢復正常的經濟增長要等到 2011 年。

(2) 次貸危機引起全球性信貸緊縮

更為嚴重的是，次貸危機的發展使全球進入新一輪信貸緊縮之中。信貸緊縮必然對已經處於衰退中的實體經濟予以更大的打擊。

次貸危機爆發之後，全球之所以會陷入信貸緊縮之中，是因為：一方面，商業銀行因購買的次貸產品的大幅縮水，不得不大幅減記次級貸款資產，或多提壞帳撥備，使可使用的信貸資金減少（到 2008 年第三季度，金融機構已經勾銷了 7,000 億美元的資產支持證券）；另一方面，次貸危機使信貸市場更加充斥著不確定性，商業銀行在風險厭惡觀念的支配下普遍提高了對企業和消費者的貸款標準，收緊了信貸額度。這樣，不僅商業銀行對客戶的放款減少，而且商業銀行之間的資金拆借也被迫縮減。

信貸緊縮既對金融市場產生影響，更對實體經濟產生影響。從金融角度，信貸緊縮導致貨幣市場基金的機構投資者面臨陡然增大的資金贖回壓力，流動性出現緊缺，貨幣市場總市值萎縮。從實體經濟角度，信貸緊縮最終會使實體經濟所需貸款減少，從而加深實體經濟的衰退。商業銀行貸款標準的提高使企業融資成本快速攀升，甚至導致新增投資來源枯竭；而對消費貸款標準的提高抑制了居民消費。最終，次貸危機從投資和消費兩個角度使已經惡化的實體經濟更加惡化。

(3) 次貸危機使市場信心喪失

次貸危機發生之後，雖然各國政府或單獨地或聯合地對市場進行救助，然而，人們對市場信心的喪失將會產生更深遠的影響。這是次貸危機深化最嚴重的表現形式。

人們信心的喪失表現在：

第一，美國的投資者懷疑政府的各種救助舉動能給經濟和房地產業帶來多大的變化，認為這些救助行動對美國乃至國際金融市場的影響還有待觀察。他們關心的是，投資者特別是債權人是否會進一步遭受損失。

第二，次貸危機的爆發，使投資者對在美國投資的安全性產生疑慮，除了次級債，其他類型的企業債、國債、股市的安全性都將使人們心存疑慮。對美國市場的重新審視將因擔心投資前景而卻步。因此，在今後一個長時期內，美聯儲都將面臨如何通過政策變動來重新恢復市場脆弱的信心的難題。

信心一旦失去將很難挽回。世界銀行主計官兼戰略與資源管理副行長法耶澤爾·喬杜里在 2008 年 4 月的亞太財經與發展中心表示，解決了美國的次貸危機並不意味著可以結束美國經濟的衰退，因為引發衰退的原因並非只有次貸危機一個；解決了次貸危機並不等於解決了所有的問題，而由次貸危機引發的信心喪失也需要一定的時間才能重建。他說，次貸危機實質上是金融危機，主要的影響是對市場信心的影響，而一旦信心喪失就會影響其他經濟增長，使經濟增長放緩，而重建信心所需的努力將非常大。

二、美國次貸危機的國際傳播

在經濟全球化下不可避免地會出現金融全球化。所謂金融全球化是以貨幣的國際化

為前提，以資本的國際化為基礎，以金融市場的一體化為表現形式，以金融機構的跨國經營為載體，以中央銀行貨幣政策的協調和法律式與協議式金融監管為保障的金融資源在全球範圍內的優化配置。

但必須看到的是，金融全球化在有利於金融資源在全球範圍有效配置的同時，也使金融危機在國家間的傳播更為快捷和迅速。但與過去的金融危機發生在中小國家，多數是發展中國家不同的是，這次的金融危機發生在世界第一大經濟體的發達國家美國，而美國又是當前世界的主要債務國，美國的貨幣又是世界的主要流通貨幣和儲備貨幣，因而，美國次貸危機的國際傳播不同於以往的金融危機的國際傳播。美國次貸危機不僅迅速地傳遞到其他國家，而且使金融危機持續的時間更長，走出危機的代價更大。

這裡我們立足於美國經濟和貨幣在當今世界的地位探討美國次貸危機國際傳播渠道，將傳播渠道分為金融渠道、貿易渠道和貨幣渠道，並在下面分析每種渠道的具體傳播機制。

1. 金融渠道

這裡所說的金融渠道是指美國以外的金融機構購買和持有次貸產品形成的次貸危機國際傳播的通道。

美國推出次貸產品的三大機構：將次級抵押貸款合約打包成金融投資產品（次級債券）出售的美國貸款機構—對次級債券進行信用評級的信用評估機構—購買這些次貸產品的除美國國內的金融機構以外的其他國家的金融機構。如果說，這條金融渠道的前兩個環節（機構）是在美國國內，那麼，這條渠道的第三個環節則越出美國而進入到世界主要國家及其金融機構。這第三個環節就是美國次貸危機在國際傳播的基礎。

2. 貿易渠道

這裡所說的貿易渠道是指次貸危機使美國經濟衰退從而進口減少引發其他國家經濟衰退。

美國的次貸危機使美國的實體經濟受到很大影響。美國權威研究機構美國全國經濟研究局2008年12月1日發布的研究報告稱：美國經濟從2007年12月以來就陷入了衰退。不論是國民消費、就業市場、企業投資，還是產業及出口前景，都顯示美國經濟陷入衰退。尤其是消費開支出現1991年以來的首次下滑。而個人消費占美國經濟的比重高達71%。

美國是全球的第一大經濟體，美國通過政府的財政赤字和個人寅吃卯糧的超前消費消耗著其他國家的資源。這樣，由次貸危機引發的美國經濟衰退形成了次貸危機國際傳播的第二條渠道——貿易渠道，即美國縮減進口首先傳遞到對美國出口依賴度很高的歐洲國家（歐盟對美國的出口占其出口總額的20%），使歐洲經濟放緩。然後，美國和歐洲經歷著的最為嚴重的經濟衰退（美國經濟學家約瑟夫·斯蒂格利茨語）使大多數新興市場經濟國家和發展中國家受到牽連，從而誘發全球一系列的經濟動盪（前美聯儲主席格林斯潘語）。

然而，次貸危機通過貿易渠道向中國的傳播不僅直接表現為美國經濟放緩使中國對美國和世界的出口下滑，還表現為同時存在的人民幣對美元的升值（美元對人民幣的貶值）導致的中國對美國出口的減少。也就是說，在美國經濟放緩、個人消費需求減少和中長期內美元貶值的共同作用下，中國出口增長面臨比其他國家更大的挑戰。根據國家海關總署的統計，2007年和2008年中國出口增速同比減緩，2009年中國出口增速同比下降了15.9%。最新實證研究表明，如果美國進口下降10%，中國出口將下降3.5%；如果同時人民幣真實匯率升值10%，中國出口將下降7%；而若人民幣真實匯率升值的幅度為20%，中國出口將下降10.5%。美國是中國的第一大出口國。美國對中國商品需求的下降無疑對中國經濟的持續高速增長具有重大影響。在美國次貸危機和全球金融危機中，中國經濟增長率從2007年的13%下降到2008年的9.6%。

3. 貨幣渠道

這裡所說的貨幣渠道是指美元的動盪將次貸危機傳播到其他國家。

（1）貨幣渠道的形成

1944年布雷頓森林會議宣告英鎊的國際貨幣地位被美元所取代，確立了第二次世界大戰後以美元為中心的國際貨幣體系。20世紀60年代美元的地位開始下降，1973年美元與黃金脫鉤更使美元的地位衰落，世界進入了多元化貨幣體系時代。但是，美元的地位並未受到根本動搖，只要還沒有一種貨幣能像美元曾經取代英鎊那樣取代美元的地位，美元就仍然是世界的主要流通貨幣、計價貨幣和儲備貨幣。這就是美元的動盪引起國際金融體系動盪和次貸危機國際傳播的貨幣渠道的由來。

（2）貨幣渠道在次貸危機國際傳播中的作用

美元的這種地位決定了在次貸危機中，美元無論是堅挺還是疲軟、是貶值還是升值，美國無論是推行強勢美元政策還是弱勢美元政策，對美國都是有利的，都是有利於美國向世界其他國家轉嫁危機的。

第一，在次貸危機中，如果美元堅挺，美元升值，對美國是有利的。從貿易角度說，美元的堅挺和升值對美國的出口不利，而對進口有利。但問題在於，美國因次貸危機經濟已經出現衰退，進口已經大幅度減少。因此，美元的堅挺、升值不會加大進口大幅度增加的壓力。相反，從金融的角度說，美元在次貸危機中相對於歐元、日元升值，表明歐元區、日本因次貸危機的拖累，經濟形勢比美國更糟糕，因此，美元反而成了躲避危機的避風港。這樣，美國可以憑藉美元的堅挺吸引更多的國際資本，從而緩解自己的流動性不足，相反卻使其他國家已經不足的流動性更加緊張。

第二，在次貸危機中，如果美元疲軟，美元貶值，同樣對美國有利。一般說來，一國貨幣的貶值有利於出口，不利於進口。因此，從貿易的角度說，美元貶值對美國是有利的。而在美國對外貿易逆差的背景下，美元貶值有利於美國以貶值的美元對其他國家支付逆差，減輕自己的負擔。同時，美國可以通過向世界其他國家輸送貶值的美元而獲得大量鑄幣稅。更重要的是，從金融的角度說，在美國已經成為世界第一大債務國的情

況下，美元的貶值使其他國家擁有的美元面值的美國債權大幅度縮水，使其他國家的以美元為主的外匯儲備大幅度縮水。這就是美國政要雖然也說強勢美元對美國有利，但他們卻任由美元貶值的奧妙之所在。

三、美國次貸危機成因分析

在這裡，我們將討論美國次貸危機形成的原因。對美國次貸危機的成因研究，我們集中在兩個方面。我們一方面從人們已熟知的資產證券化角度討論美國次貸危機的成因，另一方面認為美國經濟對內失衡是次貸危機發生的根本原因。這兩個方面的關係是：資產證券化使虛擬經濟過度膨脹，導致人們把精力和時間過多地集中於「以錢生錢」的資本市場，而不再重視從實體經濟中取得財富，從而導致美國經濟的對內失衡，而美國經濟的對內失衡又必然帶來美國經濟的對外失衡。

1. 美國次貸危機成因分析：證券化視角

自20世紀90年代起，資產證券化在美國的發展非常迅猛，特別是進入21世紀後，資產證券化在美國可以用飛速發展來形容。資產證券化也同時得到了世界的認可，開始在世界範圍內運用和發展。伴隨著近年來美國市場上次級抵押貸款標準放鬆，以及次級抵押貸款產品的創新和證券化技術的提高，次級抵押貸款的證券化產品成為受到市場追捧的創新投資品種，得以在美國迅速發展，並在房地產市場扮演著越來越重要的角色。

因為美國抵押貸款市場上深厚的資產證券化背景的存在，美國次級抵押貸款衍生的債券產品（以下簡稱次級債券產品）及其市場才得以形成和發展壯大。在次貸危機發生前，美國的次級債券產品的規模已經非常龐大，並且蘊含了巨大的風險。美國房地產市場泡沫的破滅、累積風險的爆發，導致了2007年美國次貸危機的全面爆發。

以下我們基於資產證券化視角對次貸危機的原因作出分析。

（1）資產證券化運作過程放大了次級債券產品的市場風險

資產證券化運作的原則之一是槓桿操作。通常，實施資產證券化的金融機構——從抵押貸款公司到投資銀行及其他相關金融機構都有較高的槓桿率（總資產/淨資產），特別是發行CDO（Collateralized Debt Obligation，即抵押債務債券）和CDS（Credit Default Swap，即信用違約掉期）的金融機構，通過這樣來達到以小博大、以少博多的目的。這些金融機構的自有資本相對於資產規模偏少，資本充足率低，它們用很少的自有資本並通過大量借貸的方法來維持營運的資金需求。借貸越多，自有資本越少，槓桿率就越大。槓桿效應的特點是：在賺錢的時候，收益是隨槓桿率放大的；但當虧損的時候，損失也是按槓桿率放大的。高槓桿必然伴隨著高風險，通過風險傳導機制，次級債券的風險將從抵押貸款市場傳遞到債券產品市場，並在衍生產品的形成過程中被逐步擴大，在證券化產品的末端，次級債券衍生品的風險已被放大到相當高的程度，這種逐步累積的風險一旦爆發，將帶來次級債券產品鏈的巨大危機。特別是處於次級債券產品末端的對沖基金的衍生品的槓桿操作使得風險敞口增大，在出現流動性緊缺情況下通過債務鏈條

傳導而引起金融市場震動，這是次級債券最大的風險。在美國次級債券危機爆發以前，次級債券衍生品的交易規模迅速擴張，逐漸與實體經濟脫節。比如，一些能力較強的對沖基金的財務槓桿在30倍以上，高的達到40倍甚至更高，這就意味著這些對沖基金在宏觀市場上擴大了信用規模，促使信用膨脹，加大了金融風險。一旦市場條件變化（如房地產價格下降）或操作失誤，風險立刻顯現，基金難以歸還信用放款，進而引起金融市場上的「羊群效應」，造成連鎖反應，最典型的表現就是金融市場上的流動性出現短缺。

（2）次級貸款證券化產品的基礎資產質量低劣埋下了風險隱患

確定資產證券化目標、組成資產池是資產證券化運作的第一步。對次級債券產品的證券化過程來說，其起始端為次級貸款，它是次級債券產品的基礎資產。次級貸款的特點決定了它自身存在的缺陷和風險，主要體現在：首先，由於它的貸款對象是信用記錄較差和無法出具收入證明的借款人，貸款機構在還款第一來源和第二來源的認定問題上容易混淆立場（第一還款來源即還款人的還款能力是最重要的，第二還款來源為對住房抵押物的處置）。其次，在貸款的擔保設定上，不重視借款人的信用而只考慮了將所購房屋作為抵押。最後，證券化的發起人被繁榮的房地產市場蒙蔽了雙眼，房產看似是最安全的抵押，而實質上它是將貸款收益建立在房價繼續上漲的基礎上，忽視了市場波動性。由於次級貸款具有信用評分低、辦理手續簡便、貸款審查缺乏審慎性等弱點，因此，住房抵押貸款銀行擁有的次級貸款資產是質量低下、風險巨大的劣質資產。偏偏是這類資產，被集合打包組建成了資產池，並以此發行次級債券並進一步衍生出更多的衍生品。在次級貸款資產證券化的運作機制中，投資者投資的證券品種的收益來自於基礎資產亦即次級貸款還款的現金流，而穩定持續的現金流來源是證券化產品安全的原始保障，一旦住房抵押貸款出現問題，現金流沒法保障，則必然造成債券產品價格下跌，形成市場危機。此外，因為次級抵押貸款的特點，次級貸款人多為沒有可靠收入來源的人，風險承受能力較差。在房地產市場及金融市場低迷引發的經濟不景氣的狀況下，還款人的收入也必將受到影響，而導致更加無力還貸。因此，第一還款來源非常受限。由於第二還款來源是對住房抵押物的處置，這在房地產市場蕭條的形勢下尤為困難，並且在美國，很多次級抵押貸款都是零首付的，可以說虧損的大部分是銀行和信貸機構的錢。初始階段由於機構投資者被高利率誘惑，忽視風險，加之證券化資金鏈過長，一旦資金鏈斷裂，必然會導致危機大範圍爆發。所以可以這樣講，美國次級貸款證券化產品從原始端就出現了問題，這為此後的證券化流程埋下了巨大的風險隱患。

（3）次級貸款證券化的信用增級行為無法較好地實現信用增級的目的

資產證券化的信用增級包括內部增級和外部增級兩種方式。內部信用增級主要包括直接追索權、高/低級結構、超額擔保和利差帳戶等方式；外部信用增級包括備用信用證、擔保和保險等方式。對次級抵押貸款證券化而言，因為其特點，其內部信用增級主要採用高/次級結構的方式，它是對次級債券產品分高級/低級（如CDO分為高層級、

中層級、低層級和股權級），現金流先償付高級然後是低級。因此，低層級債券在高層級債券之前承擔損失的風險。這種信用增級方法的實質，是投資者通過購買風險高但收益大的低級債券，為優先級債券提供了信用增級，但是對低級債券自身信用的增加並無多大意義。因此，這樣增級的直接結果就是，原始基礎資產池的違約風險集中在了低層級債券當中，使這部分證券的風險急遽上升。由於風險過度集中，低層級債券的抗風險能力嚴重不足，最終還是會影響到高層級債券的償付，無法實現內部信用增級的目的。實際上，此類無法實現信用增級的低層級債券在此次美國次貸危機中扮演了關鍵角色，比如低層級 CDO。

證券化過程中常用的外部信用增級的形式主要有：專類金融保險、傳統保險公司保險、企業擔保、信用證、現金擔保帳戶和擔保投資帳戶等。由於美國次級貸款自身的弱點，其衍生證券採用企業擔保、信用證、現金擔保帳戶和擔保投資帳戶的外部增級方式較少；次級債券產品採用的主要外部信用增級方式是保險方式。保險方式中傳統的保單形式和賠付慣例與金融擔保要求的不符帶來了新的風險，主要表現為如果信用增級機構信用等級下降，則擔保類證券也將面臨信用等級下降的危險。在美國次貸危機中，許多保險公司如美國國際集團（AIG）通過 CDS（信用違約互換）專為債券的持有人提供保險，保險對象即 CDO。當 CDO 市場出現問題時，提供擔保的保險公司也無法獨善其身，其市場信用迅速下降，而因為這些保險公司本身也持有大量的 CDO，這樣反過來又加速了這些次級債券產品市場價格的快速下跌，因而無法實現外部增級的目的。

（4）次級貸款證券化的信用評級行為造成詐欺風險和信用風險

從美國住房抵押貸款公司的次級貸款到其衍生的一系列債券產品，經過了極其複雜的過程，是一個長鏈條的複雜運作，投資者通常無法辨認次級債券產品的基礎資產及其風險，而只能以評級機構的信用評級來選擇持有。在這種情況下，評級公司客觀、公正、準確的評級對投資者來說顯得異常重要。但是，由於種種原因評級公司對次級債券產品的評級脫離了客觀、公正、準確，這種誠信缺失使詐欺風險和信用風險充斥市場。

（5）次級貸款證券化過程中政府、市場、金融機構等監管缺失造成風險蔓延

從 1988 年的巴塞爾資本協議推動銀行利用資產證券化進行資本套利，到 1999 年 6 月巴塞爾資本協議第一次徵詢意見稿正式將資產證券化列入監管範圍，再到巴塞爾委員會對資產證券化處理幾易其稿，資產證券化的監管一直備受重視。隨著監管框架的不斷完善，巴塞爾監管委員會認為「資產證券化的處理是巴塞爾新資本協議不可或缺的部分。如果缺少了該部分，巴塞爾新資本協議將達不到監管的目的」。

綜上所述，次級貸款機構接受價值被高估或者說被泡沫化的房產作為抵押，大肆進行信貸擴張，並將存在信貸泡沫的抵押貸款經過處理賣給了投資銀行，而投資銀行對次級抵押貸款進行證券化處理，層層打包成 CDO 等一系列證券化產品之後賣給投資者，結果市場的槓桿作用又導致虛擬資本價值過度膨脹，這些充滿了泡沫與風險的抵押貸款證券產品等於是將房地產泡沫進一步放大的產物。隨著利率的提高，房地產融資的成本逐

漸提高，脫離實體經濟的泡沫資產一旦開始向真實價值迴歸，就必然導致泡沫的破裂，利益鏈條也就變成了危機傳導鏈條。最終，虛擬經濟脫離實體經濟過度膨脹，產生的資產泡沫破滅，導致了美國次貸危機的發生。

2. 美國次貸危機的深層次根源：美國經濟對內失衡

前面我們已經提到美國的次級貸款是如何經過美國政府、美國金融機構和美國中央銀行演變為次貸危機的，也提到資產證券化是如何導致美國次貸危機的，但要追根溯源，美國次級貸款演變為次貸危機的根本原因是美國經濟的對內失衡。

美國經濟失衡可以從多個角度進行研究。而在研究美國次貸危機的根本原因時，我們著重研究由美國居民和美國政府的「過度消費（透支消費）」所引起的經濟失衡。

一方面是美國人的大於其收入或儲蓄的過度消費。有人說，美國的次貸危機的本質是美國的過度透支消費。我們認為，這個說法是有一定道理的。從前面可以看出，美國次級貸款是對沒有還款能力或還款能力低下的人的貸款。而美聯儲的長期低利率政策和房地產價格的暴漲導致美國家庭過度負債。但住房抵押貸款的借款人或者儲蓄很低，甚至是負儲蓄（2005年之後美國居民一直處於負儲蓄狀態），或者收入低下，甚至收入下降（2008年美國老百姓的收入7年來第一次下降），從而形成負債大於收入（2007年美國家庭部門負債占可支配收入的比例為133%，而十年前這一比例僅為90%）。於是，在房地產價格下跌（2008年美國房屋價格下降了約17%）、美聯儲調高利率的雙重夾擊下，他們只能還貸違約（2006年的次級抵押貸款在2008年下半年違約達到40%），或者放棄房產，最終釀成了次貸危機。

另一方面是美國的實體經濟與虛擬經濟的嚴重失衡。隨著20世紀80~90年代高新技術的發展，世界分工格局發生了顯著的變化，美國國內經濟的運行方式也因此發生了深刻的變化。從實體經濟來說，美國將高端、高價產品的生產留在國內，將低端、低價產品的生產轉移至國外。低端、低價產品往往是生活必需品，它沒有或只有很低的需求彈性。這些生活必需品在美國國內不生產或少生產時，就只能靠進口。與此同時，美國各式各樣的金融創新使金融經濟越來越偏離實體經濟，而最終演化為脫離實體經濟的虛擬經濟，並製造了虛擬經濟的繁榮。金融產品和金融衍生產品帶來了使人們一夜暴富的巨大利潤，於是美國人，尤其是金融機構的高管們的注意力不再是從實體經濟的發展中獲得貨幣收入，而是轉移到不通過任何實體經濟的增長而增加人們的貨幣收入的金融產品和金融衍生產品上來。正是這種對貨幣收入的貪婪的追求，使次級貸款偏離了正常的運行軌道，使從次級貸款衍生出來的次級債券不斷地花樣翻新，製造出了連專業人士也搞不懂的金融衍生產品。一旦以次級貸款為基礎的次級債券的風險集聚到爆發的時候，次貸危機就發生了。

再一方面是美國政府的「透支消費」。在美國，不僅居民個人在透支消費，就連美國政府也在透支消費。2006年美國的總負債是48萬億美元，到2008年已經達到53萬億美元。53萬億美元是美國GDP的4~5倍，美國已經是一個資不抵債的國家。美國實

際上已經破產。53萬億美元這個數字意味著平均每個美國居民都有20萬美元負債。現在美國必須每天吸納25億美元的國外資本，才能維持自身的流動性。目前，美國全部債務高達10萬億美元以上，負債率遠遠超過正常水平。截至2008年9月，本財政年度赤字為4,548億美元。因此，可以說美國實際上是借外國人的儲蓄來消費，或者說是透支其他國家的儲蓄來消費。

那麼，美國為什麼沒有破產呢？其原因就在於，美元是現在世界的主要流通貨幣和儲備貨幣，且現在沒有一種貨幣能取代美元的地位和作用。這樣，在以美元為主導的國際貨幣體系下，美國或者可以通過美元的不斷貶值，或者通過不受約束地增發貨幣（有資料說，美元在海外的發行量超過美國經濟規模的3倍），或者通過發行多樣化的金融產品吸引其他國家的資本和外匯儲備內流，來維持其「雙赤字」和經濟的增長，從而使美國儲蓄率低下、過度負債的消費模式得以長期實現。這就是近年來美國學術界一些人認為美國的外部失衡「可持續」的主要依據。

第五節　歐元區主權債務危機

2009年年底，希臘一直隱瞞的政府財政赤字和債務狀況曝光，引發了市場的信任危機，希臘主權債券價格大幅下跌，從而引發了一場曠日持久的歐元區主權債務危機。

一、歐洲貨幣體系的發展歷程

第二次世界大戰後，在當時幾乎不存在外匯市場的情況下，西歐國家為節約外匯的使用建立了歐洲支付同盟。隨後，為了擺脫美元的影響，它們在歐洲經濟共同體內建立了歐洲貨幣體系。歐洲貨幣體系於1979年3月正式運行。在這一體系內，歐共體國家建立了以歐洲貨幣單位（ECU）為中心的匯率平價網制度，歐共體國家間的貨幣實行固定匯率制度。1989年4月歐共體國家提出了最終實行單一歐洲貨幣的計劃。1999年1月1日歐元正式發行，並以€為歐元的符號。歐洲委員會宣稱這一符號是「代表歐洲文明的希臘字母epsilon的E，代表歐洲的E，與代表歐元穩定性的橫劃的平行線的組合」。與此同時，歐洲中央銀行（ECB）也正式開始運作。2002年7月1日歐元開始在市面上流通，成為歐元區國家唯一法定貨幣，各歐元區國家原有貨幣退出流通。

按照1991年12月的《歐洲聯盟條約》（《馬斯特里赫特條約》）的四個「趨同標準」，即價格穩定、健全的公共財政、無差別的長期利率和穩定的匯率，當時有11個國家有資格進入歐元區。它們是奧地利、比利時、法國、芬蘭、德國、愛爾蘭、義大利、盧森堡、葡萄牙、西班牙和荷蘭。它們也就成為歐元區的創始成員國。

二、歐元區主權債務危機的發生與擴散

2001年希臘採用不光彩的做假帳手段，即通過與高盛集團實行「貨幣掉期交易」和

「信用違約掉期合約」使希臘2001年的債務率從105.3%降低到103.7%，財政赤字率從4.64%降低到4.5%，取得了加入歐元區的資格，但也由此為歐元區的主權債務危機埋下了隱患。但希臘一直隱瞞其政府財政赤字和債務狀況。2009年10月初，希臘政府突然宣布政府的財政赤字和公共債務占GDP的比例預計將分別達到12.7%和113%，遠遠超過《馬斯特里赫特條約》規定的3%和60%的上限。當年年末，國際評級機構標準普爾和惠譽分別下調希臘主權信用評級。希臘主權債券價格大幅下跌。希臘債務危機由此爆發。

之後，歐元區國家的主權債務危機逐漸浮出水面，並迅速擴大開來，形成整個歐元區的主權債務危機。繼希臘之後，愛爾蘭、葡萄牙、西班牙、比利時相繼出現債務危機。再之後，歐元區第三大經濟體義大利出現債務危機，從而形成所謂「歐豬」（PIGS）危機。如表14-10所示。然而，事情並未到此結束。2011年11月21日，歐洲央行執行委員斯塔克建議歐元區用一個新的縮寫詞EEGs（Everyone Except Germany）代替PIGS。這個新縮寫詞表明除德國以外的歐元區國家都或多或少受到了債務危機的困擾。

表14-10　　　　　　　歐元區6國政府債務狀況（2011年）

國家名稱	政府公共債務/GDP 加入歐元區標準(60%) 國別情況	財政赤字/GDP 加入歐元區標準(3%) 國別情況
希臘	115%	13.6%
愛爾蘭	110%	12.0%
西班牙	低於60%	11.0%
葡萄牙	86%	9.4%
比利時	101.2%	6.0%
義大利	120%	4.6%

從表面上看，這場歐元區主權債務危機是危機國家大大超過加入歐元區時政府公共債務不得超過GDP的60%、財政赤字不得超過GDP的3%的標準引起的。然而，這場危機不是政府流動性不足的危機，而是這些國家政府無力償還到期的政府債務的危機，是公共債務危機。危機發生後，取得歐盟和國際貨幣基金組織貸款似乎是危機國的唯一選擇。然而，取得貸款的先決條件是實行經濟緊縮政策。經濟緊縮的結果是人民群眾不斷遊行示威、罷工和社會摩擦的加劇。社會動盪迫使「歐豬」五國國家領導人一個接一個下臺。歐元區主權債務危機已發展成為政治危機。

三、歐元區主權債務危機爆發的外因

歐元區主權債務危機既有內因，也有外因。

如果追根溯源，歐元區國家的主權債務危機是2007年發生在美國的次貸危機在歐元

區國家的延續。在次貸危機的影響下，2009年歐元區經濟增長率是-4.1%，失業率則高達9.4%。為避免經濟下滑，歐元區國家紛紛擴大政府開支，從而使政府債務和財政赤字占GDP的比例大大突破加入歐元區時的標準。圖14-4是2009年歐洲各國政府債務和財政赤字與GDP的比例。

2009年歐洲各國債務與GDP比值

- 希臘 124.9%
- 義大利 116.7%
- 比利時 101.2%
- 葡萄牙 84.6%
- 歐洲平均水平 84.0%
- 愛爾蘭 82.9%
- 法國 82.5%
- 德國 76.7%
- 奧地利 73.9%
- 馬爾蒂 70.9%
- 西班牙 66.3%
- 荷蘭 65.6%
- 塞浦路斯 58.6%
- 芬蘭 47.4%
- 斯洛文尼亞 42.8%
- 斯洛伐克 39.2%
- 盧森堡 16.4%

《馬斯特裏赫特條約》規定紅線

2009年歐洲各國公開赤字與GDP比值

- 愛爾蘭 -14.3%
- 希臘 -13.6%
- 西班牙 -11.2%
- 葡萄牙 -9.4%
- 法國 -7.5%
- 斯洛伐克 -6.8%
- 歐洲平均水平 -6.3%
- 塞浦路斯 -6.1%
- 比利時 -6.0%
- 斯洛文尼亞 -5.5%
- 荷蘭 -5.3%
- 義大利 -5.3%
- 馬爾蒂 -3.6%
- 奧地利 -3.4%
- 德國 -3.3%
- 芬蘭 -2.2%
- 盧森堡 -0.7%

《馬斯特裏赫特條約》規定紅線

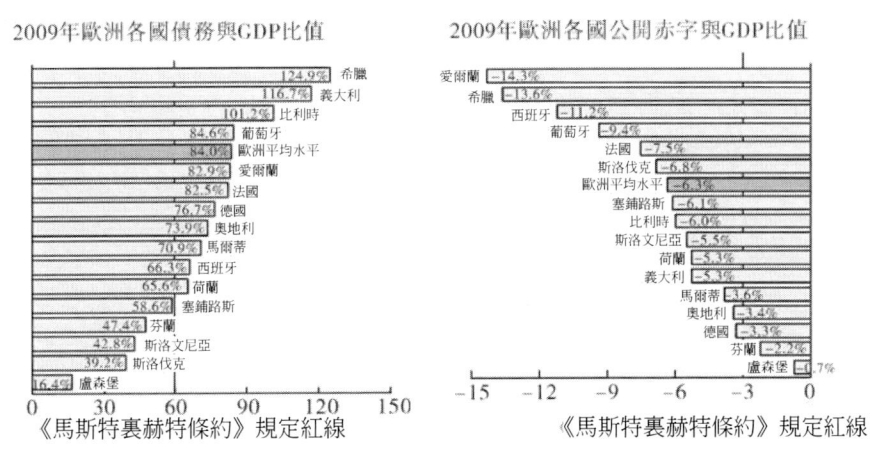

圖14-4　2009年歐洲各國政府債務和財政赤字與GDP的比例

　　本來，憑藉歐元區或歐盟的經濟實力完全可以通過金融市場以低的成本取得融資使危機得到緩解，而不可能延續這麼久，但是美國的三大國際評級機構「標準普爾」「穆迪」和「惠譽」憑藉它們對國際信用評級市場的壟斷（標準普爾和穆迪各占40%的市場份額，惠譽占15%），卻乘人之危，推波助瀾，落井下石，一而再再而三地下調包括法國在內的歐元區國家的主權信用評級[1]，從而使這些國家在金融市場的融資成本上升，影響了它們在市場融資以彌補財政赤字和償還債務的能力，延緩了這些國家走出危機的進程。人們不能忘記的是，正是美國這三大評級機構為了一己私利人為抬高美國次級債券的評級，而在次貸危機初露端倪時又大量下調抵押貸款債券的評級，從而助長了次貸危機的形成，對危機負有不可推卸的責任（2008年7月美國證券交易委員會發布的對三大評級機構的調查報告）。它們就是在這樣一會唱紅臉、一會唱黑臉中取得了巨大的經濟利益[2]，而卻不需要為評估結果承擔任何法律責任。現在，它們又通過連續地、大面積地下調歐元區國家的主權信用評級，竭力「唱衰」歐元區，就不難看出它們的險惡用心。

---

[1]　2009年12月8日惠譽將希臘主權信用評級由「A-」降為「BBB+」，前景展望為負面。2011年9月標準普爾將義大利信用評級從「A+」降至「A」，前景展望為「負面」。2011年11月惠譽將葡萄牙主權信用評級由「BBB-」下調至「BB+」。2012年1月13日標準普爾一次就下調了9個歐元區成員國的主權信用評級：法國和奧地利的主權信用評級從「AAA」調降至「AA+」；義大利、西班牙、葡萄牙和塞浦路斯被下調二檔；馬耳他、斯洛伐克和斯洛文尼亞被下調一檔。

[2]　據估計，三大評級機構通過提高次貸產品評級獲得的總收入約為18億美元。

四、歐元區主權債務危機爆發的內因

歐元區主權債務危機發生之後，歐元區領導人多次開會，想出各種辦法、提出各種方案，力圖盡快走出危機。那麼，為什麼歐元區不能很快地走出危機呢？我們認為，問題不在於或不僅僅在於國與國之間利益博弈使矛盾大於協調，而在於歐元區一開始就存在的制度性缺陷，即「二元化」的宏觀調控政策統一的貨幣政策與不統一的財政政策的缺陷難以在短時期內解決。

如果說過去的危機多是微觀層面的危機，政府可以施以援手拯救危機，那麼歐元區主權債務危機就是宏觀層面的危機，是政府層面的危機；如果說這場危機是政府流動性不足的危機，那麼可以通過歐元區或歐盟，或國際社會提供貸款或減免債務，或在金融市場融資加以解決，而歐元區主權債務危機卻是政府償債能力不足的危機，甚至可能導致政府破產的危機。因此，拯救這場危機就比過去拯救任何一場危機都困難。如果再深入一步，可以看見，拯救這場危機的根本困難在於，歐元區從一開始就存在只有統一的中央銀行，沒有統一的財政部這樣的制度設計缺陷，這樣，從一開始歐元區就只有統一的貨幣政策，而沒有統一的財政政策。

從理論上說，在歐元區財政政策與貨幣政策協調以解決經濟失衡的理論模型是失效的。斯旺模型（Swan Diagram）認為，當經濟處於內外失衡時，可運用支出轉移政策（匯率）和支出調節政策（國內支出）的搭配；米德衝突（Meade's Conflict）的基本觀點是，在匯率固定制度下，支出轉移政策（匯率政策）不起作用，因而只能使用一種政策——支出調節政策（包括貨幣政策和財政政策）；蒙代爾搭配法則（Mundell's Assignment Rule）將貨幣政策和財政政策看成兩種獨立的政策，因而討論的是這兩種政策的搭配問題，認為如果這兩種政策搭配不當，不僅不能使經濟向均衡點靠近，反而會使經濟離均衡點越來越遠。

很顯然，以上宏觀經濟調節模型都不適合於歐元區，因為歐元區只有統一的貨幣政策這條「腿」，沒有統一的財政政策這條「腿」；而統一的貨幣政策這條「腿」也不能很好地發揮調節經濟生活的作用。

第一，統一的貨幣政策對各個國家經濟生活的調節作用喪失。貨幣政策是由貨幣數量政策（可貸資金）和貨幣價格政策（匯率政策和利率政策）組成的。研究表明，貨幣數量政策和貨幣價格政策如果搭配得好，有助於達到政府的經濟調控目標；反之，就會使經濟更難走出困境。但在歐元區貨幣政策的制定者和執行者是歐洲中央銀行。它以德國中央銀行的「穩定幣值」為自己的目標，因而不可能根據各國的需要制定貨幣政策，這樣，統一的貨幣數量政策加大了歐元區國家間經濟發展水平的差距；而統一的利率政策和匯率政策不利於經濟失衡的國家恢復經濟的對內、對外均衡。在歐元區危機中，歐洲中央銀行雖然也施以援手購買危機國政府債券，但德國反對歐洲中央銀行過度介入，認為歐洲中央銀行不應像美聯儲和英國中央銀行那樣大量印製鈔票購買危機國債券，甚

至發行央行債券來解決危機,因為如果歐洲央行過度購買危機國的債券,後者就會失去真正推行改革的壓力。

第二,歐元區內各成員國在貨幣政策不能起作用時,沒有統一的財政政策支撐,因而危機發生之後原則上只能通過擴大政府開支自救;但若危機國要運用寬鬆的財政政策時,又遇到財政約束的要求,即政府公共債務和財政赤字與 GDP 的比例不得超過 60% 和 3%,否則就要受到懲罰。

應該看到,在歐元區危機出現之後,歐盟力圖「安裝」統一財政政策這條「腿」,提出建立一個「有嚴格條規的財政聯盟」或「真正的經濟政府」,直至成立統一的財政部,以提高歐盟對各國財政預算的控制權、對成員國支出政策及其他重大國內政策的否決權,並按照統一的財政紀律對那些「破壞規則」的成員國進行懲罰。統一的財政部才能與歐元區這種單一市場、單一貨幣、單一中央銀行的現狀相一致,才能使貨幣政策和財政政策這兩條「腿」協調起來,從根本上解決歐元區的宏觀調控政策的矛盾。然而,建立統一的財政部就意味著歐元區各成員國要放棄財政主權;放棄財政主權就可能意味著放棄制定其他經濟政策的主權。英國擔心歐元區統一財政將對英國金融中心地位產生重大負面影響。因此,建立統一財政部的設想還不是一朝一夕就能實現的。

既然這個長遠目標還不可能一下子實現,有人就提出發行統一的歐元債券以走出危機的建議。這一建議在開始時受到德國的反對,德國認為這只會鼓勵負債國家延續不負責任的財政政策。而且如果發行歐元債券,意味著它們要和希臘、義大利等國「分攤」信用,融資成本將會增加,而一旦這些國家再發生債務危機,被綁在歐元債這條船上的德、法兩國更難以脫身。但發行統一的歐元債券應該說是解決危機、中期內穩定歐元的最優選擇,因為它可以吸引更多資金流向歐洲,促進歐洲金融市場融合,推動經濟增長。經過長期爭論,歐洲議會於 2012 年 2 月最終通過了發行統一的歐元債券的決議。但發行統一債券的前提仍然是建立一個促進歐元區經濟增長的可持續的財政框架。這樣,事情似乎又回到了原點。

應該看到,歐元區國家、歐洲中央銀行和國際貨幣基金組織對希臘可以一再提供融資,但這些都僅僅治標而不能治本;而且,縱然解決了希臘的問題,也不能防止其他一些超過歐盟的政府債務和財政赤字標準的國家出現同樣的問題。因此,要徹底解決歐元區的問題,使第二次世界大戰之後花費了幾十年時間建立起來的世界第一個跨國的國際組織不至於崩潰,使歐洲國家從經濟聯盟到貨幣聯盟而統一發行的、足以打破美元霸權的歐元得以存在下去,歐元區國家應該以這次危機為契機,在以歐元區國家共同利益為重而求同存異的基礎上,徹底改革「二元化」宏觀經濟調控體系,徹底解決「二元化」宏觀調控政策的矛盾,實現貨幣政策與財政政策的協調。這才是防止歐元區今後類似危機發生的根本解決之道。

五、歐元區主權債務危機為金融危機的研究提出了新的課題

歐元區主權債務危機不同於上面所講到的金融危機,它既不是發生在某一個國家的

金融危機，也不是發生在某一個國家而後波及其他與之經濟、金融關係密切的國家的金融危機，而是在一個有固定的政治、經濟、金融機構的、跨國家的經濟集團發生的金融危機，因此，這為我們對金融危機的研究提出了新的課題。

復習思考題

1. 簡述美國次貸危機的成因。
2. 簡述美國次貸危機國際傳播的三個渠道。
3. 試論述國際資本流動與金融危機之間的關係。
4. 第二代貨幣危機理論模型與第一代貨幣危機理論模型的異同之處是什麼？
5. 簡述第三代貨幣危機理論模型的理論與現實意義。
6. 簡述引起歐洲主權債務的內因和外因。
7. 國際信貸對國際收支的影響及其在債務危機的形成過程中的作用如何？
8. 談談你對發展中國家債務危機現狀及潛在問題的認識。

參考文獻

［1］何澤榮．中國國際收支研究［M］．成都：西南財經大學出版社，1998．
［2］陳岱孫．國際金融學說史［M］．北京：中國金融出版社，1997．
［3］姜波克．人民幣自由兌換與資本管制［M］．上海：復旦大學出版社，1999．
［4］米什金．貨幣金融學［M］．北京：中國人民大學出版社，1998．
［5］保羅・克魯格曼，等．國際經濟學［M］．北京：中國人民大學出版社，1998．
［6］趙智勇．開放經濟條件下的貨幣政策［M］．北京：人民出版社，1998．
［7］沈紅芳．亞洲金融危機：東亞模式轉變的催化劑［J］．世界經濟，2001(10)．
［8］黃燁箐．發展中國家融入經濟全球化進程中的不確定性［J］．世界經濟，2002(7)．
［9］倪克勤，等．國際資本流動與國際收支危機［J］．財經科學，2002(2)．
［10］ALEJANDRO L. Large Capital Flows: A Survey of the Causes, Consequences, and Policy Responses［J］. Finance & Development, 1999, 36 (3).
［11］BERNARD LAURENS, JAIME CARDOSO. Managing Capital Flows: Lessons from the Experience of Chile［J］. IMF Working Paper, 98/168, 1998.
［12］SIMON JOHNSON, TODD MITTON. Cronyism and Capital Control: Evidence from Malaysia［R］. NBER Working Paper, 2001.

國家圖書館出版品預行編目(CIP)資料

國際金融原理 / 何澤榮 主編. -- 第四版.
-- 臺北市：崧燁文化，2018.08
　面；　公分
ISBN　978-957-681-479-2(平裝)
1.國際金融
561.8　　　　107012833

書　名：國際金融原理
作　者：何澤榮 主編
發行人：黃振庭
出版者：崧燁文化事業有限公司
發行者：崧燁文化事業有限公司
E-mail：sonbookservice@gmail.com
粉絲頁　　　　　網　址：
地　址：台北市中正區重慶南路一段六十一號八樓815室
8F.-815, No.61, Sec. 1, Chongqing S. Rd., Zhongzheng Dist., Taipei City 100, Taiwan (R.O.C.)
電　話：(02)2370-3310　傳　真：(02) 2370-3210
總經銷：紅螞蟻圖書有限公司
地　址：台北市內湖區舊宗路二段121巷19號
電　話：02-2795-3656　傳真：02-2795-4100　網址：
印　刷：京峯彩色印刷有限公司（京峰數位）

　　本書版權為西南財經大學出版社所有授權崧博出版事業股份有限公司獨家發行電子書繁體字版。若有其他相關權利及授權需求請與本公司聯繫。

定價：600 元
發行日期：2018 年 8 月第四版
◎ 本書以POD印製發行